Ich muß mich ganz hingeben können
Frauen in Leipzig

Ich muß mich ganz hingeben können

Frauen in Leipzig

Herausgegeben von
Friderun Bodeit

Verlag für die Frau
Leipzig

Ich muß mich ganz hingeben können: Frauen in
Leipzig / Hrsg.: Friderun Bodeit. — 1. Aufl.
— Leipzig: Verlag für die Frau, 1990. — 240 S.
: 32 Ill.   ISBN 3-7304-0256-0
NE: Bodeit, Friderun [Hrsg.]

Das Einbandbild zeigt Clara Schumann mit ihrem op. 7, Klavierkonzert a-Moll (Thema des letzten Satzes mit der Spielanweisung Allegro
non troppo).
Der Titel des Werkes lautet vollständig: Premier Concert pour le
Piano-Forte avec accompagnement d'Orchestre (ou de Quintuor),
gewidmet Louis Spohr.

ISBN 3-7304-0256-0

Redaktionsschluß 15. 1. 1990
Alle Rechte vorbehalten
© Verlag für die Frau, Leipzig 1990
Liz.-Nr. 126/405
Buchgestaltung: Günter Jacobi
Gesamtherstellung: INTERDRUCK Graphischer Großbetrieb Leipzig
III/18/97
Printed in the German Democratic Republic
LSV 7103
Best.-Nr. 672 113 7

Inhalt

6

Zum Geleit

Ich muß mich ganz hingeben können —
befragt, wie der Titel des Buches zu verstehen sei, bleibt nur diese Antwort:
in seinem mehrdeutigen Sinne!

Die Frauen, die hier vorgestellt werden, haben ihr Leben stets uneinge-
schränkt gegeben: der Liebe, dem Liebsten, dem Ehepartner oder Lebensge-
fährten, dem Kinde und — nicht zuletzt — ihrer Berufung, also der Kunst, der
Wissenschaft, der Gesellschaft.

Frauen in Leipzig — nun ja, daß Goethe hier sein »erstes Mädgen« geliebt
hat, daß die Neuberin im Verbunde mit Gottsched das Theater reformierte
(den Klamauk von der Bühne holte …), daß Johann Sebastian Bach in seiner
Anna Magdalena wie auch Robert Schumann in Clara Wieck engste künstlerische Partnerinnen und Mütter ihrer Kinder fanden — das mag bekannt sein.

Wer aber waren Marianne von Ziegler, Rosalie Marbach, Bertha Wehnert-
Beckmann, Julie Bebel, Auguste Eichhorn? Was wissen wir über die ge-
scheite Gottschedin, über Natalie Liebknecht, über die exzentrische Elsa Asenijeff? Auch diesen Frauen ist im gleichen Atemzuge gedanklich der Partner
zuzugesellen, denn nicht feministisches Herangehen hat die Auswahl für das
Buch bestimmt, sondern Leistung, Ausstrahlung und öffentliches Engagement
von Persönlichkeiten, die mit und neben dem Mann — auch durch ihn — zu
Großem gelangten und Großes mit bewirkten!

Leipzig war Wirkungsstätte von Louise Otto-Peters, von Auguste Schmidt,
hier arbeitete Henriette Goldschmidt ein überlanges Leben lang und — für
kurze Zeit — Clara Zetkin. Die Atmosphäre dieser sächsischen Metropole,
einer Hochburg der liberalen Bourgeoisie und Stätte bedeutender Demokra-
ten, war günstig für öffentliches Auftreten. So ist es nicht verwunderlich, daß
das Selbstbewußtsein der Frauen mit dem Drange nach gleichberechtigter
Partnerschaft in der ersten Hälfte des 19. Jahrhunderts in Leipzig kraftvollen
Aufschwung nahm.

Nicht jede der porträtierten Frauen verband ihr persönliches Leben bewußt mit den sich organisierenden Frauen (gewiß auch resultierend aus der
unterschiedlichen sozialen Herkunft, die ja oft entscheidend ist für Entwicklung und Weg eines Menschen); aber eine Bertha Wehnert-Beckmann hätte
wohl kaum ohne das Wissen um das Streben für die Selbstverwirklichung der
Frau und ihr Recht auf Arbeit die berufliche Eigenständigkeit erringen und
bewahren können (1879 erschien von dem in Leipzig wohnenden und wirkenden August Bebel das Werk »Die Frau und der Sozialismus«!). Auch Elsa
Asenijeffs »Aufschrei« um die Wahrung ihrer Würde ist eingebettet in die
Frauenbewegung dieser Zeit.

Der Band vereint unterschiedliche Gestaltungsformen: den Disput, die wissenschaftlich »strenge« Abhandlung, den Essay, das literarische Porträt und die persönliche innere Begegnung mit dem Leben einer Frau — sich äußernd im Bekenntnis zu ihr; der Leser wird also auf unterschiedlichen Wegen sich den Leipziger Frauen nähern können.

Natürlich haben in unserer Stadt zahllose weitere Frauen gelebt, die Spuren in der Geschichte hinterlassen haben; Anna Helene Volckmann sei genannt, Auguste Schmidt, Gerda Taro; auch Mary Wigman soll erwähnt werden, Käte Duncker, Lenka von Koerber, Lore Mallachow, Trude Richter.

Gedenken wir ihrer, die mit zu denen gehören, die sich stets ganz hingegeben haben …

F. B.

Renate Florstedt

Dementi für unsere Schwester in Apollo

Marianne von Ziegler geb. Romanus (28. 6. 1695 bis 1. 5. 1760)
Dichterin und Musikerin, Mitarbeiterin an den von Gottsched herausgegebenen philosophisch-literarischen Zeitschriften, als einzige Frau in die
»Deutsche Gesellschaft« aufgenommen, schrieb Kantatentexte für J. S. Bach,
erhielt 1733 den Titel »Poeta laureatus« verliehen

Marianne war außer Atem, war außer sich. Trat ans Fenster. Alles ruhig draußen, normal, alltäglich. Aber bei ihr wollte sich der Gleichmut nicht wieder
einstellen. Weder den Hut abzulegen hatte sie sich Zeit genommen, noch die
Handschuhe abzustreifen, war sofort durchs große Zimmer gelaufen, um sich
im Erker zu vergewissern: Keiner stand vorm Haus, keiner war ihr gefolgt.
Vorhin, auf der Straße, das jähe Auflachen zweier vordem flüsternder Studenten im Nacken, hatte sie sekundenlang befürchtet, man verspotte sie. Würde
es wieder eins von diesen infamen Ständchen geben, zu denen die Neider
schon einmal eine Schar Studiosi aufgestachelt hatten? Begann alles von
neuem?

Sie warf die Handschuhe neben den Hut aufs Ecktischchen und griff nach
dem Brief, der ihr seit dem Morgen die Laune verdarb. Einem hämischen
Anonymus war er zu danken. Nicht weiter schlimm. Das konnte sie verkraf-
ten. Wie laut Papier zerreißt. Nach der Zeitung aber, die man dem Schreiben
beigelegt hatte, kramte sie in ihrem Muff. Das war denn doch zu arg: Da behauptete jemand allen Ernstes in der jüngsten Hamburger Staats- und Gelehr-
tenzeitung vom …ten Januar 1735, sie selbst habe anläßlich ihrer Krönung
zum Poeta laureatus eine Medaille mit ihrem Konterfei in Auftrag gegeben.
Als hätte sie das nötig! Sie, der Fürsten und Gelehrte gleichermaßen gehuldigt
hatten, sie, die zum Mittelpunkt einer jeglichen Gesellschaft wurde, sobald sie
nur den Raum betrat, sie, die von Wittenberg Dichterlorbeer und Efeukranz
erhalten hatte. Sie, die doch auch äußerlich ein recht passables Bild abgab,
was der Spiegel ihrem fast vierzigjährigen Gesicht gern bestätigte.

Doch manche mißgönnten ihr die Ehren. Oder trauten sich die Schmäher
nur an sie heran, weil kein männlicher Arm sie schützte?

Gottsched mußte helfen. Gottsched, zu dem sie sofort geeilt war. Gottsched, den angeblich Geschäfte bis weit über Mittag bei einem Universitäts-
kollegen festhielten, so daß sie nur ihr Billett hatte hinterlassen können und

noch nachträglich froh war, dort im Treppenhause, auf der Etage von Verleger Breitkopf, keinem Bekannten begegnet zu sein, mit dem Artigkeiten auszutauschen heute eine Qual gewesen wäre. Ihr stand der Sinn jetzt nicht nach herkömmlicher Konversation. Zu sehr hatte diese Zeitung sie erbost, zu sehr hatte jener studentische Lachpfeil in ihrem Rücken sie an die schmerzhaften Stiche erinnert, die ihr vor wenigen Monaten erst von diesem Pamphlet mit seinen unerträglichen Parodien und seinen Verleumdungen beigebracht worden waren. Wo blieb nur Gottsched?

Vor einem und einem halben Jahr, am 17. Oktober 1733, hatte die philosophische Fakultät zu Wittenberg durch ihren Dechanten, den Professor der Geschichte Krause, sie, Christiane Marianne von Ziegler geborene Romanus, zur »Kaiserlichen gekrönten Poetin« erklären lassen. Zwölf Tage später wurden ihr das lateinisch verfertigte Diplom samt Lorbeerzweig und Efeukranz überreicht. Die höchste Ehre, die eine deutsche Universität für einen Dichter bereithielt, ihr, einer Frau, war sie zuteil geworden! Geld oder eine Anstellung bei Hofe brachte der Titel nicht. Johann Christian Günther, der Marianne von Kindheit an bekannte Sänger und »Poeta laureatus« wie sie, war trotz dieser Auszeichnung vom Dichter König am Dresdner Hofe ausgestochen worden und schließlich im Elend gestorben. Gottlob, Frau von Zieglers materielle Existenz war gesichert, war glänzend. Die Ehre also das wichtigste. Gewiß, Gottsched hatte sie viel zu danken, Gottsched, von dem Literaturhistoriker später einmal sagen würden, *er* habe sie krönen lassen. Natürlich war sein Einfluß groß, in Sachsen und auch darüber hinaus. Seitdem 1730 Gottscheds Poetik-Lehrbuch »Versuch einer kritischen Dichtkunst vor die Deutschen« erschienen war, klang sein Name durch Wittenberg, übertönte alle Widerrede. Und noch während man dort die mögliche Ehrung für Marianne debattierte, war von einem weiteren Werk die Rede, das Gottsched mit seinen Vorlesungen bereits angekündigt hatte. Die »Ersten Gründe der gesamten Weltweisheit«, sein philosophisches Vermächtnis, gaben Gottscheds Stimme erneut Gewicht. Was wäre sie ohne ihn?

Aber auch: Was wäre Gottsched ohne sie? Was wäre aus ihm geworden, hätten Mencke und sie dem 24jährigen, frischgebackenen Magister aus Königsberg nicht hier in Leipzig die Türen ihrer eigenen und weiterer maßgeblicher Häuser geöffnet? Als Predigersohn ohnehin nicht eben begütert, war Gottsched auf seiner Flucht vor den preußischen Soldatenwerbern 1724 zwar mit guten Referenzen, aber fast mittellos in ihrer Geburtsstadt eingetroffen, trieb er seine Studien weiter, unterrichtete Menckes Sohn, faßte ein Jahr später erst richtig Fuß an der Universität: Nach seiner Habilitation durfte er — zunächst als Privatdozent — Vorlesungen über die von ihm so geschätzte

Wolffsche Philosophie und die »schönen Wissenschaften« halten. Vor fünf Jahren, 1729, war Gottsched schließlich außerordentlicher Professor geworden und vor Monaten erst, 1734, ordentlich bestallt. Daß er schließlich noch fünfmal zum Rektor gewählt werden würde und in diesem Amte auch sterben sollte, konnte Marianne in ihrem schlimmen Jahr nicht erahnen.

Ihr war der junge Mann bei einer dieser Soireen vorgestellt worden, mit denen sich Leipzigs galante Welt das Winterhalbjahr verkürzte. Nicht ohne Pikanterie geschah das Präsentieren, vertrat Gottsched doch schon damals, und noch dazu recht massiv, die Ansichten jenes Wolff, den man gerade erst von der Hallenser Universität relegiert hatte wegen seiner zu gewagten Reden. Hier war das nicht zu befürchten, man lebte schließlich nicht in Preußen! Doch machte das, wie auch die Flucht aus Königsberg, den jungen Magister interessant. Zudem verstand er bald, ihr unentbehrlich zu sein. Statt oberflächlicher Komplimente, mit denen die 29jährige Witwe, sprühend vor Geist und Charme und noch immer eine vorteilhafte Partie, ständig überschüttet wurde, würdigte er sie ernsthafter Dispute, weihte sie ein in seine ehrgeizigen Pläne und fand in ihr eine eifrige Mitarbeiterin und treue Freundin, treu sogar bis in jene Zeiten, da man ihn, Gottsched, altväterlicher Doziererei, Pedanterie und Sturheit bezichtigen würde und er für viele den Stempel der Lächerlichkeit trug.

Immer wieder hatte er Marianne von Ziegler ermutigt. Gewiß, schon als Kind war ihr der Umgang mit Versen und Klängen vertraut, und sie hatte hin und wieder Mutter und Vater mit gereimten Geburtstagsgrüßen überrascht. Aber ernst nahm sie ihre Schreibversuche erst, als Gottsched ihr deren Ernsthaftigkeit bestätigt hatte. Da überwand sie schließlich die aus unsystematischer, teils autodidaktischer Bildung zwangsläufig erwachsende ewige Unsicherheit und wagte sich mit ihren Texten an eine größere Öffentlichkeit, über die Salons hinaus. Gottsched hatte ihr den Einstieg leicht gemacht: Bei den »Vernünftigen Tadlerinnen«, seiner moralischen Wochenschrift, sollte sie mitarbeiten. War diese Idee nicht sogar bei ihr geboren worden? Verändern wollten sie die bürgerliche Lebensweise, Aufklärung tat not, wahre Werte galt es zu vermitteln, alles Unvernünftige zu tadeln. Eine Hallenserin hatten sie als fiktive Herausgeberin erdacht, die Geschichten aber waren allesamt dem Leipziger Alltag abgelauscht. Da gab es manch Amüsement. Dann aber hatte Gottsched es verdorben: Im März 1726 zeichnete er in zwei Gesellschaftsbildern die Leipziger Beteiligten derart deutlich, daß die Ratsherren Dr. Oertel und Dr. Hölze sich wiedererkannten; dem letzteren wurde vorgeworfen, seinem Mündel die Eheschließung verwehrt zu haben, und der erstere beschuldigt, sich Titel und Ehren zu kaufen. Beide Ratsherren erreichten in ihrem Zorn, daß Gottscheds Zeitschrift verboten wurde. Da aber hatte Marianne schon Feuer gefangen, übersetzte und schrieb, wurde veröffentlicht in Schriften der von Gottsched neu orientierten und organisierten »Deutschen Gesellschaft«, die im von Kleinstaaterei zerrissenen Deutschland für einen einheitlichen Gebrauch der Sprache eintrat und — als dessen Vorbild — das auch von Luther bei seiner Bibelübersetzung bevorzugte Meißnische Deutsch pflegte. 1731 wurde Marianne von Ziegler als einzige Frau zum Mitglied dieser Gesellschaft, einer Männerdomäne, gewählt. Marianne, die Dichterin, das »Wunder an Gelehrsamkeit«. Das tat ihr gut. Das war vielleicht ihre eigentliche Existenz, nachdem es ihr nicht vergönnt gewesen, als Ehefrau und Mutter Bestätigung und Glück zu finden.

Früh hatte sie geheiratet. Allein aus Liebe; was zu ihrer Zeit nicht die Regel war. Sie verlor den ersten Mann, Heinrich Levin von Könitz, heiratete erneut, wieder aus Liebe. Georg Christoph von Ziegler, der als stattlich beschriebene Hauptmann, fiel im Schwedenkrieg. Sie verlor beide Kinder, eins war sechs, eins zehn Jahre alt geworden.

Woher nahmen Frauen im 18. Jahrhundert die Kraft, solche Schicksale scheinbar ruhig zu ertragen? War ihr Schmerzsinn weniger ausgebildet, war ihre Fähigkeit, Leiden zu erdulden, der unseren überlegen?

Gesetze zum Schutz der Frauen existierten nicht, weder geschriebene, staatliche, noch ungeschriebene, ethisch-moralische. Frauen wurden verbraucht, Schwangerschaft ihr normaler Zustand, der Tod im Kindbett keine Seltenheit. Über Lebenserwartung spekulierten Marianne, Anna Magdalena, Friederike und Anna Barbara oder wie sie alle hießen, nicht, gottgeben beschied man sich. Was war das nur für ein Lebensgefühl? Keine Sehnsucht nach Unerreichbarem — außer natürlich nach der Erlösung im religiösen Sinne, Erlösung im Jenseits. »Das Weltbild war enger, und damit auch das seine Grenzen abtastende Bewußtsein: Es manifestierte sich nach außen in unmittelbaren Reaktionen, in heftigem verbalem Ausdruck und pathetischer Gebärde, in von Gestik und Mimik unterstrichener Emphase ...«. Wir erfahren in den Lebensberichten aus jenem Jahrhundert von Schicksalen, die uns selbst vernichtet hätten, und lesen mit Staunen, daß man sie fast stoisch, zumindest voller Ergebung trug.

Eine ferne Zeit. Die »ferne« Marianne. Nicht alles läßt sich heute noch entschlüsseln, was sie gedacht, wie sie gefühlt haben mag. Weniges wissen wir genauer: Verbürgt scheint, daß Glück und Unglück, Freude und Trauer elementar erlebt und ungehemmt demonstriert wurden, auch von ihr, ohne Zwang und ohne Beherrschung. Der Schmerz in Mariannes Oden auf den Tod hochgestellter Persönlichkeiten scheint echt empfunden, miterlebt, aus den eigenen Qualen gespeist, verfremdet allein durch die Starrheit des Reims.

Aber stimmt es auch, daß man »also ebenso schnell überwand, wie es im

Barockdrama geschieht, in dem auch nach dem schwersten Schicksalsschlag und der unmittelbaren Reaktion darauf bald wieder rational disponiert wird?«

Wie Marianne von Ziegler ihren Schmerz überwand — wir wissen es nicht. Zeugnisse über ihre jungen Jahre, über ihre beiden kurzen Ehen fehlen. Die Kindheit ist bekannt, erhält Glamour aus dem großbürgerlichen, generösen Elternhause Romanus, wie von dorther auch Schatten auf sie fiel: 1705, Marianne ist zehn Jahre alt, wird ihr Vater, Bürgermeister Franz Conrad Romanus, auf Augusts Geheiß in der Neujahrsnacht verhaftet und ohne Prozeß bis zu seinem Tode im Jahre 1746 auf Königstein festgehalten. 41 Jahre im Kerker. Sein Vermögen aber fällt nicht an die Krone, wird auch nicht zur Wiedergutmachung seiner angeblichen Griffe in die Leipziger Ratskasse benutzt; zum einen, weil seine Frau auf ihre Mitgift verweisen kann, zum anderen aus merkwürdigen juristischen Spitzfindigkeiten, die das Vorgehen der Behörden in diesem Falle noch zwielichtiger erscheinen lassen. Romanus wußte viel über die Ränke des Dresdner Hofes, zuviel wahrscheinlich; man fühlte sich ihm dort wohl gleichermaßen verpflichtet, wie man ihn fürchtete.

So wuchs Marianne vaterlos auf, älteste von neun Geschwistern, zwischen Pracht und Verachtung und Liebe. Nur einmal noch hat sie ihren Vater gesehen, am 13. Juni 1720 durfte sie ihn auf Königstein besuchen ...

Was wunder, daß sie ihr eigenes Wertgefühl, ihr eigenes Koordinatensystem finden mußte. Was wunder auch, daß ihre Empfindlichkeit gegenüber boshafter Nachrede größer gewesen sein muß als bei Menschen, die in der Kindheit unverwundet blieben.

Nach dem Tode Zieglers war sie 1722 nach Leipzig zurückgekehrt. Die Mutter lebte hier, ihr Bruder, ihr Onkel. Marianne von Ziegler, trauernd, 27 Jahre alt.

Als Gottsched sie zwei Jahre später traf, war sie die Königin der Bälle, Meisterin aller Konversation, belesen, weltgewandt, glänzend am Spinett, voll Könnerschaft Laute und Querflöte spielend. Die Prüfungen des Lebens aber schienen eingegangen in ihre Kunst, in ihren musikalischen Ausdruck wie in ihre Verse, geronnener Schmerz.

1728 erscheint ihr erstes Buch, zwei Bände Gedichte, »Versuche in gebundener Schreibart«. Warum Reime? Weil der Zeitgeschmack danach verlangte. Weil kunstvolle Texte meist für den mündlichen Vortrag bestimmt waren, fürs Deklamieren. Weil Gottsched das höher schätzte als alles andere und seine Auffassung damals Gesetz war. In seiner »Vorrede über die Frage: Ob man auch in ungebundener Rede Oden machen könne«, forderte er: »So viel bleibt indessen ... wohl gewiß, daß die Poesie, eben durch den großen Zwang, dem sie unterworfen ist, und der allen Reimschmieden so unerträglich ist, daß sie die Regeln oft aus den Augen setzen müssen, die Ohren überaus einnimmt: und daß die guten Gedanken, die darinn auf eine ungezwungene Art vorgetragen werden, noch einmal so schön klingen, als sie in freyer Rede laut würden. Und endlich, je schwerer es fällt, die Vernunft und den Reim in ein gutes Vernehmen zu bringen, desto höher hat man diejenigen Dichter zu schätzen, die solches, ohne die Sprache zu radebrechen, thun können …«.

Literaturkritik, Betrachtungen über Ästhetik mußte das 18. Jahrhundert erst noch entwickeln. Als Marianne dichtete, galt nur der Inhalt. Gefühl verlangte man, starke Affekte. Damit konnte sie leicht dienen. So entdeckte auch der auf ständiger Textsuche befindliche Bach das Zieglersche Werk für sich und schrieb sieben Kantaten unter Verwendung von Mariannes Oden. Die arbeitete sie extra um für diesen Zweck. Aus eigener Einsicht in die anderen Gesetze der Musik? Aus Respekt vor dem Meister? Aus Freundschaft zu ihm und der ständig schwangeren Anna Magdalena, die ihr beide ja gut bekannt waren? Mariannes Tante, die Frau des Ratsherrn Carl Friedrich Romanus, hatte bei einer der vielen Taufen im Hause Bach Pate gestanden, 1726, und der Täufling war Bachs Tochter Elisabeth Juliane Friederike …

Die V. Ode.

An die Musen,
warum sie wiederum Verse mache?
Chr. Marian. v. Ziegler.

Fragt mich nur nicht, ihr Pierinnen!
Was itzt mein Kopf für Grillen heckt;
Warum ihr mich so tief seht sinnen,
Und was mir im Gehirne steckt?
Ich selber bin mit mir nicht einig,
Die Ungeduld, so mich bestrickt,
Macht, daß man mich so schnell und schleunig
Voll Unmuth und verkehrt erblickt.

Ich schäme mich vor eurem Orden,
Und weis gewiß, daß ihr nun sprecht:
Ich sey zur Lügnerinn geworden,
Ihr habt darzu vielleicht auch Recht.
Nun denk ich allererst zurücke,
Wiewohl zu spät, was ich gethan;
Allein, wer ist, der dem Geschicke
Beständig widerstreben kann?

Ein Wort, ein Mann, pflegt man zu sagen,
Dieß zielt auf bloße Männer nicht;

Es ist auch nicht in Wind zu schlagen,
Wenn Frauenzimmer was verspricht.
So Glaub als Treu schmückt sie so schöne,
Als andre Zierde, Putz und Pracht;
Dieß wissen wir so gut als jene,
Und doch hab ich nicht nachgedacht.

Mein banges Herz sucht sich zu lüften,
Der Stein muß weg, der solches drückt,
Wie? habt ihr nicht in meinen Schriften
Zugleich ein Abschiedslied erblickt?
Ja ja, der Korb ward euch gegeben!
Was spricht die Welt? gesteht es mir,
Die mich doch sieht darwider leben;
Rückt sie mir nicht den Fehler für?

Ja wohl, sie wird ohnfehlbar sprechen,
Da sieht man, was der Wankelmuth,
Der oft pflegt Eid und Wort zu brechen,
Am weiblichen Geschlechte thut.
Gemach! laßt euch nur nicht verhetzen,
Ich weis es freylich allzuwohl,
Daß ich, mein Wort nicht zu verletzen,
Nicht mehr in Versen schreiben soll.

Der Scheidebrief ist unvergessen,
Den ich der Welt im Drucke wies,
Als ich den Platz, den ich besessen,
An andre Schüler überließ.
Ich weis mich wohl noch zu besinnen,
Was damals mich darzu bewog;
Als ich, mehr Freyheit zu gewinnen,
Von euch, geliebte Musen, zog.

Jedoch damit ihr euch zu rächen
Mich nicht zu Flattergeistern zählt,
Und bey vergeblichem Versprechen
Mit dem verhaßten Vorwurf quält:
Als wollt ich mich darbey nicht schämen,
So hört nur an, was hier mein Kiel,
Dergleichen Argwohn zu benehmen,
Euch im Vertrauen sagen will.

Die Nachtigall, die sich den Netzen
Einmal beglückt entreissen kann,
Beißt, ihrer Freyheit nachzusetzen,
Zum andernmal nicht wieder an.
Mir aber wollt es nicht gelingen,
Ich riß mich zwar von eurem Hayn.
Und dennoch schloß durch sanftes Singen
Ein ander Chor mich wieder ein.

Die deutschen Musen unsrer Linden,
Die bloß, ihr müßt es selbst gestehn,
Deswegen ihre Reihen binden,
Damit sie solche Sprach erhöhn;
Die, wie mit Eifer ist geschehen,
Bey rühmenswürdiger Geduld,
Germanien ins Herze sehen,
Die sind daran, sonst niemand schuld.

Sie winkten mir, auch sonder bitten,
Und ruften mich zu ihrer Schaar,
Zu der mein Fuß so gleich geschritten,
So schüchtern er sonst immer war.
Du sollst zuerst die Bahne brechen?
Gedacht ich dazumal bey mir:
Was wird hierzu wohl Momus sprechen?
Ich weis gewiß, er drohet dir.

Allein ich ließ ihn immer dräuen;
Warum? es war einmal geschehn.
Kann man in den Gelehrten Reihen
Gleich hier nicht Frauenzimmer sehn:
So trifft man doch in fremden Ländern
Dergleichen Mitgespielen an,
Drum wollt ich Herz und Sinn nicht ändern,
Und gieng mit dreistem Muth daran.

Zürnt, liebste Musen, nicht darüber,
Gieng eure Mariane gleich
Zu diesen deutschen Musen über:
Sitzt sie doch mitten unter euch.
Sie sind, was zürnt ihr? eure Brüder
Sie dichten ja, durch eure Gunst,
So viel recht angenehme Lieder
Und danken euch bloß ihre Kunst.

Dieß wird für mich und euren Orden,
Ein mehr als großer Vortheil seyn,
Daß ich ein Mitglied bin geworden,
Gebt immer euer Jawort drein.
Ihr kluges Tadeln und Verbessern,
Der wohlgestimmt und reine Ton
Wird meiner Seyten Klang vergrößern;
Mir ist, als spürt ich solches schon.

Fahrt fort, ihr deutschen Musensöhne,
Mir ferner an die Hand zugehn
Vertreibt mein rauhes Waldgetöne
Lehrt mich die Wirbel richtig drehn.
Vergeßt den Held nicht zu besingen,
Der Reich und Chur so klug beschützt,
Und, wenn wir ihm ein Opfer bringen,
Zugleich auch mit die Musen stützt.

Weckt unter seines Zepters Schimmer
Die deutsche Sprache wieder auf;
Sie liegt und schläft noch leider! immer,
Bringt wieder Zung und Kiel in Lauf.
Sucht Quell und Ursprung zu ergründen,
Bespiegelt euch an Frankreichs Witz,
So nennt die Welt den Hayn der Linden
Mit recht der deutschen Musen Sitz.

Fünfte Ode aus der »Gebundenen Schreibart« der Marianne von Ziegler, in der
sie Einblick in ihre Gedankenwelt gibt

Wenn spätere Musikwissenschaftler Mariannens Namen im Umfelde Bachs hervorheben, als sei sie eine wichtige Dichterin für ihn gewesen, so tun sie beiden Unrecht. Gewiß, als Johann Sebastian Bach 1723 sein Amt als Thomaskantor antrat, suchte er auch Kontakt zu den Dichtern der Stadt. »Denn in einer Zeit, deren Lyrik zu fast zwei Dritteln vom Musikalischen herbestimmt wurde, waren Musiker und Poeten auf gegenseitige Hilfe angewiesen. Eine Kirchenmusik, eine Nachtmusik ... sie erwuchsen aus gemeinsamer Leistung beider und bedingten ein künstlerisches Vertrauensverhältnis.« 266 Kantaten hat Bach in seiner Leipziger Zeit komponiert; sieben davon, die Kantaten Nr. 103, 108, 87, 128, 74, 68, 175, gedacht für eine Aufführung an den aufeinanderfolgenden Sonn- und Feiertagen zwischen Jubilate und Pfingstdienstag, beruhen auf Texten der Marianne von Ziegler. Sie also Bachs Dichterin zu nennen, wäre reichlich übertrieben. Auch weil ihr Bemühen größer war: Sie hat später noch 72 Kantatentexte verfaßt, als Angebot für ein Kirchenjahr, wie es auch von Picander vorlag, doch Bach hat auf ihre Offerte nie zurückgegriffen, nur genannte sieben Kantaten sind als gemeinsames Werk entstanden. So war Mariannes größeres Verdienst um Bach wohl, daß sie ihn mit dem Kreis um Gottsched zusammenführte, daß sie Bach in ihrem gastfreien Hause mit den Honoratioren bekannt machte, ihrem oft erwähnten gastfreien Haus, von dem überliefert ist, daß es »einheimischen und fremden Künstlern, Musikern wie Poeten« offenstand und der »Schauplatz mancher geselligen Musikaufführung« gewesen ist. »Im Schülerkreise Bachs und Görners wird es begabte junge Musensöhne genug gegeben haben, die hier Gastfreiheit genossen und sie mit Kompositionen der Gedichte der Wirtin vergalten.«

1731 wurde Marianne von Ziegler, wie schon erwähnt, Mitglied der Deutschen Gesellschaft, eine Entscheidung, von Gottsched forciert, die weithin für Aufsehen sorgte. Eine Frau erfährt fachliche Anerkennung, gesellschaftlichen Respekt für ihre Leistungen — das stand doch nur Männern zu. Doch den Aufstand wider sie gab es erst, als Marianne 1732 für ihr Gedicht »Auf den Geburtstag des Königs von Polen und Kurfürsten von Sachsen Friedrich August« den Poesie-Preis dieser Deutschen Gesellschaft errang und Gottsched seitdem beharrlich für sie nach der höchsten Ehre, dem Titel des kaiserlichen gekrönten Poeten, strebte.

Nein, Aufruhr ist nicht übertrieben. Denn als Efeukranz und Dichterlorbeer der Wittenberger Universität sie schmückten und ihre Leipziger Freunde, die sich gern ihre »Brüder in Apollo« nannten, mit einem Widmungsbuche für sie die Reihe der Ehrungen fortsetzten, da erschien gleichzeitig jene unsagbare Schandschrift voll der gemeinsten Schmähungen, »verziert« von einem Kupfer, das selbst der größte Schmeichler bestenfalls »wenig vorteilhaft« hätte nennen können. Man lachte über sie in Leipzig. Man brachte ihr böse Ständchen, sang die Parodien auf ihre Verse laut unter ihrem Fenster …

Der Urheberschaft verdächtig waren vier Studenten.

Gottsched stand ihr zur Seite, erreichte, daß die Universität eine Untersuchung einleitete. Strenge Befragung der Delinquenten. Die wehrten sich, appellierten gegen dies Verfahren. Der Kirchenrat mißbilligte zwar den groben Unfug der jungen Leute, sprach sich jedoch für Milde aus. Schließlich entschied die Behörde: ernster Verweis an die vier und Abstattung der gerichtlichen Unkosten als Strafe. Aber das Verfahren wurde niedergeschlagen, kein Prozeß also, angeblich, um Mariannens Ruf zu schonen. Nur beiläufig klingen die wahren Gründe an: Man sehe lieber davon ab, heißt es, »zumal da durch die fernere Untersuchung dieselbe und derselben Umstände je mehr und mehr bekannt werden würde und zur Decreditierung beider Universitäten bei den externis gar leicht Anlaß geben könnte«. Reputation über alles! Was zählt hier eine zutiefst gekränkte Frauenseele?!

Ein königlicher Erlaß schließlich begnadigte am 7. August 1734 die studentischen Spötter. Wenig Genugtuung für die so hinterhältig angegriffene Dichterin, für die alternde Ballkönigin, als alleinstehende Frau, als Dichterin doppelt wehrlos allem Gerede ausgesetzt.

Nun brauchte Marianne erneut Gottscheds Beistand. Wartete. Fand keine Ruhe. Lief auf und ab. Ja, sie hatte sich geehrt gefühlt, als Vestner, der berühmte Augsburger Medailleur, sie um ein Porträt bitten ließ. Eine Gedächtnismünze auf ihre poetische Krönung wolle er machen, wurde ihr mitgeteilt, viele Großen der Wissenschaft und der schönen Künste habe er schon modelliert. Da ehrliches Bemühen aus diesem Antrag sprach, nahm sie ihn an. Und nun diese Zeitungslüge, sie hätte den Auftrag dazu selbst gegeben. Ließ sich ein Mann wie Vestner überhaupt wider eigenes Wollen beauftragen? Mußte nicht auch ihn der Anwurf in jenem hamburgischen Blatte maßlos verärgern? Kannte er ihn überhaupt? Sollte sie ihm schreiben? Aus solchen Händeln wollte sie sich lieber heraushalten. Gottsched konnte helfen, konnte Stübnern ein Wort sagen, der neben der »Acta eruditorum« auch die Leipziger gelehrten Anzeigen redigierte. Oder sollte man die Hamburger zum Widerrufe zwingen? Gottsched oder ein anderer ihrer »Brüder in Apollo« von der Deutschen Gesellschaft mußte helfen: Kästner, Kirchbach, Mosheim, Schwabe … Steinwehr vielleicht. Doch dem konnte sie nicht mal den kleinen Finger reichen, ohne daß er sich Hoffnungen machte, der wollte sie ganz.

Marianne von Ziegler setzte sich ans Cembalo. Vielleicht hätte sie allein der Musik treu bleiben sollen, im Reich der Töne und Gefühle war sie nicht so schnell angreifbar wie im Reiche der Worte und Gedanken. Der Frau als

Künstlerin machte man gern Komplimente, die Frau als Gelehrte war eine gesellschaftliche Außerordentlichkeit. Gutwillige nannten es »ein Wunder« ...

Das Dementi erschien: Am 20. Januar 1735 vermeldete das in Leipzig erscheinende Blatt »Neue Zeitungen von gelehrten Sachen« die »wahre Beschaffenheit« des Entstehens der Krönungsmedaille für Frau von Zieglern: Christoph Regel, Buchhändler zu Nürnberg, habe Jacob Schustern in Leipzig geschrieben, und die Initiative zu dieser Gedächtnismünze sei »allein vom Medailleur Vestner« ausgegangen, wie der Briefwechsel belege. Vestner wünsche »die Gelehrten voriger und jetziger Zeiten zu machen«.

Beruhigten sich die Wogen wieder? Endete der Sturm? Windstille trat ein. Wie wir heute wissen, lag die Ursache dafür in einem geheimen Schreiben jenes städtischen Consiliums, das 1734 die Spötter befragt hatte, an den Kirchenrat des Landes Sachsen: »Nachdem wir aus Eurem wegen der verwittweten von Ziegler jüngsthin von der philosophischen Facultät zu Wittenberg in Leipzig vorgenommenen Creïerung zur Poetin, erstatteten Bericht wahrnehmen müssen, was für üble Folgerungen aus dergleichen ohne euern vorbewußt angefangenen ganz ungewöhnlichen Dingen zu entstehen pflegen, befehlen wir gnädigst, ihr wollet zu deren künftiger Vermeidung die Universität zu Wittenberg bescheiden, daß führohin in solcherlei außerordentlichen Fällen zuvorderst auch gebührende Anzeige geschehe und ohne darein erfolgte Einwilligung und eingelangte Resolution nichts unternommen werden solle, auch ein gleiches an die Universität zu Leipzig zu verfügen.«

Nie wieder war es nötig, »gebührende Anzeige« zu machen, die Universitäten sahen jetzt lieber ganz davon ab, eine Frau derart zu ehren. So hatten weder Anna Helene Volckmann geborene Wolffermann, die 1735 ihre »Erstlinge unvollkommener Gedichte« in Leipzig erscheinen ließ, noch die Frau vom Rektor der Nikolaischule, die mit ihrem Wissen von sich reden machte, noch Luise Adelgunde Victorie Kulmus, die Gottschedin, künftig die Chance, reale Anerkennung aus Gelehrtenkreisen zu empfangen.

Marianne von Ziegler blieb die einzige von einer sächsischen Universität gekrönte Poetin.

Und wohin führte sie ihr weiterer Lebensweg? Fort von Leipzig. Waren es die unerfreulichen Ereignisse nach der großen Ehrung, war es 1739 der Tod ihrer Mutter, war es Gottscheds immer ausschließlicher werdende Hinwendung zu Luise Adelgunde Victorie Kulmus, die, nach Mariannes schlimmem Jahr 1735, Frau Gottsched wurde, war es Sorge, ein einsames Alter erleben zu müssen, fühlte sie später Gottscheds Stern verblassen, liebte sie noch einmal und folgte wieder ihrer Leidenschaft?

1741 jedenfalls, im September, heiratete Marianne von Ziegler, 46jährig, den ihr von der Deutschen Gesellschaft gut bekannten Literaturprofessor Wolf Balthasar Adolf von Steinwehr, der sich mittlerweile als Herausgeber der »Göttinger gelehrten Anzeigen« einen Namen gemacht hatte und dem Marianne auch die Drucklegung ihrer »Vermischten Schriften in gebundener und ungebundener Rede« 1739 in Göttingen verdankte. Sie folgte Steinwehr nach Frankfurt (Oder). Anfangs gab es noch Übersetzungen von ihr für die Schriften der Deutschen Gesellschaft, erbauliche Traktate, einen 1742 erschienenen wehmütigen Dialog über den wahren Wert edler Feundschaft, die auch Zeiten der Trennung zu bestehen hilft.

Dann verstummt Frau von Steinwehr.

Anne Braun

Mitten im glänzenden Elende

Friederike Caroline Neuber geb. Weißenborn (9.3.1697 bis 30.11.1760)
Schauspielerin und schreibende Prinzipalin; gründete mit ihrem Mann eine
Theatergruppe, deren künstlerische Leiterin sie war. Die Neuberin reformierte — als Verbündete Gottscheds — die Theaterarbeit im damaligen
Deutschland. Sie reinigte die Bühne von den Haupt- und Staatsaktionen sowie
von den Hanswurstiaden (verbannte 1737 den Harlekin in einer öffentlichen
Vorstellung aus dem Theater); F. C. Neuber bemühte sich um ein literarisch
wertvolles Repertoire und führte das Rollenstudium ein (getreue Wiedergabe
der Originaltexte)

Einst verbannte die Neuberin den Hanswurst symbolisch von den weltbedeu-
tenden Brettern. Das verübeln wir ihr heute noch, da wir uns wieder besinnen
auf Volkstheatertraditionen, Clownerie und Narretei, denn Spaß muß sein. Im
Grunde war der buntscheckige Kerl gar nicht totzukriegen, wie Lessing konstatierte, man zog ihm nur ein neues Jäckchen an, gab ihm einen anderen Namen.

Caroline Neuber hat als Prinzipalin einer Wandertruppe von sich reden gemacht und kam ins Gerede; schuf sich Verehrer, Neider und Feinde. Ihr Leben eine Legende, ihr Einsatz für eine bessere Schauspielkunst, die Anerkennung ihres Berufsstandes ein Ruhmesblatt in der Geschichte des deutschen
Theaters. Schon damals ist viel über sie geschrieben worden, Hochlöbliches
und Bitterböses. Auch eine Schmähschrift, die »weltberüchtigte und beste Co-
mödiantin aller Zeiten« betreffend, kam auf den Markt und war glatter Ruf-
mord; sie hat ihn schwer überstanden. Diesem unterhalb der Gürtellinie ange-
siedelten Pamphlet verdankt die Nachwelt zumindest etwas — das einzige
erhalten gebliebene, authentische Bildnis der Neuberin.

In Zedlers »Grosses vollständiges Universal-Lexicon der Wissenschafften
und Künste« von 1740 steht Friederike Caroline Neuber, geborene Weißenborn, als Verfasserin von Huldigungsgedichten und Bühnenvorspielen, nicht
aber als renommierte Theaterfrau, die sie derzeit längst war. Indes, die Neuberin nutzte auch das dichterische Talent klug und gewitzt für ihre Zwecke.
Stets wußte sie sich selbst zu helfen, wenn es an verwendbaren Bühnentexten
fehlte. Zudem setzte sie, um der größeren Wirkung willen, diverse Bewerbun-
gen, Bittgesuche und Dankschreiben in wohlklingende Reime und rührte da-

mit manch Despotenherz. Die Komödianten, von der Kirche verteufelt, in den Städten oft nur ungern geduldet, mußten Territorialfürsten und Stadträte umbuhlen. Von deren Gnade hing die Existenz der Theaterbanden ab.

Als Caroline Neuber jung, schön und voller Tatendrang auf den Plan trat, war mit den Wanderbühnen kaum Staat zu machen, die Niveaulosigkeit spottete jeder Beschreibung. »Herumreisende Gauklertruppen, die durch ganz Deutschland von einem Jahrmarkt zum anderen laufen, belustigen den Pöbel durch niederträchtige Possen«, soll Conrad Ekhof berichtet haben. »Der Hauptfehler des deutschen Theaters war der Mangel an guten Stücken; die, welche man aufführte, waren gleich lächerlich vor dem Plane als nach der Darstellung ... Ein anderer Fehler der alten deutschen Stücke, und zwar der meisten, ist, daß sie nicht durchgängig niedergeschrieben sind. Die Komödianten besitzen vielmehr nur den Entwurf davon und spielen alles aus dem Stegreife. Im übrigen war alles widerwärtig; die Akteures, die in Lumpen gehüllt waren und konfiszierte alte Perücken aufhatten, sahen aus wie in Helden verkleidete Mietkutscher. Mitten in dieser Barbarei wagte eine liebenswürdige Frau den Vorsatz zu fassen, das deutsche Theater zu reinigen und ihm eine vernünftige Form zu geben.«

Diese »liebenswürdige Frau« kam aus bürgerlichem Hause. Kindheit und Jugend hatten ihren Charakter geprägt, ihre Willensstärke auch. Caroline, die frühzeitig die Mutter verlor, wuchs in Zwickau bei ihrem Vater auf, dem ehemals Reichenbacher Gerichtsdirektor Daniel Weißenborn. Er ließ ihr eine gediegene Bildung zukommen — die Neuberin soll sogar des Französischen und Lateinischen mächtig gewesen sein —, doch unter seinem Jähzorn, seinen Mißhandlungen erfuhr sie die Hölle. Sie war vierzehn, als Weißenborn sie und seinen Anwaltsgehilfen Zorn, mit dem sie durchgebrannt war, steckbrieflich verfolgen ließ, was beiden eine dreizehnmonatige Untersuchungshaft einbrachte. Vor Gericht entlastete Caroline den Vater, den Zeugen der Gewalttätigkeit bezichtigten, und bekannte sich als allein schuldig, da sie ihren Freund vor einer Entführungsklage retten wollte. Der wesentlich ältere Zorn zog sich schnöde aus der Affäre und verschwand. Gezwungen, wieder mit dem Vater zu leben, gelang Caroline fünf Jahre später die Flucht mit zwei Zwickauer Lateinschülern. Einer davon war Johann Neuber und bald darauf ihr Ehegespons. Sie schlossen sich dem fahrenden Volk, der Spiegelbergschen und dann der Haack-Hoffmannschen Truppe, an.

Caroline Neuber muß eine faszinierende Schauspielerin gewesen sein. Johann Christoph Gottsched, Literaturprofessor der Leipziger Universität, der sie während einer Vorstellung in vier Hosenrollen sah, rühmte ihre Aufsehen erregenden Verwandlungskünste, und seine Stimme hatte Gewicht. 1727 gründeten die Neubers mit begabten Akteuren und Gottscheds Hilfe eine eigene Truppe. Sie erwirkten das Privileg als »Königl. Polnische Churfürstl. Sächsische Hof-Comoedianten« — in der messestädtischen Amtssprache kurz und gerne auch »Neuber und Consorten« geheißen — und erhielten ein Standquartier in Leipzig. Damit war das Vorrecht verbunden, hier zu begrenzten, festgelegten Zeiten aufzutreten. Das reichte keinesfalls, das Leben der Truppe aufrecht zu erhalten. Und so gastierten sie in Dresden und Merseburg, verschafften sich weitere Privilegien, um auch in Braunschweig, Hamburg, Nürnberg und anderswo zu spielen.

In Leipzig, der »Wiege der deutschen Frühaufklärung«, kam es zu einem intensiven Zusammenwirken Gottscheds und der Neuberin. Beide wollten die Schaubühne von »schwülstigen und mit Harlekinlustbarkeiten untermengten Haupt- und Staatsaktionen, lauten pöbelhaften Fratzen und Zoten« entrümpeln. Mit einem Repertoire »regelmäßiger« Stücke sollte dem bisherigen und üblichen Bühnenkauderwelsch und Spielmischmasch Paroli geboten sein. Gottsched und die Neuberin schlossen mit ihrer Reform die Kluft zwischen Literatur und Theater. Wobei der Neuberin noch mehr vorgeschwebt haben mag: die Verknüpfung von Bildung, Moral und Volksbelustigung, ein nützliches Theater für alle sozialen Schichten. Wie ihr späteres Zerwürfnis mit Gottsched bewies, der auf der Übertragung des französischen Vorbildes beharrte.

Die Neuberin erzog ihre Truppe zu gründlichem Rollenstudium und gehobener Deklamation, der sogenannten Leipziger Schule. Die Akteure mußten Bewegungsabläufe einüben, in Gesang und Ballett perfekt sein. Als gestrenge Prinzipalin forderte sie Pünktlichkeit auf den Proben und zu den Vorstellungen, Fleiß und ehrbares Verhalten. Unverheiratete Schauspielerinnen nahm sie zu sich ins Haus und behandelte sie wie Pflegetöchter, während die ledigen Männer ihre Kostgänger waren, »um den unseligen Hang der Schauspieler zum Wirtshausleben zu steuern«. Liebschaften beobachtete sie mit Argusaugen, trieb sie auseinander oder in die Ehe.

»Neuber und Consorten« wurden berühmt mit Tragödien von Racine und Corneille, mit den Komödien Molières. Während ihres glänzenden Aufstieges starb August der Starke, dessen Wohlwollen ihnen sicher schien. Nun schaffte es Ferdinand Müller, versippt und verschwägert mit der Haack- und Hoffmannschen Bande, den Neubers das kurfürstliche Privileg und ihre angestammte Leipziger Spielstätte »über dem Fleisch-Hausse« abzuluchsen. In einer Bude bei Boses Garten vor dem Grimmaischen Tor kam es 1737 in einem selbstverfaßten Spiel der Neuberin zu jener legendären Vertreibung des Hanswursts. Eine Reverenz an Gottsched, auf den man noch Hoffnung setzte, und eine Attacke gegen den Possenreißer Müller und seinesgleichen.

Im selben Jahr erbaten die Neubers eine zwölfjährige Spielerlaubnis in

Hamburg, erarbeiteten einen »grundsätzlichen Entwurf, auf was Weise eine wohleingerichtete Comedie unterhalten werden kann«. Der Senat legte es zu dem Übrigen. Ein mit großem Aufwand vorbereitetes Gastspiel am Petersburger Hofe, das neue Triumphe verhieß, bescherte ein Fiasko. Der plötzliche Tod der Zarin ließ Neubers die Zelte vorzeitig abbrechen. In Leipzig hatte sich Gottsched bereits mit dem ehrgeizigen Schönemann arrangiert.

Die Rache der Neuberin war fürchterlich. Sie machte auf der Bühne Gottsched als kleinlichen, mit der Laterne nach Fehlern suchenden Tadler zur Zielscheibe allgemeinen Spotts. Nicht genug, daß sie es damit bei der Magnifizenz restlos verscherzte. Schönemann und später auch Koch, ihre ehemaligen Schüler und inzwischen Prinzipale eigener Gesellschaften, entpuppten sich als rigorose Konkurrenten, denen sie sich nicht mehr gewachsen fühlte.

Allen Widernissen zum Trotz erreichte sie Ende der 40er Jahre noch ein langerstrebtes Ziel: Sie konnte im deutschen Sprechtheater endlich auch deutsche Stücke vorstellen. Begabte Studenten und angehende Dichter fördernd, führte sie dramatische Arbeiten von Gellert, Schlegel und Weiße auf. Der Studiosus Gotthold Ephraim Lessing, inspiriert vom »dasigen Theater«, bekannte, daß er »vor demselben hundert Kleinigkeiten lernte, die ein dramatischer Dichter lernen muß«. Die Uraufführung seines Jugendwerkes »Der junge Gelehrte« — 1748 in Zotens Hofe der Leipziger Nikolaistraße — galt nicht nur als Sieg der Neuberin. Die Entwicklung einer nationalen Theaterkultur ließ sich nicht mehr aufhalten.

Sichtbare Spuren, die auf die Neuberin deuten, sind heute schwerlich auszumachen. Auf dem Friedhof von Leuben, wo man sie in aller Stille beerdigte, ein würdig-schlichtes Grabmal. In ihrer Jugendstadt Zwickau der Neuberinplatz und eine Büste im Treppenaufgang des Gewandhauses. In der neuerbauten Dresdner Semperoper ein Neuberin-Medaillon an der ersten Rangbrüstung. In Leipzig, ihrer wichtigsten Wirkungsstätte, kein Denkmal, keine nach ihr benannte Straße, nicht das geringste Plätzchen. Zumindest befindet sich im Foyer des Schauspielhauses eine unauffällige Reliefplatte und am Eingang zum »Café am Brühl« eine Gedenktafel, denn hier am Blumenberg hat die Prinzipalin mit ihrer Truppe anno 1749 gespielt. Warum heißt das Café nicht »Zur Neuberin«, wenn deren Silhouette als Aushängeschild benutzt wird? Da lob ich mir die Reichenbacher. Vor der Stadt, auf riesiger Sichtwerbung prangend, heißt uns die vollbusige Schöne »herzlich willkommen in der Neuberinstadt«. Im Zentrum verweist sie, nicht minder attraktiv, auf die Neuberin-Gedenkstätte, derzeit am Karl-Marx-Platz untergebracht. Denn das einstige Gerichtsgebäude am Johannisplatz, in dem Caroline das Licht der Welt erblickte, wird umfassend rekonstruiert. Toi, toi, toi, auf daß wir hier 1997 ihren 300. Geburtstag feiern können.

Jürgen Hart

Die Neuberin im Gespräch mit einem Zeitgenossen

ZEITGENOSSE: Sehr verehrte Kollegin Neuber, ich habe die seltene Gelegenheit, ein Gespräch mit Ihnen zu führen. Ich hoffe, es ist Ihnen angenehm?

NEUBERIN: Habe ich einen Jahrestag?

ZEITGENOSSE: Nicht direkt!

NEUBERIN: Leider kann ich mich nicht dagegen zur Wehr setzen, aber da ich nur noch vage in Erinnerung bin, und das auch nicht wegen meiner Person, sondern wegen einer Aktion, einer Episode, an der ich beinahe zufällig beteiligt war, kann ein wenig Public Relations nur nützlich sein! Zu Lebzeiten habe ich mich gut zur Wehr oder in Szene setzen können, also sollte mir das auch noch heute gelingen!

ZEITGENOSSE: An der Aktion, von der Sie eben sprachen, waren Sie mehr als beteiligt. Sie galten als Initiatorin!

NEUBERIN: Nein, Schuld waren die Umstände, die Zeit und die Wut auf beides …

ZEITGENOSSE: Sie wollen damit sagen, daß die Unzufriedenheit mit den gesellschaftlichen Bedingungen die Richtschnur Ihres Handelns war?

NEUBERIN: Sie haben eine Unart, sich auszudrücken und mich festlegen zu wollen, von der ich nicht viel halte. Ist das der Gottschedismus Ihres Jahrhunderts?

ZEITGENOSSE: Ja, das ist er, aber er heißt jetzt anders.

NEUBERIN: Wie kommen Sie eigentlich dazu, mit mir zu sprechen, hat Ihr Jahrhundert nichts besseres …

ZEITGENOSSE: Es herrscht ein Interesse an Ihnen, in Ihrer Eigenschaft als Frau …

NEUBERIN: Besteht daran ein Zweifel?

ZEITGENOSSE: Nun, Sie haben sich stets mannhaft benommen. Da sind doch Zweifel erlaubt? Außerdem ist es in Mode gekommen, sich der Frau als Frau zu widmen.

NEUBERIN: Das ist lächerlich!

ZEITGENOSSE: Da stimmen wir überein.

NEUBERIN: Frau sein, ist doch nur ein Aggregatzustand des Menschen, man muß sich um den Menschen kümmern, das tut der Frau so gut, wie dem Manne!

ZEITGENOSSE: Wir stimmen wieder überein. Und Sie haben sich ja um die Ihnen anvertrauten Menschen gekümmert.

NEUBERIN: Was blieb mir übrig, ich hatte ja mehr oder weniger freiwillig eine Theatergruppe gegründet, hatte Verantwortung für andere übernommen, hatte mich dabei fast übernommen, — ich mußte mich dann einfach um das Wohl und Wehe meiner Kollegen kümmern. Mit welcher Berechtigung stellen Sie eigentlich dergleichen Fragen?

ZEITGENOSSE: Ich bin in ähnlicher Situation wie Sie. Ich stamme aus dem Vogtland ...

NEUBERIN: Sie sind starrköpfig? Stammen Sie aus Reichenbach?

ZEITGENOSSE: Ja und nein ... Ich habe in Leipzig auch ein Theater am Halse ...

NEUBERIN: In Leipzig? Sind Sie für Reformen? Spielen Sie Tragödien oder Komödien? Spielen Sie nach Regeln oder im Stegreif?

ZEITGENOSSE: Ich sehe, ich habe Ihr Interesse gewonnen, würde aber gerne heute erst einmal über Ihre Reformen reden.

Warum also wollten Sie das Theater reformieren?

NEUBERIN: Weil auf dem Theater eine totale Verwahrlosung herrschte. Haupt- und Staatsaktionen, also Geburtstage, Siegesfeiern, Staatsbesuche wurden zelebriert ...

ZEITGENOSSE: Verstehe, dafür haben wir heute das Fernsehen.

NEUBERIN: ... und das alles recht bunt und grell aufgemacht. Von Dramaturgie konnte keine Rede sein, und Inhalte hatten diese Vorführungen nicht. Um das Publikum jedoch bei der Stange zu halten, gab es Harlekine und Hanswürste.

ZEITGENOSSE: Wenn heutzutage vom fehlenden Inhalt abgelenkt werden soll, dann lassen wir tanzen!

NEUBERIN: Das ist auch eine sehr interessante Möglichkeit!

ZEITGENOSSE: Ja, aber der Harlekin, der Hanswurst, der konnte wenigstens dumme oder spitze Bemerkungen zu den Problemen der Zeit machen ...

NEUBERIN: Er konnte, wenn er konnte! Zumeist jedoch ging es ums Prügeln, Fressen oder Saufen ...

ZEITGENOSSE: Nun, das hat doch mit dem Leben zu tun!

NEUBERIN: Ja, aber meine Reformbemühungen hatten ein genau umrissenes Ziel. Ich wollte die langweiligen und kunstlosen Staatsaktionen von der Bühne haben und Stücke aufführen, die Menschenschicksale erzählten, die eine Fabel hatten, die lehrreich waren und mithelfen konnten, Zuschauer zu erziehen und zu verbessern ...

ZEITGENOSSE: Und solche Stücke gab es in Deutschland nicht.

NEUBERIN: Richtig, aber es gab Stücke, die die Voraussetzung boten, eine Verbesserung der Zustände auf dem Theater zu erreichen, das waren die französischen Tragödien, und es ging einfach nicht an, daß der Hanswurst rülpsend und Zoten reißend durch die Alexandrinertragödie hampelte!

ZEITGENOSSE: Also: mir hätte das nicht schlecht gefallen!

NEUBERIN: Ja, Ihnen, aber nicht den gebildeten Ständen, auf deren Anspruch und Zustrom wir großen Wert legten. Das gebildete Bürgertum schien unsere Zukunft, denn Hoftheater allein macht auf die Dauer auch nicht glücklich!

ZEITGENOSSE: Sie sagen es.

NEUBERIN: Jedenfalls hatten wir mit unserem Spielplanangebot so viel Erfolg, daß wir das berühmte und gebildete Leipzig für mehr als zehn Jahre ständig zum Stammquartier machen konnten. Auch verbesserte sich unser Image, wie Sie sagen würden, beträchtlich. Auf der Leiter der sozialen Wertschätzung stiegen wir ein wenig höher. Früher waren wir zwischen Räuberbanden und Landstreichern angesiedelt, jetzt rangierten wir immerhin schon auf Dienstbotenhöhe. Manchmal hatten wir sogar Geld, die Kerzenmacher gleich zu bezahlen. Sie ahnen ja nicht, was so ein Theater kostet ...

ZEITGENOSSE: Ich ahne es, aber Geld ist heutzutage nicht das Problem!

NEUBERIN: Ja, Sie haben es einfach, Sie nehmen die Subventionen vom Staat und den Strom zur Beleuchtung aus der Steckdose, vom Kraftwerk oder vom Kernreaktor, das ist einfach und ungefährlich ...

ZEITGENOSSE: Nun, hier würde ich gerne widersprechen wollen ...

NEUBERIN: Ja, wissen Sie denn, wie früher bei uns die Theaterkerzen rußten und kokelten, den Schauspielern standen oft die Tränen in den Augen ...

ZEITGENOSSE: Daher die Neigung zu Tragödien!

NEUBERIN: ... und die Brandgefahr und die Kosten ...

ZEITGENOSSE: Ich weiß, das ist Ihr Lieblingsthema, aber könnten wir wieder zur Sache kommen ...

NEUBERIN: Nein, das ist nicht mein Lieblingsthema, über Kostüme rede ich noch ausschweifender.

ZEITGENOSSE: Gut, aber wir müssen jetzt einmal Gottsched ...

NEUBERIN: Mein Gott, Gottsched!

ZEITGENOSSE: Haben Sie ihn gemocht?

NEUBERIN: Anfangs wohl, später hatten wir gewisse Differenzen.

ZEITGENOSSE: Das ist wohl sehr gelinde ausgedrückt! Sie hatten eine der berühmtesten Theaterfeindschaften Ihrer Zeit miteinander! Aber anfangs sollen Sie sogar mal was mit ihm gehabt haben; so wird jedenfalls berichtet!

NEUBERIN: So ... das wird berichtet. Solchen Gerüchten muß man entschieden begegnen, indem man sie verschärft und weiterverbreitet. Wissen Sie, irgendetwas war immer zwischen Gottsched und mir: Er war Dogmatiker, ich Realistin. Das kann auf Dauer nicht gut gehen.

ZEITGENOSSE: Nun jedenfalls hat er Ihnen in Leipzig sehr geholfen, achtbar und wenigstens zeitweise ansässig zu werden. Er hat sich um Ihr Repertoire bemüht ...

NEUBERIN: Und er hat uns sogar einmal Kostüme vom Sächsischen Hof aus Dresden besorgt ...

ZEITGENOSSE: Ja, ich weiß ... Ihr Lieblingsthema!

NEUBERIN: Naja, wichtig war er anfangs vielleicht tatsächlich durch seine Fürsprache und durch einige Stücke.

ZEITGENOSSE: Haben Sie selbst Stücke geschrieben?

NEUBERIN: Natürlich Vorspiele, Nachspiele, Zwischenstücke ... aber auf Theaterliteratur war ich natürlich angewiesen, ich wollte ja Dichter für Dramatik interessieren!

ZEITGENOSSE: Gottsched jedenfalls hat geschrieben!

NEUBERIN: Ja, und manchmal sogar mit Schere und Kleister!

ZEITGENOSSE: 27 Stücke soll er Ihnen im Laufe Ihrer Zusammenarbeit geschickt haben?

NEUBERIN: Naja, davon einige aber nur aktweise und mit der Post. Sie können sich sicher nicht vorstellen, wie lange damals eine Postsendung dauerte ...

ZEITGENOSSE: Doch, das kann ich mir sehr gut vorstellen!

NEUBERIN: Wir standen jedenfalls auf dem Schlauch, wie Sie heute zu sagen pflegen, und mußten warten, bis uns der Herr Gottsched die Texte aus seiner Manufaktur häppchenweise zuschickte. Aber er hatte eben nicht genügend Autoren an der Hand, obwohl er sogar seine Frau zum Dichten ansetzte, allerdings nur für Komödien ...

ZEITGENOSSE: Haben Sie was gegen die Gottschedin oder gegen Komödien?

NEUBERIN: Ich habe doch nichts gegen Komödien! Ich habe gut und gerne darin gespielt. Hosenrollen waren meine Spezialität und in der freien Improvisation war ich unschlagbar!

ZEITGENOSSE: Dann müssen Sie mir den Widerspruch erklären! Sie sind für die Komödie und gegen die Lustige Person vom Theater? Selbst Lessing hat die Verbrennung des Harlekins gerügt!

NEUBERIN: Der Gotthold?

ZEITGENOSSE: Sie sagten Gotthold zu ihm?

NEUBERIN: Na, sollte ich vielleicht Ephraim zu ihm sagen? Aber der Widerspruch kann geklärt werden. Der Hanswurst war durchaus nicht die Lustige Person, die Sie heute in ihm sehen wollen. Er trottelte, rülpste und furzte durch die Stücke und zerstörte buchstäblich jede Handlung! Ich wollte aber Stücke mit Inhalt, ich wollte Literatur aufs Theater bringen, ich wollte mit Hilfe des Theaters aufklären und bilden, und gebildete Zuschauer heranziehen! Da mußte dieses Monstrum erstmal von der Bühne ...

27

ZEITGENOSSE: Aber Sie haben damit doch auch die Figur von der Bühne verbannt, mit der sich die einfachen Leute identifizieren konnten ...

NEUBERIN: Gut, dann hätte ich vielleicht den Hanswurst reformieren müssen. Ich wollte aber das Theater erneuern, ich wollte nicht an Symptomen herumdoktern, das ganze Theater sollte gesunden!

ZEITGENOSSE: Aber mußte es denn eine Verbrennung sein? Sie haben sich damit Leute zu Verbündeten gemacht, die glauben, daß durch Verbrennen und Verbieten Probleme zu klären wären!

NEUBERIN: Haben Sie nicht auch manchmal falsche Freunde? Können Sie sich Ihre Interpreten immer aussuchen?

Und wer sagt Ihnen denn, daß die Verbrennung tatsächlich stattgefunden hat. Da gibt es einige Versionen ...

ZEITGENOSSE: Und welche stimmt?

NEUBERIN: Das werde ich Ihnen wohl gerade verraten! Eines kann ich Ihnen jedoch im Vertrauen sagen, wie die Sache auch immer abgelaufen sein mag, mein Mann, der Neuber, war sehr froh darüber. Er hätte nämlich bei uns damals den Hanswurst spielen sollen, und er war ein miserabler Hanswurst!

ZEITGENOSSE: Und der Hanswurst hat an Ihrem Theater dann auch nie wieder Fuß gefaßt?

NEUBERIN: Oh, in Versuchung kamen wir schon, ihn wieder auf die Bühne zu holen, zum Gastspiel in Hamburg z.B., als das Publikum unsere neuen Stücke nicht annahm ... Aber ich habe mich nicht hinreißen lassen! Komödien allerdings haben wir viel und gerne gespielt, auch neue: Gellert, Lessing ... den Gotthold hab' ich entdeckt! Ja, und den Holberg »Ulysses von Ithaka«. Da kam auch einer vor, der Diener Kilian, einer von den kleinen Leuten, die sich mit List, Witz und Verstand durch den Trojanischen Krieg retteten. Das war einer nach meinem Geschmack, das war vielleicht schon so ein »reformierter Hanswurst«! Wenn die Hanswürste alle so gewesen wären, hätte ich sie nicht von der Bühne verbannen müssen!

ZEITGENOSSE: Warum haben Sie sich später mit Gottsched überworfen?

NEUBERIN: Nun, ich war ein wenig verbittert. Als ich mit meiner Truppe nach verschiedenen Gastspielreisen doch recht angeschlagen in Leipzig ankam, mußte ich um unser Theater kämpfen. Und Gottsched protegierte auffällig eine andere Theatergruppe. Da habe ich eben meine Mittel eingesetzt ...

ZEITGENOSSE: Sie haben ihn öffentlich auf der Bühne lächerlich gemacht!

NEUBERIN: Ja, so ein offen ausgetragener Streit ist ja auch sehr werbewirksam, und wir konnten Zuschauer gebrauchen!

ZEITGENOSSE: Wir kriegen heute Zuschauer ins Theater, weil manch notwendiger Streit hier öffentlich ausgetragen wird!

NEUBERIN: Das verstehe ich nicht.

28

ZEITGENOSSE: Das ist auch schwer verständlich. Doch zurück zu Gottsched ...

NEUBERIN: Die eigentliche Ursache unseres Zerwürfnisses war eine andere: Gottsched war Dogmatiker, wenn Sie wissen, was ich damit meine.

ZEITGENOSSE: Ich weiß, was Sie damit meinen.

NEUBERIN: Seine Art des Festhaltens an von ihm angeblich ersonnenen Regeln war zum Hindernis für die Weiterentwicklung des Theaters geworden. Ich wollte aber ein lebendiges Theater, das Veränderungen bewirken sollte und sich selbst dabei natürlich verändern mußte. Übrigens bin ich später selbst Opfer der von mir entworfenen Veränderungen geworden.

Als sich meine Truppe auflöste, versuchte ich, als Schauspielerin in Wien durchzukommen, wo man im Begriffe war, reformerisches Theater durchzusetzen. Dazu gehörte aber eben auch ein höherer Anspruch an die Schauspielkunst, nun, und dem war ich nicht mehr gewachsen.

ZEITGENOSSE: Das Theater hat es Ihnen also nicht gedankt!

NEUBERIN: Ich war nicht auf Dank aus, ich wollte besseres Theater! Übrigens hab ich mich gerächt!

ZEITGENOSSE: Gerächt?

NEUBERIN: Ja, ich erfand sozusagen das Textlernen! Mit der Einführung vorgeschriebener Texte mußten Rollen gelernt werden — ich hatte übrigens meine Mühe damit! Und wenn Schauspieler heutzutage beim Rollenstudium schwitzen und fluchen, dann — das mögen Sie mir glauben — ist das schon eine gewisse Genugtuung für mich!

ZEITGENOSSE: Sie waren auch in Rußland!

NEUBERIN: Richtig, ich war im Ausland, aber nicht durch Verdienst — für Sie vielleicht nicht vorstellbar ...

ZEITGENOSSE: Lassen wir das. Sie haben also Reformen damals nach Rußland gebracht?

NEUBERIN: Sehen Sie, in der Mitte des 18. Jahrhunderts war Rußland reformbedürftig, auch auf dem Theater ...

ZEITGENOSSE: Haben Ihre Reformen gegriffen?

NEUBERIN: Das konnte ich nicht mehr feststellen, noch vor Jahresfrist war meine Mission beendet, aus ökonomischen Gründen!

ZEITGENOSSE: Aber in die Ahnenkette der Pioniere der deutsch-russischen Freundschaft könnte man Sie einreihen ...

NEUBERIN: Sagen wir so, ich habe in Rußland das französische Theater eingeführt. Ist Ihnen das völkerverbindend genug?

ZEITGENOSSE: Ich bedanke mich für dieses Gespräch.

Zum Schluß noch eine private Frage ...

NEUBERIN: Nichts über mein Alter!

ZEITGENOSSE: Nein, Caroline, Sie sind jung wie eh!

NEUBERIN: Und über mein Leben ist ja nachzulesen.

ZEITGENOSSE: Nein, eine ganz andere Frage: Reichenbach, Zwickau, Weißenfels, Leipzig, das waren doch die Stationen Ihrer jungen Jahre ... Haben Sie eigentlich auf der Bühne gesächselt?

NEUBERIN: Aber natürlich! Das war doch die Bühnenhochsprache, alle meine berühmten Kollegen konnten das! Ausnahmen gab es allerdings: einige hochdeutschelten, aber die konnte man für komische Rollen durchaus einsetzen!

Das Gespräch wurde im Sommer 1989 geführt.

Hans-Joachim Schulze

Zumahln da meine itzige Frau gar einen sauberen Soprano singet ...

Anna Magdalena Bach geb. Wilcke (22. 9. 1701 bis 27. 2. 1760)
Zweite Frau des Thomaskantors Johann Sebastian Bach, Tochter eines Zeitzer Hoftrompeters; musikalisch begabte Partnerin ihres Mannes. Mutter von 13 Kindern

Berühmtheit erlangte sie genaugenommen erst im 20. Jahrhundert. Der Münchener »Kunstwart«-Verlag und sein Herausgeber Richard Batka wußten, was sie taten, als sie 1903 das »Notenbüchlein der Anna Magdalena Bach« in einer dem handschriftlichen Original aus dem Jahre 1725 nachempfundenen Ausstattung wohlfeil auf den Markt brachten – als ein musikalisches Haus- und Erbauungsbuch für die deutsche Familie, wie es im Vorwort hoffnungsfroh heißt. Wandervogel- und Jugendbewegung sowie die Wiederentdeckung der »Alten Musik« hatten den Boden bereitet für die Beschäftigung mit einem Repertoire an Sing- und Spielstücken, das mit einem großen Namen, dem des Leipziger Thomaskantors Johann Sebastian Bach, verbunden war und doch beinahe ohne jegliche musikalische Vorkenntnisse bewältigt werden konnte.

Ein übriges tat Ende der zwanziger Jahre die englische Schriftstellerin Moorhouse, als sie unter dem Pseudonym Esther Meynell »The little chronicle of Anna Magdalena Bach« veröffentlichte – den gutgemeinten Versuch, das Phänomen Bach einmal aus dem Blickwinkel seiner zweiten Frau zu erfassen. Mit diesem Gedankenspiel hätte es sein Bewenden haben können, wäre nicht ein geschäftstüchtiger deutscher Verleger auf den Gedanken gekommen, die fiktive »Kleine Chronik der Anna Magdalena Bach« übersetzen und mit ausdrücklicher Genehmigung von Autorin und Originalverleger ohne Verfassernamen erscheinen zu lassen. Der finanzielle Erfolg gab ihm recht; daß er ihn durch ein plumpes Täuschungsmanöver erlangt hatte, dürfte ihm kaum Gewissensbisse bereitet haben. Wie viele Liebhaber Bachscher Musik auf diesen Etikettenschwindel hereingefallen sind, wird kaum je zu ermitteln sein. Fest steht jedenfalls, daß sogar Wissenschaftler sich noch Jahrzehnte später zuweilen irreführen ließen und das vermeintliche Tagebuch als vertrauenswürdige historische Quelle nutzen zu können glaubten.

Ob Esther Meynell alias Moorhouse mit ihrer etwas rührseligen Schilderung des Bachschen Familienlebens der historischen Wahrheit nahegekommen ist, ist in Ermangelung einschlägiger Dokumente schwer zu beurteilen. Allem Anschein nach sagt aber der »schwarze« Bach-Film, mit dem der französische Regisseur Jean-Marie Straub in den siebziger Jahren Aufsehen erregte, in seinen kargen Szenarien und starren Einstellungen trotz der gebotenen Kürze weit mehr über das Dasein einer Frau in der patriarchalisch geprägten Gesellschaft des frühen und mittleren 18. Jahrhunderts aus, als die betuliche Zustandsbeschreibung aus der Feder der braven Engländerin.

Über die »wirkliche« Anna Magdalena Bach ist wenig genug bekannt. Ein relativ großes Porträt, das ein anderweitig nicht nachweisbarer Maler namens Cristofori angefertigt haben soll und das sich noch 1790 im Hamburger Nachlaß des zweitältesten Bach-Sohnes Carl Philipp Emanuel befand, ist verschollen. Die wenigen erhaltenen Briefe betreffen entweder amtliche Angelegenheiten und sind von ihr zwar unterzeichnet, nicht aber formuliert worden, oder verbergen den Charakter der Schreiberin hinter dem Floskelwesen des sogenannten »Frauenzimmerstils«. Ein einziges Mal ist die Rede von Sehnsucht nach ihrem »geliebten Weißenfels« und ihrer dort ansässigen Verwandtschaft. Offenbar war das »Krebs-Wilckesche Haus« in Weißenfels, in dem Anna Magdalenas Mutter bis zu ihrem Tode im Jahre 1746 wohnte, geprägt vom überkommenen Schutz- und Trutzbündnis der Großfamilie, vom friedlich-schiedlichen Zusammenleben mehrerer Generationen unter einem Dache.

Dergleichen mochte Anna Magdalena in Leipzig vermissen, obgleich — nach einer Äußerung Carl Philipp Emanuel Bachs — die Wohnung des Thomaskantors einem Taubenhause und dessen Lebhaftigkeit ähnlich war. Privatschüler, durchreisende Musiker, die dem berühmten Bach ihre Aufwartung machen wollten, Thomasschüler und -alumnen, die mit Angelegenheiten des vielfältig gegliederten Musikdienstes zum Thomaskantor kamen — sie alle müssen sich buchstäblich die Klinke in die Hand gegeben haben. Daß Johann Sebastian Bach trotzdem noch Zeit und Konzentration für seine kompositorische Arbeit aufgebracht hat, ist vielfach bewundert und bedacht worden. Über die Belastungen, denen Anna Magdalena Bach als Hausfrau in einem solchen Taubenschlag ausgesetzt war, schweigen Historie und Historiker.

Ganz sicher hatte die kaum zwanzigjährige Anna Magdalena Wilcke eine solche Entwicklung nicht voraussehen können, als sie am 3. Dezember 1721 in der anhaltischen Residenzstadt Köthen dem sechzehn Jahre älteren fürstlichen Kapellmeister Johann Sebastian Bach die Hand zum Ehebunde reichte. Einen gutsituierten Witwer in den besten Mannesjahren zu heiraten, war nichts Außergewöhnliches in einer Zeit, die sich mit einer überaus geringen Lebenserwartung nicht nur bei Kindern, sondern auch bei jungen Müttern ab-

Marianne von Ziegler. Stich von Herbst, um 1740

Oben: Titelblatt der »Wöchentlichen Historischen Münz-Belustigung« mit einem Profil-Bildnis der gekrönten Dichterin, 1737
Unten links: Titelblatt des Werkes »Versuch in gebundener Schreib-Art«, Leipzig 1728
Unten rechts: Eine der Kantaten, die Johann Sebastian Bach vertonte; aus den »Andächtigen Gedichten« der »Gebundenen Schreibart« 1728

Druck von Weger, Leipzig

Franciscus Schuch.

Heute wird von den
Königl. Pohlnischen Churfürstl. Sächsischen,
Ingleichen
Hoch-Fürstl. Braunschweig-Lüneb.
auch
Hoch-Fürstl. Schleswig-Holsteinischen

Hof-Comödianten

Und zwar
Mit Besonderer Hoher Erlaubniß
Das Deutsche Vorspiel aufgeführet werden,
Genannt:

Der Allerkostbarste Schatz.

Verfertiget von Friderica Carolina Neuberin.

Personen:

Die Vernunft, als Apollo mit einem Lorbeerkranze, hält an statt der Leyer, das Bild der Klugheit
Die Wahrheit, als der GOtt des Tages, in einem ganz goldenen Kleide, über dem Haupte schwebt eine Sonne.
Die Vorsorge, als die Göttin des Ueberflusses, ihr Kleid ist mit Blumen, Frucht-Hörnern und Weinranken geziert.
Die Menschenfreundschafte, } als geflügelte Huldgöttinnen.
Die Sanftmuth,
Die Aufrichtigkeit, als eine Wahrsagerin.
Die Kunst, als eine Pilgerinne, trägt an statt des Pilgerstabs einen Maaßstab und Zirkel.
Die Arbeit, trägt ein Reißbret, ein Buch, ein Papier und eine Schwanenfeder.
Die Hofnung, hat einen gedoppelten Spiegel, ein Brenn-Glas und einen Vergrößerungs-Spiegel.
Die Belohnung, } als bekränzte und mit Blumen gezierte Schutzgöttinnen.
Die Dankbarkeit,
Die Unerschrockenheit, in einem Maschinenkleide, ohne Kopf, doch mit Händen.
Die Wahrscheinlichkeit, als ein Gelehrter im Hauskleide.
Der Hochmuth, } als Furien.
Das Vorurtheil,
Der Tadler, als die Nacht in einem Sternenkleide mit Fledermausflügeln, hat eine Blendlaterne, und eine Sonne von Flittergolde um den Kopf.
Die Cläkerey, als eine Zwärgin, mit einem großen Mannskopfe.
Das Kinderspiel.

Hierauf folget das Schauspiel:

Democrit.

Eine lustige Comödie von Mr. REGNARD, in Deutschen Versen aus dem Frantz. übersetzt.

Personen:

Democrit. | Cleanthis, Bediente der Ismene.
Agelas, König zu Athen. | Criselis, geglaubte Tochter des Thalers.
Agenor, Prinz von Athen. | Thaler, ein Bauer.
Ismene, Prinzeßin, versprochene des Agelas. | Ein Oberaufseher.
Strabo, Schüler des Democrit. | Ein Haushofmeister.

Der Anfang ist um 4. Uhr in dem neuen Schauspiel-Hause, in Leipzig, auf der Nicolai-Straße in Herrn Krahens, oder in dem sonst bekannten Zorns Hoff.
Mittwochs, den 4. Oct. 1741.

Verkleinertes Facsimile eines Theaterzettels der Neuberin.

Theaterzettel der „Neubers" aus dem Jahre 1741

5

Oben links: Friederike Caroline Neuber, die Reformatorin der deutschen Schaubühne
Unten links: Figur des Hanswurst — heftig bekämpft von der Neuberin; der Stich zeigt
Franciscus Schuch (1716 bis 1763), der später erfolgreich eine eigene
Schauspielertruppe leitete
Rechts: Theaterzettel zu Democrit mit einem Vorspiel der Neuberin:
4. Oktober 1741

Auf dem Boden der Fleischbänke in der Reichsstraße 97 spielte die Neuberin mit ihrer Truppe
(die Fleischbänke wichen 1908 dem Handelshof)

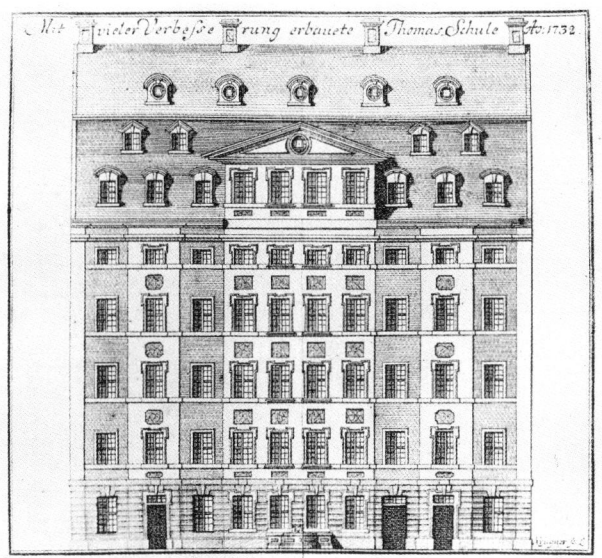

Oben: »Mit vieler Verbesserung erbauete Thomas-Schule Ao 1732«,
in der Johann Sebastian Bach mit seiner Familie in der Kantorenwohnung
(1. und 2. Etage links) wohnte
Unten links: Kantate »O, holder Tag« (Hochzeitskantate), Particell von der Hand Johann
Sebastian Bachs um 1740
Unten rechts: Niederschrift von der Hand Anna Magdalena Bachs (Notentext) und Johann
Sebastian Bachs (Satzbezeichnung, Bezifferung)

Luise Adelgunde Victorie Gottsched, Gemälde von Hausmann, undatiert

Oben links: Theaterzettel der Neuberin-Truppe mit einer Übersetzung der L. A. V. Gottsched: »Das Gespenste mit der Trommel«, 1738

Oben rechts: Die »Vernünftigen Tadlerinnen« erschienen 1725 und 1726, wurden mehrfach aufgelegt

Unten: Gottsched sprach der Frau vor allem poetische Fähigkeiten zu, so enthält die »Frauenzimmer-Bibliothek« auch Hinweise auf bevorzugte literarische Werke

Käthchen Schönkopf

Friederike Oeser

Corona Schröter

Elisabeth Schmeling

Regine Böhme

Ulrike von Levetzow

Frauen um Goethe während der Leipziger Zeit

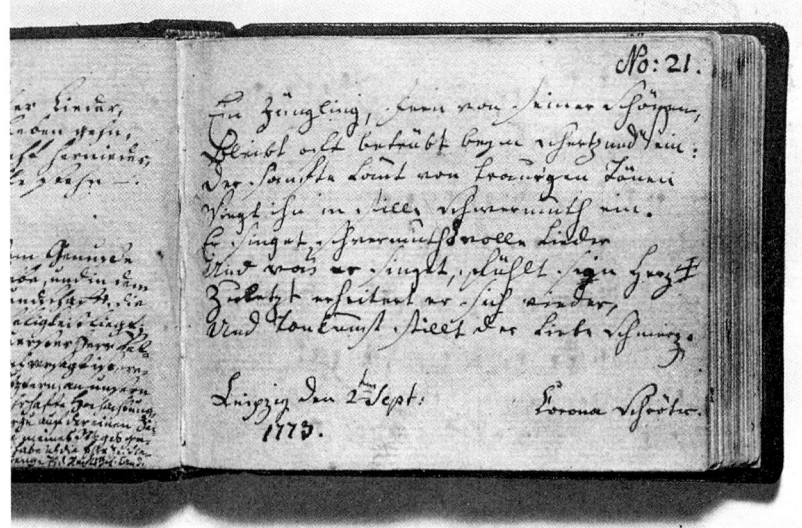

Unten: Stammbucheintragung von Corona Schröter

finden mußte. Für vier Kinder aus Bachs erster Ehe hatte Anna Magdalena fortan mit zu sorgen, wobei das älteste, die 1708 geborene Catharina Dorothea, nur um sieben Jahre jünger als sie selbst war. Mit im Haushalt lebte außerdem seit langem die unverheiratete und daher unversorgte älteste Schwester von Bachs erster Frau, die 1675 geborene Friedelena Margaretha. Wie Anna Magdalena, eine Generation jünger als jene, sich mit dieser Gesellschaft zurechtgefunden hat, ob sie im Haushalt manche Bevormundung ertragen mußte, vielleicht gar aufatmete, als »Tante Friedelena« im Sommer 1729 nach offenbar nur kurzer Krankheit starb – wir wissen es nicht.

Möglicherweise bestand aber auch ein herzliches Verhältnis zwischen den beiden Frauen, und vielleicht war Anna Magdalena auf die Hilfe der älteren Verwandten geradezu angewiesen, insbesondere als die Kinderschar weiter anwuchs. Denn nicht weniger als 13 Kinder brachte Anna Magdalena Bach in den zwanzig Jahren von 1723 bis 1742 zur Welt: sieben Töchter und sechs Söhne. Von diesen Kindern überlebten sechs die Mutter, drei starben in den ersten Lebenstagen, weitere vier im Kindesalter. Kein Zeitraum in der Geschichte der Bach-Familie kann das Nebeneinander von Freude und Schmerz, von Geburt und Tod nachhaltiger dokumentieren als die Jahre von 1726 bis 1733, in denen fünf Kinder zur Welt kamen und sieben verstarben.

Von den zwanzig Kindern Bachs aus erster und zweiter Ehe waren zwar niemals mehr als neun gleichzeitig am Leben, und die ältesten hatten das Haus bereits verlassen, ehe die jüngsten drei geboren wurden, doch läßt sich denken, daß der vielbeschäftigten Hausfrau weit weniger Zeit für musikalische Aktivitäten blieb, als die beflissene Musikgeschichtsschreibung des 19. und vor allem des 20. Jahrhunderts wahrhaben wollte.

Eine gründliche und professionelle Gesangsausbildung muß Anna Magdalena in jungen Jahren genossen haben, vielleicht sogar bei der in ihrer Zeit berühmten Christiane Pauline Kellner, der Primadonna des Weißenfelser Hofes. Doch die Karriere als fürstliche Sängerin am Köthener Hofe war nur von kurzer Dauer und endete mit der Berufung Bachs in das Leipziger Thomaskantorat.

In seinem berühmten Brief vom 28. Oktober 1730 an den einstigen Schulkameraden Georg Erdmann schildert Johann Sebastian Bach, wieviel Entschlußkraft es ihn gekostet habe, »aus einem Capellmeister ein Cantor zu werden«; das vorzeitige Ende von Anna Magdalenas Laufbahn bleibt unerwähnt. An anderer Stelle seines Schreibens betont Bach die Musikalität seiner gesamten Familie, »zumahln da meine itzige Frau gar einen sauberen Soprano singet«. Ein derartiges Lob deutet auf musikalische Aktivitäten auch noch zu dieser Zeit, scheint jedoch mit einer Mitteilung des Musiklexikographen Ernst Ludwig Gerber aus dem Jahre 1790 zu kollidieren, nach der Anna Magdalena gestorben sei, »ohne jemals öffentlich von diesem ihrem vortrefflichen Talente Gebrauch gemacht zu haben.«

Möglicherweise urteilt Gerber, Sohn eines Privatschülers von Johann Sebastian Bach, hier jedoch allein vom Hörensagen beziehungsweise aufgrund seiner allgemeinen Kenntnis der Leipziger Verhältnisse. Er wußte, daß die Leipziger Oper ihre Pforten 1720 für dauernd geschlossen hatte, daß Frauen bei der Kirchenmusik nicht mitwirken durften und auch in den öffentlichen Konzerten und den Veranstaltungen der Collegia musica noch bis über die Jahrhundertmitte hinaus keine Sängerinnen aufgetreten waren. Gleichwohl darf angenommen werden, daß der »saubere Soprano« Anna Magdalenas in Privatkonzerten in der Dienstwohnung des Thomaskantors ebenso erklungen ist wie in anderen nichtöffentlichen Veranstaltungen, die die Beteiligung einer Sängerin zuließen. Darüber hinaus sind einige wenige Reisen Johann Sebastian Bachs nachweisbar, die dieser in Begleitung Anna Magdalenas unternommen hat und bei denen ausdrücklich bezeugt ist, daß beide sich »hören ließen«. Besonders zu erwähnen ist ein Aufenthalt in Köthen im März 1729 anläßlich der Trauerfeierlichkeiten für den im November des Vorjahres verstorbenen Fürsten Leopold. Von der umfangreichen, in vier Abteilungen dargebotenen Trauermusik ist zwar lediglich der Textdruck erhalten geblieben, doch lassen die für Arien und Chorsätze bestimmten Strophen darauf schließen, daß der Thomaskantor hier nicht mit Neukompositionen aufgewartet, sondern einige der schönsten und eindrucksvollsten Sätze aus schon vorhandenen Werken dem neuen Zweck angepaßt hat. Trifft diese Annahme zu, so hat die ehemalige fürstliche Sängerin Anna Magdalena Bach drei Sopranarien aus der 1727 entstandenen Matthäus-Passion, bei denen sie in Leipzig nie hätte mitwirken dürfen, mit lediglich verändertem Text 1729 an ihrer einstigen Wirkungsstätte Köthen gesungen.

Die anspruchsvolle zehnsätzige Kantate »O holder Tag, erwünschte Zeit« für Sopransolo und Instrumente, die in wenigstens fünf Fassungen für unterschiedliche Gelegenheiten — Hochzeitsfeiern, Geburtstage, Huldigungen — existiert haben muß, demnach ein gern dargebotenes Favoritstück war, dürfte gleichfalls mit der Gesangskunst Anna Magdalenas zu tun haben. Aufschlußreich sind bei dieser Komposition die Verschiedenartigkeit der Arien, die der Sängerin ein hohes Maß an Charakterisierungskunst abverlangen, die Ausdehnung des Werkes mit fast einer Dreiviertelstunde Aufführungsdauer sowie der geforderte Stimmumfang von zwei Oktaven, wobei in der ersten Arie am Ende einer schnellen Passage sogar das dreigestrichene cis als Spitzenton erreicht wird. In Ermangelung anderer Nachrichten über die stimmlichen Fertigkeiten Anna Magdalenas bilden Rückschlüsse dieser Art einen willkommenen Ersatz.

34

Daß Anna Magdalena Bach nicht nur als Gesangsvirtuosin auftreten konnte, sondern auch im Instrumentalspiel Nennenswertes zu leisten vermochte, ist zwei Notenbüchern zu entnehmen, die durch glückliche Umstände der Nachwelt bewahrt geblieben sind. »Clavier-Büchlein vor Anna Magdalena Bachin. ANNO 1722« ist das ältere, nurmehr fragmentarisch erhaltene Notenheft betitelt, in das Johann Sebastian Bach schon bald nach der Hochzeit die nachmals so bezeichneten Französischen Suiten einzutragen begann, eine Arbeit, die — wie so vieles — nicht ohne Unterbrechungen vorankam und erst in den frühen Leipziger Jahren zu einem gewissen Abschluß gebracht wurde. Der Anfang einer »Fantasia pro Organo« läßt sich kaum anders deuten, als daß Anna Magdalena sich auch mit Orgelspiel oder ersatzweise wenigstens mit dem Musizieren auf einem Tasteninstrument mit untergesetzter Pedalklaviatur beschäftigen wollte. Ein fragmentarisch eingetragenes Air mit Variationen ist offenkundig als Unterrichtsmaterial für bestimmte Aufgaben der Komposition und vielleicht auch der Improvisation gedacht. Was von allen diesen guten Absichten in die Tat umgesetzt werden konnte, entzieht sich unserer Kenntnis. Jedoch spricht nichts gegen die Annahme, daß Anna Magdalena in ihrer Jugendzeit neben der Gesangsausbildung auch ausgiebig das Klavierspiel betrieben und darin beachtenswerte Fertigkeiten erworben hat.

Als letzter Abglanz dieses künstlerischen Höhenfluges erscheint der Beginn des zweiten, größeren Notenbuches, das 1725 angelegt wurde, nachdem das 1722 begonnene Heft offenbar schon nach wenigen Jahren nicht mehr vollständig vorlag. In das neue Exemplar trug Johann Sebastian Bach mit den Partiten in a-Moll und e-Moll Werke ein, die technisch um einiges anspruchsvoller als die Französischen Suiten sind. Nicht von ungefähr nutzte er anschließend diese beiden Kompositionen — zusammen mit vier neugeschaffenen Schwesterwerken — zwischen 1726 und 1731 zur Druckveröffentlichung als sein Opus 1. »Dieß Werk machte zu seiner Zeit in der musikalischen Welt großes Aufsehen«, schreibt der Göttinger Musikhistoriker Johann Nikolaus Forkel 1802: »man hatte noch nie so vortreffliche Claviercompositionen gesehen und gehört. Wer einige Stücke daraus recht gut vortragen lernte, konnte sein Glück in der Welt damit machen.«

Ob Anna Magdalena »einige Stücke daraus recht gut vortragen lernte«, wissen wir wiederum nicht. Kennzeichnend für den Wandel ihrer musikalischen Interessen und Möglichkeiten erscheint jedenfalls, daß sie an anderer Stelle ihres Notenbuches die Französischen Suiten — die in dem Heft von 1722 offenbar nur noch fragmentarisch enthalten waren — einzutragen begann, nach dem dritten Satz der zweiten Suite jedoch ins Stocken geriet und die Arbeit unbeendet liegenließ. Den Hauptinhalt des 1725 begonnenen Bandes machen anspruchslosere Klavierstücke aus, einzelne Menuettsätze, Polonaisen, Märsche. Bei fast allen fehlt die Angabe des Komponisten, so daß in späterer Zeit die Behauptung geschäftstüchtiger Verleger und ambitionierter Musikliebhaber, es handele sich um Werke aus der Feder des großen Bach, nicht ohne weiteres zu widerlegen war. Mittlerweile ist es der Forschung gelungen, für ein knappes Dutzend dieser »leichten Stücke« die wirklichen Autoren zu ermitteln: Neben dem berühmten französischen Komponisten François Couperin »le Grand« sind der junge Carl Philipp Emanuel Bach, der Dresdner Hoforganist Christian Petzold, der Gothaer Hofkapellmeister Gottfried Heinrich Stölzel und der bedeutende Opernmeister Johann Adolph Hasse im Notenbüchlein vertreten. Anna Magdalenas Beschäftigung mit schwierigerer Musik für Tasteninstrumente hat in der Folgezeit offenbar immer weiter abgenommen, stattdessen überwiegt in den späteren Eintragungen (um 1730 und danach) die Vokalmusik: Arien, Lieder, Choräle.

Hier und anderwärts ist bei der Textunterlegung vielfach ein etwas willkürlicher Umgang mit der Rechtschreibung zu beobachten — mehr als Toleranz und mangelndes Regelwerk der Zeit erlaubten —, so daß dem Unterricht, den

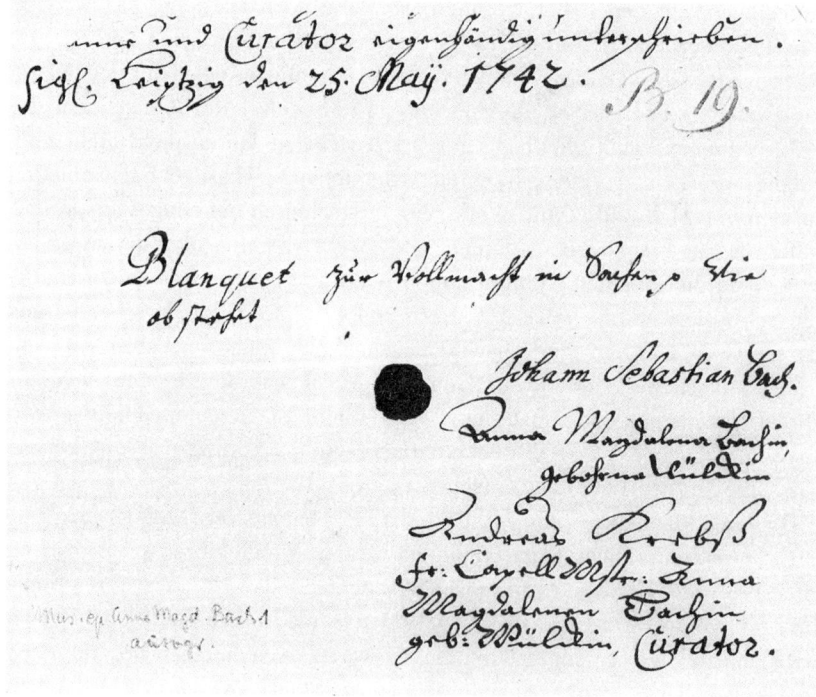

Fragment einer Vollmacht mit eigenhändigen Unterschriften der Ehegatten sowie von Anna Magdalenas Schwager Andreas Krebß, 1742

Anna Magdalena einstmals in der »Mägdleinschule« ihrer Heimatstadt erhalten haben wird, nicht allzuviel zuzutrauen ist. In der Praxis des Bachschen Haushaltes hat dies zu einer plausiblen, aber selbst für Experten lange Zeit schwer zu durchschauenden Arbeitsteilung beim Abschreiben von Noten geführt: Anna Magdalena beschränkte sich auf den reinen Notentext, während Johann Sebastian Titelseiten, Satzüberschriften und andere Textanteile ergänzte. Blieb Anna Magdalena hierbei sich selbst überlassen, ergaben sich häufig genug Unsicherheiten oder Fehler.

Früh erkannt und gewürdigt worden ist die auffallende Ähnlichkeit der Notenschrift beider Eheleute. Leider fehlt es an Schriftzeugnissen Anna Magdalenas aus der Zeit vor ihrer Verheiratung, und so bleibt die Frage unbeantwortet, ob diese Ähnlichkeit zufällig ist oder aber das Ergebnis bewußter Anpassung von seiten der Frau. Die Betrachtung ihrer über Jahrzehnte hin sich kaum verändernden Notenschrift muß uns dafür entschädigen, daß mit dem Cristofori-Porträt auch die Vorstellung von ihrem Äußeren verlorengegangen ist. Wenn im Aussehen ihrer jüngsten Söhne Johann Christoph Friedrich und Johann Christian, die in ihrer Zeit als »Bückeburger« und »Mailänder« beziehungsweise »Londoner« Bach bekannt waren, das mütterliche Erbgut überwiegen sollte, so hätten wir uns Anna Magdalena als etwas untersetzte, breitgesichtige, gutmütig blickende Thüringerin vorzustellen, keine dämonische Primadonna, eher bescheiden, zurückhaltend, anpassungsfähig. Zwei Strophen eines ursprünglich wohl längeren Hochzeitsgedichtes, die sie bei Gelegenheit eigenhändig in ihr 1725 begonnenes Notenbuch eintrug, lassen mit ihren derben Zweideutigkeiten erkennen, daß der Schreiberin − wie später Mozarts Mutter − auch diese Seite des Daseins nicht fremd war.

Von Anna Magdalenas Leben in Zurückgezogenheit und Bescheidenheit zeugen auch Briefe, die Johann Elias Bach, ein Vetter des Thomaskantors aus der »Schweinfurter Linie« der weitverzweigten Bach-Familie, Ende der dreißiger und Anfang der vierziger Jahre aus seinem Studienort Leipzig in die Heimat richtete. Um sein Theologiestudium finanziell durchstehen zu können, hatte jener sich bei seinen Leipziger Verwandten als Sekretär, Famulus und Erzieher der jüngeren Kinder verdingt und dafür neben einem gewissen Entgelt auch ein Unterkommen in der Kantorenwohnung gefunden. Ende April 1738 bittet er seine Mutter in Schweinfurt um »etliche Stücke notabene gelbe Nelken vor unsere Frau Muhme, welche eine große Liebhaberin von der Gärtnerey ist«. Zwei Jahre später übermittelt er einen ähnlichen Wunsch mit dem Kommentar »Meine Frau Muhme freut sich schon im Voraus auf die gelben Nelken, wie ein kleines Kind auf den heiligen Christ«. Als nach einigen Wochen die Pflanzen eingetroffen sind, heißt es etwas ironisch, daß Anna Magdalena sie »also abwartet, wie man kleine Kinder zu warten pfleget, damit ja keines davon eingehen möge.« Im Juni 1740 versucht derselbe Vetter, einem befreundeten Kantor »in Glaucha allernächst bey Halle« einen abgerichteten Singvogel abzuschwatzen, von dessen Künsten Johann Sebastian Bach nach der Rückkehr von einer Besuchsreise berichtet hatte, denn die »Frau Muhme« sei »eine große Freundin von dergleichen Vögeln.«

Es scheint, daß der Thomaskantor öfters auf Reisen ging, wenn seine Amtspflichten ihm dies gestatteten, also in den musiklosen Wochen vor Ostern und Weihnachten, gelegentlich aber auch im Frühsommer und außerdem bei Einladungen zu Konzerten oder Orgelprüfungen; daß er seine Frau nicht einmal nach dem nahegelegenen Halle mitnahm, stimmt einigermaßen bedenklich. Für sie ist neben den Köthener Gastspielen in den zwanziger Jahren nur noch eine Anwesenheit in Kassel bezeugt, als Johann Sebastian Bach dort im September 1732 eine umgebaute Orgel zu begutachten und mit einem Konzert einzuweihen hatte. Die Oper in Dresden pflegte Johann Sebastian vor 1733 zusammen mit seinem heranwachsenden Sohn Wilhelm Friedemann zu besuchen, und auch die erste Reise nach Berlin zu seinem Zweitältesten, dem königlich-preußischen Kammermusiker Carl Philipp Emanuel Bach, trat er im Sommer 1741 ohne die Begleitung Anna Magdalenas an. Wie er in jenem Jahre auf die Briefe reagierte, mit denen der Vetter Johann Elias ihm Anfang August zunächst eine bedenkliche Unpäßlichkeit Anna Magdalenas signalisierte, wenige Tage später eine dramatische Verschlechterung, »daß man mich in vergangener Nacht geruffen und wir nicht anders meynten, wir würden sie zu unserm größten Leidwesen gar verlieren«, bleibt ungewiß. Der für September 1741 bezeugte »fortwährende kränkliche Zustand« Anna Magdalenas mag auch in der Folgezeit Reisepläne zunichte gemacht haben; die letzte große Reise, die den Thomaskantor im Mai 1747 nach Potsdam führte und ihm eine Begegnung mit dem Preußenkönig Friedrich II. bescherte, ihn dadurch auch zum ersten und einzigen Mal gleichsam in die Schlagzeilen der Presse brachte, fand — wie fast zu erwarten — ohne Anna Magdalenas Begleitung statt.

Auch im letzten Lebensjahrzehnt Johann Sebastian Bachs werden sich dessen berufliche Belastungen — gemessen an früheren Jahren — kaum vermindert haben, und Anna Magdalena dürfte an dem Wohl und Wehe, das ein so exponiertes musikalisches Amt mit sich brachte, wie stets auf ihre Weise Anteil genommen haben. In familiärer Hinsicht lagen weiterhin Freud und Leid dicht beisammen. In Berlin stellten sich innerhalb weniger Jahre drei Enkelkinder ein, und in Leipzig kam im Januar 1749 Elisabeth Juliana Friderica, die älteste Tochter aus Bachs zweiter Ehe, unter die Haube. Doch das in Naumburg, der Wirkungsstätte des Schwiegersohnes Johann Christoph Altnikkol, geborene erste Enkelkind aus dieser Verbindung, das so hoffnungsvoll auf die Namen Johann Sebastian getauft worden war, überlebte nicht die ersten drei Monate. Irgendwann zwischen 1735 und 1750 muß sich herausgestellt haben, daß der Erstgeborene aus zweiter Ehe, Gottfried Heinrich, eine geistige Behinderung aufwies, möglicherweise vererbungsbedingt, denn in der Familie Johann Sebastian Bachs hatte es im 17. Jahrhundert mehrere Fälle dieser Art gegeben. »War ein großes Genie, welches aber nicht entwickelt ward«, schrieb Philipp Emanuel Bach später vielsagend in seinen Erläuterungen zum Familienstammbaum.

Existenzbedrohend für Anna Magdalena war dies alles nicht. Anlaß zur Sorge gab vielmehr die Gesundheit Johann Sebastians, die spätestens im Sommer 1749 zu wünschen übrig ließ. Eine unerklärliche Sehschwäche, laienhaft als Folge einer Überbeanspruchung in der Jugendzeit gedeutet, hinderte den Thomaskantor mehr und mehr bei Wahrnehmung seiner beruflichen Aufgaben, und der allgewaltige Premierminister Graf Brühl präsentierte seinen Protegé Gottlob Harrer bereits als designierten Nachfolger. An Anna Magdalena kann derartiges nicht spurlos vorübergegangen sein, und doch handelte es sich erst um den Anfang einer rasch voranschreitenden Entwicklung.

Zwei Operationen, vorgenommen Ende März und Anfang April 1750 von einem umstrittenen englischen Augenarzt, auf dessen Wunderkuren sich alle Hoffnung konzentriert hatte, brachten Johann Sebastian keinerlei Besserung, vielmehr beeinträchtigten sie durch nicht vorhergesehene Nebenwirkungen seine Gesundheit so, daß er die letzten Monate bis zu seinem Tode am 28. Juli beständig kränkelte. Die Dramatik der letzten Tage — scheinbar wiedererlangtes Sehvermögen, dann ein Schlaganfall und hohes Fieber, vergebliche Bemühungen von zwei der besten Leipziger Ärzte — ist von der frühen Biographik getreulich überliefert worden. Wie die Familie und insbesondere Anna Magdalena mit dieser Situation fertig wurden, ist nicht bekannt.

Viel Zeit zum Überlegen blieb nicht. Bis zur Neubesetzung der Stelle beziehungsweise (da diese im Vorgriff bereits so gut wie erfolgt war) bis zum Dienstantritt des Nachfolgers war die Witwe für die Besorgung der Sonn- und Festtagsmusiken verantwortlich. Darüber hinaus mußte das Erbe geschätzt und anschließend geteilt werden — kein leichtes Unterfangen angesichts des Fehlens eines Testaments und in Anbetracht der beschränkten Rechtsfähigkeit der weiblichen und der minderjährigen Erben. Zuständig war traditionsgemäß das Universitätsgericht; diesem gegenüber erklärte Anna Magdalena ihren Verzicht auf eine Wiederverheiratung, was ihr ein gewisses Mitspracherecht in Angelegenheiten ihrer noch nicht erwachsenen Kinder sicherte.

Bachs musikalischen Nachlaß — handschriftliche und gedruckte Noten, musiktheoretische Literatur, Libretti, Gesangbücher und ähnliches — scheinen die Söhne vorab, ohne die gerichtliche Schätzung abzuwarten, unter sich geteilt zu haben, möglicherweise in Erfüllung eines Wunsches des Verstorbenen. Auch Anna Magdalena erhielt einen Anteil, Aufführungsstimmen zu einem Jahrgang von Kirchenkantaten, und zwar gerade demjenigen, der, wie ein späterer Historiker meinte, »so schön über Choralmelodien gearbeitet ist«. Allerdings trat sie dieses Besitztum alsbald an die Thomasschule ab, um einerseits dem Amtsnachfolger Bachs den Beginn seiner neuen Tätigkeit zu erleichtern und andererseits die Bereitschaft des Rates der Stadt zu gewissen finanziellen Zuwendungen zu fördern. Denn der traditionelle Anspruch der Witwen auf die Zahlung eines halben Jahresgehalts, des sogenannten Gnadenhalbjahrs, wurde Anna Magdalena mit der Begründung streitig gemacht, daß ihr Mann vor 27 Jahren bei seinem Dienstantritt eine Vorschußzahlung in Höhe eines Gehaltsquartals erhalten habe und deshalb eine Kürzung um diesen Betrag nachträglich erfolgen müsse.

Die Schätzung der Nachlaßwerte — Hausrat, Kleidung, Musikinstrumente, Wertgegenstände, Bargeld sowie eine theologische Bibliothek — ergab abzüglich der Verbindlichkeiten etwa eintausend Taler; hiervon stand ein Drittel der Witwe zu, der Rest ging zu gleichen Teilen an die neun erbberechtigten Kinder aus erster und zweiter Ehe — exakt zwei Siebenundzwanzigstel pro Kind.

Der Tod des Familienoberhauptes und die Aufgabe der Dienstwohnung bedeuteten das Ende des familiären Zusammenseins. Anna Magdalena fand ein Unterkommen in der nahegelegenen Hainstraße und dort möglicherweise im Hause einer befreundeten Familie, vielleicht auch zu Vorzugsbedingungen; bei ihr blieben die 42jährige Stieftochter Catharina Dorothea sowie die beiden jüngsten Töchter im Alter von dreizehn und acht Jahren. Den geistig behinderten Gottfried Heinrich nahm Familie Altnickol in Naumburg zu sich, der fünfzehnjährige Johann Christian ging zu seinem Halbbruder Carl Philipp Emanuel nach Berlin, um von ihm musikalisch unterrichtet zu werden. Wilhelm Friedemann, Carl Philipp Emanuel und Johann Christoph Friedrich kehrten an ihre Wirkungsstätten in Halle, Berlin und Bückeburg zurück.

Im Mai 1752 zahlte der Leipziger Rat Anna Magdalena Bach noch einmal vierzig Taler als ein einmaliges Geschenk; sie hatte, alter Tradition folgend, von Bachs postum im Druck erschienener »Kunst der Fuge« einige Exemplare überreicht. »Auch sonst in Ansehung deren Dürfftigkeit« heißt es in der Aktennotiz außerdem, ohne daß die Ursache dieser Notlage zu erkennen wäre. Acht Jahre später stirbt Anna Magdalena Bach als »Almosenfrau«, also als Fürsorgeempfängerin. Vom Siebenjährigen Krieg war Leipzig mit voller Wucht getroffen worden, der Preußenkönig hatte sich der Stadt gleich zu Beginn bemächtigt und sie als Finanzbasis für sein Unternehmen genutzt: Dem Rat und der Kaufmannschaft wurde jeder erwirtschaftete Taler abgepreßt und

40

der Kriegskasse Preußens zugeführt. Auf Unterstützung von seiten der Stadt hatte Anna Magdalena in ihren letzten Jahren nicht mehr hoffen können, ein gesichertes Leben im Haushalt erwachsener Kinder war gleichfalls nicht möglich, und so blieb ihr das Schicksal der Armut nicht erspart. Ob die Söhne Gottfried Heinrich und Johann Christoph Friedrich sie vor ihrem Tode noch einmal besuchen konnten, bleibt ungewiß. Ihren Jüngsten hat sie sicherlich nicht wieder zu Gesicht bekommen; er war Mitte 1755 nach Italien gegangen, um dort eine musikalische Karriere fernab der strengen Kontrapunktik des Vaters zu beginnen. Vier Jahre später mußte Anna Magdalena noch erleben, daß ihr Schwiegersohn Altnickol, noch nicht vierzigjährig, starb und ihre Kinder Gottfried Heinrich und Elisabeth Juliana Friderica damit ihren Ernährer verloren.

Als Witwe eines »Schulbedienten« hätte Anna Magdalena Bach mit einem »solennen« Begräbnis bestattet werden müssen. Ob diese Vorschrift in den Kriegsnöten eingehalten wurde, ist nicht sicher. Die Stelle, an der sie ihre letzte Ruhestätte fand, blieb in zeitüblicher Weise ungekennzeichnet. Als Ende des 19. Jahrhunderts intensiv nach den sterblichen Überresten des berühmtesten Thomaskantors gesucht und an einer von der mündlichen Tradition benannten Stelle gegraben wurde, fand man auch die Gebeine einer Frau. Merkwürdigerweise wird in den wissenschaftlichen Untersuchungen und offiziellen Verlautbarungen über die Suche nach Bachs Grab nirgends die Möglichkeit erwogen, daß Bachs Witwe, die ihren Mann um zehn Jahre überlebt hatte, in seinem Grab mit beigesetzt worden sein könnte. Im Pfarramt der für den alten Leipziger Friedhof zuständigen Johanniskirche wurden jedoch noch lange ein Ring und eine Schuhschnalle aufbewahrt, die ehedem bei der Grabung zutage gefördert worden waren. Die Bomben des Zweiten Weltkrieges löschten auch diese Erinnerung an Anna Magdalena Bach aus.

Brigitte Peters

Die weibliche gelehrte Welt fängt nunmehro auch schon an, eine Welt zu seyn

Luise Adelgunde Victorie Gottsched geb. Kulmus (11.4.1713 bis 26.6.1762) Frau und engste Mitarbeiterin des Leipziger Professors Johann Christoph Gottsched, Autorin und Übersetzerin zahlreicher Lustspiele; Maria Theresia bezeichnete sie als »gelehrteste Frau Deutschlands«

Calliste träumt von den alten Amazonen: »Dieselben sollen ein Volk gewesen seyn, welches aus lauter Weibspersonen bestanden. Ihr Haupt war eine Königin; ihre obrigkeitliche Ämter waren mit lauter Frauenzimmer besetzt. Ihre Soldaten waren tapfere Weiber … Ich geriet dabey in eine recht angenehme Betrachtung. Meine Einbildungskraft stellte mir eine Republik vor, die etwa heute zu Tage aus lauter Frauenzimmer aufgerichtet werden könnte. Ich verbannte in meinen Gedanken alle Mannspersonen aus meiner Vaterstadt. Ich besetzte alle Ämter und Bedienungen mit lauter Weibsbildern. Der Rat wurde nicht mehr aus den ansehnlichsten Bürgern, sondern aus den vernünftigsten Bürgerinnen erwählt … Am allerbesten gefiel mir die Betrachtung einer weiblichen hohen Schule. Denn meinem Bedünken nach waren alle Professorstellen mit Weibspersonen besetzt … Ja, über die Wissenschaften selbst entstund mancher Streit. Man hielt öffentliche Unterredungen von gelehrten Materien, die in kleinen gedruckten Schriften vorher waren bekannt gemacht worden. Und mich dünkt, dass es weit lebhafter und eifriger als jetzo bey den Männern zugieng … Ja, es fand sich auch eine Spitzfündige, die, aus einer sonderbaren Begierde, neue Wahrheiten zu erfinden, die Frage aufwarf: Ob es denn eine so ausgemachte Sache wäre, dass die Mannspersonen Menschen wären? Sie meynte, die Leugnung dieser Streitfrage wäre das beste Mittel, sich an denen zu rächen, die bisher die Menschheit der Weiber in Zweifel gezogen hätten: und daher bekam sie einen großen Anhang.«

Derjenige, der Calliste diesen kühnen Traum vom Amazonenstaat träumen ließ, hieß Johann Christoph Gottsched (1700 bis 1766), ein gerade erst vierundzwanzigjähriger junger Magister, der 1725 mit den »Vernünftigen Tadlerinnen« das englische Vorbild der moralischen Wochenschriften fortsetzte.

42

Diese Schriften wurden erstmals für ein bürgerliches Publikum geschrieben und unterschieden sich daher von allen herkömmlichen Zeitschriftentypen. Unter einem übergeordneten moralischen Aspekt kamen in einfachen literarischen Formen (Dialog, Brief, Kurzerzählung) breite Themen zur Erörterung: von ganz alltäglichen Haushalts- und Wirtschaftsangelegenheiten über Fragen der Kindererziehung und des Umgangs mit Dienstboten bis zu religiösen und philosophisch-weltanschaulichen Fragestellungen. Positive bürgerliche Leitbilder wurden mit negativen Erscheinungen konfrontiert, letztere sollten erkannt und überwunden werden. Die »Tadlerinnen« legten insofern Zeugnis von dem unerschütterlichen Glauben an die Erziehbarkeit des Menschen ab und hofften, daß er sich seiner Kraft bewußt wird und die geistigen Fesseln des feudalen Erbes sprengen kann. Ihre besondere Bedeutung für die deutsche Aufklärung lag darin, daß hier erstmals ein öffentliches Forum etabliert wurde, welches das kritische, sich in seinem Denken und Handeln überprüfende Individuum forderte. Ungeprüfte, nur autoritär rekapitulierte Vorurteile sollten künftig abgelehnt werden und an ihre Stelle bürgerliche Leitwerte wie Ehrlichkeit, Sparsamkeit, Fleiß und Beharrlichkeit treten. Diese Tugenden machten die Aufklärer nicht mehr von den äußeren Vorzügen des Standes abhängig. Allen Menschen, Männern wie Frauen, die nur den notwendigen Willen dazu aufbrachten, prophezeite man den Erfolg. Beachtlich indessen erscheint uns auch heute noch, 250 Jahre nach dem Erscheinen dieses Wochenblattes, daß sich Gottsched zuerst an ein weibliches Publikum gewendet hatte, bevor er 1727 mit dem »Biedermann« auch den männlichen Teil des Bürgertums ansprach.

Die tiefe Bildungskluft, die sich ohnehin um 1720 zwischen den Schichten auftat, würde um eine erhebliche Dimension erweitert werden, untersuchte man auch den Anteil der bürgerlichen Frau daran. Diesem völlig unausgeschöpften »gelehrten Potential« widmete Gottsched zeitlebens besondere Aufmerksamkeit. Ja, man könnte durchaus sagen, daß diese Wochenschriften einen natürlichen Anspruch der Frau auf eine gleichberechtigte Stellung im öffentlichen Leben formulierten, der wohl vom Bürgertum kaum wieder übertroffen wurde. Darin liegt ein beachtlicher kulturhistorischer Wert der »Tadlerinnen«. Eine ungebildete Frau erschien bereits dem jungen Gottsched »ein wahres Hauskreuz«. In der mangelnden Bildung und in der daraus erwachsenden Unfähigkeit, dem geistig anspruchsvollen Mann ein ebenbürtiger Partner zu sein, sah er wesentliche Ursachen für die Unmündigkeit der Frauen begründet. Gottscheds gezielte Frage danach, wie und inwiefern gerade die Frauen an dem geistig-kulturellen Leben des Bürgertums Anteil nehmen dürfen, weckte natürlich das Selbstgefühl und den weiblichen Ehrgeiz vieler Leserinnen. So empfahlen die sogenannten »Frauenzimmerbibliotheken« dem bildungsbeflissenen und vernünftig denkenden weiblichen Publikum diejenigen Bücher, die einer sinnvollen Erfüllung des Lebens im Diesseits verpflichtet waren. Wer vernünftig und tugendhaft lebt, dem wurde ein Leben in Glück und Zufriedenheit durch praktisch tätigen Gemeinsinn und individuelles Familienglück geweissagt. Eine wichtige Voraussetzung erblickte Gottsched jedoch darin, daß zunächst die Hauptinhalte des bis dahin immer noch denunzierten »weiblichen Wesens« einer kritischen Bestandsaufnahme unterzogen werden müßten. So erschien die Kluft zwischen Callistes Traum vom Amazonenstaat und der Beschreibung des wirklich bestehenden Frauenbildes durch ihre Freundin Phyllis aus den »Vernünftigen Tadlerinnen« fast unüberbrückbar, und je höher die Ideale gesetzt wurden, desto weniger schmeichelhaft erschien die Realität. Phyllis' Freundin beklagt daher z. B. die erbarmungslose Unwissenheit, in der sich der größte Teil des noch unvernünftigen Geschlechts befände: »Unser Verstand wird durch keine Wissenschaft geübt, und man bringt uns, außer einigen oft übel genug an einanderhängenden Grundlehren der Religion, nichts bey ... Die Schriften, die zur Verbesserung des Verstandes und des Willens etwas beytragen könnten, dünken uns zu schwer, zu unverständlich, zu trocken, zu ernsthaft, und zu verdrießlich. Und da man unsere Seele niemals zum Nachdenken gewöhnt hat: so wird es uns zu sauer, solche Bücher, welche mit Überlegung gelesen seyn wollen, zu verstehen«. Im »Biedermann« suchte Gottsched daher sogar Verbündete für das Projekt einer »Frauenzimmerakademie«.

Der Entwurf einer künftigen gelehrten Frau nahm somit zumindest in der Literatur langsam Konturen an. Aber demjenigen, der sich in den »Vernünftigen Tadlerinnen« mit dem Bilde vom Amazonenstaat konfrontiert sah, mag unweigerlich der Gedanke gekommen sein, wie wohl einst die wirkliche Frau dieses durchaus unkonventionellen Autors ausschauen mag. Wird es sie überhaupt geben, und nahm Gottsched mit Callistes Traum prophetisch vielleicht sogar ein Stück der eigenen Zukunft vorweg?

Luise Adelgunde Kulmus, die spätere Gottschedin, war der europäischen Aufklärung ein Begriff. Als »geschickte Gehilfin« ihres Mannes, begabte Komödienschriftstellerin und Übersetzerin ist sie in die deutsche Literaturgeschichte eingegangen. Ein genaues Porträt dieser ungewöhnlich fleißigen und intelligenten Frau zu zeichnen, bereitet jedoch einige Schwierigkeiten, da durch die wechselvolle Rezeptionsgeschichte der Blick auf die Gottscheds verstellt ist. Bis auf den heutigen Tag würdigen die einen Literaturhistoriker die Gottschedin gern auf Kosten des »Literaturprofessors« und erheben ihr unbestrittenes Talent für die Komödie unangemessen gegenüber den angeblich nur rationalistischen Fähigkeiten des Mannes. Ferner vertreten sie die These, daß das tief empfundene Unglück ihrer Kinderlosigkeit, Gerüchte über die Untreue des Ehemannes und die vielen Jahre auf der »gelehrten Galeere« ihre Gesundheit ruiniert und sie somit früh ins Grab brachten. Die anderen Literaturhistoriker schwören auf die ungewöhnlich große Gnade des Gatten, die ihr an seiner Seite eine überdurchschnittliche Bildung ermöglichte. Spätere Klagen der Gottschedin über die erdrückende Last des Übersetzens werden demzufolge als unangemessen zurückgewiesen und weitgehend der weiblichen Hypochondrie zugeschrieben. Beide Interpretationsversuche erweisen sich jedoch bei aufmerksamer Beobachtung als zu schmalspurig. Vor allem bleiben die objektiven geschichtlichen Rahmenbedingungen für eine schriftstellerische Existenz weitgehend unberücksichtigt.

Bereits die hausmütterliche Idylle hätte diesem Leben von vornherein enge Grenzen gesetzt. Auffallend ist, daß die Gottschedin gerade dieses Problem in ihren Briefen sehr aufmerksam und sensibel reflektierte. Schon als junge Frau ahnte sie die alternative Situation, vor der sie einst stehen würde. So war die durch tragische biologische Umstände verursachte Entsagung (die Kinderlosigkeit) zugleich eine noch geschichtlich notwendige Bedingung für ihre beruflichen Erfolge als Frau. Ihrer intimen Freundin Henriette von Runckel verdanken wir die postume Publikation des Briefwechsels. Dieser gibt uns gerade heute, über alle Entstellungen und Gerüchte hinweg, Aufschluß über die Gedanken und Gefühle einer Frau, die — ebenso wie ihr Mann — beinahe den vielfältigen Zwistigkeiten der Zeit zum Opfer gefallen wäre.

Die Gottschedin wurde am 11. April 1713 in Danzig als Tochter eines Arztes geboren. Ihr Vater, Johann Georg Kulmus, stammte aus Breslau, studierte in Halle und Leipzig Arzneikunde und promovierte über die rationalistische Traumlehre. Als Vertreter der frühaufklärerischen Ideen des Thomasius trat er gegen die vielfältigen Formen des Aberglaubens auf, die den stetig wachsenden Fortschritt in der Medizin behinderten. Sein mutiger und unerschrockener Geist wollte nur noch jene durch die Vernunftlehre bewiesenen organisch-mechanischen Bewegungen des menschlichen Körpers zulassen und verwies alle spirituellen Einflüsse in den Bereich der Spekulation. Damit geriet er jedoch unweigerlich in Konflikt mit der herrschenden Kirche, die seine wissenschaftliche Selbständigkeit einzugrenzen suchte. Der aufgeklärten Naturwissenschaft zutiefst verpflichtet, weigerte sich Kulmus, einen »wissenschaftlichen« Papst anzuerkennen. Seinen weiteren Aufenthalt in Breslau machten ihm dadurch allerdings die kirchlichen Autoritäten unmöglich. Er übersiedelte nach Danzig und avancierte im Laufe der Zeit zum Leibarzt im Dienste Augusts des Starken.

Kulmus schloß seine zweite Ehe mit der Danziger Kaufmannstochter Katharina Dorothea Schwenk. Aus dieser Ehe gingen einige Kinder hervor, jedoch nur Adelgunde sollte all jene Krankheiten überleben, an denen die anderen Kinder frühzeitig starben. Der Sitte der damaligen Zeit entsprechend, erhielt sie die Vornamen der drei Taufpaten, von denen sich jedoch sehr bald der Vorname der Großmutter, Adelgunde Schwenkin, durchsetzte. Adelgundes Mutter soll eine häufig kranke und körperlich geschwächte, geistig aber desto lebhafter agierende Frau gewesen sein. Schon frühzeitig beschäftigte sie ihr Kind nicht nur mit den notwendigen Haushaltsangelegenheiten oder sah gar im Klöppeln und Stricken eine hinreichende Beschäftigung für ein heranwachsendes Mädchen. Außer der damals obligatorischen geistlichen Unterweisung sorgte die Mutter für privaten Unterricht in Geographie, Geschichte, Zeichnen und Poesie. Adelgunde erlernte Englisch, Französisch und Griechisch, entdeckte schließlich ihre Liebe zur Musik. Das aufgeklärte geistige Klima im Elternhaus beförderte somit alle guten natürlichen Anlagen des Kindes. So verweist z. B. ein Brief Adelgundes auf das zu dieser Zeit außergewöhnliche Verhältnis zwischen Mutter und Tochter: Die verwandtschaftliche Beziehung zeichnete sich eher durch die »Zärtlichkeit einer vertrauten Freundin« als durch die »Strenge einer so nahen Blutsverwandten« aus.

Das Interesse für die »anmuthige Gelehrsamkeit« und die »schönen Wissenschaften« sollte jedoch die besondere Aufmerksamkeit Adelgundes erlangen. Originallektüre stellte bereits für das Kind eine Selbstverständlichkeit dar. Durch die Mutter inspiriert, bevorzugte sie moralphilosophisch orientierte Bücher. Etwa im Alter von zwölf Jahren entstanden auch ihre ersten Gelegenheitsgedichte. Überliefert ist, daß einige dieser Gedichte in die Hände Gottscheds gelangten. Bereits 1727 äußerte sich dieser entzückt über die poetischen Versuche der erst vierzehnjährigen Danzigerin:

> »So ist doch keine Dir, So viel ich weiß, in Sachsen,
> So jung und zart Du bist, im Dichten recht gewachsen ...
> Was sonst die Möllerin in Königsberg gewesen,
> Das wird Dein Danzig einst von seiner Kulmus lesen.«

Eine deutlichere Werbung hätte der junge Magister wohl kaum abgeben können. Der angestrengte Vergleich mit der »Möllerin« besagte genug. Obwohl Gertraut Möller fünfzehn Kinder zur Welt brachte, fand sie dennoch Zeit, sich als gelehrte Poetin einen Namen zu machen. So konnte sie mit dem begehrten Lorbeer gekrönt und mit dem berühmten Pegnitzorden ausgezeichnet werden. Es verwundert daher nicht, daß bereits in den »Tadlerinnen« Calliste, alias Gottsched, die feste Überzeugung verkündete, daß die Dichtkunst künftig das geeignetste Gebiet für die Frau sei. Insofern käme es nur darauf an, sich auf eine Entdeckungsreise nach verborgenen Talenten zu begeben: »Freilich ist es wahr, daß man im öffentlichen Drucke noch sehr wenige Proben von dem Verstande und dem Witze des Teutschen Frauenzimmers gesehen: dem ohngeachtet kann es doch wohl seyn, daß hie und da ein geschicktes Kind im verborgenen sitzet«.

Das »geschickte Kind« sollte jedenfalls nicht mehr länger verborgen bleiben. 1729 besuchte Gottsched erstmals nach seiner Flucht vor den potentiellen Soldatenwerbern des Königs (1724) seine Heimat in Königsberg. Die Rückreise führte ihn in Begleitung der Eltern über Danzig ins Haus der Familie Kulmus. Dort trat dem inzwischen zu Ruhm und Ehren gelangten Leipziger Gelehrten ein sechzehnjähriges Mädchen entgegen und wußte wohl durch seine ungewöhnlichen moralisch-geistigen Werte den Magister für sich einzunehmen. Ein Eheversprechen konnte jedoch nicht gegeben werden. Der alte Kulmus war mittellos und Gottsched noch nicht einmal im Besitz einer außerordentlichen Professur. Der ungesicherte Weg eines zwar hochbegabten, aber aus dem Bürgertum ohne materielle Rücklagen stammenden Gelehrten stand noch vor ihm.

Jedoch der Briefwechsel riß nicht mehr ab. Die Konturen beider Persönlichkeiten treten in ihm deutlich hervor. »Wie kömmt es wohl, daß mir seit wenigen Monaten alles viel erträglicher als sonst ist? Ich finde so viel Erleichterung in allen Plagen, wenn ich sie nur Ihnen erzählen kann … Tugend und Aufrichtigkeit sind die Richtschnur meiner Handlungen und meiner Gesinnungen von je her gewesen; diese sollen auch immer meine Führerinn bleiben. Von Ihnen geleitet, will ich die Bahn meines Lebens muthig durchwandeln. Aus der Fülle meines Herzens habe ich geschrieben, und wem die Art unserer Freundschaft nicht gefällt, der wird an diesen Briefen viel zu tadeln finden.« Gottsched, 1729 endlich Extraordinarius für Poesie, ließ Adelgunde direkt an den geistigen Prozessen der Aufklärung teilhaben. Sie las seine »Weltweisheit« und die »Critische Dichtkunst«, begeisterte sich für die französische Aufklärungsliteratur eines Fenelon oder Fontenelle und übte ihren aufgeweckten kritischen Geist an vielen Gegenständen. Bereits die Briefe zeugen von dem ausgeprägten Verlangen des jungen Mädchens, die geistigen Schranken der Zeit überwinden und sich künftig nicht mit den Normen einer bürgerlichen Durchschnittsehe abfinden zu wollen. »Ich finde nichts unangenehmer in der menschlichen Gesellschaft, als wenn Freunde immer versteckt für einander, in einem heimlichen Mißtrauen leben; und ich halte diese Verstellung für die Hauptursache vieler unglücklicher Ehen.« Sie rang stets um bedingungslose Offenheit, lehnte adlige Geburtsrechte als »unnatürlich« ab und wollte nur ihr Herz und ihren Verstand einsetzen, um Gottsched für sich zu gewinnen: »Nie werden Sie mich durch Geschenke gewinnen. Wenn die Vorzüge des Verstandes und des Herzens nichts bey mir ausrichten, so werden alle Schätze der Welt mir gleichgültig seyn, so magnetisch diese Kraft auch bey vielen seyn mag.«

Der Tod des Vaters im Jahre 1731 traf die Familie Kulmus hart und zwang sie fast in die Armut. An eine Hochzeit war erneut kaum zu denken, obwohl die Mutter die »vernünftigste Meynung über die Wahl der Heirat« hatte, denn sie unterschied sich »durch die billige Denkungsart von dem meisten Theil der Eltern, die aller Gewalt über ein Leben sich bedienen wollen«. Adelgunde blieb fest: »Besäße ich Millionen … so würde ich keinen neuen Freund suchen, noch wählen. Ich verlange mein Glück nicht darinnen zu finden, wo es von den meisten gesuchet wird.«

Es vergingen weitere qualvolle Jahre des Wartens, in denen sie jedoch nicht untätig war. Inzwischen kannte sie die Schriften der bedeutendsten Aufklärer und wagte sich an erste Übersetzungen heran. So verdanken ihr die deutschen Leserinnen z.B. die »Betrachtungen über das Frauenzimmer« der Frau von Lambert. Dabei überkam sie eine erste Ahnung. Das zukünftige Leben an der Seite des überall gefeierten Reformers der deutschen Literatur würde ihre ganze Kraft und Zuneigung erfordern. »Es ist zwar sehr gewiß, daß Sie in vielen Stücken den Vorzug vor mir haben … allein wenn es auf die Stärke der Freundschaft ankömmt, so werde ich gewiß den Ruhm meines Geschlechts nicht schwächen; hier wird dieses immer den Vorzug vor dem Ihrigen behaupten, und ich, ich werde mein ganzes Geschlecht in diesem Stücke suchen zu übertreffen.« In den langen Jahren des Briefwechsels blieben auch gegenseitige Mißverständnisse nicht ausgeschlossen. 1733 mußte Adelgunde auf Anraten der Familie z.B. den Briefwechsel reduzieren. Die einzelnen Gründe können nur vermutet werden. Die Mutter war krank und die Zukunft der Tochter immer noch ungewiß.

In dieser verzweifelten Situation brach der Krieg zwischen August III. und Leszczyński um den polnischen Thron aus. Die russische Armee lag vor den Toren der freien Hansestadt. Danzig wurde unsicher, und die Familie floh. Bald darauf starb die Mutter in einer elenden Baracke. Nur ein in letzter Minute vorgenommener Aderlaß bewahrte auch die Zweiundzwanzigjährige vor dem sicheren Tod. An Gottsched schrieb sie: »Sie allein fesseln mich noch an die Erde; allen übrigen entsage ich mit Freuden. Die lange Prüfung, der unsere Freundschaft ausgesetzt gewesen, hat mich oft in der Hoffnung und im Zweifel geübt. Endlich hat doch die erste gesieget, und viele Hindernisse hat unsre Geduld überwunden. Wir empfinden nunmehr doppelt stark das Vergnügen unserer unauflöslichen Verbindung, welche nur der Tod trennen soll.«

Das Jahr 1734 brachte jedoch noch einen Hoffnungsfunken in das getrübte Verhältnis. Der sächsische König bestätigte die Berufung zum ordentlichen Professor für Logik und Metaphysik. Endlich, mit vierunddreißig Jahren, konnte Gottsched die ersehnte besoldete Stelle vorweisen. Nun stand er auf der Höhe seines Erfolges. Kein bedeutender Gelehrter weilte in Leipzig, der nicht dem Vorsitzenden der »Deutschen Gesellschaft«, dieser literarischen Vereinigung, die Gottsched in Leipzig 1727 durch Umbildung der »Deutsch-übenden poetischen Gesellschaft« gegründet hatte, seine respektvolle Aufwartung machte. Das philosophische Programm, mit dem er zu Beginn der zwanziger Jahre in die Leipziger Gelehrtenwelt eintrat, erfüllte sich mit Leben. Die geistigen Waffen eines Leibniz und Wolff sowie der englischen und französischen Aufklärung nutzend, denunzierte er den Aberglauben, wo er nur konnte, und formulierte ein säkularisiertes Menschenbild. Er verpflichtete die Poesie ganz den diesseitigen Aufgaben der künftigen Menschwerdung; er reformierte die Bühnenkunst; befreite die »Deutsche Gesellschaft« vom Provinzialismus und entwickelte sie zu einem nationalen Organ; förderte die deutsche Sprachkultur; betätigte sich als Herausgeber und Kritiker; verfolgte die Entdeckungen der Naturwissenschaften ... Die beeindruckende Universalität dieser Beschäftigungen mußte das fast vierzehn Jahre jüngere Mädchen respektvoll zu ihm aufschauen lassen. »Ich bin bey jeder schönen Stelle mit meinem philosophischen Freunde immer zufrieden. Lassen Sie der Welt durch unser Beispiel zeigen, daß die wahre Glückseligkeit nicht auf zeitlichen Gütern beruht.« Nach sechsjährigem Brautstande konnte die Hochzeit am 19. April 1735 in der Danziger Sankt Johann Kirche vollzogen werden. Vor dem Altar erschien Adelgunde jedoch noch im Trauergewand.

Leipzig indessen bereitete den »gelehrten Zwey« am 14. Mai einen triumphalen Empfang. Studenten besangen die ungewöhnlichen Tugenden der jungen Gottschedin; Professor May überbrachte im Namen der »Deutschen Gesellschaft« die Hochzeitsgedichte; Bodmer und Breitinger gratulierten aus Zürich, und sogar die Neuberin reichte ihre persönlichen Glückwünsche nach. Den Gefahren des Krieges im Norden Deutschlands soeben entflohen, mußte sich der Danzigerin Leipzig im angenehmsten Glanze zeigen. »Es gefällt mir sehr. So klein als der Ort in seiner Ringmauer ist, so reinlich sind die Straßen, und wohlgebaut die Häuser. Die Lebensart der Einwohner ist artig und einnehmend, ein Lobspruch, den die Sachsen sich fast durchgängig erworben haben ... Es bleibt dem menschlichen Witz, und der menschlichen Neugier wenig zu verlangen übrig, das in Leipzig nicht zu haben wäre.« Die Jahre des Wartens hatten sich für die junge Frau gelohnt. Hinter einer halb geöffneten Tür genoß sie das Privileg, den Vorlesungen des Mannes zuhören zu dürfen, denn Frauen war der Zutritt zur Universität noch nicht gestattet. Ferner übte sie sich an verschiedenen Übersetzungen. Auch ihre Griechischkenntnisse überraschten. Sie erlernte das Latein und wünschte überhaupt »alle Sprachen zu wissen«. Durch Gottscheds Empfehlung nahm sie bei Krebs, dem besten Schüler Johann Sebastian Bachs, Unterricht in der Kompositionslehre und schrieb Kantaten. Es verwunderte daher nicht, wenn Ernesti 1736 der noch nicht einmal Fünfundzwanzigjährigen versicherte, daß sie besser als zehn Mitglieder der »Deutschen Gesellschaft« schriebe und an Kenntnissen mehr als zehn derselben überträfe. Äußere Ehren — auch die geplante Krönung zur gelehrten Poetin von der »Deutschen Gesellschaft« — empfand sie daher als unangemessen und lehnte sie strikt ab. Heben die Briefe der Gottschedin aus dieser Zeit besonders die gemeinsamen geistigen Interessen hervor, so zeugen sie andererseits auch von ihrem ausgeprägten Bedürfnis, die allein aus dem altersmäßigen Abstand hervorgerufenen Bildungsunterschiede durch Ausdauer und Fleiß allmählich zu verringern. »Unsere Beschäftigung sind, so wie unsere Gedanken, immer gleichförmig. Wir lesen sehr viel; wir machen über jede schöne Stelle unsere Betrachtung; wir theilen oft zum Schein unsere Meynung, und bestreiten einen Satz, bloß um zu sehen, ob die Meynungen gegründet sind, die wir von unsern Schriften fassen. Ich werde täglich die geringe Anzahl meiner Kenntnisse gewahr, und entdecke immer mehr Mängel meines Verstandes. Nichts, als der Wille alles zu verbessern, kömmt jenem gleich.« Dieser Wille war ungewöhnlich stark. Zahlreiche Übersetzungen englischer und französischer Aufklärungsschriften bezeugen das zielstrebige Verlangen, an der Seite Gottscheds das aufklärerische Programm mit Leben zu erfüllen. Die Gottschedin entwickelte ein besonderes Gespür für diejenigen Schriften, die von Frauen verfaßt wurden und die die geistig-moralische Entwicklung der bürgerlichen deutschen Frau begleiten könnten. So übersetzte sie 1739 den »Triumpf der Weltweisheit« der Frau von Gomez. In der Vorrede zu diesem Bändchen vermerkte sie, daß die weibliche gelehrte Welt »nunmehro auch schon« anfängt, »eine Welt zu seyn«. Die traditionell nur den Männern vorbehaltenen »freyen Künste« sollten die Frauen mutig erobern, und ihr eigenes Beispiel war weitgehend als Ansporn gedacht. Auffallend ist der Parallelismus der Ansichten beider Gottscheds, nachweisbar bis in das Vokabular hinein. Wenn sie ihren Mann dankbar als »Quelle ihres Wissens« benannte und er ihr »höchstes Glück« verkörperte, so bedeutete dies sicherlich mehr als bloße Rhetorik.

Die deutsche Aufklärung verdankte der Gottschedin vor allem unzählige Übersetzungen, so die der berühmten englischen moralischen Wochenschriften. Der »Guardian oder der Aufseher« erschien 1745, Addisons und Steeles »Zuschauer« 1739 bis 1743. Ihr unermüdlicher Fleiß, das feine Sprachgefühl und die umfangreichen Kenntnisse auf vielen Gebieten der Wissenschaften und Künste ermöglichten ferner den schwierigen Versuch, die »Geschichte der Königlichen Wissenschaften zu Paris« (1749) sowie weitere »Aufschriften« (1754 und 1755) dem deutschen Publikum zu übergeben. Mit dieser aufopferungsvollen Arbeit beförderte sie zugleich den Siegeszug der Wissenschaften und Künste. Überdies hatte sie einen bedeutenden Anteil an der Übersetzung von Bayles historischem Wörterbuch, einer wahren »Fronarbeit« des Geistes. Jene häufig noch nicht sehr anerkannte Übersetzertätigkeit entsprach einem ausgesprochenen Bedürfnis der Aufklärung nach Systematisierung des menschlichen Wissens auf allen nur zugänglichen Gebieten. »Dieses ist eine Aufgabe« — so schrieb sie nach einem ersten Schwächeanfall 1740 —, die »uns eben so viel Arbeit verursachen wird, als die Vortheile groß sind, die der Litteratur durch dieses Unternehmen zuwachsen. Es gehört das Bewußtsein, etwas zum allgemeinen Besten beyzutragen, zu meiner Beruhigung.« Sie aber übersetzte weiter und schrieb Artikel für mehrere von Gottsched herausgegebene Zeitschriften; sie registrierte, redigierte und kopierte literaturgeschichtliche Zeugnisse und Briefe; las Korrekturen; ordnete die Bibliothek; versorgte nicht zuletzt den Haushalt ... Mit einem Wort — sie machte sich zur vertrautesten »Gehülfin« ihres Mannes, wurde dessen »geschickte Freundin«. In diese Formulierung Gottscheds wollte die Nachwelt eine Distanz oder doch wenigstens einen Mangel an Gefühlsempfindung hineingeheimnissen. Gottsched folgte hierin jedoch der Sprachnorm seiner Zeit, denn um die Mitte des 18. Jahrhunderts assoziierte das Bürgertum unter »Frau« eine »Herrschaft«, die »eine Person des weiblichen Geschlechts hat und ausübt«. So rät daher noch 1758 Gottsched: »Kein Ehemann sollte die ihm zur Ehe gegebene Weibsperson seine Frau, sondern ... seine Gemahlin, seine Freundin« nennen.

Ihr wahrhaft schöpferisches Talent entwickelte die Gottschedin jedoch auf dem Gebiet der Komödie. Eine humoristische Ader und ein feiner Sinn für die Satire machten ihre Stücke unverwechselbar. Ganz im Sinne des moralisch-intellektuellen Bildungsideals wurde in ihren Komödien das lasterhafte Übel als menschliche Unvollkommenheit denunziert und als überwindbar vorgestellt. Leibniz' Erziehungsoptimismus lag diesem Programm zugrunde. Im Gegensatz zu den tiefer auf psychologische Individualisierung drängenden Forderungen der nächsten Generation, z. B. eines Lessing, konnte in der sogenannten bürgerlichen »Verlachkomödie« nur eine Eigenschaft die Figur bestimmen. Daher stellen die Arbeiten der Gottschedin eher moralische Normfiguren vor, die der Zuschauer bereits an den sprechenden Namen erkennt. Wir begegnen Herrn Sinnreich und Vielwitz im »Witzling«, Herrn Ahnenstolz und Zierfeld in der »Ungleichen Heirath« oder Frau von Tiefenborn, Herrn Wagehals oder Kaltenborn im »Testament«. Die ideologiegeschichtlich nachhaltigste Wirkung indessen war den Herren Glaubeleicht, Wackermann, Scheinfromm und den Damen Zanckenheimin, Ehrlichin und Bettelsäckin in der »Pietisterey im Fischbein-Rocke« (1736) beschieden. Dieses Stück erregte sofort nach dem Erscheinen Aufsehen, wurde verboten und als Schmähschrift wider die Hallenser Pietisten verstanden, ja es lieferte sogar den Anlaß für neue preußische Zensurbestimmungen. Somit wurde die dramatische Satire äußerst brisant. Die Gottschedin traf mit ihrem Stück die empfindlichste Stelle der religiösen Schwärmer, die sich einer vernünftigen aufgeklärten Gottesverehrung entzogen und mit den ehemals progressiven, auf diesseitige Verinnerlichung zielenden Tendenzen des 17. Jahrhunderts nicht mehr viel gemein hatten. Der Mensch sollte wieder in seine selbst zu verantwortende Rolle innerhalb der menschlichen Gemeinschaft eingesetzt und von dem Bewußtsein seiner ewigen Verderbnis befreit werden. Daß ausgerechnet eine Komödie den Pietismus anprangerte, mußte den erbitterten Zorn und die politischen Restriktionen nahezu heraufbeschwören. Über die Autorenschaft der »Pietisterey« ist viel gerätselt worden. Erst nach dem Tode der Gottschedin nannte Gottsched der Mitwelt den wirklichen Verfasser. Die Pietisten dürften ein weiteres Mal unruhig geworden sein: Es war eine Frau.

Nach diesem ersten komödiantischen Erfolg überwog erneut die »Fron« der Übersetzungsarbeit. Die »Deutsche Schaubühne« (1741 bis 1745) wäre ohne ihre Stücke wohl kaum zustande gekommen. In nur fünf Jahren lieferte sie, da es in Deutschland noch an guten und regelmäßigen Stücken mangelte, u. a. Übersetzungen von Moliere, Dufresny, Voltaire, Addison oder Destouches. Mit dem vierten Band setzte jedoch eine Wende ein in der Bühnenkunst. Fortan konnten auch Originale erscheinen. Mit den Stücken »Die ungleiche Heirath«, »Die Hausfranzösin«, »Das Testament«, »Panthea« und »Der Witzling« begründete die Gottschedin die sächsische Verlachkomödie.

Aber erinnern wir uns noch einmal an Callistes Traum. Die durchaus ungewöhnliche berufliche Erfolgsbilanz scheint die Hoffnungen der einst Zwanzigjährigen nach einer bürgerlichen »Beispielehe« einzulösen. Bis zu ihrem Tode wußte die Gottschedin sehr wohl, daß sie ihre Erfolge neben dem vorausgesetzten notwendigen Ehrgeiz vor allem dem günstigen geistigen Klima in der sächsischen Handelsmetropole und der Förderung Gottscheds als einem der unbestritten bedeutendsten und einflußreichsten Männer der Frühaufklärung verdankte. Wenn daher ihre intime Freundin Henriette von Runckel in ihrem Vorbericht zu den Briefen auch den »gerührten Gatten« erwähnt, so dürfte damit nach dem Tode beider Gottscheds keine äußere Rücksichtnahme mehr bezweckt worden sein.

Und dennoch mischen sich in dieses scheinbar ungetrübte Verhältnis nicht zu überhörende Moll-Töne. Selbst Gottsched gestand, daß seine »Freundin« in den letzten Jahren ihm »etwas von ihrer Liebe und alten Vertrautheit« entzogen hatte. Die Ursachen sind vielfältig und keineswegs nur auf Gerüchte über die angebliche Untreue des Ehemannes einzugrenzen, wie dies die Nachwelt mit besonderer Vorliebe tat.

Als sich nach zweijähriger Ehe ihr Kinderwunsch noch nicht erfüllte, ahnte die Gottschedin bereits die Alternative, vor der sie künftig stehen würde. »Ich will, im Fall mir die Vorsehung diese Wohltat … versagen sollte, mich desto eifriger bemühen, meinen Beruf auf andere Art treulich zu erfüllen.« Als Gattin eines bürgerlichen Professors blieb sie stets ausgesprochen realistisch. Die Erfüllung ihrer beruflichen Pläne wäre in Frage gestellt worden, denn »wenn ich ein Kind hätte« — so schrieb sie — »würde ich meine ganze Zeit darauf verwenden«. Französische Gouvernanten oder auch Ammen lehnte sie — ebenso wie die »Vernünftigen Tadlerinnen« — zugunsten einer natürlichen Bindung von Mutter und Kind ab. Mitte der vierziger Jahre schwindet die Hoffnung auf die ersehnte biologische Erfüllung als Mensch mehr und mehr, und das Schicksal schien die beängstigende Einseitigkeit ihrer Wirkungsmöglichkeiten als Frau beschlossen zu haben. Sie befand sich nunmehr fest und unabrufbar in ihren Lebensbahnen. »Es ist mein Wunsch gewesen, und da ihn die Vorsehung in reichern Maße, als ich jemals geglaubet, erfüllet hat, will ich nicht murren, sondern nach allen Kräften meinen Beruf gleichfalls ausfüllen.« Die trotz der schriftstellerischen Erfolge empfundene menschliche Leere erfüllte fortan umso ergreifender ihre Briefe.

Während Gottsched an einer Geschichte der dramatischen Dichtkunst schrieb, galt das besondere Interesse der Gottschedin neben der Komödie vor allem der Lyrik. Über viele Jahre hinweg sammelte sie wertvolles historisches Material für eine »Geschichte der lyrischen Dichtkunst der Deutschen«, ihrer wahrscheinlich bedeutendsten wissenschaftlichen Arbeit. Jedoch für dieses Thema, zumal von einer Frau verfaßt, fand sich kein geschäftstüchtiger Verleger, nicht einmal Breitkopf, in dessen Hause sie sogar mietfrei leben konnten. Selbst die nicht unbeträchtlichen verlegerischen Beziehungen Gottscheds schlugen fehl. In einem Ausbruch tiefer Verzweiflung opferte sie das Manuskript den Flammen. Nicht zuletzt dieses tragische Flammenopfer mußte auch der Gottschedin endgültige Klarheit über die wirkliche historisch mögliche Rolle der bürgerlichen gelehrten Frau gebracht haben. An der Seite eines berühmten Mannes bereiste sie zwar ganz Deutschland, nahm Kontakte zu führenden Persönlichkeiten der Aufklärung auf und wurde sogar am Wiener Hof von Maria Theresia als »berühmteste Frau Deutschlands« gefeiert. Trotzdem, die Bedingungen einer patriarchalisch organisierten Gesellschaft vermochte nur Calliste im Traum aufzuheben. Vorurteile gegenüber weiblichen Denkleistungen prägten schließlich nicht nur die auf Gewinn orientierten Verleger. Solle es z. B. ein Zufall sein, daß von den zwölf für die »Schaubühne« gelieferten Stücken nur eines den vollständigen Namen der Gottschedin aufweist, während die anderen vorwiegend anonym oder höchstens von »L. A. V. G.« stammen sollen? In diese bitteren Enttäuschungen mischen sich auch unüberhörbare Klagen über die müßigen Haushaltsangelegenheiten, denen die bürgerliche Frau allen kühnen Verheißungen zum Trotz nicht entrinnen konnte. »Hier muß ich meinen Kopf täglich mit wahren Kleinigkeiten ... füllen, die ich von Kindheit an, für die elendesten Beschäftigungen eines denkenden Wesens gehalten habe; und deren ich gern entübriget seyn möchte.« Aber an eine offizielle Anstellung war nicht zu denken, die Universitäten hielten ihre Türen für ein weibliches Auditorium verschlossen. Ein Leben als freier Schriftsteller kam erst recht nicht in Frage, denn sogar der jüngere Lessing mußte sich schließlich doch noch am Hof verdingen. Als »gelehrteste Frau Deutschlands« betrat sie zu ihrer Zeit zwar bislang kaum gekannte Pfade und schöpfte die Möglichkeiten bis zur Neige aus, aber die unüberwindbaren Schranken traten auch ihr auf Schritt und Tritt entgegen. Die sicherlich kühnen Forderungen der »Tadlerinnen« behielten ihren wohltönenden Klang, der bürgerliche Alltag indessen verwies die Frau erneut in ihre traditionelle Rolle als Mutter und Hausfrau.

Ein weiterer Aspekt fügt sich zu den genannten. Mit dem Austritt Gottscheds aus der »Deutschen Gesellschaft« war auch bald der Zenit des Ruhmes überschritten. Die Angriffe auf den Reformer der deutschen Literatur erfolgten aus verschiedenen Richtungen und mit unterschiedlichen Mitteln. Es entspricht schon einer nicht geringen geschichtlichen Tragik, daß sich die Literatur scheinbar ohne ihn weiterentwickelte und der unbeschreiblichen Verdienste kaum mehr erinnerte. In diesen Jahren der Literaturfehden versuchte die Gottschedin oft, die streitenden Parteien zu besänftigen. Einerseits lehnte sie die »Bosheit der Gegner« ab und bekannte die »Unschuld Gottscheds«. So manche Schmähschrift hielt sie daher vor ihm fern, um die weiteren Projekte nicht zu gefährden. Andererseits jedoch erkannte sie in den Forderungen der Schweizer Bodmer und Breitinger nach mehr Phantasie in der Literatur eigene Überzeugungen wieder, die sie Gottsched gegenüber auch verteidigte. Hier mochte sich wohl u. a. der Altersunterschied bemerkbar machen. Seit den Übersetzungen des Addison las sie auch Shakespeare, hielt Shaftesbury für einen der »größten Geister, die diese Insel jemals hervorbrachte«, liebte über alles die Naturgedichte Hallers, mochte sogar Klopstock. Aber trotz dieser »Abweichungen« vom Konzept Gottscheds blieb sie seiner frühaufklärerischen Literaturauffassung verpflichtet, wie sie einige Jahre vor ihrem Tod auch gestand. »Ich dichte nichts mehr ... Ich bin zu alt, zu verdrüßlich und vielleicht auch zu unfähig meine Muse die neuern Pfade gehen zu lehren. Geschmack, Styl, Versart, alles hat sich verändert, und wer diesen nicht folget, wird nicht glimpflich, nein grausam getadelt.« Verbitterung und sicherlich auch Unverständnis über Lessings berühmten 17. Literaturbrief spricht aus diesen Zeilen. Die neue Dichtergeneration bahnte unerbittlich ihren Weg. Zwischen dem Ideal eines aufgeklärten Fürsten in ihrer »Panthea«

und Lessings »Emilia Galotti« liegen bereits die Erfahrungen zweier Generationen.

Am Ende ihres Lebens stand die Gottschedin jedoch Lessing näher, als dieser auch nur ahnen konnte. 1757 fiel Friedrich II. mit seinen Truppen in Sachsen ein. Erinnerungen an die Kriegserlebnisse in Danzig wurden wach. Parallel stiegen die körperlichen Schmerzen. »Fragen Sie nach der Ursache meiner Krankheit?« — so schrieb sie in einem der letzten Briefe — »Hier ist sie. Acht undzwanzig Jahre ununterbrochene Arbeit, Gram im Verborgenen und sechs Jahre lang unzählige Thränen, sonder Zeugen, die Gott allein hat fließen sehen; und die mir durch meine eigene und hauptsächlich durch die allgemeine Noth und die erlittenen Kriegsdrangsalen so vieler Unschuldigen ausgepreßt worden.« Sie befürchtete, daß »unser unglückseliges Sachsen« und das »unter der Last des Krieges seufzende Volk« gänzlich zusammenbrechen werden. Dem Preußenkönig galt ihr voller Haß. Selbst Gottscheds Versuche, für Leipzig günstigere Kriegsbedingungen zu erhandeln, stießen auf Unverständnis. Das große Ideal eines aufgeklärten, weise regierenden Fürsten schien sich immer weiter von der bedrückenden Wirklichkeit zu entfernen. Die »Sclaverey des Hoflebens« spürte sie ebenso wie die »Schmeichler« und »sträflichen Leisetreter«. Fast testamentarisch, die Frühaufklärung abschließend und in die neue Phase der Aufklärung hinüberleitend klingen daher ihre letzten Worte: »Es war eine Zeit, da mich die Huld der Großen auch rührte. Wie viel empfand mein Herz beim Anblick der Kayserin? Wie viel bey ihren Gnadenbezeugungen? ... Jetzt rührt mich nichts mehr ... So schüchtern hat mich der Krieg, der unseelige Krieg, gegen alle dergleichen Gnadenzeichen gemacht.«

Luise Adelgunde Victorie Gottsched erlebte den ersehnten Frieden nicht mehr. Sie starb neunundvierzigjährig, nach langem körperlichem Leiden und fast erblindet, am 26. Juni 1762. Ihre letzte Ruhestätte fand sie in der Leipziger Universitätskirche.

Ursula Walter

Ich habe mein erstes Mädgen
wieder gesehen ...

(Goethe an Frau von Stein Leipzig, 31. März 1776)

Käthchen Schönkopf (22. 8. 1746 bis 21. 5. 1810)
Friederike Oeser (1748 bis 13. 6. 1830)
Gertrud Elisabeth Mara geb. Schmeling (23. 2. 1749 bis 20. 1. 1833)
Corona Schröter (14. 1. 1751 bis 23. 8. 1802)
Ulrike von Levetzow (4. 2. 1804 bis 13. 11. 1899)

Goethe wird mit Recht nachgesagt, daß er Zeit seines Lebens den Frauen
nicht abhold gewesen sei. Sie spielten für ihn immer eine bedeutende Rolle,
obwohl er es von Jugend an verstand, sich von ihren Reizen nicht zu sehr fesseln zu lassen. Es war ihm gegeben, sein Liebesglück und -leid im Kunstwerk
auszudrücken, und damit konnte er für sich einen gewissen Ausgleich herstel-
len. Mit dem Briefroman »Die Leiden des jungen Werther« befreite er sich
von seiner Zuneigung zu Charlotte Buff. Die schönsten Gedichte des »West-
Östlichen Divans« verdanken ihre Entstehung der unerfüllten Liebe zu Marianne von Willemer, und die Marienbader Elegie spiegelt den Schmerz wider,
den ihm die späte, tragische Liebe zur jungen Ulrike von Levetzow bereitet
hat.

Schon der 17jährige Student schreibt in einem Brief an seine Schwester
Cornelia: »Ihr Mädchen müßt einen geheimen Zauber haben, womit ihr uns
bezaubert, wenn's euch beliebt.« Goethe verfiel diesem Zauber immer wieder,
das erste Mal in Leipzig.

1765, zur Michaelismesse, traf er in der großen sächsischen Universitäts-
und Handelsstadt ein. Er war noch sehr jung, als er, wie Jahre vorher sein Vater, an der berühmten Universität Jura studieren sollte. Eigentlich wollte er
sich ja lieber den »schönen Wissenschaften« widmen und dazu nach Göttingen gehen, aber der Vater, der sehr gern in Leipzig studiert hatte, setzte seinen Willen durch, und so fuhr Goethe am 1. Oktober 1765 nach Sachsen.

Er konnte mit dem Buchhändler Johann Georg Fleischer reisen, der zur
Messe fuhr, die am 6. Oktober offiziell begann. Nach einer anstrengenden
Reise — der Wagen blieb bei Auerstedt im Morast stecken und mußte müh-

sam herausgezogen werden — trafen die Reisenden aber doch pünktlich ein, und Goethe erlebte gleich die Stadt im Messetrubel, wie er ihn auch von Frankfurt her kannte. Leipzig mit seinen prächtigen Barockbauten imponierte dem 16jährigen sehr; in seinen Briefen, aber auch in »Dichtung und Wahrheit« klingt diese Begeisterung immer wieder an.

Goethe fand seine »Studentenbude« in der Großen Feuerkugel im Neumarkt bei der Kaufmannswitwe Straube, die zur Messe den Buchhändler Fleischer aufnahm. Die Eltern Goethe hatten ihren Sohn gut ausstaffiert; er verfügte auch über einen ansehnlichen Wechsel, konnte also an den geselligen Freuden der Studentenzeit ausgiebig teilnehmen. Nur — seine Kleidung war zwar kostbar, ausreichend und solid, entsprach aber, wie auch sein Auftreten, nicht den modischen Ansprüchen der sächsischen »Messemetropole« und ihren Bewohnerinnen. So mußte Goethe erst lernen, diesen eleganten Erwartungen zu genügen. Dabei half ihm Marie Rosine Böhme, die 40jährige Gattin seines Professors und Mentors Hofrat Johann Gottlieb Böhme, die sich des jungen Mannes mütterlich sorgend annahm. Sie war es, die ihm gut zuredete, doch beim Jurastudium zu bleiben und sich nicht den schönen, aber brotlosen Künsten zu widmen. Sie gab ihm aber auch gute Ratschläge beim Modernisieren seiner Garderobe und seiner Umgangsformen, versuchte, ihm das Kartenspiel beizubringen, und machte ihn so erst »gesellschaftsfähig«.

Die ersten Monate seines Leipziger Aufenthaltes mag Goethe damit zugebracht haben, sich dem neuen Leben anzupassen. Er bemühte sich um sein Jurastudium, hörte aber auch Vorlesungen bei Gellert und Gottsched, der allerdings bereits 1766 starb. Einen Freundeskreis hatte er auch bald, und anregende Stunden verbrachte er sicher im Hause seines Zeichenlehrers Oeser. Im Breitkopfschen Hause wurde musiziert und in Auerbachs Keller mit Freund Behrisch über die Welt und ihre Probleme diskutiert.

Sein Frankfurter Freund Johann Adam Horn kam zur Ostermesse 1766 zusammen mit Johann Georg Schlosser, dem späteren Schwager Goethes, nach Leipzig. Beide wohnten im Brühl beim Zinngießer Christian Gottlob Schönkopf, dessen Frau aus Frankfurt stammte. Nebenbei betrieb der Zinngießer einen kleinen, guten Weinausschank, und seine Frau sorgte dafür, daß die Gäste zum Wein auch etwas Ordentliches zu essen bekamen. Das freundliche Töchterlein Anna Katharina ging der Mutter zur Hand und bediente wohl auch dann und wann einmal die Gäste. Als nun die Freunde Schlosser und Horn bei Schönkopfs wohnten, kam auch Goethe mit hin, fühlte sich in der dortigen frohen Runde sehr wohl und merkte bald, daß das liebenswerte Käthchen der Magnet war, der ihn immer heftiger anzog.

Käthchen, von Goethe Annette oder Ännchen genannt, war drei Jahre älter als der junge Dichter. Horn beschreibt sie dem in Frankfurt gebliebenen

Freund Moors so: »Denke Dir ein Frauenzimmer, wohlgewachsen, obgleich nicht sehr groß, ein rundes, freundliches, obgleich nicht außerordentlich schönes Gesicht, eine offene, sanfte, einnehmende Miene, viele Freimütigkeit ohne Koketterie, einen sehr artigen Verstand, ohne die größte Erziehung gehabt zu haben.« Und Goethe selbst schildert sie seiner Schwester Cornelia: »Sie ist ein recht gutes Mädgen, daß ich sehr liebe, sie hat die Hauptqualität, daß sie ein gutes Herz hat, das durch keine allzu große Lecktüre verwirrt ist, und läßt sich ziehen …«

Goethes pädagogische Ader fühlt sich also wieder angesprochen; nun will er nicht nur die Schwester, sondern auch die geliebte Freundin erziehen. Ob Käthchen damit immer einverstanden war, wissen wir nicht. Es ist aber wohl anzunehmen, daß sie dem superklugen jugendlichen Liebhaber ihren gesunden, klaren Menschenverstand entgegensetzte. Von Seiten des jungen Goethe mag es eine heiße, stürmische Liebe gewesen sein. Aus Briefen an Behrisch geht hervor, mit welcher Gewalt er gepackt worden war, und es geht auch daraus hervor, daß er nicht nur maßlos liebte, sondern ebenso maßlos eifersüchtig war, und sehr darunter litt. So schreibt er z. B. am 10. Oktober 1767 an Behrisch, der nun Prinzenerzieher am Dessauer Hof war: »Ha Behrisch das ist einer von den Augenblicken! Du bist weg, und das Papier ist nur eine kalte Zuflucht, gegen deine Arme. O Gott, Gott. – Laß mich nur erst wieder zu mir kommen. Behrisch, verflucht sey die Liebe. O sahst du mich, sähst du den elenden wie er raßt, der nicht weiß gegen wen er raßen soll, du würdest jammern …« Man meint, eine Vorstufe der Wertherschen Leidenschaft und Verzweiflung mitzuerleben. Auch Käthchen muß unter den Eifersuchtsszenen gelitten haben, und letztendlich war sie es, die die Konsequenzen zog und sich einem Mann zuwandte, der ihr das bieten konnte, was sie bei Goethe vermissen mußte: ein beständiges Glück.

Sie heiratete am 7. Mai 1770 den Juristen Dr. Christian Karl Kanne, den sie durch Goethe kennengelernt hatte; mit ihm wohnte sie mehrere Jahre in Wurzen, dann bis zu ihrem Tode am 21. Mai 1810 wieder in Leipzig. Die Kannes hatten eine Tochter, Anna Christiane Sophie, die 1774 geboren war und 1855 als Frau des Dr. Johann Conrad Sickel verstarb.

Goethe hat sein »erstes Mädgen« nur einmal wiedergesehen, und zwar im März 1776, als er für zehn Tage in Leipzig war. Aus Käthchen war inzwischen die gut situierte Frau Dr. Kanne und Mutter eines kleinen Mädchens geworden. So mag die Begegnung zwiespältig, wahrscheinlich auch zufällig ausgefallen sein. Näheres ist darüber nicht bekannt.

Bekannt geblieben bis in unsere Zeit sind aber die Gedichte, die Goethe seiner »kleinen Heiligen« gewidmet hat. Behrisch hat sie in seiner zierlichen Handschrift aufgeschrieben, und aus dem Nachlaß der Luise von Göchhausen wurden sie 1894 der Öffentlichkeit bekannt. Einige wenige der Lieder hatte Goethe bereits früher schon in seine Werke aufgenommen. Die 19 überlieferten Gedichte mit der Überschrift »Annette« sind zwischen November 1766 und Mai 1767 entstanden, also in der glücklichsten Zeit dieser Liebe. Der strenge Kritiker Behrisch hatte nur die gelungensten in dieses Büchlein eingeschrieben; dabei hatte er die Überschriften graphisch besonders gestaltet und niedliche Vignetten eingefügt.

Das erste Gedicht ist Widmung und Huldigung für Käthchen zugleich:

An Annetten.
Es nannten ihre Bücher
Die alten sonst nach Göttern,
Nach Musen und nach Freunden,
Doch keiner nach der Liebsten;
Warum sollt' ich, Annette,
Die Du mir Gottheit, Muse,
Und Freund mir bist, und alles,
Dieß Buch nicht auch nach Deinem
Geliebten Nahmen nennen?

Ausdruck dieser Liebe und Eifersucht ist auch das in Leipzig entstandene kleine Schäferspiel »Die Laune des Verliebten« mit seiner Grundtendenz:

Die Liebe lehrt mich klagen;
Liebt ich dich nicht so sehr,
Ich würde dich nicht plagen.

Dieses Stück entstand 1767/68; ob Käthchen es damals schon — oder noch — gelesen hat, ist ungewiß.

Außer den »Annette«-Gedichten ist noch eine Sammlung Goethescher Lyrik in der Leipziger Zeit entstanden: Das Leipziger Liederbuch. Davon gibt es zum einen eine Handschrift, die zehn Lieder umfaßt, und zum anderen das gedruckte Liederbuch, mit Melodien von Bernhard Theodor Breitkopf, 1769/70 erschienen.

Das Titelblatt der Handschrift gestaltete Goethe selbst in Zierschrift: »Lieder und Melodien Mademoiselle Friederiken Oeser gewidmet von Goethen«; die Gedichte schrieb dann ein Schreiber ab.

Das gedruckte Buch enthält 20 Lieder, die Melodien dazu hat Goethes Freund Breitkopf komponiert. Er war es auch, der das kleine Werk drucken lassen konnte. Es erschien 1769 — auf dem Druck steht allerdings die Jahreszahl 1770 — und ist damit das erste gedruckte Werk des jungen Dichters überhaupt. Johann Adam Hiller, der zu dieser Zeit das Große Konzert in

Leipzig dirigierte, urteilte als Fachmann ausgesprochen gut über das Büchlein und seinen anonymen Autor: »Diese Liedersammlung hat vor anderen den Vorzug, daß die Texte unbekannt sind ... und wenn man sie lieset, wird man gestehen, daß es dem Dichter keineswegs an einer glücklichen Anlage zu dieser scherzhaften Dichtungsart fehlte. Sie verdienten in einer Sammlung bekannt gemacht, und so artig componirt zu werden, als es hier von Herrn Breitkopf geschehen ist ...«

Auch dieses Liederbuch enthält Liebesgedichte an Käthchen; eins soll hier zitiert werden:

Die Nacht.
Gern verlaß ich diese Hütte,
Meiner Liebsten Aufenthalt,
Wandle mit verhülltem Schritte
Durch den ausgestorbnen Wald.
Luna bricht die Nacht der Eichen
Zephir meldet ihren Lauf,
Und die Birken streun mit Neigen
Ihr den süßten Weihrauch auf.

Schauer, der das Herze fühlen,
Der die Seele schmelzen macht,
Flüstert durch Gebüsch im Kühlen.
Welche schöne, süße Nacht!
Freude! Wollust! Kaum zu fassen!
Und doch wollt' ich Himmel, dir
Tausend solcher Nächte lassen,
Gäb mein Mädgen Eine mir!

Gewidmet wurde diese Sammlung aber nicht Käthchen, sondern der Tochter Adam Friedrich Oesers, Friederike.

Goethe hatte gleich zu Beginn seines Leipziger Aufenthaltes den Direktor der »Zeichnungs-, Mahlerei- und Architektur-Academie« Oeser aufgesucht und ihn um Unterricht gebeten. Ihn interessierte ja alles, was mit Kunst zusammenhing, und so bemühte er sich auch darum, von einem Fachmann im Zeichnen angeleitet zu werden. Aus dem Unterricht entwickelte sich im Laufe der Zeit ein freundschaftliches Verhältnis zur Familie Oeser, vor allem zur Tochter Friederike, die 1748 geboren war. Friederike muß ein ausgesprochen liebenswertes, frohes Menschenkind gewesen sein. Sie konnte aber auch gute und praktische Ratschläge erteilen, wenn diese gebraucht wurden.

Sie besorgte den großen elterlichen Haushalt in der Pleißenburg, dicht bei Vater Oesers Wirkungsstätte gelegen, kümmerte sich aber auch um die

Sommerwohnung in Dölitz. Oft galt es, Gäste zu bewirten, aber auch zu unterhalten, und all das entsprach Friederikens gesellschaftlichen und geselligen Talenten. Es wird von ihr berichtet, daß sie vorzüglich Klavier spielte, daß sie sehr gern las und sich weiterbildete, wo sie nur konnte. Sie erledigte aber auch den umfangreichen Briefwechsel ihres Vaters, der nicht gern Briefe schrieb, und führte selbst eine weitverzweigte Korrespondenz. Sie wirkte immer heiter und anregend auf Freunde und Gäste, und ihre Liebenswürdigkeit ließ vergessen, daß ihr Gesicht durch Blatternnarben entstellt war. Von unglücklichen Liebhabern wie Goethe ließ sie sich das Herz ausschütten und gab gute Ratschläge, wenn aus Eifersucht nicht aus und ein gewußt wurde. Goethe hat Friederike alles von seiner Liebe zu Käthchen gebeichtet, und oft mag die Freundin dem jungen Heißsporn den richtigen Weg gewiesen haben. Ob es ihr immer leicht fiel, die Herzensergüsse anzuhören? Wir wissen es nicht.

Über 30 Jahre, bis zu Oesers Tod 1799, stand Friederike dem umständlichen Hauswesen als gute Haustochter vor. 1800 verkaufte sie das Dölitzer Landhaus, das sie besonders geliebt hatte, dessen Bewirtschaftung nun aber für sie zu schwierig geworden war. Sie blieb unverheiratet und starb am 13. Juni 1829 in Leipzig. Mit dem handgeschriebenen Liederbüchlein schickte Goethe am 6. November 1768 ein langes, reizvolles Briefgedicht an Friederike, in dem er von seinem Ergehen nach der Heimkehr ins Elternhaus berichtete, aber auch Rückschau auf die vergangene Zeit hielt, und sich dankbar daran erinnert:

Mamsell,
So launisch, wie ein Kind das zahnt;
Bald schüchtern, wie ein Kaufmann den man mahnt.
Bald still, wie ein Hypochondrist,
Und sittig, wie ein Mennonist,
Und folgsam, wie ein gutes Lamm;
Bald lustig, wie ein Bräutigam,
Leb' ich, und binn halb kranck und halb gesund,
Am ganzen Leibe wohl, nur in dem Halse wund;
Sehr missvergnügt, dass meine Lunge
Nicht so viel Ahtem reicht, als meine Zunge
Zu manchen Zeiten braucht, wenn sie mit Stolz erzählt,
Was ich bey Euch gehabt, und was mir jetzt hier fehlt.
…
Wenn mich mein böses Mädgen plagte,
Wenn der Verdruss mich aus den Mauern jagte,

War ich verwegen gnug, und wagte
Dich aufzusuchen eh es tagte,
Auf Deinen Feldern die Du liebst,
Die Du mir offt so schön beschriebst.
...
Du hast die Lieder nun, und zur Belohnung
Für alles was ich für Dich litt,
Besuchst Du Deine seelge Wohnung:
So nimm sie mit;
Und sing sie manchmal an den Orten
Mit Lust wo ich aus Schmerz sie sang,
Dann denck an mich, und sage: dorten
Am Flusse wartete er lang,
Der Arme der so offt mit ungewognem Glücke
Die schönen Felder fühllos sah!
Käm er in diesem Augenblicke,
Eh nun, jetzt wär' ich da.
Jetzt, dächt ich nun, war's hohe Zeit zum Schliessen,
Denn wenn man so zwey Bogen Reime schreibt,
Da wollen sie zuletzt nicht fliessen.
Doch warte nur wenn mich die Laune treibt,
Und Deine Gunst mir sonst versichert bleibt,
So schreib ich Dir noch manchen Brief wie diesen ...

Ein Denkmal erinnert an die beiden Leipziger Freundinnen des jungen Dichters: das Goethe-Denkmal von Carl Seffner auf dem Naschmarkt. Die beiden Medaillons im Sockel zeigen auf der Ostseite Käthchen Schönkopf, auf der Westseite Friederike Oeser.

In Leipzig hatte Goethe auch zwei Sängerinnen kennengelernt, von denen er sehr beeindruckt war: Corona Schröter und Gertrud Elisabeth Schmeling, später Mara. Er hörte sie u. a. im Großen Konzert, als Johann Adolph Hasses Oratorium »Sant Elena al Calvario« aufgeführt wurde. Beide junge Sängerinnen — die Schmeling war 1749 geboren, Corona 1751 — wurden noch von Hiller unterrichtet, sangen aber bereits häufig bei den vielen regelmäßigen Musikaufführungen, die damals schon Leipzig vor anderen Städten auszeichneten.

Gertrud Schmelings Sopranstimme muß ausgesprochen schön gewesen sein; sie selbst war es weniger, heißt es doch von ihr, daß sie etwas verwachsen gewesen sei. Sie spielte zunächst Geige, war neunjährig in Wien aufgetreten, etwas später in London, und Gesangsunterricht bekam sie erst 1766 in

Leipzig durch Hiller. Hiller war es auch, der ihr half, sich selbständig zu machen, und der dafür sorgte, daß ihr Vater sie nicht mehr gewissenlos ausnutzen konnte. In den Jahren 1767 bis 1771 war sie als Erste Konzertsängerin in Leipzig engagiert; sie bekam dafür ein Jahresgehalt von 600 Talern. Über Dresden, wohin sie die musikliebende Kurfürstin Maria Antonia geholt hatte, kam sie nach Berlin, und dort wurde sie von dem Preußenkönig Friedrich II. sofort »auf Lebenszeit« an die Hofoper engagiert. In dieser Zeit heiratete Gertrud Schmeling den Violoncellisten Johann Baptist Mara. Auf das Drängen ihres Mannes hin versuchte sie den Kontrakt mit der Hofoper zu lösen. Da man aber nicht darauf eingehen wollte, mußte das junge Paar fluchtartig Preußen verlassen und kam 1780 über Wien und München nach Paris. Als Konzertsängerin feierte »die Mara«, wie sie nun genannt wurde, auch bei den Händelfestspielen 1784 bis 1791 in London triumphale Erfolge. Ausgedehnte Reisen führten sie nach Italien, dann auch nach Petersburg und Moskau, wo sie sich niederließ. Beim Brand von Moskau 1812 verlor die Künstlerin fast ihren ganzen Besitz. Sie ging deshalb wieder auf Konzertreisen, die ihr allerdings keinen Erfolg mehr brachten. 1822 ließ sie sich in Reval als Gesangslehrerin nieder und starb dort verarmt 1833.

Trotz ihrer rauschenden Erfolge ist das Leben der Gertrud Schmeling nicht glücklich und harmonisch verlaufen. In den Kinder- und Jugendjahren wurde sie vom eigenen Vater ausgenutzt und ausgebeutet, später vom Ehemann, und nach der 1799 erfolgten Scheidung versuchten Liebhaber, Kapital aus der »Nachtigallenstimme« zu ziehen. Eine schillernde Künstlerlaufbahn führte die begnadete Sängerin in alle Höhen und Tiefen des Daseins, die ihrer Stimme den wohl einzigartigen Zauber gaben, der auch auf Goethe einen gewaltigen Eindruck gemacht hatte. Noch 1831 gratuliert er ihr mit einem Gedicht:

An Madame Mara zum frohen Jahresfeste. Weimar, Februar 1831.
Sangreich war dein Ehrenweg,
Jede Brust erweiternd;
Sang auch ich auf Pfad und Steg,
Müh und Schritt erheiternd.
Nah dem Ziele, denk' ich heut
Jener Zeit, der süßen;
Fühle mit, wie mich's erfreut,
Segnend dich zu grüßen!

Von Corona Schröter, der zweiten der beiden Leipziger Sängerinnen, wird berichtet, daß sie aller Herzen im Fluge eroberte. Sie verfügte über eine sehr schöne, aber zarte Sopranstimme, verstand es aber auch, ihre Kunst mit viel Ausdruck und Empfindung darzubieten. Ihre schlanke, edle Gestalt, ihr fei-

63

nes, kluges Gesicht, aber auch ihr tadelloser Lebenswandel werden immer wieder und von allen erwähnt und gerühmt.

Nach der Aufführung des Hasseschen Oratoriums, in dem sie die Helena sang, wurden ihr folgende Verse gewidmet:

Unwiderstehlich muß die Schöne uns entzücken,
Die frommer Andacht Reize schmücken.
Wenn jemand diesen Satz durch Zweifeln noch entehrt,
So hat er Dich niemals als Helena gehört.

Das Gedichtchen erschien anonym; die Vermutung liegt aber nahe, daß der junge Goethe darin seine Verehrung ausdrücken wollte.

Während seiner Studentenzeit sind sich die beiden noch nicht näher gekommen. Aber als er zehn Jahre später für sein Weimarer Theater und die vielen Liebhaberaufführungen geeignete Kräfte suchte, erinnerte er sich an Corona Schröter. So fuhr er im März 1776 nach Leipzig und besuchte die Sängerin, die ihm den Monolog aus »Stella« vortrug. Damit begann eine über Jahre dauernde, anregende Freundschaft.

Corona siedelte noch im November 1776 mit ihrer Freundin und ständigen Begleiterin Wilhelmine Probst nach Weimar über und begeisterte nun dort alle Kunstfreunde — bis auf Frau von Stein …

Ein Höhepunkt der idealen Freundschaft zwischen Goethe und Corona Schröter war sicher die Uraufführung der »Iphigenie« im April 1779. Goethe selbst spielte den Orest, Corona die Iphigenie. Die Zuschauer waren ergriffen, und noch 1802 schreibt Johann Falk in seinen »Abhandlungen, die Poesie und Kunst betreffend«: »Mit Wehmut erinnern sich die Kunstfreunde in Weimar an das schön gemässigte Spiel einer Corona Schröter, für die Goethe ursprünglich seine Iphigenie schrieb. Das Junonische ihrer Gestalt, Majestät in Anstand, Wuchs und Gebärden nebst so vielen andern seltenen Vorzügen der ernsteren Grazie, die sich in ihr vereinigten, hatten sie, wie es schien, vor vielen andern zu einer Priesterin Dianens berufen und geeignet; und in der Tat ist sie auch immer ihrem Dienst getreu geblieben.«

Wegen zunehmender Kränklichkeit zog sich Corona Schröter nach und nach vom Theater zurück. Nun konnte sie ihre vielseitigen Talente — sie komponierte, malte, dichtete — ausgiebiger pflegen. In Ilmenau, wohin sie übergesiedelt war, starb sie am 23. August 1802.

Das Gedicht »Auf Miedings Tod« (1782) enthält Goethes Huldigung für Corona:

Ihr Freunde, Platz! Weicht einen kleinen Schritt!
Seht, wer da kommt und festlich näher tritt!
Sie ist es selbst; die Gute fehlt uns nie;

Wir sind erhört, die Musen senden sie.
Ihr kennt sie wohl; sie ist's, die stets gefällt;
Als eine Blume zeigt sie sich der Welt:
Zum Muster wuchs das schöne Bild empor,
Vollendet nun, sie ist's und stellt es vor.
Es gönnten ihr die Musen jede Gunst,
Und die Natur erschuf in ihr die Kunst,
So häuft sie willig jeden Reiz auf sich,
und selbst Dein Name ziert, Corona, Dich.
Sie tritt herbei. Seht sie gefällig stehn!
Nur absichtslos, doch wie mit Absicht schön.
Und hoch erstaunt seht Ihr in ihr vereint
Ein Ideal, das Künstlern nur erscheint.

So wie Goethes »erstes Mädgen« aus Leipzig kam, so war auch sein »letztes« eine gebürtige Leipzigerin: Ulrike von Levetzow. Und diese letzte wird die einzige, die einen ernsten, »richtigen« Heiratsantrag Goethes erhält, und diesen noch dazu übermittelt vom regierenden Herzog von Weimar ...

Ulrike war am 4. Februar 1804 in Leipzig geboren worden. Ihre Mutter, Amalie von Levetzow geb. von Brösigke, war zur Geburt ihres ersten Kindes auf das Rittergut ihrer Eltern nach Breitenfeld bei Leipzig gekommen, und zur Entbindung weilte sie in der Brösigkeschen Stadtwohnung, die vermutlich am Leipziger Marktplatz lag. Amalie von Levetzow war noch sehr jung, sechzehnjährig, und da ihre Ehe nicht glücklich war, wurde sie bald geschieden. Sie heiratete danach einen Vetter ihres Mannes und behielt so den Namen Levetzow bei. Aus dieser zweiten Ehe hatte sie noch zwei Töchter, Amalie und Bertha, so daß Goethe 1821 in Marienbad einer noch jungen, nun aber bereits verwitweten Mutter mit drei halbwüchsigen Töchtern begegnete.

Goethe wohnte damals bei dem Großvater Brösigke, der durch den Freund seiner Tochter (heute würden wir von einem Lebenskameraden sprechen!), einem Grafen Klebelsberg, in den Besitz eines komfortablen Pensionshauses gekommen war. Bei der Familie Brösigke-Levetzow fühlte sich Goethe so wohl, daß er 1822 nochmals dort Quartier nahm. Auch im nächsten Jahr zog es ihn mächtig nach Marienbad; da aber der Herzog Karl August mitgefahren war, wohnte Goethe nun im Gasthof »Zur Goldenen Traube«, um seinem fürstlichen Freund das bessere Quartier bei Brösigkes zu überlassen. Wie in den vergangenen beiden Jahren genoß Goethe die frohe Geselligkeit und den vertrauten Umgang mit der Familie Levetzow, besonders mit den jungen Mädchen. Bald stellte es sich heraus, daß Ulrike diejenige war, die er am meisten schätzte, die sein »Favorit-Töchterchen« geworden war. Obwohl Goethe in Marienbad Umgang mit berühmten und schönen Frauen wie z.B. der bekannten polnischen Pianistin Maria Szymanowska hatte, ließ er sich von dem Zauber der jungen Ulrike immer mehr einfangen. Ulrike war sicher ein liebenswertes, hübsches Mädchen, mit blauen Augen und blondem Haar. Sie kam gerade aus einem vornehmen Pensionat in Straßburg, und sicher bewunderte sie den berühmten Dichter aus Weimar, der zunächst mehr der jugendlichen Mutter gehuldigt hatte.

Ulrike wird als »heiter, aber nicht lustig« beschrieben, und vielleicht hat gerade eine gewisse unbefangene Ernsthaftigkeit den Reiz ihrer jungen Persönlichkeit ausgemacht, der seine Wirkung auf den 55 Jahre älteren berühmten Mann nicht verfehlte. Die Leidenschaft packte ihn gewaltig, und als die Werbung des Herzogs bei Ulrike und ihrer Mutter nicht den ersehnten Erfolg hat, finden die heftigen inneren Kämpfe wie in früheren Jahren ihren Ausdruck im erlösenden Gedicht. Bereits auf der Heimreise nach Weimar entstand im Reisewagen die »Marienbader Elegie«, wohl das erschütterndste Liebesgedicht Goethes, in dem in kunstvoll ausgefeilten Versen alle Sehnsucht, alle Leiden einer unglücklichen Liebe ihren Niederschlag und ihre Aufhebung finden:

Elegie
Was soll ich nun vom Wiedersehen hoffen,
Von dieses Tages noch geschloßner Blüte?
Das Paradies, die Hölle steht dir offen;
Wie wankelsinnig regt sichs im Gemüte! –
Kein Zweifel mehr! Sie tritt ans Himmelstor,
Zu ihren Armen hebt sie dich empor.

So warst du denn im Paradies empfangen,
Als wärst du wert des ewig schönen Lebens;
Dir blieb kein Wunsch, kein Hoffen, kein Verlangen,
Hier war das Ziel des innigsten Bestrebens,
Und in dem Anschaun dieses einzig Schönen
Versiegte gleich der Quell sehnsüchtiger Tränen.
…
Der Kuß, der letzte, grausam süß, zerschneidend
Ein herrliches Geflecht verschlungner Minnen.
Nun eilt, nun stockt der Fuß, die Schwelle meidend,
Als trieb' ein Cherub flammend ihn von hinnen;
Das Auge starrt auf düstrem Pfad verdrossen,
Es blickt zurück, die Pforte steht verschlossen.

Und nun verschlossen in sich selbst, als hätte
Dies Herz sich nie geöffnet, selige Stunden
Mit jedem Stern des Himmels um die Wette
An ihrer Seite leuchtend nicht empfunden;
Und Mißmut, Reue, Vorwurf, Sorgenschwere
Belastens nun in schwüler Atmosphäre.

...

Wie leicht und zierlich, klar und zart gewoben
Schwebt, seraphgleich, aus ernster Wolken Chor,
Als glich' es ihr, am blauen Äther droben
Ein schlank Gebild aus lichtem Duft empor!
So sahst du sie in frohem Tanze walten,
Die lieblichste der lieblichsten Gestalten.

...

Mich treibt umher ein unbezwinglich Sehnen,
Da bleibt kein Rat als grenzenlose Tränen.
So quellt denn fort! und fließet unaufhaltsam;
Doch nie gelängs, die innre Glut zu dämpfen!
Schon rasts und reißt in meiner Brust gewaltsam,
Wo Tod und Leben grausend sich bekämpfen.

...

Mir ist das All, ich bin mir selbst verloren,
Der ich noch erst den Göttern Liebling war;
Sie prüften mich, verliehen mir Pandoren,
So reich an Gütern, reicher an Gefahr;
Sie drängten mich zum gabeseligen Munde,
Sie trennen mich, und richten mich zugrunde.

Nach Goethes Abreise aus Karlsbad, wohin er den Levetzows nachgefahren war, wurden noch Briefe voller Andeutungen und hoffnungsloser Wünsche gewechselt; gesehen haben sich Goethe und Ulrike nicht wieder. Frau von Levetzow hatte zwar 1824 Goethe zu einem Besuch nach Dresden eingeladen, erhielt aber eine Absage.

Ulrike blieb unvermählt. Sie soll 15 Heiratsanträge erhalten und abgelehnt haben und sagte im Alter von sich selbst: »... wenn man Goethe gekannt und seiner Belehrung und Unterhaltung sich erfreut hat, dann kann einem auch so leicht und bald kein anderer Mann mehr gefallen.« Von ihrem Pflegevater Klebelsberg hatte sie ein Gut Triblitz in Böhmen geerbt, und dort lebte sie in geistiger und körperlicher Frische bis zu ihrem Tode am 13. November 1899.

Joachim Müller
Gedanken über eine Streitschrift

Henriette X: Vertheidigung der Leipziger Damen (auch unter dem Titel: Der
gute Genius des weiblichen Geschlechts. Von einem Mädchen).
Gottl. Benjamin Meißner. Leipzig 1798
Die Schrift polemisiert gegen den anonym erschienenen Titel:
Neueste Entdeckungen im Reiche der Weiber und Mädchen.
Durch eine Reise veranlaßt. 1797

Die überragende Stellung des Buchhandels in der Messestadt Leipzig, die
Weltoffenheit der Stadt und des in ihr zahlenmäßig starken, wohlhabenden
Bürgertums, der Ruf der Universität, der Aufenthalt vieler namhafter Gelehrter und Literaten, Philosophen und Staatsmänner machten Leipzig zu einer
Art Hauptstadt des geistigen Lebens in Deutschland. Zeitströmungen, Ideen
und Welterklärungen fanden hier stets ein Echo, Anhänger und kritische Be-
trachter zugleich. Wie in einem Brennspiegel bündelten sich die einströmen-
den Gedanken, die, meist in anderen Ländern entsprungen, durch Leipzig in
die Welt getragen wurden.

Am Ende des 18. Jahrhunderts waren das unter anderem auch Vorstellungen darüber, wie es denn künftig die Gesellschaft mit der Frau im öffentlichen
Leben und in der Gestaltung des Zusammenlebens von Mann und Frau halten wolle.

Aufgeschlossen gegenüber neuen Ideen, war Leipzig so auch einer der ersten Orte, wo die deutsche Übersetzung von Jean-Jacques Rousseaus Schriften gedruckt wurde. Sein Roman »Émile oder über die Erziehung« ging im le-
senden Bürgertum von Hand zu Hand. Ungeteilte Aufmerksamkeit fand sein
Briefroman »Julie oder die neue Heloïse«. Verblüffend war, daß das dort ge-
zeichnete Bild der Frau einer werdenden und zum Teil schon vorhandenen
bürgerlichen Gesellschaft als neu empfunden wurde. Rousseaus scharfem
Blick war nicht entgangen, daß seine Attacken gegen die feudale Ordnung
nicht einseitig bleiben durften; gefordert waren Antworten auf solche Fragen,
welche Züge denn nun die Frau besitzen solle, was von ihr erwartet wurde
und worauf sie sich einzustellen habe, um im Ensemble einer neuen Ordnung
ihren Platz zu finden.

Sein Gesellschaftsentwurf reflektierte jedoch bis auf den Punkt die überkommenen Auffassungen patriarchalischer Denkweise, und so predigte er un-

umwunden die geistige Unterwerfung der Frau unter den Mann. Wie er das Bild schöner Häuslichkeit und geläuterten Familienglücks malte, das war schon neu, aber zugleich blieben die rechtlose Stellung, die politische Unmündigkeit, der Verweis auf die sogenannten typischen frauenspezifischen Bereiche, auf die Küche, die Kinder und natürlich auf die Kirche.

Rousseaus Gesellschaftsmodell begründete die im Kern unverändert gebliebene patriarchalische Struktur der bürgerlichen Ordnung. Dabei gab es kühne Ansätze eines vorwärtsweisenden Denkens zugunsten der Frau auch im Bürgertum selbst. Zwischen beiden Linien entbrannte ein heftiger, bald jedoch wieder erlahmender Kampf, in dessen Spannungsfeld auch manche Wortmeldung zu hören war, die aus uns heute fernen Zeiten Zeugnis vom frühen Ringen um die Lösung einer Menschheitsfrage ablegt.

Dazu zählt auch die unscheinbare Schrift von Henriette X: »Verteidigung der Leipziger Damen«.

Es war im Jahre 1798, als in dem kleinen, mit materiellen Mitteln nicht sehr großzügig ausgestatteten und gerade erst 1797 gegründeten Verlag von Gottlob Benjamin Meißner das Büchlein erschien und sich auf 216 Seiten als Streitschrift aus der Feder einer Frau vorstellte. Als Verteidigung des weiblichen Geschlechts — vornehmlich der Leipziger Frauen — gegen eine ebenfalls anonym erschienene Schrift »Neueste Entdeckungen im Reiche der Weiber und Mädchen« deklariert, kündigte es sich mit der Widmung »Meinen Mitschwestern, meinen Freundinnen« an. Damit erheben sich Fragen nach der anonymen Verfasserin, ihren Motiven und auch nach der Wirkung dieses Pamphlets.

Mit Aufmerksamkeit war in dem über reiche internationale Verbindungen verfügenden Leipzig registriert worden, daß in den Tagen der Revolution in Frankreich neben der Jakobinermütze und der Guillotine, neben Robespierre und den Kommissaren des Konvents — die mit schwindender Sympathie begleitet wurden — gründlich jene Hindernisse beseitigt worden waren, die bürgerlichen Interessen bislang im Wege gestanden hatten. Es gab kaum eine Frage, für die die Revolution nicht eine Antwort parat hatte oder zu deren Lösung sie zumindest einen Impuls zu vermitteln suchte.

Und heftig umstritten war eben auch die Frage der gesellschaftlichen Stellung der Frau.

Die Erklärung der Menschen- und Bürgerrechte im August 1789 hatte rasch den Gedanken aufkommen lassen, auch die Frau mit den Rechten eines Bürgers auszustatten. Damit waren freilich Konsequenzen verbunden, die die politischen Kräfte sofort auf den Plan riefen. Die Mehrheit der mit Verantwortung vor der Geschichte betrauten Politiker lehnte eine Ausdehnung der Rechte auf das weibliche Geschlecht ab. Nicht wenige optierten sogar für Gewaltanwendung gegenüber denen, die solche Forderungen erhoben. Und so war es nur eine geringe Anzahl der Wortführer aus dem Lager der Männer, die vor den Auswirkungen einer solchen gegen die größere Hälfte des Menschengeschlechts getroffenen diskriminierenden Entscheidungen warnten.

Aus der Not heraus erwuchsen dem weiblichen Geschlecht ideologische Heerführer aus dem eigenen Lager. So veröffentlichte die Französin Olympe de Gouges im Jahre 1791 eine eigene Version der Menschen- und Bürgerrechte für die Frau, verteidigte sie leidenschaftlich in aller Öffentlichkeit, brachte sie zum Druck und starb dafür 1793 auf dem Schafott ...

In einer umfangreichen Kampfschrift »Zur Verteidigung der Rechte der Frau« legte 1792 die Engländerin Mary Wollstonecraft eine Art Manifest der Frau in englischer und französischer Sprache vor. Sie erhob darin mit Selbstverständlichkeit die Forderung der Gewährleistung von beruflicher Tätigkeit für die Frau in allen Bereichen des Wirkens der Männer, die Beteiligung an der Lenkung des Staates und eine entsprechende Ausbildung dafür. Zugleich hielt die 32jährige Engländerin dem weiblichen Geschlecht den Spiegel vor das Gesicht und appellierte in eindringlicher, auch bissiger Weise an das verschüttete Selbstvertrauen der Frauen, an ihre Menschenwürde, an ihre eigene schöpferische Kraft, die sie in die Geschichte mit einbringen müßten.

Dieses Buch ließ der deutsche Pädagoge Christian Gotthilf Salzmann, Begründer einer über die Grenzen Deutschlands hinaus bekannten Erziehungsanstalt in Schnepfenthal, übersetzen, im eigenen Verlag drucken und verbreiten. Freilich war manches gemildert, verändert, auch weggelassen. Im ganzen blieb der heftige Aufruf zur Verteidigung der Rechte der Frau erhalten.

Das war in den Jahren 1792 bis 1794. Und Leipzig kannte mit Sicherheit auch die von dem Königsberger Bürgermeister Theodor Gottlieb von Hippel verfaßte umfangreiche Arbeit »Über die bürgerliche Verbesserung der Weiber« (1792), über deren Entstehung sich hartnäckig die These hält, daß Mary Wollstonecraft geistiger Pate dieser Arbeit von Hippel gewesen sei.

Mag sein, mag auch nicht sein. Wie andere geistig-kulturelle Zentren auch, war Leipzig erfaßt vom Für und Wider zu dieser Frage, und ganz offensichtlich agierten mehr Frauen als je zuvor in der Öffentlichkeit und äußerten sich zur Stellung der Frau, was mit der überkommenen und als moralisch geltenden Züchtigkeit gar nicht mehr so recht harmonierte.

Als Teilhaber der weltaufgeschlossenen Atmosphäre waren viele Frauen nicht mehr nur Lesende, sie brachten ihre eigene Meinung ins Spiel. Und sogar schon Forderungen! Gewiß beherrschte so manchen Salon, manches Fest, manchen Ball das Gespräch über die »aufsässigen« Damen, über politische Unklugheit des Weibes und über die Grenzen zeitgemäßer Änderungen — in aller Artigkeit natürlich!

70

An die Tür der Männer klopfte ein bisher für unmöglich gehaltener Gedanke der gleichberechtigten Partnerschaft von Mann und Frau, Gewohnheiten kamen ins Wanken oder wurden bedroht, oder es wurden Bedrohungen befürchtet. Auf diesem Boden erwuchs die Schrift von Henriette X, die dem Verleger am 6. Januar 1798 anonym zugestellt wurde. Das Honorar sollte G. B. Meißner einer verarmten Familie zukommen lassen.

Empört wendet sich die im Dunkel bleibende Autorin gegen den Verfasser einer Arbeit, der bei einer Reise nach Leipzig erstaunliche Wandlungen beobachtet haben wollte und sie unter dem Titel »Entdeckungen im Reiche der Weiber und Mädchen« vorlegte. Henriette nimmt die kritikreiche Schrift zum Anlaß, um die in Zweifel gezogenen Fähigkeiten der Frauen mit den Unzulänglichkeiten der Männer zu vergleichen. In 23 kurzen Kapiteln bedient sich Henriette einer recht klaren Sprache, zieht gegen die Männer zu Felde, versucht energisch Vorzüge des weiblichen Geschlechts vorzustellen, in Abrede gestellte Eigenschaften als existent zu beweisen und gibt der kleinen Arbeit im ganzen einen scharf gezeichneten Rahmen. Hören wir sie selbst:

»Die Männer nennen sich dagegen sehr großsprecherisch: Herren der Schöpfung! Was hätte die Natur veranlassen können, die eine Hälfte ihres schönen Meisterstücks zu beglücken und zu ehren, die Andre dagegen zu erniedrigen und zu vernachläßigen?« (S. 16)

Sie verstärkt diesen Gedanken mit der schon Bildung einklagenden Forderung und vermerkt: »Können Anlagen sich entwickeln und Keime treiben, wenn keine wohlthätige Hand sie pflegt? Wenn alles so gar sich vereinigt, sie zu unterdrücken? ...« (S. 21)

Und so fragt sie, ob es nicht unverzeihlich sei, die Hälfte der menschlichen Kräfte ungekannt, ungeschätzt und ungebraucht schlummern zu lassen?

Die Hoffnung des Lesers, daß sie nun deutlicher wird und sagt, was nach ihrer Meinung aus den Frauen werden soll, wird nicht recht erfüllt, wird auch dann nicht so recht erfüllt, wenn sie kritisch mit dem bisherigen Gang der Geschichte umgeht. »Vielleicht war das menschliche Geschlecht blos darum so vielen Wechsel von Finsterniß und Licht, von Veredlung und Herabwürdigung, von Paradies und Fall ausgesetzt, weil man die Rechnung ohne Uns machte. — Es ebbete und fluthete, je nachdem man von Uns Notiz nahm, und je nachdem man Uns als etwas Wesentliches in der Menschheit, oder als etwas Beiläufiges ansahe, das schon die Ehre haben würde, der Hauptsache zu folgen.« (S. 31)

Henriette deutete mit ihrer Betonung der weiblichen Haupteigenschaften — wie sie es nennt — »Weichheit, Zartheit, Feinheit« an, daß sie einen Weg an die Seite der Männer weisen will, um diesen Eigenschaften auch ein Wirkungsfeld zu eröffnen, aber es bleibt zu unverbindlich.

Und sie trumpft auf, indem sie für die Frau Rechte direkt einfordert: »Das Weib wird, so lange es nicht selbst handeln und gleiche Rechte mit Euch genießen darf, nicht den großen Beruf der Natur erfüllen: das Weib ihres Mannes, im schönsten Verstande genommen, zu seyn, und Kraft dieser edlen Bestimmung, ein schätzbares Mitglied, eine gute Bürgerin des Staates zu werden! (S. 38) Müßiggang wird als Übel verurteilt und die Forderung einer reellen Beschäftigung erhoben; »... und doch ist dieser Müßiggang ... der Grund von all jenem Uebel, wovon reelle Beschäftigung das Weib seinen Mann und die Welt befreien würde.« So widmet sie eigens ein Kapitel der Verfassung der Französischen Revolution. Sie klagt Frankreich an, daß es den Frauen trotz ihrer Mitwirkung am Kampf um die Beseitigung der Ketten und Fesseln versagt blieb, die Staatsbürgerschaft zu erwerben.

»Zu Himmelsbürgerinnen will man Uns allenfalls noch machen; aber der Beruf zur Staatsbürgerschaft wird Uns abgesprochen. Welcher Widerspruch!!« (S. 53)

Die Autorin ist selbstbewußt, wenn sie sich mit überkommenen moralistischen Auffassungen auseinandersetzt und schreibt: »Und kann ein vorzügliches, schönes, liebenswürdiges Mädchen dafür, daß sie bei ihrer Erscheinung und Anwesenheit oft funfzig und hundert Lorgnetten aushalten muß?« (S. 61)

Heftig reagiert sie auf die These, daß es unter den Frauen keinen Newton, keinen Kant gäbe. Keck fordert sie deshalb, daß man den Weibern nur einmal Kanzeln und Lehrstühle einräumen solle, dann werde man schon sehen. Gleiches gelte für Kunst und Gelehrsamkeit. Sie wiederholt erneut: »Man rücke das Ziel Unsers geschäftigen Lebens über die Küche und Stricknadel hinaus, man führe uns nur an, und wir werden die Männer gewiß an Beständigkeit und Ausdauer übertreffen.« Nicht zuletzt verknüpft sie diesen Gedanken mit dem Recht, Geschäfte treiben zu können.

Und immer wieder schimmert in Henriettes Zeilen die Ehefrage durch, der sie schließlich ein eigenes Kapitel widmet. Sie beantwortet dabei die Frage, warum es in Leipzig so viele alte Jungfern und so viele Hagestolze gibt. Ausdrücklich vermerkt sie, diese lächerliche Frage dem Text ihres Widerparts entnommen zu haben. Ihre Antwort leidet an Schärfe keinen Mangel: Ich rate jedem jungen Mädchen ab, »sich in das unerträgliche Joch der Ehe schmieden zu lassen, wo sie oft nichts, als die Tyrannei des Mannes erwartet. Die heutige Welt ist gar zu böse, und sie wird immer böser. Ach! wie will das endlich werden!« (S. 178) Woher schwingt plötzlich dieser Hauch von Resignation, ganz im Gegensatz zu der zuvor kraftvoll vorgetragenen Selbstbewußtheit? Vielleicht verbirgt sich eine Antwort in dem Satz: »Also, alle Uebel sind, nach der Meinung der Männer, unser Werk. Wir? frag' ich staunend! Wir, die doch nur Nullen in der politischen Gesellschaft seyn sollen? (S. 197)

Henriettes Schrift zur Verteidigung ihres Geschlechts ist so provokatorisch abgefaßt, daß kein Leser sich einer eindeutigen Stellungnahme entziehen konnte. Freilich, Sympathisanten waren damit kaum in großer Zahl zu erhalten — aber Leser!

Hellhörig freilich macht die Nachschrift zum Schluß der Arbeit. Mehrere Monate nach Beendigung des Büchleins vermerkt Henriette, daß sie alles noch einmal gelesen habe und nicht mit allem, was sie geschrieben habe, ohne Ausnahme zufrieden sei; und bekenne, sie habe als Mädchen geschrieben, ganz sich selbst, ihrem Herzen überlassen.

Jetzt aber liebe sie; sie fände die Männer nicht mehr so tyrannisch, so fehlervoll. Mein Verlobter »hat seinen größten Spaß darüber, daß ich vorher als Mädchen von den Männern so schlimm dachte. Aber ich versichere, ich schrieb da aus Ueberzeugung!« (S. 213)

Henriettes Büchlein befindet sich in bibliothekarischer Verwahrung mit einer zweiten Schrift verbunden unter dem Titel »Huldigung dem Genius des weiblichen Geschlechts. Über die Würde, die Pflichten, die Rechte und die Bildung des weiblichen Geschlechts.« Hamburg, Verlagsgesellschaft 1799.

In Briefform geht der ebenfalls anonyme Verfasser auf 300 Seiten auf Henriettes Buch ein, lobt sie brav und unterbreitet in diesem Zusammenhang seine Vorstellungen zu dem von ihm gewählten Gegenstand. Dabei vermerkt er in seinem ersten Brief folgendes:

»Einige Leser Ihrer Schrift, achtungswürdige Henriette, glaubten zwar: die Vertheidigerin der Leipziger Damen sei keine Henriette, und die Schrift mit nichten zum Besten einer nothleidenden Familie geschrieben worden. — Der Urtheile waren mancherlei. Einige glaubten mit ziemlich großer Wahrscheinlichkeit: die Vertheidigung der Leipziger Damen verdanke ihre Entstehung etwanigen speculirenden industriösen Absichten des Verlegers, sei wohl gar von ihm verfaßt worden. Hie und da aufgefundene Aehnlichkeiten in Gründlichkeit der Urtheile, Scharfsinnigkeit der Beobachtungen, Wichtigkeit der Reflexionen, des superbsten Styls, der Fertigkeit einem Frauenzimmer eine artige Schmeichelei zu sagen usw. sollen die Meinung rechtfertigen, wenn man es auch nicht mit in Anschlag bringen wollte, daß die Schrift manchen aus dem Buche: Ueber die bürgerliche Verbesserung der Weiber, entlehnten Gedanken überhaupt und manchen Gedanken, der sich mit weiblicher Grazie, Delikatesse und Bescheidenheit nicht wohl vertrage, in sich enthalte. Einwenden könnte man jedoch, der Verleger würde doch unmöglich so unverschämt haben seyn können, um sein eigenes Machwerk mit vollen Backen zu lobpreisen, Lobpreisungen, die Ihrer edlen Bescheidenheit selbst zu nah getreten seyn müssen. Dem sei wie ihm wolle. Auf jeden Fall würde mich die Untersuchung des Wahren oder Irrigen dieser Behauptungen zu weitläufigen Erwägungen und Erörterungen führen. Besser also, ich nehme — da ich einmal vom Drange Gegenbemerkungen zu machen beseelt bin — die Sache ganz so, wie ich sie finde, untersuche nicht, ob dies oder jenes etwa der witzige und geistreiche Verfasser der Schriften: Ueber die Ehe (Theodor Gottlieb von Hippel — J.M.) und die schon erwähnte bürgerliche Verbesserung der Weiber gesagt habe, oder ob dies und jenes Persiflage seyn soll, und glaube mit Gewißheit, Herr Gottl. Benj. Meißner erlangte Henriettens Bekanntschaft im brillantnen Konzert-Saale oder sonst an einem Orte Leipzigs, wo sich der vornehme und geistreiche Theil der Leipziger Damen gemeiniglich versammelt und zuweilen ennuyirt.« (S. 6 bis 9) Noch lassen die aufgefundenen Quellen nicht eindeutig zu, Henriette zu identifizieren, und wir wissen nicht sicher, wer diese politisch engagierte Frau mit einer solch umstrittenen Wortmeldung war.

Uns bleibt für heute jedoch ein wichtiges Zeitzeugnis. Die Öffentlichkeit war empfänglich geworden für Emanzipationsfragen und bereit, Überlegungen für den Tag oder für die Zukunft ihr Ohr zu leihen. Eine neue Tür gesellschaftlicher Entwicklung war aufgestoßen, und in dieser Hinsicht ist Henriette X ein Zeugnis von Interesse und für Leipzig eine historische Rarität.

Hannelore Röpke

So hat mich ihr Gretchen auf das Angenehmste überrascht ...

Rosalie Marbach geb. Wagner (4. 3. 1803 bis 12. 10. 1837)
Schauspielerin, älteste Schwester Richard Wagners, erlebte den Höhepunkt
ihrer Karriere als Margarethe in Goethes »Faust« in ihrer Geburtsstadt
Leipzig

Am 4. März 1803 wurde Rosalie Wagner im Hause »Zum roten und weißen Löwen«, Brühl 3, geboren, zehn Jahre vor dem weltweit berühmten Bruder Richard. Sie war die erste Tochter von neun Kindern der Wagners. Albert, ältester der Geschwister, 1799 geboren, machte als Opernsänger und Regisseur Karriere. Carl August verstarb im ersten Lebensjahr. Bruder Julius, ein Jahr nach Rosalie zur Welt gekommen, war später als Goldschmied in Leipzig tätig. Luise, 1805 geboren, wurde Schauspielerin wie Rosalie. Sie heiratete 1828 den Leipziger Verlagsbuchhändler Friedrich Brockhaus. Schwester Klara machte sich einen Namen als Opernsängerin und verband sich mit einem Berufskollegen, der später Kaufmann in Chemnitz werden sollte. Maria Theresia waren nur fünf Jahre bestimmt. Ottilie, die 1811 geborene Schwester, vermählte sich wiederum einem Leipziger, dem Universitätsprofessor Dr. Hermann Brockhaus. — Vom Bruder Richard — könnte man denken — sei nichts mehr zu berichten. Doch weit gefehlt! Die Richard-Wagner-Forschung höret nimmer auf. Ergo: Es wird hohe Zeit, endlich einmal — wenn auch in bescheidenem Rahmen — den Spuren der Rosalie Wagner zu folgen, die nicht nur eine immer zuverlässige Stütze der Familie war, nicht nur »Nebengeschöpf« in des großen Richard Wagners Biographie, sondern eine nachweislich talentierte Person, deren Laufbahn als Schauspielerin in der Geburtsstadt Leipzig den Höhepunkt fand.

Die Mutter der Wagner-Kinder: Johanne Rosine geb. Pätz, Tochter eines Bäckermeisters aus Weißenfels. Die 1774 Geborene sei — so wird noch immer vermutet — 1790 in die Messestadt Leipzig gekommen, und zwar als Geliebte des Prinzen Konstantin, dem Bruder des Weimarer Herzogs Karl August, mit dem Goethe lange Jahre eng verbunden war. Und — so berichten die Annalen weiter — solches Tun der gerade erst Sechzehnjährigen habe zum Bruch mit ihrer Familie geführt. — Ein Gedanke, der sich auch heutigen Tages noch nachvollziehen läßt!

Ein Wagnerenkel — es versteht sich! von Richard Wagner einer — hat über Rosalies Mutter geschrieben: sie sei »eine schöne, mit praktischem Blick und frischem Mutterwitz begabte Frau« gewesen, »deren natürliche Anlagen für den Mangel an Tiefe und Vielseitigkeit ihrer Bildung entschädigten.« Daß Johanne Rosine Wagner eine schöne Frau gewesen ist, läßt sich an ihrem überlieferten Porträt nachweisen.

Vieles mehr als über die Mutter Johanne Rosine wissen wir über den Vater Friedrich, Polizeiaktuar in Leipzig. Und unser Wissen verdanken wir diesmal einer Frau, nämlich Cosima, der zweiten Gemahlin Richard Wagners. Sie, Cosima, wollte genau wissen, wes Geistes Kind ihr Mann sei, woher er käme, »wes Art.« Richard Wagner machte also wunschgemäß im Laufe vieler Jahre zahlreiche biographische Aufzeichnungen; sie sind »von meiner Gattin und Freundin, welche mein Leben von mir sich erzählt wünschte, nach meinen Diktaten unmittelbar niedergeschrieben worden.« Wir erfahren aus diesen Skripten, daß Vater Friedrich »dem damals von den gebildeten Ständen sehr gepflegten Theater eine fast leidenschaftliche Teilnahme zuwendete«, und lesen, daß die Eltern in Bad Lauchstädt an der ersten Aufführung der Schillerschen »Braut von Messina« teilgenommen haben. Des Vaters Leidenschaft für das Theater habe keineswegs nur den künstlerischen Ereignissen gegolten, sondern gleichermaßen und nicht weniger leidenschaftlich den weiblichen Produzentinnen theatralischer Spektakel! Keine Ausrede — so Richard — sei dem Vater zu dumm gewesen, um seine Verspätungen am familiären Mittagstisch zu begründen.

Friedrich Wagner war ein gebildeter Bürger mit Aussicht auf ein hohes Amt in der Polizeidirektion. Während französische Okkupanten Leipzig besetzten, hielt Wagner, der ausgezeichnet französisch sprach, den Kontakt — quasi als Verbindungsmann — zwischen dem Magistrat und der Besatzungsmacht.

Seine Gesundheit war bereits angegriffen, als er Typhus bekam. Das war kurz nach der Völkerschlacht bei Leipzig; er verstarb im Oktober 1813; Richard war am 22. Mai geboren worden.

Zu den engsten Freunden der Familie Wagner gehörte der Maler und Schauspieler Ludwig Geyer. Nach dem Tod des Freundes Friedrich Wagner kümmerte er sich uneigennützig um die Hinterbliebenen. — Geyer studierte zunächst Rechtswissenschaften, geriet aber nach dem Tod seines Vaters in materielle Not, verdiente sein Geld als Porträtmaler und spielte nebenbei auf einer Liebhaberbühne so erfolgreich, daß er aus seinem Hobby einen Beruf machen konnte.

1814 siedelten die Wagners nach Dresden über, wo Ludwig Geyer ein Engagement als begehrter Charakterdarsteller hatte. Er heiratete die verwitwete Johanne Rosine und widmete sich mit ganzer Liebe und Kraft der Erziehung der sieben noch lebenden Wagnerkinder, wobei der jüngste Stiefsohn, Richard, die größte Aufmerksamkeit erfuhr.

Und Rosalie Wagner hatte dem Stiefvater die Begegnung mit dem Theater zu verdanken!

Geyer — wie auch andere bekannte Männer seiner Zeit, man denke nur an E.T.A.Hoffmann (er war 1813 Kapellmeister in Leipzig und auch ein Freund Friedrich Wagners) — zeichnete sich durch Mehrfachbegabung aus: Er malte, war Schauspieler, schrieb Stücke, und er setzte die eigenen Stücke und die anderer Autoren in Szene. Wichtig für den Weg der Wagnerkinder wurde, daß sie durch die vielen Aktivitäten Geyers frühzeitig ins Theater mitgehen konnten und daß eine sachkundige Hand sie dabei leitete, half, ihre Talente zu entdecken und zu entwickeln: Im Mai 1817 begründete die damals 12jährige Luise in der Uraufführung von Geyers Lustspiel »Das Mädchen aus der Fremde« ihre Schauspielkarriere, und Rosalie Wagner — gerade fünfzehn Jahre alt — gab am 2.März 1818 an der Dresdner Hofbühne ihr Debüt in der Geyerschen Dichtung »Das Erntefest«. Der Name der Rolle: Rosalie! Mit Wahrscheinlichkeit darf geschlossen werden, daß der Stiefvater der Debütantin diese Rolle »auf den Leib« geschrieben hat, wie es unter Komödianten noch heute heißt. — Das Stück ist uns nicht überliefert; wir kennen nicht den Umfang der Rolle. Wir wissen nur soviel, daß Rosalie bereits als Mädchen eine geschätzte Schauspielerin war und daß sie schon 1820, also mit siebzehn Jahren, Dresdner Hofschauspielerin wurde.

Als Rosalie zehn Jahre alt war, verlor sie den Vater; in ihrem achtzehnten Lebensjahr starb der Stiefvater. Dieser Einschnitt hat ihr weiteres Leben entscheidend geprägt.

Ein wenig mehr als über Rosalies Dresdner Anfängerjahre wissen wir über ihr Tun in den Jahren 1826 bis 1828. Die junge Schauspielerin ging als jugendliche Liebhaberin an eine Prager Bühne, spielte mit großem Erfolg u.a. die Emilia Galotti, Luise, Portia und Thekla. Diese Rollen noch heute bekannter klassischer Stücke sind uns namentlich überliefert. Zu denken ist jedoch — es war die gängige Praxis —, daß Rosalie in drei Jahren gut drei Dutzend Rollen gespielt hat, wobei die klassischen in der Minderheit gewesen sein dürften. Einen großen Teil des Repertoires nahm das Lustspiel, das »Zeitstück« ein, welches alltägliche Probleme aufgriff. Es wurde jedoch ebenso schnell wieder vergessen, wie es zuvor »mit heißer Feder« geschrieben wurde.

1829 gab es einen kurzen Aufenthalt Rosalies an der Hamburger Bühne und Gastspiele in Darmstadt und Cassel. Im Sommer des gleichen Jahres läßt sie sich — der Familie wegen, die nach Geyers Tod 1821 wieder in Leipzig wohnte — nach Leipzig engagieren, an das unter Dresdner Direktion stehende Königlich Sächsische Hoftheater. Bei der Eröffnungsfeier am 2. August spricht sie vor der Aufführung von Shakespeares »Julius Cäsar« (in der Übersetzung von A. W. Schlegel) den Prolog. Es war — so muß erklärt werden — dazumal üblich, bei Saison-Eröffnungen und vor wichtigen Premieren das Publikum durch einen Vorspruch auf die besondere »Botschaft« des Theaters und seine Pläne hinzuweisen oder auf das, was ein einzelner Theaterabend dem Besucher vermitteln wollte.

Hier, in Leipzig, beginnt Rosalies eigentliche Laufbahn, hier wird ihre künstlerische Glanzzeit eingeleitet.

In der bürgerlichen Kaufmanns-, Messe- und Universitätsstadt Leipzig spielte während einer Interimsphase von 1829 bis 1832 im Leipziger Schauspielhaus — wie schon gesagt — das Königlich Sächsische Hoftheater, welches das deutsche Schau- und Singspiel pflegte. Schon vor Eröffnung der Saison gab es Streitereien: Was werden die »Dresdner« in Leipzig bringen? Wird man nur »Invalide oder Anfänger« erleben? Betrachtet die Dresdner Residenz die »Außenstelle« Leipzig als ein Objekt der Finanzspekulation?

»Der ruhige Kreis partheiloser Theaterfreunde«, schreibt das »Mitternachtblatt« am 3. August 1829, freue sich, »die Aussicht auf eine genüßliche Ausfüllung der Abende zu erlangen, glaubte allerdings von einer Königlichen Unternehmung etwas Gediegenes erwarten zu können ...« Und in derselben Ausgabe wird der Prolog von Theodor Hell, gesprochen von Dem. Wagner, rezensiert: »Die Dichtung schien, so viel wir davon verstehen konnten, gut und dem Zwecke entsprechend, doch haben wir leider nicht viel davon verstanden, denn Dem. Wagner war in Sprache und Bewegung zu unverständlich und gezwungen; sie soll eine wackere Künstlerin seyn, muß aber noch nicht viele Prologe gesprochen haben und nicht wissen, daß man diese eben mit Ruhe und Deutlichkeit sprechen muß und nicht spielen darf.« Nun ja! Auch heute noch vermag nicht jeder Schauspieler bei Festveranstaltungen als Rezitator zu glänzen. Und was wäre, wenn ein Direktor, ein Spielleiter Rosalie Wagner ausdrücklich angehalten hätte, einen solchen Prolog »auszuspielen«?!

Über die Vorstellung vom 14. August 1829 weiß das »Mitternachtblatt« zu berichten, Dem. Wagner habe in Ifflands Stück »Die Aussteuer« die Sophie gespielt, »eine holde Erscheinung in dem Wechsel von schwermüthigem Ernst, heiterer Laune und schalkhaftem Scherz«, wofür ihr »allgemeiner Beifall zu Theil ward.«

Höhepunkt der schauspielerischen Laufbahn Rosalie Wagners war wohl das Gretchen in der ersten Leipziger »Faust«-Inszenierung am 28. August 1829 anläßlich des 80. Geburtstages Johann Wolfgang von Goethes. — In der

Das Leipziger Schauspielhaus (Altes Theater), Seitenansicht um 1830

zeitgenössischen Schilderung von Wilhelm Schröder, einem Leipziger Studenten der Philosophie, heißt es: »Reden wir ... von Rosalie Wagners ›Gretchen‹. Sie war für diese Rolle wie geschaffen. Denn unter Faust, des Denkers, Geliebten, kann ich mir keine breitschultrige starkgeschenkelte, hochbusige Dirne, so ungefähr holsteinisch oder mecklenburgisch-ländlichen Schlages, vorstellen. Wie könnte man bei so viel normalem Gewicht und so viel gesundem Appetit an der Liebe in Verzweiflung verkommen? Das ist nicht denkbar, dazu gehört eine leichte zerbrechliche Structur. Und so war es bei Rosalie Wagner. Eine zartgebaute Frauengestalt, ungefähr wie die Griechen die Hebe gemeißelt, lichtes Blondhaar, zwei träumerische Veilchenaugen in dem sinnlichen Antlitz von fast antikem Profil, dabei jene zwar klangvolle, modulationsreiche, aber doch immer etwas umschleierte Stimme ... jene Stimme, welche Shakespeare so schön nennt ›Die Stimme, aus der der Menschheit sanfte klagende Musik ertönt.‹ — Rosaliens ›Gretchen‹ war ganz das einfache deutsche Bürgerkind, eine Mädchenblume schönster Art, einsamlich aufgeblüht im stillen Gärtchen des Mutterhauses, nichts kennend von der großen reichen und schlechten Welt draußen, in der Liebe, da diese sie sich aufgespürt, und sich zur Beute gemacht, in dieser Liebe ihre ganze Welt findend, und da diese Liebe sie verräth, an dieser Liebe untergehend.«

Der enthusiastische Bericht mag anmuten, als sei hier nur der Schwärmerei eines Studenten für die Reize einer jungen Schauspielerin Ausdruck verlie-

79

hen worden. Wir wissen aber, daß Wilhelm Schröder sich im Brockhausschen Hause (Rosalies Schwester hatte ihre Laufbahn als Schauspielerin beendet und den Leipziger Verlagsbuchhändler Friedrich Brockhaus geheiratet) öfter mit Rosalie über die Gestaltung der Margarethe unterhalten hat, und Rosalie bestätigte, daß er ein guter Beobachter sei und sie genau das habe darstellen wollen, was er beschrieb. Von Schröder erhalten wir dankenswerter Weise noch weitere Auskünfte. »Auch die anderen Rollen aus dem Bereiche des Idealen und Sentimentalen, eine Luise in ›Kabale und Liebe‹, ein Klärchen in ›Egmont‹, eine Thekla im ›Wallenstein‹, eine Julia in ›Romeo und Julia‹ spielte Rosalie Wagner mit gleicher Hingebung und Vollendung. Sie lebte ganz in ihren Rollen und für dieselben, Schauspielerin und Künstlerin, nichts von Komödiantin an ihr.«

Wie soll der heutige Leser das verstehn?: »Nichts von Komödiantin an ihr?« Ist's ein Lob, ist's ein Tadel? Wir wollen unserem Berichterstatter freundlich zugute halten, daß für ihn eine Komödiantin eine »Verstellerin« war und daß er an Rosalie ihre Wahrhaftigkeit schätzte, das, was wir in unserer Zeit realistische Schauspielkunst zu nennen gewohnt sind.

Der 16jährige Bruder Richard war von der »Faust«-Aufführung und der Leistung seiner verehrten Schwester so angetan, daß er 1832 eine Folge von sieben Kompositionen zu Goethes »Faust« schuf. Seinem Mitschüler Siegel (mit dem er die Nikolaischule besuchte) entwickelte er den Plan einer phantastischen »Faust«-Oper und stellte erste Überlegungen an zu neuen Regie- und Inszenierungspraktiken, die er Jahrzehnte später — aber in diesen Jahren vorausgeträumt — für sich zu realisieren wußte.

Um Rosalie Wagners bedeutende Leistungen zu würdigen, soll ein Zeitzeuge zu Wort kommen, dessen reformatorische Bemühungen um das deutsche Theater des 19. Jahrhunderts (und ganz speziell auch des Leipziger Schauspiels) unbestritten sind: Heinrich Laube.

Der liberale Demokrat, Theaterkritiker und -historiker, Theaterdirektor, Stückeschreiber (nur seine »Karlsschüler« gelangen der Schillerrolle wegen gelegentlich noch auf eine heutige Bühne), Regisseur und Dramaturg gehört zu den berühmten Erneuerern der deutschen Schauspielkunst. Er ist ein Mann, dessen Werk beste Tradition verkörpert und das bewahrenswert ist (man sollte ihn lesen!). Wie sein Freund Richard Wagner träumte Laube von einem deutschen Nationaltheater, nahm aber (anders als Wagner) 1848 an den Barrikadenkämpfen keinen aktiven Anteil; er war von der politischen Entwicklung in Deutschland arg enttäuscht und widmete sich fortan gänzlich dem Theater und dessen Reformation von innen heraus. — 1832, in Leipzig, entschloß er sich, Schriftsteller zu werden und verfaßte umfangreiche Arbeiten, in denen er die Situation des Leipziger Theaterlebens analysierte. Seine sorgfältigen Beschreibungen der künstlerischen Arbeit einzelner Schauspieler sind auch heute noch als vorbildhaft anzusehen. In Polemik mit mehreren »Schulen«, wovon die des Weimarer Hoftheaters am meisten bekannt geworden und oft sklavisch kopiert worden war, entwickelte Heinrich Laube Maßstäbe realistischer Schauspielkunst, die auf Natürlichkeit und Wahrhaftigkeit basierten und dazu dienen sollten, auch das Publikum zu erziehen, um im Theater mehr zu sehen als billige Abendunterhaltung.

Für die Schauspieler waren die Arbeitsbedingungen in dieser Zeit hart, zum Teil unzumutbar für die Umsetzung künstlerischer Ideen. An Schau- und Sing-Spielen gelangte auf den Plan, was publikumssicher schien. Da waren zuerst die — vorwiegend heiteren — Stücke Ifflands und Kotzebues und die in der Nachfolge des Goetheschen »Götz von Berlichingen« entstandenen beliebten Ritterstücke heute vergessener Autoren wie Törring und Babo. Schauerromantik und Schicksalsdramatik standen weitaus höher im Kurs als die Dramen eines Lessing, Goethe oder Schiller, die, wenn man sie ins Repertoire aufnahm, in Bearbeitungen geboten wurden, entsprechend den Wünschen einer höfischen oder städtischen Zensurbehörde. Fragen von nationalem Belang wurden vielfach umgangen zugunsten der Betonung »rein menschlicher« Schicksale. Zum Spielangebot gehörten weiterhin die Spanier Calderon und Lope de Vega, aber auch der Engländer Shakespeare, dieser wiederum bearbeitet, oft genug verballhornt.

»Fünf, sechs, sieben Proben sind jetzt das höchste Maß auch für ein schweres großes Stück ...«, klagt Heinrich Laube. Nur notdürftig wurden auf den wenigen Proben Auf- und Abgänge arrangiert. Von Textgenauigkeit — auch wenn sie von der Direktion verordnet — kann kaum gesprochen werden. — Die Dekorationsteile kamen aus einem Kulissenmagazin. Eine gemalte freie Landschaft signalisierte dem Zuschauer den Schauplatz: außen. Das konnte sein: Wald, Straße, Feld, Park. Der Schauplatz innen: ein Salon.

Da historische Treue nur eine untergeordnete Rolle spielte und die Ausstattung nicht — wie es heute selbstverständlich ist — der Verdeutlichung der Stückfabel diente, kann es nicht verwundern, daß mit dem Kostüm ebenso willkürlich verfahren wurde. Man unterschied gemeinhin zwischen antiker, moderner und türkischer Kleidung (alles, was exotisch war). Ein Reifrock in einem Stück, das im alten Griechenland spielte, war weder außergewöhnlich, noch wurde solches als Anachronismus empfunden. Für die äußere Präsentation der Schauspieler waren die finanziellen Möglichkeiten ausschlaggebend, denn die Akteure stellten in erster Linie ihre Garderobe selbst. Der Fundus der meisten Theater hatte nur wenig an Kostümen und Requisiten zu bieten.

In solchen Befindlichkeiten ist auch Rosalie Wagner zu denken, 1829, auf dem Höhepunkt ihrer schauspielerischen Entwicklung.

In Heinrich Laubes schon erwähnten Theaterschriften (für die ihm das »Leipziger Tageblatt« einen unvorstellbar großen Platz einräumte) stehen derlei Zustände als Prämissen, wenn sodann Zusammenhänge von Repertoire, Publikum, Schauspielern und Presse untersucht werden. Die Akteure sind für Laube der Mittelpunkt aller theatralischen Bemühungen; ihnen gilt seine liebevolle Beobachtung.

In Leipzig sieht er nur vier oder fünf »Marschälle vortrefflicher Schauspieler«, neben vier Herren Dlle. Wagner, »bei wichtigeren Rollen geläutert, bei leichtern angenehm ... Der Theaterdirektor muß aber ein Feldherr sein, denn das Theater soll täglich in das Feuer der Zeit treten. Die Klage mag begründet sein, daß das deutsche Repertoire überhaupt jetzt an schwerer Armut krankt, aber es ist noch ein Millionär gegen die Armut des Leipziger.« Ein harter Vorwurf!

»Dlle. Wagner: namentlich ist sie im feinen Lustspiel gut. Aber unser Repertoire weiß leider wenig vom feineren Lustspiele. Sie hat neulich in einem schlechten französischen Stückchen − wenn ich nicht irre, hieß es ›Dreißig Jahre verheiratet‹ gezeigt, daß sie einen individuellen Charakter klar und ausdrucksvoll zu zeichnen versteht ...« Und sogleich klingt an, was für den Theaterreformator Laube realistische Schauspielkunst ist: »Der Vorzug der Dlle. Wagner aber ... ist es eben, daß sie sich forschend nach den neuen, allein wirkenden Kräften umsieht, und die Waffe des *Worts*, des *Gedankens*, die jetzt die Welt beherrscht und darum auch auf dem Spiegelbilde der Welt, den Brettern, immer mächtiger wird, zu erringen trachtet.«

Und nun Heinrich Laube zur berühmten Leipziger »Faust«-Inszenierung: »Durch viel unnützes Geschwätz und Geklatsch« habe man Herrn Kunst, »so zeitig als möglich fortgebissen und dafür einen höchst mittelmäßigen Schauspieler, Herrn Ziegler, willkommen geheißen. Er gastierte als Faust und konnte nicht einmal die Worte.« − »Nur Herr Porth und Dem. Wagner, Mephisto und Gretchen, verdienen gerechte Beachtung der Kritik.«

Über Rosalie Wagners Darstellungskunst hatte Heinrich Laube zuvor bemerkt: »Sie verletzt oft die leichte Unbefangenheit, die man von ihren Mädchen fordert, weil sie dieselbe zu sehr gewähren will. Viel weniger habe ich es indes in neuern Rollen bemerkt, und die Schauspielerin scheint schon darauf aufmerksam geworden zu sein.« − Laube lobt und tadelt; er verfolgt schauspielerische Entwicklungen über größere Zeiträume hinweg und versteht sich als ein helfender Mittler, der die einzelne Leistung an dem Besten mißt, was deutsche Schauspielkunst in deutschen Theatern zu bieten hatte.

Beispiel solch vorbildhafter Kritik ist Laubes Beschreibung von Rosalie Wagners Leipziger Gretchen: »So hat mich ihr Gretchen auf das Angenehmste überrascht; ich habe es nie mit einer so intensiven Kraft der Empfindung spielen sehen. Es haben die besten Schauspielerinnen in Wahnsinnsszenen keinen größeren Eindruck auf mich gemacht als die mittelmäßigen; es war immer ein unangenehmer. Wahnsinn auf der Bühne wird stets applaudiert, je toller er sich gebärdet, desto mehr. Die Leute meinen, es stecke sehr viel Kunst dahinter, erschrecklich verrückt zu tun. Es ist mir zum ersten Male beim Ausbruche von Gretchens Wahnsinn kalt bis ins Mark gedrungen, und ich habe bald eingesehen, woran es liegt. Die meisten Schauspieler schrauben den Wahnsinn zum Pathos, zur Unnatur, sie sprechen ihn hohl, gespensterhaft. — Unnatur durch Unnatur ausgedrückt, gab mir immer die greulichste Fratze, von der ich mich verletzt abwendete. Dem. Wagner sprach den Anfang ihres Wahnsinns mit derselben Stimme, mit der sie kurz zuvor ihre Liebesgedanken gesprochen, dieser grauenhafte Gegensatz zwischen Irrsinn und Natürlichkeit bringt die größte Wirkung hervor; ich meinte einen Augenblick, dieser übermenschliche Schmerz gehöre nicht mehr ins Gebiet der Kunst, und wenn der Wahnsinn so ergreifend gespielt werden könnte, dürften die Dichter keinen mehr schreiben. Das Gretchen der Dem. Wagner ist eine der besten tragischen Partien, die ich gesehen.«

(Es muß angemerkt werden, Laube war nicht Zeuge der Premiere. Er hat eine der neun Wiederholungen besucht. Am 28. August 1829 spielten Herr Rott den Faust und Herr Wohlbrück den Mephisto.)

Einen Monat nach dieser Aufführung drängte ein anderes, sensationelles Theaterereignis den »Faust« in den Hintergrund: Aubers Oper »Die Stumme von Portici«. Rosalie Wagner durfte sich hier in der Rolle der stummen Fenella feiern lassen. 23 Wiederholungen — das war ein absoluter Erfolgsrekord! (Erinnert sei, daß schon frühere Leipziger Theaterdirektoren immer mit der Sorge lebten, die Oper laufe dem Schauspiel den Rang ab. Sie hat es oft genug getan.)

Das Museum für Geschichte der Stadt Leipzig bewahrt ein Dokument seltener Art: »Gesetzliche Vorschriften für die bei dem Königlich Sächsischen Hoftheater in Leipzig angestellten Mitglieder des deutschen Schau- und Singspiels.« Der zuvor beschriebene, allgemein so bedauernswerte Zustand des Theaters machte eine strenge Regelung über Rechte und Pflichten der General-Direktion und ihrer einzelnen Mitglieder notwendig. In 128 Paragraphen ist das Bemühen um künstlerische Qualität festgehalten, werden die Befugnisse des Regisseurs benannt. Diese »Theaterordnung« hat für den heutigen Leser einen unbeschreiblichen Reiz, wirkt sie doch — und das an einem Hoftheater (!) — wie die kühne Vorwegnahme gemeinsamen Bemühens um »demokratische« Spielregeln. Natürlich — so ist zu lesen — obliegt es der General-Direktion, die aufzuführenden Stücke und Opern auszuwählen und auch die Rollen zu verteilen. Sie — die Direktion — mache es sich aber zur Pflicht,

»nur die möglichste *Vollkommenheit der Darstellung* zum Ziele« zu nehmen. Einwände der Mitglieder können schriftlich, »deutlich und bescheiden abgefaßt«, geltend gemacht werden. Zu Bescheidenheit wird in vielen Paragraphen aufgefordert. Das aber drückt auf schöne Weise zugleich die Achtung vor der Arbeit des anderen aus, und nur der, welcher solche verletzt oder dem Publikum in irgendeiner Weise Schaden zufügt, hat mit Strafen zu rechnen, als da sind: Verweise, Eintragungen im Tagesrapport, Entlassung aus dem Engagement, peinlich genau gestaffelte Geldstrafen. — Dem Regisseur (dazumal noch kein anerkannter Theaterberuf!) wird hohe Verantwortung auferlegt: »Täglich erstattet der Regisseur schriftlichen Rapport über den Erfolg der stattgehabten Proben und Darstellungen, worinn er sowohl das vorzüglich Gelungene als die etwa vorgefallenen Unordnungen anzeigt.« — Betroffen machen zwei Paragraphen, die die »Aufbewahrung der Strafgelder« regeln: »Die vom Kassierer zurückgehaltenen Strafgelder sollen eine Kasse bilden, aus der arme Reisende, die sich als wirkliche Schauspieler legitimieren können, zu ihrem weiteren Fortkommen unterstützt werden.« Die Verteilung ist genau aufge-

§. 57.

Niemand, der in einer Vorstellung aufzutreten hat, oder aufgetreten ist, darf vor- oder nachher sich unter die Zuschauer mischen, bei Strafe einer halben Wochengage.

§. 58.

Ein jedes Mitglied erhält im Ankleidezimmer einen Schrank, der verschlossen werden kann und ist verpflichtet, ein Requisit, welches etwa nicht gleich am Abend abgefordert würde, bis zum nächsten Tage zu verschließen; so wohl das, was er selbst empfangen hat, wie das, was er auf der Bühne von andern erhält. Wer ein Requisit verliert oder beschädigt, zahlt den ganzen Werth desselben.

§. 59.

Wer sich in der Probe oder Vorstellung wo er nicht beschäftigt ist ohne dringende Ursache auf dem Theater aufhält, zahlt 8 gr. Strafe.

§. 60.

Ankündigungen an die Zuschauer stehen in der Regel dem Regisseur zu. In Fällen aber, wo dieser nicht gegenwärtig oder abgehalten seyn sollte, darf kein Mitglied dem solches aufgetragen wird, sich weigern, jene Ankündigungen zu übernehmen.

§. 61.

Wird ein Schauspieler ꝛc. hervorgerufen, so liegt es in den Gesetzen der Artigkeit, daß er sofort erscheine. Ist ihm solches unmöglich, so hat der Regisseur ihn beim Publicum zu entschuldigen oder entschuldigen zu lassen.

Auszug aus den »Gesetzlichen Vorschriften für die bei dem Königl. Sächs. Hoftheater in Leipzig angestellten Mitglieder des deutschen Schau- und Singspiels«

schlüsselt, wieviel ein gesunder junger Mann oder ein Frauenzimmer bekommen können, was ein Kranker, was eine gesunde, was eine kranke Familie. »Die Bestimmung der Auszahlung übernimmt ein von den Mitgliedern, mit Bewilligung der General-Direction, selbst gewählter Ausschuß ...«

Reichlich vierzig Jahre später, als Heinrich Laube nach Zerwürfnissen mit den Stadtvätern die Messestadt Leipzig verlassen hatte, bedauert er noch immer, daß es um eine »Pensionskasse« für die Schauspieler so schlecht bestellt sei und es mit den Behörden darüber zu keiner Einigung kommen konnte. Das war das soziale Problem des Schauspielers: Wurde er krank, folgten Arbeits- und Verdienstausfall und darauf unweigerlich existentielle Not.

Auch Rosalie Wagner unterlag diesem Gesetz. Sie mußte — es war geradezu ein Zwang — jederzeit auf Erfolg achthaben; sie konnte sich Abzüge nicht leisten, denn für lange Zeit — besonders nach dem Tod des Stiefvaters — war sie die Stütze der Familie, was deren moralischen Zusammenhalt, aber auch ihre finanzielle Situation betraf. Freiwillig hat sie Entbehrungen auf sich genommen und auch — der Familie wegen — erst spät geheiratet.

1836 verband sich die 33jährige Rosalie Wagner mit dem 26jährigen Schriftsteller Dr. phil. Oswald Marbach. Der spätere Königlich Sächsische Hofrat, Professor der Technologie an der Universität, Direktor des physikalisch-technischen Kabinetts, Schriftleiter der »Leipziger Zeitung« 1848 bis 1851, Mitbegründer der Versicherungsgesellschaft »Teutonia«, verfaßte neben wissenschaftlichen Werken auch Novellen, Sonette (ein »Buch der Liebe« war Rosalie gewidmet) und zwischen 1856 und 1866 etwa ein Dutzend Dramen, die er nach bekannten Werken der Antike und vor allem Shakespeares schrieb. Auch er — Rosalies Mann — eine Doppelbegabung!

Fünf Tage nach der Geburt ihrer Tochter erlag Rosalie Marbach am 12. Oktober 1837 einem Kreislaufkollaps. »Das Geistchen« hatte »Vater Geyer« den guten Geist der Familie genannt — Richards Lieblingsschwester, die ihrem Bruder stets verständnisvolle Erzieherin, sensible Ratgeberin, künstlerisches Gewissen war. — Wenngleich das Verständnis der Geschwister Rosalie und Richard als Beispiel geschwisterlicher Liebe gelten kann, so gab es doch auch immer Zeiten, wo die zehn Jahre ältere Schwester mit dem Tun des Bruders nicht einverstanden war. So hat sie ihn — den Schüler der Nikolaischule — davor bewahrt, sich seiner zeitweiligen Spielleidenschaft hinzugeben und dafür gesorgt, daß er sich kontinuierlich musikalischen Studien zuwandte. — Richards Entwurf einer Oper »Die Hochzeit« hat Rosalie nicht gefallen, und der Bruder hat sie daraufhin vernichtet. Und noch etwas mißfiel Rosalie: daß der Bruder die Schauspielerin Minna Planer vor der Verlobung und Ehe zu seiner Geliebten gemacht hatte! In diesem Punkt bestand Rosalie auf klaren bürgerlichen Verhältnissen.

Am Todestag der Tochter schreibt Mutter Johanne Rosine an den Sohn Richard: »Der Engel Rosalie war zu rein, als daß sie nicht versöhnt mit dir, in eine bessere Welt gehen sollte; vor meiner Reiße sprach sie auf einem Spaziehrgang lange über Dich mit mir, sie sagte das die Louise Brockhaus zu wenig gute Hoffnung auf dich und dein Talent habe! sie, aber hoffe viel von der Zukunft wenn! deine Umgebung genoch Verstand Geist und edeln Fond in sich haben! den nur das, und es kann noch alles mit ihm gut werden! so sprach sie! und ich sagte Amen!«

Auf dem alten Johannisfriedhof in Leipzig sind Rosalie Wagner-Marbach und ihre Mutter begraben. Zwei Engel, die eine Frauengestalt mit Rosalies Zügen emporheben, schmücken das gemeinsame Denkmal für die Frauen. Rosalies Tochter hat es 1910 aufstellen lassen.

Rose-Marie Frenzel

Plädoyer für eine Porträtistin

Bertha Wehnert-Beckmann geb. Beckmann (25. 1. 1815 bis 6. 12. 1901)
Daguerreotypistin, erste Berufsphotographin in Deutschland,
leistete Bedeutendes in der Porträtkunst

Vor rund 150 Jahren, am 19. August 1839, wurden auf einer feierlichen Sitzung der Französischen Akademie der Wissenschaften und der Schönen Künste in Paris alle Einzelheiten der Erfindung, photographische Bilder herzustellen, bekanntgemacht und dann zur allgemeinen Nutzung freigegeben. Das neue Verfahren, nach seinem Miterfinder Daguerre als Daguerreotypie bezeichnet, verbreitete sich außerordentlich schnell über weite Teile der Erde.

Die ersten Daguerreotypien − Vorstufen heutiger Photographien − waren Aufnahmen auf versilberten Kupferplatten, die mit Joddämpfen beschichtet und lichtempfindlich gemacht worden waren und nach der Belichtung in Quecksilberdämpfen entwickelt wurden. Das entstandene Bild fixierte man anschließend. Es waren technisch und künstlerisch durchgearbeitete Unikate, die so entstanden, und als solche wurden sie auch gewertet und äußerlich aufgemacht: Das jeweilige Porträt (denn um solche handelte es sich vornehmlich) wurde wie eine Miniatur kostbar gerahmt oder auf Samt gelegt oder auch in geprägte Lederetuis eingebettet.

Im Juni 1843 kam eine junge Frau nach Leipzig, um hier vom Beruf des Daguerreotypisten zu leben: Bertha Beckmann. Das Leipziger Adreßbuch weist sie seit 1844 als einzigen Vertreter dieser neuen Berufssparte aus. Damit war sie mit Sicherheit die erste Frau in Deutschland, die diesen Beruf ergriff, zumindest sind andere Frauen als professionelle Photographinnen bisher nicht bekannt. Sie tat diesen Schritt in einer Zeit, in der Gemütlichkeit und Poesie im häuslichen Leben zum Ideal erhoben und Haushalt und Kindererziehung als weibliche Domäne und Tugend gepriesen wurden. Frauen, die dieses Ideal sprengen wollten, die nach wirtschaftlicher Unabhängigkeit trachteten − und dies auch mit aller Konsequenz durchsetzten −, blieben in dieser Zeit eine Ausnahme, ja, sie mußten es bleiben, da ihnen weitgehend gesellschaftliche Anerkennung, Bildung und die notwendige existentielle Basis fehlten; viele Berufe blieben Frauen völlig versagt. Bertha Wehnert gehörte zu denen, die erste selbständige Schritte wagten.

Die Geschichte der Photographie begann in Leipzig bereits wenige Monate nach der Bekanntgabe der Erfindung dieses Verfahrens; so wurde bereits im Herbst 1839 in einer Meßversammlung des Vereins der Buch- und Kunsthändler ein Daguerresches Lichtbild zur Betrachtung vorgelegt. Die ersten Porträts Leipziger Bürger bannten die sogenannten Wanderdaguerreotypisten auf die photographische Platte. Joseph Weniger, aus Wien stammend, ließ am 23. Januar 1842 ins »Leipziger Tageblatt« setzen: »Porträts in 20 bis 40 sec. nach der neuesten Methode! ...« Die damals noch dreimal jährlich stattfindende Messe zog seit langem schon ambulante Künstler verschiedener Genres nach Leipzig; so verwundert es nicht, daß kurze Zeit nach der Bekanntgabe der Erfindung der Photographie auch die Daguerreotypisten in die Messestadt kamen.

Leipzig als Zentrum der Verlage und des graphischen Gewerbes brachte schnell Literatur zu dem neuen Verfahren auf den Markt. Die in der Rein'schen Buchhandlung 1842 erschienene Schrift »Praktische Anweisungen zum Daguerreotypieren oder die Kunst Lichtbilder als Porträt, Landschaften, Kupferstiche ect. nach der neuesten Methode sehr schön und in kürzester Zeit hervorzubringen« nennt nach einer ausführlichen Gebrauchsanweisung die ersten Leipziger Photographen — unter ihnen ist Eduard Wehnert, der spätere Lebensgefährte von Bertha Beckmann.

Eduard Wehnert hatte — wie die meisten seiner Kollegen, die sich in dem Metier der Lichtbildnerei versuchten — einen anderen Beruf: Er war Mechaniker. Es ist typisch für die Frühzeit der Photographie, daß nur zögernd eine Lösung vom ursprünglichen Beruf erfolgte und deshalb auch die Berufsbezeichnung »Photograph« nur allmählich gebräuchlich wurde.

Eduard Wehnert wurde am 29. April 1811 in Leipzig geboren; als gelernter Mechanicus ging er auf eine fast zehnjährige Wanderschaft. Seine Wege führten ihn auch nach Paris, und hier hat er sich Kenntnisse des neuen Verfahrens angeeignet. Er ist dann kurzzeitig in verschiedenen deutschen Städten tätig gewesen, so auch in Dresden. Hier lernte er seine spätere Frau Bertha Beckmann kennen, die er im Daguerreotypieren unterwies. Bertha, am 25. Januar 1815 als Tochter des Schneidermeisters Johann Dietrich Beckmann in Cottbus geboren, hielt sich (nach erhalten gebliebenen Polizeiakten) zweimal zwischen 1839 und 1843 für längere Zeit in Dresden auf. Sie erwarb während dieser Zeit die Mittel für ihren Unterhalt »durch vorzügliche Geschicklichkeit in künstlerischen Haararbeiten, durch seltene Arbeiten in Wachs und Gewürz«. Diese Art von Kunsthandwerkelei — Körbchen, Sträußchen, Bildchen — liebte die Biedermeierzeit. Daß Bertha einen Blick für bildhafte Wirkungen und auch Fingerfertigkeit besessen haben muß, wird ihr in einem Zeugnis der Dresdner Juweliere, die die Haar- und Wachsarbeiten vertrieben, bekundet: Fräulein Beckmann hat »zur größten Zufriedenheit« gearbeitet! Es gelang ihr, sich ein kleines Vermögen zu ersparen – Grundlage ihrer kostspieligen Versuche in der modernen Kunst der Daguerreotypie. Denn nicht allein künstlerisches Empfinden, sondern Kenntnisse und Erfahrungen in Physik und Chemie mußten vorhanden sein, und Versuche waren unabdingbare Voraussetzung für die Berufspraxis.

Bertha Beckmann war zielstrebig; so machte sie sich als Photographin selbständig und mietete ein eigenes Atelier im Hause »Stadt Wien«. Für den Fall, daß das Geschäft mit der Photographie nicht zu einem Erfolg führen würde, hatte sie ja noch einen Ausweichberuf: die Haarklöppelei! Die Dresdner Zeit, über die nichts überliefert ist, muß erfolgreich gewesen sein. Denn Bertha Beckmann weist in einer Zeitungsanzeige zu ihrem Leipziger Neubeginn ausdrücklich darauf hin: »Daguerreotypistin früher in Dresden, zur Stadt Wien« – selbstbewußt, selbstverständlich.

Seit Juni 1843 wohnte die junge Photographin in Leipzig. Es ist anzunehmen, daß sie an ihrer Arbeit und an ihrem »Lehrmeister« Gefallen gefunden hatte, der seit 1842 in Leipzig als Photograph arbeitete. Bertha Beckmann nahm zunächst festen Wohnsitz in Reichels Garten. Am 23. September gab sie eine werbende Annonce im »Leipziger Tageblatt« mit folgendem Wortlaut auf:

»Porträts mittels des Daguerreotyps. Einzelne Portraits, als auch Familiengruppen von 2 bis 12 Personen nach der neuesten Methode, wo die Daguerreotypien nicht, wie bisher, grau in grau, sondern in den lebhaftesten Farben erscheinen, und können selbige in jeder beliebigen Grösse bis zum kleinsten Medaillon gefertigt werden in 1/6 bis 1/2 Minute … Auch fertige ich colorirte Portraits …« (an denen die Leipziger Bürger damals große Freude hatten!).

Bertha Beckmann wurde vom Leipziger Publikum und auch von den Zeitungen überaus freundlich aufgenommen. Bereits am 2. Oktober 1843 steht im »Leipziger Tageblatt«, sie sei »… eine Künstlerin, welche eben so viel Geschicklichkeit, als Geduld und Uneigennützigkeit besitzt und deren Bilder sich in jeder Hinsicht als höchst gelungene auszeichnen.« Gewiß wird der mit viel Sensibilität, mit Kunstsinn und Fleiß tätigen Frau dieses Lob willkommen gewesen sein: Es bestätigte den Erfolg ihrer ehrgeizigen Arbeit, und es war beste Empfehlung für die Kunden, die Leipziger Bürger. Das allein aber genügte nicht: Für eine ständige Erwerbstätigkeit in ihrem Beruf benötigte Bertha Beckmann noch die Anerkennung als »Schutzverwandte« durch den Rat der Stadt Leipzig. Dieser Antrag wurde von ihr am 4. November 1844 gestellt. Sie schreibt dazu: »In Cottbus geboren, habe ich sofort nach Erfindung des Daguerreotypierens meine Bemühungen dahin gerichtet, durch Erlernen dieser Kunst mir meine Zukunft zu sichern und für mich einen Erwerbszweig zu gewinnen. Fortwährende Ausübung der durch mein Bemühen erlangte Kunstfertigkeiten haben mich seit Jahren in den Stand gesetzt, mir meinen Unterhalt zu gewinnen und mir ein kleines Vermögen zu sammeln ... die namentlich in den letzten Zeiten an mich gerichteten vermehrten Aufmunterungen zu Betreibung dieser Kunst, lassen mich wünschen zum Behufe der fernen Ausübung der gewonnenen Kunstfertigkeit, auf dem hiesigen Platze das Recht als Schutzverwandte zu erlangen.«

Am 18. Dezember 1844 wird Bertha Beckmann vor den Rat der Stadt geladen. Obwohl sie 600 Taler — zum Teil in Staatspapieren angelegt — auswies und bezeugte: »Das soeben hier vorgezeigte Vermögen ist mein schuldenfreies Eigentum, was ich mir nach und nach durch meine Kunst als Daguerreotypistin erworben und erspart habe ...«, wurde ihr Antrag abschlägig beantwortet. Die Ratsmitglieder waren über die Zukunftsaussichten dieses ganz neuen Berufes verunsichert, »weil die fortdauernde Erwerbsfähigkeit eines Daguerreotypisten bezweifelt werden müsse«! Aber ganz bestimmt war es ungewöhnlich, daß eine ledige dreißigjährige Frau sich in ein solches berufliches Abenteuer stürzen wollte. Und mit Vergabe der Schutzkarte erteilte der Rat nicht allein Rechte, sondern übernahm auch Verpflichtungen — deren ökonomische Grundlage im gesamten aber abgesichert sein mußte!

Von der abweisenden Haltung des Rates der Stadt Leipzig keineswegs entmutigt, besorgte sich die Beckmann von ihren früheren Wirkungsstätten in Dresden vier Führungszeugnisse: zwei von der Polizei, eines von einer angesehenen Privatperson und eines von ihren einstigen Arbeitgebern, den Juwelieren Klein & Wilcke. Diese Firma bestätigte, daß Bertha Beckmann in Dresden als Haarklöpplerin gearbeitet hat. Den Zeugnissen fügte sie ein persönliches Schreiben hinzu, in dem es heißt: »Die von mir nicht mit der Ausübung der freien Kunst des Daguerreotypierens beanspruchte Zeit habe ich mit der Erlernung des Haarklöppelns und Fertigung feiner Arbeiten aus Haar zugebracht und glaube es hierin zu einer Fertigung gebracht zu haben, welches mir jeder Zeit Gelegenheit gibt, mir durch diese Fertigung meinen Lebensunterhalt vollständig zu erwerben.«

Schließlich überzeugt von der Argumentation der Antragstellerin, erteilte der Rat der Stadt Leipzig am 19. Februar 1845 die Schutzkarte.

Das Bürgerrecht der Stadt Leipzig erhielt sie am 2. März 1852 dann mühelos, denn in der Zwischenzeit wurde Bertha Beckmann zu einer gesuchten Photographin. Haarklöppeleien hat sie während der Leipziger Zeit nicht gefertigt; sie fühlte sich ganz als Photographin, und diese Tätigkeit muß sie wohl ausgefüllt und ernährt haben.

Am 14. November 1845 heirateten Bertha Beckmann und Eduard Wehnert in der Thomaskirche. Da bisher keine schriftlichen Äußerungen — auch kein

Briefwechsel — bekannt sind, ist über diese Ehe nichts auszusagen. Zudem war das Paar nur kurz verheiratet; Eduard Wehnert starb bereits im Jahre 1847.

Das Ehepaar arbeitete gemeinsam im Atelier in der Burgstraße, im Garten. Nach dem Tode des Partners führte Bertha Wehnert-Beckmann das Geschäft unter den Namen »Eduard und Bertha Wehnert« weiter; erst seit 1858 wird in den Leipziger Adreßbüchern und durch Aufdrucke auf ihren Photographien die Firmenbezeichnung »Bertha Wehnert-Beckmann, Atelier für Photographie, Daguerreotypie und Stereoskope — Burgstraße 8, im Garten« gebräuchlich. Im Atelier in der Burgstraße arbeitete sie bis 1866, dann bezog sie ein äußerst repräsentatives Atelier in der Elsterstraße 33.

Bertha Wehnert war nicht nur energisch und stolz, sie war auch eine wagemutige Frau. So weilte sie von 1849 bis 1851 in Nordamerika. Photographien, die aus dieser Zeit erhalten geblieben sind, tragen auf der Rückseite einen Aufkleber mit folgender Aufschrift:

Mme Bertha Wehnert-Beckmann & Brothers
New York, 62 White Street   Leipzig, Saxionia 8. Burgh-Street

Ein Diplom, das sie 1850 vom American Institute erhalten hat, läßt darauf schließen, daß sie auch in Amerika als' Photographin erfolgreich war; das Diplom wurde ihr in Anerkennung ihrer Verdienste um die Photographie verliehen. Solche Ehrung muß dieser unternehmerischen Frau jedoch nicht gereicht haben. Sie wollte Neues beginnen. Nach Leipzig zurückgekehrt, stellte sie an die »Königliche Kreis-Direktion« zu Leipzig einen Antrag zur Erteilung einer »Concession zur Übernahme und Betreibung zur gewerbsmäßigen Beförderung von Auswanderern für die Firma F. J. Wichelhausen in Bremen«. Das Gesuch wurde — zum Glück für die Photographie — abgelehnt. Ihrer Courage und ihrem Unternehmergeist wurden Einhalt geboten; und so blieb sie bis zum Jahre 1883 in ihrem Atelier in der Elsterstraße als erfolgreiche Photographin tätig.

Daß diese Frau auf vielen Gebieten der Photographie überaus rege war und auch alle technischen Neuerungen sofort aufgriff, belegen Arbeiten, die von ihr erhalten sind.

Die Erfindung des Kollodiumverfahrens und — damit verbunden — des Glasnegatives, von dem beliebig viele Abzüge hergestellt werden konnten, wurde für die Ausbreitung der Photographie außerordentlich bedeutsam, gleichzeitig aber ging damit die Ära der Daguerreotypie zu Ende. Waren die Daguerreotypien sorgfältig durchgearbeitete Unikate, so wurde nach 1852 die Photographie zum Massenprodukt — sie begann, es zu werden —, das nur auf der Grundlage eines breiten Abnehmerkreises ökonomisch war. Die erhalten gebliebenen Geschäftstagebücher von Bertha Wehnert-Beckmann belegen den ständig steigenden Wunsch der Leipziger Bürgerschaft, sich photographieren zu lassen. Ein Brief des Verlegers Rudolf Brockhaus aus dem Jahre 1867, in einem der Geschäftstagebücher eingelegt, hat folgenden Wortlaut: »Ich möchte mich in Visitkartenformat photographieren lassen und habe sehr wenig Zeit. Ich bitt mir deshalb per Stadtpost wissen zu lassen, an welchem Tage und zu welcher Stund ich nach Ihrem Atelier kommen kann und bitte gleich vorzukommen. Am besten würde mir die Stund von 12—1 Uhr passen. Ergebenst Rudolf Brockhaus, (Salomonstr. 19 II)«

Dieser Brief belegt wohl auch, daß es durchaus alltäglich wurde, sich photographieren zu lassen; der Hinweis »... und bitte gleich vorzukommen« läßt auf eifrigen Besuch und auf Wartezeiten bei der Lichtbildnerei schließen.

Das von Disdéri am Ende der fünfziger Jahre des vorigen Jahrhunderts eingeführte Format »Carte de Visite« — ein Papierabzug wurde auf eine Pappe in der Größe einer Visitenkarte aufgeklebt — brachte die erste »Standardisierung« auf dem Gebiet der Photographie. In prunkvolle Alben gesteckt, wurden die Photos zur Ahnengalerie der bürgerlichen Familie.

Bertha Wehnert-Beckmann leistete Hervorragendes in der Daguerreotypie. Ihre Aufnahmen von Kindern gehören zu den schönsten aus dieser Periode der Photographiegeschichte; aber auch in der Technik des Kollodiumverfahrens schuf sie bemerkenswerte Porträts. Daß auch recht durchschnittlich anmutende Aufnahmen den Namen ihres Ateliers tragen, ist damit zu erklären, daß seit der Einführung des sehr arbeitsaufwendigen Kollodiumverfahrens Mitarbeiter eingestellt wurden. Drei sind für das Atelier Bertha Wehnert-Beckmann nachweisbar: der eigene Bruder Rudolf Julius Arnold Beckmann und seine Frau Oline Adolphine geb. Grünewald sowie als Retuscheur der in Dresden geborene Ferdinand Cornelius Grünewald. Er war kurzzeitig Schüler an der Dresdner Kunstakademie; von ihm stammt das gemalte Porträt der selbstbewußten, energischen und wohlsituierten Bertha Wehnert. Sie ist auf dem Bild 43 Jahre alt.

Im Jahre 1883 — nach 40jährigem Bestehen — gibt die bedeutende Lichtbildnerin ihr Atelier auf, sie zieht sich aus dem Berufsleben zurück. Zunächst verlegt sie ihre Wohnung in die Weststraße, dann kauft sie das Haus Waldstraße 1. Ihr ist ein langer Lebensabend beschieden. War sie allein, vereinsamt? Aus dieser Zeit sind weder schriftliche noch mündliche Äußerungen über ihre Lebensumstände bekannt, so daß über die letzten Jahre nichts gesagt werden kann. Das gilt auch für einen möglichen Freundeskreis. Am 6. Dezember 1901 stirbt Bertha Wehnert-Beckmann in 86. Lebensjahr.

Eine außergewöhnliche Frau mit sensiblem künstlerischem Empfinden, ganz praktischem Lebenssinn und Fleiß, mit großem Selbstvertrauen und unwahrscheinlicher Zielstrebigkeit! Wie sonst hätte es ihr gelingen können, die gesellschaftlichen Schranken zu durchbrechen und als Frau eine berufliche Existenz aufzubauen, an deren Sicherheit Männer zweifelten? Bertha hat sich allein den herrschenden gesellschaftlichen Normen gestellt; hat sie die Kämpfe wahrgenommen, die die progressiven Kräfte des Bürgertums, die des aufsteigenden Proletariats — in Leipzig nicht zuletzt mit Louise Otto-Peters, mit Henriette Goldschmidt, mit Clara Zetkin — ausfochten?

Bertha Wehnert ging die längste Wegstrecke ihres Lebens allein. Rund 5 Jahre nur war sie mit Eduard, dem Ehe- und Berufspartner verbunden. Obwohl sie Kindern sehr zugetan war — hätte sie sonst so wunderschöne Porträts junger Menschen machen können? —, lächelte sie kein eigenes Kind an. Erwuchs aus dieser persönlichen Situation heraus so viel Kraft für ihr berufliches Streben? Es ist denkbar. Bertha Wehnert-Beckmann war eine große Porträtistin; sie hat sich einen Platz in der Geschichte der Photographie zu Recht erobert.

Gudula Ziemer

Euch droht keine Rebellion

Louise Otto-Peters geb. Otto (26. 3. 1819 bis 13. 3. 1895)
Schriftstellerin, Journalistin, gab eine »Frauen-Zeitung« heraus (1849 bis
1852), Mitbegründerin der deutschen bürgerlichen Frauenbewegung,
Vorsitzende des »Allgemeinen Deutschen Frauenvereins«

Abseits des Zöllnerweges, zwischen schlanken hohen Bäumen, den Blicken
der Vorüberfahrenden entzogen — der Stein. Relief und Inschrift, verwittert.
Das Medaillon zeigt ein herbes Altersprofil, eine hohe Stirn, die das in Stein
gearbeitete Gesicht maskenhaft wirken läßt. Ein Name, zur Formel erstarrt,
ohne Klang, —

Das Denkmal — für die »Mutter der Frauenbewegung« — steht am Rand
eines Spielplatzes. Nur wenige Schritte entfernt ein Klettergerüst. Lärmende
Kindergartenkinder. Schlafende Säuglinge. Junge Mütter.

— Tanten. Schwestern. Freundinnen. Großmütter.

Die Frauen, die fünf Jahre nach dem Tod von Louise Otto diesen Gedenkstein stifteten, wären froh, wüßten sie von seinem heutigen Standort. Ihr
Wunsch war es, der Stein möge inmitten der Stadt, im Grünen, einen würdi-
geren Platz finden, einen Platz unter den Lebenden, nicht unter Toten (das
Denkmal wurde 1900 auf dem Johannisfriedhof errichtet).

Männer kommen selten hierher.

Im Winter, wenn der Platz verwaist, in der Stille einzelne Vogelstimmen
aus den Bäumen hörbar werden, kommen einsame Spaziergänger, joggende
Dichter, Hundebesitzer hier entlang.

»Eine Nachtigall im Winter« — hat ein Mann diese Frau genannt. — Wer
war Louise Otto?

Was wissen wir über sie, über die Zeit, in der diese Frau gelebt hat? Was
können wir *über sie* in Erfahrung, in unsere Erfahrung, bringen? —

Das Haus, in dem sie in Leipzig lebte und starb, steht nicht mehr. Das
Grab ist eingeebnet. Ihr Nachlaß (Briefe, Tagebücher, private Dokumente) gilt
als verloren.

Nur ein Bruchteil der über siebenundzwanzig meist mehrbändigen Romane, der Novellen, Erzählungen, Kunst- und historischen Schriften, Gedichte, Opernlibretti, Zeitungs-, Zeitschriftenbeiträge ist erhalten geblieben.

94

Hat ihr Leben und Wirken (in dieser Stadt) keine Spuren hinterlassen? —
Die Frauen und Kinder, die täglich auf den kleinen Spielplatz, nahe des
Fregestegs, kommen, haben sich an die Anwesenheit des Steines gewöhnt, wie
man sich gewöhnt an Messer und Gabel, Streichhölzer, Lichtschalter, Stra-
ßenbahnen, Verbotsschilder. Ein kleines Mädchen hockt sich mit herunterge-
rollter Strumpfhose verschämt hinter das Denkmal —

Biedermeier

Louise Otto — ein Jahr jünger als Karl Marx, ein Jahr älter als Friedrich
Engels — wird am 26. März 1819, einem Freitag, in Meißen von der 38jähri-
gen Hausfrau Christiane Charlotte Otto, Tochter des Porzellanmalers Matthäi,
geboren.

Gerichtsdirektor Fürchtegott Wilhelm Otto ist bereits Vater von drei Töchtern: Franziska, Antonie, Clementine — die Älteste — ist gerade acht.

Ein großes, steinernes Haus, aus Sandsteinquadern, ein Garten zwischen
alten, verwitterten Klostermauern, der Weinberg mit dem Landhaus. Ein
Dienstmädchen, zwei Schreiber, eine Schwester der Mutter gehören zum
Hausstand.

Louise, das Nesthäkchen, wächst wohlbehütet auf, wird unterrichtet in Lesen, Schreiben, Gesang, Religion, »Geschichte der ausgezeichneten Frauen«,
in Rechnen, Geografie und »Naturwissenschaften«. Sie liest viel, Schiller vor
allem, Byron, Walter Scott, Cooper, Jean Paul ..., strickt dabei, denn Lesen —
bei Mädchen gilt es als Zeitverschwendung — wird nur geduldet, wenn sie
gleichzeitig etwas Nützliches tut.

Nach der Konfirmation ist die Ausbildung beendet. Wie es üblich ist für
Töchter aus begütertem Mittelstand, erhält Louise nun Privatstunden in Französisch, Musik, Zeichnen und Handarbeiten. Gestickt, genäht und gestrickt
wird für die Aussteuer!

Die Vierzehnjährige, zum Müßiggang verurteilt, sucht sich zu beschäftigen,
schreibt erste Gedichte ... Im Meißner Dom getraut wird Louise 1858 — mit
neununddreißig Jahren.

Die begabte und bewunderte ältere Clementine — sie lernt mit den Knaben
Griechisch und Latein, schreibt Tagebücher — hat maßgeblichen Einfluß auf
die Entwicklung der Jüngeren. Als die Schwester, einundzwanzigjährig, stirbt,
ist Louise ein halbes Kind noch. Sechzehn ist sie, als die Mutter stirbt. Bald
darauf steht sie mit Franziska und Antonie am Grab des Vaters. Drei Wochen,
nachdem sie siebzehn geworden ist. Die Schwestern heiraten kurze Zeit später, verlassen das Haus. Louise, die Jüngste, bleibt allein unter der Obhut der
Tante zurück. »Mit Liedern« sucht sie, »den Schmerz zu stillen«.

Das kleine Erbvermögen gestattet ihr, sich autodidaktisch zu bilden, auch ein wenig zu reisen. Zur Schwester nach Oederan. Zur Freundin nach Dresden. Ein Bräutigam findet sich bald. Zwanzigjährig verlobt sich Louise einem jungen Dresdner Juristen. Die ersehnte Ehe mit Gustav Müller kommt nicht mehr zustande. Gustav stirbt — wie Clementine, wie die Mutter — an Lungentuberkulose. Öd und kalt ist die Welt, eine trostlose Wüste. Todesgedanken. Gedanken auch an einen selbstbestimmten Tod.

Auszug aus dem Lebenslauf von Louise Otto-Peters

Der
gute Genius
des
weiblichen Geschlechts.

———

Von
einem Mädchen.

Ehret die Frauen! sie flechten und weben
Himmlische Rosen ins irdische Leben.
Schiller.

———

Leipzig 1798
bey G. Benj. Meißner.

Vertheidigung
der
Leipziger Damen.

Von
Henriette***

———

Ehret die Frauen! sie flechten und weben
Himmlische Rosen ins irdische Leben.
Schiller.

———

Leipzig 1798
bey G. Benj. Meißner.

Nachricht. Zur Vertheidigung und zum Lobe der Leipziger Damen erscheint als Gegenschrift und Widerlegung des Buches: Neueste Entdeckungen im Reiche der Weiber und Mädchen. Durch eine Reise veranlaßt, in Kurzem in meinem Verlage, elegant gedruckt, ein kleines Buch, von einem Mädchen welches das Unrecht tief fühlt, das der unbekannte Verfasser obenstehenden Buches ihrem Geschlechte angethan hat. Die resp. Damen und Herren welche subskribirt haben, bekommen ein Exempl. auf noch schöneres, Holländisches oder Schweizerpapier um den niedrigen Preis der eleganten ordin. Aufgabe. Vielleicht erhalte ich von der Verfasserin, daß ich ihr Porträt in punktirter Manier in Kupfer gestochen dem Werkchen vorsezen darf, und dann erhalten die resp. Subskribenten noch einen besondern Abdruck davon auf schönes Schweizer Papier neben Ihrem Subskribzions-Exempl. als Erkentlichkeit von mir.

G. Benj. Meißner

Doppeltitelblatt des 1798 bei Gottl. Benjamin Meißner anonym erschienenen Werkes
»Vertheidigung der Leipziger Damen«
Ankündigung des Buches in »Neue Reisen in Deutschland«, Teil 1 bis 3, ebenfalls anonym bei
Gottl. Benjamin Meißner in Leipzig 1798/1800 erschienen. Das angekündigte Porträt konnte der
Verleger nicht liefern

Rosalie Wagner. Gemälde von G. L. Kühne, um 1826

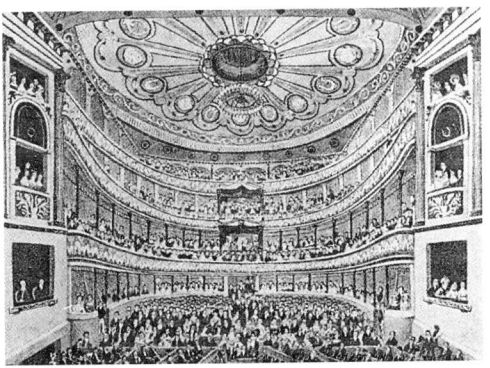

Oben links: Theaterzettel des Königl. Sächs. Hoftheaters zu Leipzig. »Faust«-Aufführung anläß-
lich des 80. Geburtstages Goethes mit Rosalie Wagner als Gretchen.
Ludwig Tieck schrieb einen Prolog
Oben rechts: Theaterzettel zur Erstaufführung der »Stummen von Portici« mit Rosalie Wagner
als Fenella, 1829
Unten links: Innere Ansicht des Leipziger Schauspielhauses, um 1830
Unten rechts: Grabstein von Mutter und Schwester Richard Wagners auf dem Johannisfriedhof
in Leipzig: Johanne Wagner-Geyer und Rosalie Marbach geb. Wagner

Bertha Wehnert-Beckmann, Gemälde von Ferdinand Cornelius Grünewald, 1858

Portraits
mittelst den
Daguerreotyps.

Einzelne Portraits, als auch Familiengruppen von 2 bis 12 Personen nach der neuesten Methode, wo die Daguerreotypen nicht, wie bisher, grau in grau, sondern in den lebhaftesten Farben erscheinen, und können selbige in jeder beliebigen Grösse bis zum kleinsten Medaillon gefertigt werden in ⅛ bis ½ Minute von früh 8 Uhr bis Abends 5 Uhr.

Auch fertige ich

colorirte Portraits.

In der Kunsthandlung von Pietro Del Vechio, als auch bei mir liegen

Musterbilder

zur Ansicht bereit.

Um dem Zusammentreffen mehrer Personen zu begegnen, bitte ich, Sitzungen wo möglich eine Stunde vorher in meiner Wohnung, Reichels Garten, über die erste Brücke links das erste Haus, anzusagen.

Nur gelungene Portraits werden von mir verabfolgt.

Bertha Beckmann, Daguerreotypistin, früher in Dresden, zur Stadt Wien.

Oben: Beispiel für eine in Leder und Samt gefaßte Daguerreotypie; um 1855 aufgenommen von Bertha Wehnert-Beckmann
Unten links: Anzeige im »Leipziger Tageblatt« vom 23. 9. 1843
Mit dieser Werbeanzeige begann Bertha Beckmann ihre Tätigkeit in Leipzig
Unten rechts: Das vom American Institute an Bertha Wehnert-Beckmann verliehene Diplom für besondere Verdienste auf dem Gebiet der Porträt-Photographie, 1850

Jugendbildnis von Louise Otto. Erschien 1849 in der Zeitschrift »Leuchtturm«

August Peters

Louise Otto-Peters

Unten links: Erste Nummer der »Frauen-Zeitung« mit dem Motto »Dem Reich der Freiheit werb'
ich Bürgerinnen«. Unten rechts: Auguste Schmidt

Clara Wieck 1835. Lithographie von I. Giere

»Was sing ich nun? — soll ich in eitlen Klagen,/Der kalten Welt von heißen Schmerzen sagen?/Soll ich um Mitleid singend betteln gehen?/Soll feig den Tod ich um Erlösung flehen? —«
Ohnmachtsanfälle. Herzkrämpfe. Fieber. — Noch in späteren Jahren werden ihr diese Anfälle zu schaffen machen.

Der liberale Jurist Otto hatte seine Töchter schon früh zum täglichen Zeitunglesen, zu geistiger Anteilnahme an den öffentlichen Angelegenheiten, zu genauer Kenntnis der Gesetze angehalten.

Louise fühlt eine unbändige Sehnsucht, teilzunehmen am öffentlichen Leben, spürt »den heiligen Drang nach Wissen und Wirken« und findet doch nur sehr beschränkte Gelegenheit, denselben zu betätigen. Während gleichaltrige, junge Männer längst studieren, das Elternhaus verlassen, auf Reisen gehn, bleibt Louise ohne systematische Anleitung, ihre Lektüre dem Zufall überlassen, ihre Bildung bruchstückhaft. Eine gründliche Ausbildung ist ihr als Mädchen ebenso verwehrt wie das Schwimmen, Turnen und Schlittschuhlaufen.

Louise hat einen wachen Blick für die Verhältnisse, sieht sich eingeengt, benachteiligt; nüchtern erkennt sie aber auch, daß es schlimmeres Elend gibt als das, welches ihr zugestoßen. Immerhin, sie muß keiner Erwerbsarbeit nachgehen, sie hat etwas Geld, sie hat Zeit, kaum familiäre Verpflichtungen, — gute Bedingungen zum Schreiben. Sie will keine Liebesgedichte schreiben, — »will ›Herz und Schmerz‹ nicht — ›Not und Brot‹ nur reimen«. Mit einem Mann und »für ihn« zu leben, scheint ihr nicht beschieden; die eigenen, schmerzlichen Erfahrungen — sie will darüber nicht sprechen. (»Ob abendlich mein Aug' in Thränen taut/Ob in mir Nacht — was brauchts die Welt zu wissen?«) — Das Herz, das zu viel Schmerz empfangen hat, sucht schmerzunempfindlich zu werden, verschließt sich ... Die Gedichte sind ihr geblieben. Sie wird schreiben, schreiben ...

Die junge blonde Frau mit den blauen Augen — durchaus keine anziehende, reizvolle Erscheinung — beginnt Beiträge für Zeitungen zu schreiben, auf Wunsch des Herausgebers wählt sie ein männliches Pseudonym. Otto Stern.

Zwanzigjährig erlebt Louise die Eröffnung der ersten Dampf-Eisenbahn-Linie zwischen Dresden und Leipzig. Die Presse ist voll von Schlagzeilen, Louise beeindruckt von dem Ereignis, dieser Revolution der Verkehrsverhältnisse, optimistisch — »Es geht vorwärts!« —; sozialer Fortschritt, meint sie, stünde nun an. »Bewegung« — für Louise wird es ein goldenes Wort.
Die Eisenbahn bringt sie nach Leipzig. Die Stadt, Zentrum der Liberalen in

Sachsen, hat eine große Anziehungskraft auf die junge Frau. In dem nahegelegenen Dorf Gohlis hält sie sich häufig besuchsweise bei Verwandten auf. Im Herbst 1843, ihr erster Roman »Ludwig, der Kellner« ist eben erschienen (ein Dresdner Verleger hatte geraten, Romane zu schreiben, Gedichte verkauften sich schlecht), liest Louise in den »Sächsischen Vaterlandsblättern« einen Artikel »Über die Teilnahme der weiblichen Welt am Staatsleben«, der die Aufforderung an »Vaterlandsfreunde« enthält, »ihre Erfahrungen über diesen Gegenstand« der Öffentlichkeit nicht vorzuenthalten. Für die Vierundzwanzigjährige — »einer der schönsten Augenblicke meines Lebens«. Der Artikel, verfaßt von dem Herausgeber der Zeitung, dem Buchhändler Robert Blum, bejaht die Teilnahme der Frauen an der Gemeinde, am Staate und trifft den Nerv der jungen, unverheirateten Frau. Am Abend schreibt Louise, zitternd vor Freude, einen kleinen Aufsatz, als sie ihn beendet, kommen die Zweifel, schwindet der Mut. Wird man sie nicht verhöhnen, verspotten? — Sie hat Angst vor der Öffentlichkeit, Angst davor, auszusprechen, daß sie — eine Frau — ihr Vaterland liebe; daß es »unsittlich« sei, wenn die Teilnahme der Frauen am Staatsleben unterbliebe.

Louise weiß, »daß bei weitem die größte Anzahl der Frauen die Politik als ganz außer ihrer Sphäre liegend betrachtet und, in uralten Vorurteilen befangen, sich auf diese Unwissenheit noch etwas zugute tut«. Sie rechnet damit, daß man es anmaßend finden wird, daß sie sich einer Zeitung aufdrängt, in der »die Besten der freisinnigen Partei in Sachsen« publizieren, erhofft sich jedoch gerade von diesen Männern Verständnis, ja Zuspruch. — Was hat sie zu verlieren? Entschlossen schiebt sie ihre »weiblichen Bedenken« beiseite und zeichnet das Blatt mit ihrem Namen ... Die Zeitung druckt ihren Aufsatz. Das »wackere, vaterlandsliebende Mädchen« wird aufgefordert, sich ausführlicher auszusprechen. Louise ist ein Stein vom Herzen genommen.

Briefe von Frauen erreichen sie, die sich vertrauensvoll an sie wenden. Sie findet Kontakt zu »freiheitlich gesinnten« Männern, einem Kreis junger österreichischer Dichter und sie lernt Robert Blum, den Verfasser jenes Artikels, persönlich kennen. Der zwölf Jahre ältere, verheiratete Blum wird ihr Mentor, väterlicher Freund, auch — platonisch — Geliebter. Kritik von ihm trifft sie hart. Doch Blum ist angetan von der jungen, selbständigen Frau. Auf der sommerlichen Schillerfeier 1847 rezitiert er Verse von ihr. Louise gehört bald zur Familie.

Blum rezensiert ihren ersten Gedichtband, die »Lieder eines deutschen Mädchens« (1847). Für ihn ist sie »ein politischer Dichter in kraft- und ratloser Zeit«, »eine Nachtigall im Winter« — »umso reizender, als sie selten ist«, die erste politische Dichterin im zersplitterten Deutschland.

Louise hat sich einen Namen gemacht. Ein Jahr vor den »Liedern« war ihr

Roman »Schloß und Fabrik« erschienen. Mit dem Honorar ihres Buches »Die Freunde« (1845) wagt sie eine größere Reise, ohne Begleitung bereist sie Thüringen, Westfalen, Braunschweig ...

Immer wieder hatten Freunde ihr zugeredet, ihren »Horizont« zu erweitern durch Reisen; hatten Verwandte und Bekannte abgeredet, weil ein solches Unternehmen für ein Mädchen unschicklich sei. Erst die entschiedene, tatkräftige Hilfe von Gustav Klemm — Oberbibliothekar an der Königlichen Bibliothek zu Dresden (Louise hatte ihn dort kennengelernt) — ebnet den Weg. Klemm legt die Stationen der Reise fest, stattet die »Bürgerin Otto« mit Empfehlungsschreiben aus. — »Über das grauwollene gestreifte Reisekleid ward ein ecru-Staubmantel gezogen, für Nachtfahrten ein graues Mäntelchen ... ein italienischer Strohhut mit blauem Schleier, ein schwarzseidnes Kleid und die nötigste Wäsche in der Reisetasche, den größten Teil der Barschaft an Geld ins Korsett genäht ...« — so begibt sie sich auf das Abenteuer des Alleinreisens, fürchtend, »überfallen, ausgeraubt und erschlagen zu werden«. Da nichts dergleichen geschieht, sie wohlbehalten zurückkehrt, reich an Erlebnissen, erkennt sie, daß »man also von allen Seiten« nur »die Frauen von jedem selbständigen Schritt, jedem Sichselbstgenugsein, jedem kleinsten entschiednen Sich-auf-sich-selbst-stellen und -verlassen zurückzuhalten sucht(e)«.

Louise ist dabei, den Beweis anzutreten, daß eine Frau auch ohne Mann etwas sein, gesellschaftsfähig sein kann. Sie will nicht länger »in der Versammlung schweigen«, sie will mündig werden. Sie will von Männern und Frauen, die nicht schlauer und nicht besser sind als sie — das Mädchen, das Fräulein — beachtet, geachtet werden. Sie will nicht mehr wie ein Paket in die Ecke geschoben werden; sie will ihren gleichberechtigten Platz und wird ihn mit Verstand und Herz behaupten. Das Wichtigste aber, wenn sie Erfolg haben will, ist ihr makelloser Ruf. Reinheit. Keuschheit.

Das »Höchste«: die Ehe. Der »eigentliche« Wirkungskreis der Frau: das Haus. Hingabe, Liebe, Aufopferung — das »Ewig«-Weibliche, die »weiblichen« Tugenden — für den geliebten Mann, für die Kinder. Für Familie und Vaterland. Fürs Vaterland, solange noch keine Familie da ist. Wozu sollten die weiblichen Tugenden brach liegen? Louise liebt ihr Vaterland. Ihr Vorbild in der Historie: die Jungfrau von Orleans. Seit 1845 arbeitet Louise am Text zu einer »großen heroischen Oper«, einer deutschen Nationaloper, den »Nibelungen«. Noch mehr als mit Liedern will die junge Frau dem Vaterland und ihrer Zeit mit Taten dienen. Mutig. Tapfer. Aber da ist auch eine heimliche Angst —

Louise contra Louise

Die Frau muß fähig sein, selbständig zu urteilen, oder sie verletzt die menschliche Würde und ihre Weiblichkeit, indem sie zum Papagei wird, der gedankenlos nachplappert, was der Gebieter ihm vorgesprochen. Louise Otto »... wenigstens jede deutsche Frau schlägt vor dem schamlosen Bild der ›femme libre‹ der St. Simonisten die Augen nieder« hatte Louise, unter männlichem Pseudonym, verkündet.

1843, in ihrem ersten unter eigenem Namen geschriebenen Artikel betont sie, was sie nicht wünsche, sei »unser bestes Teil: die Weiblichkeit unterdrückt durch Einimpfung fremder, männlicher Bestrebungen.« Keine »Emanzipation des Fleisches« also und keine allseitige, radikale »Emanzipation des Geistes« von den aufgedrückten »weiblichen Normen« und Zwängen.

Wiederholt polemisiert sie, gemeinsam mit ihrem Verleger Ernst Keil, gegen die »sogenannten Emanzipierten«; will sie sich abgegrenzt wissen von »einer andern minderbegabten Schriftstellerin« und ihrer »maßlosen Subjektivität«. Gemeint ist Louise Aston, Pfarrerstochter aus dem Harz, die gegen ihren Willen mit einem englischen Kapitalisten verheiratet wurde, sich von ihrem Mann trennt und mit einem andern zusammenzieht; eine Frau, die herrschende Konventionen verletzt, gegen die Verleumdungskampagnen in der Presse laufen.

»Ich bemitleide sie wegen ihrer Richtung« schreibt Louise Otto und »ich erkenne in einer solchen Frau wie die Aston die größte Feindin eines Strebens, welches sich eine Hebung der deutschen Frauen zur Aufgabe gemacht hat.« — »Diese Damen und noch andere mehr trugen ›Männer-Costüme‹, ›um desto ungenierter an den Zechgelagen der Männer sich beteiligen zu können!‹« zitiert 1852 Louise Ottos »Frauen-Zeitung«.

Die Damen rauchen in öffentlichen Lokalen, vertreten in puncto Ehe und Sexualmoral die Anschauungen George Sands, sind zudem Freidenkerinnen. (Louise Aston schreibt Erzählungen über das Leben der Bettler und Tagelöhner.)

Louise Otto, die sich soviel auf ihre »weiblichen Tugenden« zugute hält, und Louise Aston, die sich lustig macht über die »tugendhaften Frauen«, die sich als »Sitten-Richter« aufspielen, in »frommem Glauben« — da ist weibliche Solidarität ausgeschlossen. Den Vorwurf »maßloser Subjektivität« macht Louise Otto auch gegenüber Rahel Varnhagen und Bettina von Arnim geltend, bei Louise Aston aber sieht sie diese Maßlosigkeit »bis zur Frechheit gesteigert«, nur von ihr fühlt sie sich ernsthaft bedroht. Kenntnisse über das Privatleben der »Feindin« werden geschickt denunzierend genutzt — »die geschiedene Aston« —, um die andere als minderwertig, als nicht-ernst-zunehmend, hinzustellen.

Indem Louise Otto in den gängigen Tenor der Angriffe gegen die Aston einstimmt, sichert sie sich den Beifall, ihre eigenen Erfolgschancen bei Männern und Frauen steigen.

Schwarz-Rot-Gold

Im März 1848, im Revolutionsjahr, wird Louise neunundzwanzig.
Taschentücher mit schwarz-rot-goldner Stickerei. Briefbogen mit schwarz-rot-goldenen Rändern und Fähnlein. Die Marseillaise, Barrikaden in Berlin, Aufhebung der Zensur. Vereins- und Versammlungsrecht. Geburtstagswünsche. Geburtstagsgeschenke. Die »Leipziger Arbeiter-Zeitung« druckt am 20. Mai Louises »Adresse eines Mädchens — an den hochverehrten Herrn Minister Oberländer, an die durch ihn berufene Arbeitercommission und an alle Arbeiter«. Der Artikel, von anderen Zeitungen nachgedruckt, erregt Aufsehen. Entschieden nimmt Louise Stellung zur Lage der Arbeiterinnen, fordert sie: die Organisation der Arbeit auch für das weibliche Geschlecht, bessere Bezahlung, keinerlei Benachteiligungen der Arbeiterinnen. Sie verweist auf das Los alleinstehender Frauen, spricht über Prostitution: »Ich erröthe, daß ich dies Wort vor Ihnen nennen muß — aber mehr noch erröthe ich über die socialen Zustände eines Staates, der Tausenden seiner armen Töchter kein anderes Brot zu geben vermag, als das vergiftete eines scheußlichen Gewerbes, das sich auf das Laster der Männer gründet!« Der Ton der Petition ist freundlich —: »Sie Hochverehrter Herr Minister, werden sie (die Frauen) nicht vergessen, denn sie haben ein Herz für alle Leiden des Volkes!« Wer um etwas bittet (für andere, anstatt es sich zu nehmen), muß gefallen, sonst bekommt er es freilich nicht. — »Meine Herren — denken Sie auch an das schwächere Geschlecht, das, weil es sich nicht selbst zu helfen vermag, ein heiliges Recht hat, diese Hilfe von Ihnen, dem stärkeren Geschlecht, zu fordern!«

Der Minister suchte Louise sogleich auf. Auch Arbeiter kommen, bitten die junge Frau (die Vertreterin des »schwachen« Geschlechts), sich ihrer Probleme anzunehmen, für sie zu sprechen. Louise tut es, zumindest mit teilweisem Erfolg. Sie wird populär, gewinnt das Vertrauen vieler Arbeiter, auch außerhalb Meißens. Die politischen Ereignisse in Sachsen lassen hoffen. —

Blum wird als Abgeordneter der Frankfurter Nationalversammlung nach Wien geschickt. Louise beginnt, Pläne zu machen. Sie möchte eine eigene Zeitung herausgeben, um noch wirkungsvoller in der Öffentlichkeit Einfluß zu nehmen. Das kleine Erbvermögen und die Zusage eines jungen Buchdruckereibesitzers lassen den Plan Gestalt annehmen. Bevor die erste Nummer der »Frauen-Zeitung« unter dem Motto »Dem Reich der Freiheit werb' ich Bürgerinnen« 1849 erscheint, trifft Louise — wie ein Blitz aus heiterem Himmel — die Nachricht von der standrechtlichen Erschießung des Abgeordneten Blum. Aus den Händen der Ehefrau erhält sie ein Geschenk zur Erinnerung: die Brieftasche des Toten.

Die Erde ist Louise wieder »öde, kalte Scholle«.

Sie schreibt ein mittelmäßiges Gedicht auf Blums Tod. »Und Allen, die wie ich ihn ganz erkannten/Verstummt der Schmerz im dumpfen Jammerlaute.«

Louise ist weder die erste noch die einzige Frau, die eine Frauenzeitung gründet. Mathilde Franziska Anneke, Louise Aston und Luise Dittmar haben gleiches getan. Doch Louise Otto gelingt es als einziger, das Erscheinen ihrer Zeitung über einen längeren Zeitraum zu sichern. Nach dem Verbot weiblicher Redaktionen durch das Sächsische Pressegesetz 1850 verlegt sie die Zeitung von Großenhain nach dem nicht-sächsischen Gera und kann so das Gesetz umgehen. 1852 muß sie unter dem Druck der preußischen Reaktion das Einstellen der Zeitung bekanntgeben. Ein Jahr zuvor werden die Arbeiter- und Frauenvereine verboten. Louise weiß, dies ist »das Ende der Bewegung«, und »wir müssen uns mit der Zukunft trösten«. Nach den Schrecken der Revolution, die Schrecken der Reaktion, die Verfolgung der Revolutionäre.

Die Besten sind ins Ausland geflohn, sind tot oder lebendig begraben in Zuchthäusern, Kerkern, auch Frauen. Mutige Frauen. Sächsische und preußische Barrikadenkämpferinnen — zu schweren Arbeitshausstrafen verurteilt. Im »Anzeiger für die politische Polizei Deutschlands — ein Handbuch für jeden deutschen Polizeibeamten« wird auch der Name Louise Otto erwähnt. Sie gilt als »politisch gefährliche Schriftstellerin«. (Nummern der »Frauen-Zeitung« waren beschlagnahmt worden, ihre Sympathie für die fortschrittlichsten Männer Sachsens hatte sie verdächtig gemacht, sie war Haussuchungen, Verhören ausgesetzt, weil sie Briefe eines Gefangenen über die Zustände im Zuchthaus veröffentlicht hatte.) Sie soll, wie viele andere, mundtot gemacht, ihr Name vergessen werden.

»Im Kreis meiner ›Bekannten‹ kann ich die wenigen schnell zählen, die noch mit mir umgehen — sie weichen mir aus, sie schimpfen mich, sie grüßen mich nicht mehr, und wo sie es indirekt mich können hören lassen, schimpfen sie auf unsere Partei und die ›Banden‹ in D. — das sind die ›feinen, gebildeten Leute‹, der ›Pöbel‹ hält wohl noch zu mir, aber die guten Menschen wagen doch nicht, sich ohne Not mir zu nähern, es könnte ihnen dafür schlecht gehen.« Louise Otto

Eine gescheiterte Revolution.

Acht Jahre Schweigen. Ernüchterung. Flucht in die Vergangenheit — ? Da ihr öffentliches Wirken versagt bleibt, widmet sie sich historischen Studien, beschäftigt sich intensiv mit dem Mittelalter. In der Königlichen Bibliothek Dresden und in der Leipziger Stadtbibliothek sitzt sie über Hexenchroniken, schreibt auf der Grundlage dieses Materials Hexengeschichten. Kunstkritiken, allgemeine Schriften über die Kunst entstehen. Historische Romane.

102

Louise hat die Dreißig überschritten, geht auf die Vierzig zu; aus dem »späten Mädchen« wird — in den Augen der Öffentlichkeit — eine »alte Jungfer«. »Gelegentliches Naserümpfen« hat auch die ewige Braut erfahren.

Ein dreiviertel Jahr nach dem Tod Robert Blums hatte der zweiunddreißigjährige August Peters aus dem Gefängnis der Dreißigjährigen seine Liebe gestanden.

Peters, ein Arbeitersohn, der drei Jahre beim Militär gedient hat, weil ihm die Mittel zum Studieren fehlten, aktiver Kämpfer in der badischen Revolutionsarmee und bei der Kapitulation der letzten Festung Rastatt gefangen genommen, droht — wie vielen anderen — das Standgericht. Er rechnet damit zu sterben. Auch Louise, die sich ihm zuwendet, sieht ihn als »Todgeweihten«. Sie kennt Peters ein Jahr, ihre Bekanntschaft ist inmitten der politischen Unruhen eher flüchtig. Möglich, daß Peters in diesem Sommer 1849 eine Stellvertreterrolle übernimmt, daß Louise sich in die Beziehung zu dem anderen, dem Freund Blums, flüchtet. Möglich auch, daß daraus eine Liebe wird.

Peters, an Typhus erkrankt, wird zu lebenslänglicher Haft verurteilt. Sieben Jahre verbringt er in badischen und sächsischen Gefängnissen und Zuchthäusern. Sieben Jahre hält Louise ihm die Treue, besucht ihn, so oft man es ihr gestattet, drei oder vier Mal im Jahr. Seit 1852 sind sie verlobt. 1856 wird Peters begnadigt, aus dem Zuchthaus Waldheim entlassen.

Zwei Jahre ist Peters auf freiem Fuß, ehe er Louise den Antrag macht. Sie nimmt »seligst« an, hat darauf gewartet. Zu heiraten, schreibt Louise einer Bekannten, habe sie sich entschlossen, weil »es mir schien, als ob eine andere, ein junges, schönes Mädchen, mir ihn rauben wolle.«

Der Trauschein als Lohn für siebenjährige Treue? —

August Peters hat wohl kaum eine Wahl gehabt. Die treue, gealterte, füllig gewordene Braut sitzenzulassen hätte einer Rücksichtslosigkeit bedurft, zu der er nicht fähig war, die seinem Ansehen unter Freunden erheblich geschadet hätte. Ist es Liebe? Ist es Gewöhnung?

Von Anfang an ist das Verbindende dieser Beziehung die gemeinsame patriotische Gesinnung, das gemeinsame Wirken für eine Sache. Mit dem kleinen Unterschied — Peters hat diese Revolution mit der Waffe verteidigt, sein Leben eingesetzt; Louise ist keineswegs »unbedacht revolutionär«. Die Ehe scheint glücklich zu sein.

1860 zieht das Paar nach Leipzig. Louise ist 41 Jahre, so alt wie Blum, als er starb. »Wie ein wohlgefüllter Pompadour« hängt sie am Arm des langen, hageren, bleichen Gatten. Peters übernimmt in Leipzig die Leitung des »Generalanzeigers«, gründet eine »Mitteldeutsche Zeitung«. Louise, eine erfahrene Journalistin und Herausgeberin, wird Mitarbeiterin, schreibt, redigiert den Feuilletonteil des Blattes. Die Spanne gemeinsamen Lebens, gemeinsamer Arbeit ist knapp bemessen.

Vier Jahre nach dem Umzug, nach sechs Jahren Ehe, ist Louise Witwe. Sie überlebt ihren Mann um drei Jahrzehnte. (»Erst müssen wir auf Gräbern wandeln lernen/Und unser Herz muß werden selbst ein Grab;/Die leuchtendsten von unsres Glückes Sternen/Sie müssen vor uns sinken bleich hinab,/Erst wenn wir einsam unter Trümmern stehen,/Entlaubte Bäume unter Eis und Schnee,/Dann dürfen langsam wir zum Tode gehen,/Doch ohne Jubel, ohne Abschiedsweh.«)

»Leipziger Frauenschlacht«

Louise nimmt die Schwester Antonie, ebenfalls Witwe, bei sich auf; in der Schützenstraße 4 führen sie gemeinsamen Haushalt, kümmern sich auch um die drei jugendlichen Söhne ihrer 1860 verstorbenen Schwester Franziska. Ende der sechziger Jahre beziehen Louise und Antonie eine Wohnung in der Seitenstraße 1 (spätere Kreuzstraße 29) in Reudnitz. Die Sommer verbringen sie im Meißner Landhaus.

Der »Unschuldsbund« tagt in Louises beengter Häuslichkeit an Donnerstagabenden. Die ersten Künstlerinnen des Theaters, bedeutende Musikerinnen und Schriftstellerinnen, die Jüdin Henriette Goldschmidt, die 60jährige Ottilia von Steyber — Vorsteherin eines Mädchen-Institutes —, die 32jährige preußische Offizierstochter und Lehrerin Auguste Schmidt verkehren hier. Louise führt nicht nur eine umfangreiche Korrespondenz, sie hält auch ein offenes Haus, in dem Besucher, vor allem Besucherinnen, gern gesehen sind.

1864 tritt an diesen Kreis der Herausgeber einer »Allgemeinen Frauen-Zeitung« heran. Hauptmann a. D. P. A. Korn. Er sucht geistigen und finanziellen Rückhalt bei den gebildeten Damen, freilich auch Abonnentinnen. »Ein wunderlicher Heiliger« — so beschreibt ihn Louise.

Korn will mit Hilfe der Frauen einen Frauenverein gründen, Louise ist skeptisch — »Alles für die Frauen, aber nur durch die Frauen selbst!« — sie nimmt das Zepter lieber selbst in die Hand. — »Soll ich aber Moses sein, müssen sie mein Aron werden«, wendet sie sich selbstsicher an die jüngere Freundin Auguste Schmidt.

Am 7. März 1865, nach einem Vortrag Auguste Schmidts in der Buchhändlerbörse, gründen die Frauen unter Leitung von Louise Otto — nach Vorbildern in anderen Städten — einen Leipziger Frauenbildungsverein.

Im Oktober des Jahres tagt die in der Presse als »Leipziger Frauenschlacht« bezeichnete erste deutsche Frauenkonferenz.

Ein halbes Jahrhundert später erinnert die greise Henriette Goldschmidt an diesen Anfang:

»Louise Otto gehört zu den Menschen, die bestimmt sind, einer Idee zu dienen, für sie zu kämpfen, zu leiden, zu unterliegen oder zu siegen. Als sie den Entschluß faßte, eine öffentliche Konferenz deutscher Frauen nach Leipzig zu berufen und ihn ausführte, war es eine schöpferische Tat, sie hat damit ihr Geschlecht *mündig* erklärt, sie hat es zur Selbsthilfe gerufen. Obgleich ihr Ruf nur bei wenig Frauen ein Echo fand — seine Folgen traten in Erscheinung. Welch ein Wagemut im vorigen Jahrhundert dazu gehörte, Frauen zu einer *öffentlichen* Kundgebung ihrer Ansichten veranlassen zu wollen, das entzieht sich dem Verständnis des heutigen Geschlechts. Doch folgte dieser 1865 aus einer Anzahl von etwa 15 Personen innerhalb und außerhalb Leipzigs bestehenden Konferenz, die Gründung des Allgemeinen Deutschen Frauenvereins, die trotz der kleinen Zahl der Beratenden die verschiedensten Vorschläge zutage brachten — teils sozialer, teils pädagogischer Natur —, sie konnten alle nicht angenommen werden, schon aus Mangel an Geld.« —

Louise gelingt es, gegen den Widerspruch der Frauen, durchzusetzen, daß kein Mann stimm-, d. h. entscheidungsberechtigtes Mitglied werden kann (sie sollen nur in beratender Funktion gehört werden!). Ein aufregender Vorschlag in einer Zeit, da offiziell nur Männer das Stimmrecht besaßen.

Louise forderte außerdem, daß bei allen Versammlungen die Vorträge ausschließlich von Frauen gehalten werden. — »Dieser zweite Vorschlag« erinnert Henriette Goldschmidt »erschien uns damals ganz absonderlich. Abgesehen von dem vielleicht zu feindlich erscheinenden Paragraphen gegen die Männerwelt, war es der bestehende Mangel von Frauen, die öffentlich zu sprechen sich getrauen würden. Er war so selbstverständlich, daß selbst Auguste Schmidt, die einzige Frau, die schon in Leipzig Vorträge gehalten und mit Louise Otto befreundet war, stutzte.«

Ein dritter Vorschlag bezog sich auf »Frauentage«, welche jährlich in wechselnden Städten veranstaltet werden und die Gründung lokaler Zweigvereine anregen sollten. Louise geht es um eine möglichst weitgreifende Kommunikation der Frauen untereinander.

Daß zunächst nur eine geringe Anzahl von Frauen dem Verein beitritt, entmutigt sie nicht — »Ein Verein, der eine kleine Zahl thätiger Mitglieder besitzt, hat viel mehr Aussicht auf endlichen Erfolg als ein Verein, der hunderte von gleichgültigen Mitgliedern zählt.« — Am Jahresende zählt der »Allgemeine Deutsche Frauenverein«, die künftige Organisation der bürgerlichen Frauenbewegung, 60 Mitglieder.

Vereinsorgan wird die Zeitschrift mit dem programmatischen Titel »Neue Bahnen« (Louise hat unter gleichem Namen bereits einen Roman veröffentlicht). Diese Zeitschrift soll — so Louise — keinerlei »Lockungen« enthalten, etwa Modeberichte, Kochrezepte oder gar leichte Romane in Fortsetzung.

Mit Hauptmann Korn überwerfen sich die Frauen bald, ganz ernst nahmen sie ihn wohl nie. Dennoch war der Impuls, der von diesem Mann ausging, seine Begeisterung, der zündende Funke —, eine ungeheure Ermutigung, damit diese Frauen ihr Schneckenhaus verließen und öffentlich aktiv wurden.

Der »Mangel an Geld« bildet ein erhebliches Hindernis für die Pläne der Vereinsfrauen. Sie sind angewiesen auf das Wohlwollen einflußreicher, finanzkräftiger Kreise, auf private Spenden, auf Petitionen. Wiederholt sehen sich Louise Otto und Ottilia von Steyber (als zweite Vorsitzende) — Auguste Schmidt ist Schriftführerin des Vereins — gezwungen, zwecks Geldunterstützung und Bewilligung eines mietfreien Lokals Bittschriften an den Leipziger Stadtrat zu senden (Frau Stadtrat Winter gehört zum Vereinsvorstand). Eine zermürbende, meist erfolglose, jahrzehntewährende Kleinarbeit beginnt.

Eine Sonntagsschule, eine Fortbildungsschule für Mädchen, wird eingerichtet, Abendunterhaltungen für alleinstehende Frauen (auch Arbeiterinnen). Die Frauen bringen Handarbeiten, Strickzeug mit, — tun nebenbei stets etwas Nützliches.

Eine Zeitlang unterhält der Verein am Neumarkt 34/2 eine Speiseanstalt für Frauen (mit Kochlehranstalt), ein Unternehmen, das bald aus Geldgründen aufgegeben werden muß.

An Ideen mangelt es den Frauen nicht.

»Die Fortschritte der Industrie brachten es mit, daß in Haus und Familie viele weibliche Gehilfinnen nicht mehr zu beschäftigen waren und daß sie aus der Not des Erwerbens nach einem angemessenen Wirkungskreis strebten.«
Louise Otto

1866 erscheint bei Hoffmann & Campe in Hamburg Louises Schrift »Das Recht der Frauen auf Erwerb«. Das Publikum stürzt sich auf die Broschüre. Die Frauenfrage kommt allmählich in Mode. Auch die Kritik nimmt dieses Manifest des weiblichen Rechts auf Berufstätigkeit günstig auf. Ein Berliner Kritiker schreibt: »Alles sehr gut. Die Schwäche des Buches, wenn man wirklich von einer solchen reden will, liegt darin, daß nur die Selbsthilfe angerufen wird und nicht auf die gesamte politische und soziale Lage der Dinge eingegangen wird. Verfasserin hegt die Meinung, daß jeder, der will, auch Arbeit und Verdienst findet. Das ist nur leider heute nicht einmal mehr für das männliche Geschlecht der Fall ...«

Fortschrittlich sind Louises Ansichten, politisch gefährlich sind sie nicht.

Während Preußen Krieg mit Österreich führt und die »Vaterländischen Frauenvereine« (unter dem Zeichen des Roten Kreuzes) Krankenschwestern für die Lazarette ausbilden; während die Männer im Vorstand des Berliner Lette-Vereins die Frauenfrage nur als Erwerbsfrage ansehen —: »Was wir nicht wollen und niemals, auch nicht in noch so fernen Jahrhunderten wünschen und bezwecken, ist die politische Emanzipation und Gleichberechtigung der Frauen.« — betrachtet Louise »das Recht der Frauen auf Erwerb als das Fundament aller weiblichen Selbständigkeit und Mündigkeit überhaupt, aber es ist nur das Fundament, nur die Erfüllung einer ersten Lebensbedingung, ohne welche kein Lebenszweck erreicht werden kann, aber es ist kein höchster Lebenszweck selbst.«

(Das Höchste ist die Ehe. Der eigentliche Wirkungskreis der Frau — das Haus. So versteht es auch Louise.)

Sie möchte den »Beruf« der Frau, das »Berufsbild« — Gattin/Mutter/Hausfrau — erweitert wissen, um das weibliche Recht (nicht die Pflicht) zur Erwerbsarbeit.

Es geht den Frauen des Mittelstandes um eine ihrem Bildungs- und gesellschaftlichen Stand angemessene Beschäftigung. Moralische Begründungen werden gefunden, um das überkommene und gerade für diese Frauen Gesetz gewordene Frauenbild an den Rändern aufzuweichen, das »Ewig«-Weibliche sollte dabei bewahrt werden.

Während proletarische Frauen, um zu überleben, jede sich bietende Arbeit annehmen müssen, auch körperlich schwere, auch gesundheitsschädigende (Frauen arbeiten sogar unter Tage); für sie die Frage nicht steht, ob sie arbeiten dürfen, weil sie es müssen; weibliche Lohnarbeit ökonomisch längst zu einem Fakt geworden ist, — müssen die Frauen des Mittelstandes ihr Recht auf Arbeit erst erkämpfen, sich zur Arbeit emanzipieren.

Bereits ihre »Frauen-Zeitung« hielt Louise der Lehre Friedrich Fröbels, der Fröbel-Bewegung, offen. Viele Frauen im Allgemeinen Deutschen Frauenverein sind begeisterte Fröbel-Anhängerinnen. Fröbel sah die Frau als »geborene Erzieherin«, suchte den eng gefaßten »mütterlichen Beruf« zu dehnen, indem er die »Mütter« zu »Mütter(n) der Menschheit« stilisierte. Seine Lehre wurde praktisch wirksam mit der Gründung von Kindergärtnerinnen-Instituten und Kindergärten. In Dresden gab es bereits 1840 eine solche Einrichtung, 1851 waren es fünf am Ort. Geleitet wurden sie meist von Frauen. (1851 verbot die preußische Reaktion kurzzeitig die Fröbelschen Kindergärten. Es dauerte eine Weile, ehe man begriff, wie nützlich und staatserhaltend diese Einrichtungen waren. Mit der zunehmenden Erwerbstätigkeit der Frauen würde auch die Frage der öffentlichen Kinderversorgung zutage treten. Gleichzeitig eröffneten sich sogenannte »spezifisch weibliche« Tätigkeitsfelder.)

Frauen arbeiteten als Dienstmädchen, Schneiderinnen, in der Wäscherei und Fleckenreinigung; unterrichteten, waren tätig als Verkäuferinnen, in der Gesundheitspflege und im Krankendienst.

Die Industrie machte sich die im Haus erworbenen Fähigkeiten der Frauen zunutze, und die Frauen drängten in Stellungen, die ihren Fähigkeiten am meisten entsprachen. Die »Dienerin des Hauses« verrichtete mehr und mehr auch öffentliche Dienstleistungen.

Der Allgemeine Deutsche Frauenverein (ADF) setzte sich zur Aufgabe, alle Hemmnisse, welche der Arbeit der Frau entgegenstehen, zu beseitigen. Haupthindernis, so sahen es die Frauen, war der Mangel an Bildung und Ausbildung.

Sich selbst zu helfen durch Schaffung besserer Bildungs- und Ausbildungsmöglichkeiten für Mädchen und Frauen, ist ihr Ziel. Aber die finanziellen Nöte des Vereins sind groß, mit einer Besserung dieser Situation ist nicht zu rechnen, auch wenn die Mitgliederzahl des Vereins stetig steigt.

»Indem ich Rechenschaft ablegen soll von der Wirksamkeit des Vereins und dem, was er bisher geleistet hat, würde ich allerdings in Verlegenheit sein, wenn es sich um sichtbare Resultate handelte.« — resümiert Louise vier Jahre nach Vereinsgründung.

Für die politischen Rechte der Frauen (das Stimmrecht) zu kämpfen, schließt sie nicht aus, hält es jedoch für verfrüht. Ihre gemäßigten Ansichten und Forderungen, ihre stets deutliche Abgrenzung von radikaleren Denkerinnen (wie der Berlinerin Hedwig Dohm) sichern ihr viele Anhängerinnen. Louise will, was sie immer gewollt hat — Erfolg. Sichtbare Fortschritte.

Der junge August Bebel, als Abonennt der »Mitteldeutsche(n) Zeitung« mit dem Ehepaar Otto-Peters bekannt geworden, ermöglicht in seiner Funktion als Vorsitzender des Leipziger Arbeiterbildungsvereins, indem er dessen Lokal zur Verfügung stellt, daß die Frauen ihre Versammlungen abhalten können. Bei der Eröffnung der ersten deutschen Frauenkonferenz 1865 ist der Fünfundzwanzigjährige anwesend.

Louises Ruf als »Achtundvierzigerin«, ihr beharrliches Eintreten für die Rechte der Frauen, ihre Sympathie für die Sache der Arbeiter, fordern dem jungen Mann Achtung ab.

Schon fünf Jahre nach Gründung des ADF aber zeigt sich, wie unterschiedlich die Entwicklung beider Persönlichkeiten verläuft. Bebel hält später die Bekanntschaft und enge Verbindung mit dieser Frau kaum für erwähnenswert. Die Entfremdung, die zwischen beiden eintrat, ist zunächst einer — aus der Sicht von Frauen — problematischen Entwicklung der sich organisierenden Arbeiterbewegung anzurechnen. Auf dem Gründungskongreß der Sozialdemokratischen Arbeiterpartei 1869 in Eisenach sind Frauen nicht vertreten. Die anwesenden Männer einigen sich, entgegen der Marxschen Forderung von 1866 (»Nicht Verbot der Frauenarbeit, sondern Schutz der Arbeiterinnen!«), auf einen Paragraphen zur Einschränkung der Frauenarbeit. Damit fällt die »Frauenfrage« unter den Tisch.

1870, man meint »folgerichtig«, werden die deutschen Frauen per Regierungsgesetz unter Gebärzwang gestellt. Der § 218 sieht Zuchthausstrafen bis zu 5 Jahren für Abtreibung vor. Die Stimmung in Deutschland ist alles andere als frauenfreundlich. Bismarck zettelt Krieg mit Frankreich an. — Während sich Bebel als sozialdemokratischer Abgeordneter im Reichstag bei der Abstimmung über die Kriegsanleihen der Stimme enthält, begrüßt die vaterlandsliebende Louise diesen Krieg mit Versen:

Den deutschen Frauen
Begeistrungsflammen nicht allein zu hüten,
Nein, zu entzünden, sei uns Ziel und Ruhm,
Auch wo des Krieges blut'ge Waffen wüten
Harrt unsrer noch ein Hohespriestertum.
(...)
Zur Kriegserklärung 1870
Und nun, da Deutschland sich erhoben,
Ein einig Volk zum Kampf ersteht,
Die deutschen Klingen zu erproben
Dem Feinde stolz entgegengeht ...
...

Den Hochverratsprozeß gegen die Abgeordneten Bebel und Wilhelm Liebknecht hat die dreiundfünfzigjährige Louise im März 1872 sozusagen vor der Haustür verfolgen können.

»Während Frankreichs Frauen der Mühen viel darauf verwenden, um das Lieblingskapitel der Mode auch zu Zeiten der Weltenwende weiterschreiben zu können, und die stolze Miß ihr Geschlecht in den Dienst des Tamtams und reklamesüchtiger Gefallsucht stellt, hat die deutsche Frau entschlossenen Sinnes sofort die ›Neuen Bahnen‹ beschritten, die das Vaterland ihr wies.« — »im Dienste der Kriegsfürsorge und der Allgemeinheit« — Die Kriegstagung des Allgemeinen Deutschen Frauenvereins mit ihren Bekenntnissen im September 1915 im Leipziger Städtischen Kaufhaus ist auch Louises Vermächtnis. Die greise Henriette Goldschmidt ist auf der Tagung anwesend, Louise Otto seit zwei Jahrzehnten tot.

»... die in den siebziger Jahren einsetzende Erörterung über die theoretischen Grundlagen der Bewegung, hervorgerufen durch die bekannte Schrift von John Stuart Mill, war ihr (der Bewegung) nicht günstig; seine Rückführung aller Forderungen auf das ›Menschenrecht‹, das die Frau mit dem

Manne gemeinsam habe, diente dazu, die Auffassung zu verstärken, als wolle die Frauenbewegung alle kulturellen Unterschiede der Geschlechter verwischen.« — Hätte Louise diesen Gedanken, formuliert von Helene Lange, unterschrieben?

Während Rudolf von Virchow, Professor der Medizin, die Minderwertigkeit der Frau, alle Eigenschaften ihres Körpers und Geistes, ihre »Sanftmut«, »Hingebung«, »Treue« — »kurz alles, was wir an dem wahren Weibe Weibliches bewundern und verehren«, mit dem Vorhandensein des Eierstockes zu erklären sucht; andere Mediziner das kleinere (weibliche) Gehirn dafür verantwortlich sehen wollen; während Nietzsche für das Weib nur »die Peitsche und die Schwangerschaft« übrig hat; Bismarck »Söhne des Vaterlandes«, nämlich Soldaten brauchte; und deutsche Biedermänner sich über die Emanzipationsschrift des Engländers Mill lustig machen, das Privatleben des Mannes durch den Kakao ziehen ..., verhält sich Louise ruhig (wie Tiere sich »tot« stellen, um Angriffe von sich abzulenken).

Daß Louise August Bebels Schrift »Die Frau und der Sozialismus«, die illegal in Leipzig verbreitet wurde, kannte, ist anzunehmen, auch wenn es keinen sicheren Hinweis darauf gibt. Vieles darin wird ihr unverständlich geblieben sein, fremd, wie die damals verbreitete Losung »Der Proletarier kennt kein Vaterland«.
Ich bin bereit! willst Du hinweg mich rufen/Von dieser Erde, nimm, mein Gott, mich hin./Der Tod ist meiner Seele nur Gewinn:/Er führt empor zu neuen Lebensstufen.« — Das Gedicht entsteht 1871, zur Zeit einer Pockenepidemie. Die Generalversammlung des ADF wird um Monate vertagt.
Zwei Jahre darauf bittet Louise erstmals um Entlassung aus dem Vorstand, vergebens. Louise fühlt, daß ihre körperlichen und geistigen Kräfte nachlassen; sie ist 54 Jahre, in dem Alter starb ihre Mutter. Es gibt Erfolge in der Vereinstätigkeit, Zugeständnisse —
1871 werden Frauen als Hörerinnen an der Universität Leipzig zugelassen. Es gibt Niederlagen — die Konzeption sowohl des Frauenbildungsvereins als auch des ADF geht an den Problemen der Arbeiterinnen vorbei.
Louise hatte gehofft, ihnen durch bürgerliche Bildung und Erziehung zu helfen; Elend zu mindern durch bürgerliche Reformen; — »damit eben diese Zeit nicht komme, ... wo der Proletarier gegen den Bourgeois auftritt«.
1894, ein Jahr vor ihrem Tod, tritt der ADF unter Leitung Auguste Schmidts zum »Bund deutscher Frauenvereine« über; schwach wehrt sich Louise gegen diese Entscheidung, die ehemalige Vorsitzende hat unter den Frauen keine Stimme mehr. Ihre lebenslang gezeigte Sympathie für die Arbei-

terinnen, ihre Mahnung — »sie als unsresgleichen zu betrachten«, die auf Solidarisierung zielte, sind praktisch ohne Wirkung geblieben. Der Bund deutscher Frauenvereine schließt proletarische Frauenvereine aus. Für Louise zählen die Erfolge. 1894 werden Gymnasialkurse für Mädchen eingeweiht, sie sollen als Vorbereitung zum Studium gelten, die Examensfrage bleibt vorerst ungeklärt.

Leiterin dieser Kurse wird Käthe Windscheid, die erste weibliche deutsche Dr. phil., — sie konnte dank der Freundschaft ihres Vaters mit dem Großherzog von Baden ihr Doktorexamen in einer Ausnahmeregelung in Heidelberg ablegen.

Louise Otto stirbt am 13. März 1895, im Alter von 76 Jahren, in ihrer Reudnitzer Wohnung in der Kreuzstraße 29, im II. Armenbezirk.

Sie hinterläßt eine Vision. 1965 — meint sie —: »Dann gibt's nicht Frauenfrage, noch Vereine, die für das Frauenrecht — wie Ihr — erglühn. Dann wär's ein töricht kindisches Bemühn für etwas kämpfen, das niemand versagt. Das spätere Geschlecht wird kaum verstehn, daß Ihr einst kämpftet, daß Ihr viel gewagt, denn keine Schranken wird es um sich sehn.« —

Das Todesjahr hat sie mit Friedrich Engels gemeinsam. Seine Schrift »Der Ursprung der Familie, des Privateigentums und des Staats« (1884) hat sie nicht gekannt. —

»Die moderne Einzelfamilie ist gegründet auf die offne oder verhüllte Haussklaverei der Frau, und die moderne Gesellschaft ist eine Masse, die aus lauter Einzelfamilien als ihren Molekülen sich zusammensetzt. (…) So wird auch der eigentümliche Charakter der Herrschaft des Mannes über die Frau in der modernen Familie und die Notwendigkeit wie die Art der Herstellung einer wirklichen gesellschaftlichen Gleichstellung beider erst dann in grelles Tageslicht treten, sobald beide juristisch vollkommen gleichberechtigt sind. Es wird sich dann zeigen, daß die Befreiung der Frau zur ersten Vorbedingung hat die Wiedereinführung des ganzen weiblichen Geschlechts in die öffentliche Industrie und daß dies wieder erfordert die Beseitigung der Eigenschaft der Einzelfamilie als wirtschaftlicher Einheit der Gesellschaft.« —

Das Haus, in dem Louise Otto lebte, wurde 1982 abgerissen. An gleicher Stelle steht heute ein Kaufhallen-Flachbau.

Wenig ist es, was wir wirklich wissen.

Jede Lebensgeschichte hat ihre dunklen und hellen Flecken, vieles bleibt im verborgenen, manches zu entdecken. —

Ein unauffälliges, kleines Buch weist die Siebzigjährige aus als Mitbegründerin des ersten (Leipziger) Schriftstellerinnen-Vereins.

Hans Joachim Köhler

Sie hat Beruf zur Kunst, weil sie Empfindung hat

Clara Schumann geb. Wieck (13.9.1819 bis 20.5.1896)
Pianistin, auch Komponistin, Ehefrau Robert Schumanns, Herausgeberin der
ersten und bisher einzigen Schumann-Gesamtausgabe; 1837 zur K. u. K.
österreichischen Kammervirtuosin ernannt. Mutter von 8 Kindern

Clara Schumanns legendärer Ruhm erhält sich unangefochten. Die eigentliche
Lebensleistung dieser ungewöhnlichen Frau bleibt jedoch im Grunde uner-
kannt: das Vermögen, ihr Künstlertum trotz der ins Unermeßliche wachsenden menschlichen Belastung, die das Leben ihr zumutete, durch Willenskraft
noch zu steigern. Eine Erhellung ihres Persönlichkeitsbildes in den charakte-
ristischen Zügen tut deshalb not. Aber wir wollen auch dem Interesse an Lo-
kalem und Privatem Nahrung geben. Clara Schumanns Erscheinung wird dadurch an Lebensfrische gewinnen.

Wem ist es bewußt, daß sie als Gattin Robert Schumanns nicht nur das un-
vergleichliche Glück einer hart errungenen menschlichen und künstlerischen
Identifikation genoß, sondern auch in schwere Konflikte hinsichtlich ihrer eigenen Karriere als Pianistin geriet? Daß sich diese Laufbahn nach Schumanns
Tod (nur 16 Jahre waren dieser Ehe vergönnt) über 35 Jahre fortsetzte, keineswegs allein aus künstlerischem Ehrgeiz, sondern auch der bitteren Notwendigkeit wegen, die sieben verbliebenen Kinder zu unterhalten? Daß sie
das Werk ihres Mannes nicht nur als berufene Künstlerin verbreitete und für
dessen Interpretation Maßstäbe setzte, sondern auch als die Herausgeberin
der ersten — bisher noch einzigen — Schumann-Gesamtausgabe? Daß sie
selbst, auch unabhängig von Schumanns Einfluß, beachtliche kompositorische
Leistungen vollbracht hat? Daß sie als die einzige Angehörige ihrer Pianisten-
generation (Mendelssohn Bartholdy, Chopin, Liszt) über die Schwelle des halben Jahrhunderts hinaus wirkte und mit ihrem letzten Konzert in Frankfurt
am Main 1891 fast die Zeugenschaft unseres Jahrhunderts noch erfuhr?

Der Leser möge diese Momente im Auge behalten, wenn wir ihrem Lebensweg folgen werden und ihr uns zu nähern versuchen. So wird sich der
tiefinnere Bezug zwischen den biographischen Details, zwischen dem früh angestrebten und dem unter unerwartet großen Mühen realisierten Lebensziel,

112

dem zeitlich bemessenen und doch unendlich empfundenen Glück, der momentanen Verzweiflung und dem unter Verantwortungsdruck beherrscht geführten Leben, erschließen.

Friedrich Wieck, Claras Vater, hatte sich als Klavierpädagoge, Instrumentenhändler und Besitzer einer musikalischen Leihbibliothek um 1815 in Leipzig, der Stadt des bürgerlichen Handels, der Literatur und der Musik, niedergelassen. Nicht zuletzt durch die seit 1781 im alten Gewandhaussaale stattfindenden Großen Konzerte, ein Ziel reisender Virtuosen, wird Leipzig vor allem ab 1835 – Felix Mendelssohn wird Gewandhaus-Kapellmeister – Stätte musikalischer Traditionspflege und zugleich Stätte der Beförderung neuer Kunstwerke. Im Hause Hohe Lilie auf dem Neumarkt (1695 gebaut; im zweiten Weltkrieg zerstört, Stelle des heutigen Journalistenklubs) lebte und unterrichtete Wieck in den Jahren 1818 bis 1821. Am 13.9.1819 wurde hier Clara Josephine Wieck geboren. Ihre Mutter, Marianne Wieck, geborene Tromlitz, eine der Schülerinnen Wiecks, stammte aus Plauen. Sie war eine begabte Pianistin (erteilte auch Clara den ersten Klavierunterricht) und trat als Sängerin hervor; so sang sie 1816, im ersten Ehejahr, beispielsweise im Gewandhaus die Sopran-Solopartie in Mozarts Requiem. Bereits 1824 aber zerbrach die Ehe. Marianne ging mit ihrem jüngsten Sohn und mit Clara, dem ältesten Kind, das ihr nach dem Rechtsverständnis der Zeit nur bis zum 5. Lebensjahre zustand, in ihre Vaterstadt zurück. Die beiden Brüder, Alwin und Gustav, verblieben beim Vater. Und nur wenig später, vier Tage nach ihrem 5. Geburtstag, wurde Clara in die Obhut des Vaters gegeben. Nach der Scheidung (1825) heiratete Marianne wieder und zog nach Berlin. Clara verlor damit frühzeitig ihre leibliche Mutter, die sie aber im Rechtsstreit um die Eheschließung mit Robert Schumann wiedergewann, denn sie stellte sich mit ganzer Seele auf die Seite des jungen Paares. Das Kind war bis ins neunte Lebensjahr der alleinigen Fürsorge des Vaters anvertraut, der sich erst 1828 mit Clementine Fechner verheiratete. Zu ihr vermochte Clara niemals eine innere Beziehung zu empfinden.

Auf dem Nährboden der für Clara nicht deutbaren emotionalen Spannungen, die aus den scharfen Wesensdivergenzen zwischen ihren Eltern entsprangen, wuchs die bereits beim Kinde Clara anzutreffende Schwermut. Hier liegen die Ursachen für die sich immer mehr ausprägende Neigung, das eigene Innere zu belauschen, und für die totale Hingabe an die Musik als »Lebenspartnerin«, wohl auch für die Sehnsucht nach Sinnerfüllung des Lebens durch Bindung an einen idealen Ehegefährten, den sie in Robert Schumann erlebte.

Clara lernte erst spät sprechen, so daß die Vermutung aufkam, sie höre schwer. Hatte ihr Vater erfaßt, daß die Gründe in der kommunikativen Situa-

tion der Familie verborgen gewesen sein können? Wiecks Bemerkungen in
Claras Tagebuch — stellvertretend für Clara — verraten eine andere Sicht auf
die Dinge: Er und seine Frau hätten sich durch stundenlange Unterrichtstätig-
keit nicht in der Lage gesehen, sich den Kindern unmittelbar zu widmen, und
die Magd sei nicht eben »sprach selig« gewesen. Deshalb heißt es: »Da ich so
wenig sprechen hörte und selbst dazu so wenig Lust bezeigte, auch mehr in
mich verschlossen war, unbekümmert was um mich so zutrug: so klagten
meine Aeltern oft, besonders als ich anfing zu sprechen, daß ich schwer höre,
und dieß hatte sich noch nicht ganz im 8ten Jahre verloren.«

Friedrich Wieck, der Wohnung und Warenlager inzwischen in die Reichsstraße verlegt hatte (Ecke Grimmaische Straße, Selligers Hof; heute steht dort
der Handelshof), nahm sein ehrgeiziges Lebensziel, Clara zu einer bedeutenden Virtuosin heranzubilden, mit unaufhaltsamer Konsequenz in Angriff.
Wiecks Härte und egozentrische Maßstablosigkeit sind bekannt, aber seine
Unterrichtsmethode war auf ihre Weise brillant und erfolgreich. Im Herbst
1824 begann er die Arbeit, und zwar, ohne dem Kinde — wie sonst üblich —
gleichzeitig das Notenlesen beizubringen. Kleine selbstkomponierte Stücke
ließ er Clara nachspielen, wodurch er sie zwang, ins Innere der Musik und ins
»Mark des singenden Tones« hineinzuhören. Bald verbrachte Clara drei Stunden täglich am Instrument; eine Stunde galt dem Unterricht, zwei Stunden
waren ihrer eigenen Übung vorbehalten. Längere Spaziergänge dienten sowohl der Entspannung als auch dem körperlichen Training; von kindlichem
Spiel konnte dagegen keine Rede sein: Wieck betrachtete dies als Zeitver-
schleiß. Den Vorwurf, daß er Clara »zu viel spielen« ließe, wies er kategorisch
und jeden Widerspruch ausschließend zurück: »... ich wünschte, daß alle Eltern ihren Kindern so viel Vergnügen machen können, als ich meiner Clara,
übrigens hat meine Clara nicht Zeit, mit kleinen Kindern zu spielen, und sie
soll den Genuß der freien Luft dem Puppenspiel vorziehen ...« Friedrich
Wieck bereitete seine Tochter durch ein eigenwilliges »Bildungsprogramm«
auf die Virtuosenlaufbahn vor. Nach nur kurzem Besuch einer öffentlichen
Schule übernahm er die Unterweisung selbst, wobei ihm seine Erfahrungen
als Hauslehrer sehr zustatten kamen. Er ließ Clara seine Eintragungen in
ihrem Tagebuch lesen und trug ihr auf, die Korrespondenz — vor allem bald
diejenige, mit der er Konzertreisen vorbereitete — abzuschreiben. Selbstsicher notiert Wieck in Claras Tagebuch: »Wir wollen sehen, ob sie dadurch
nicht ebenso gut schreiben lernt als in der Bürgerschule.« Die musikalische
Allgemeinbildung wurde durch Theorieunterricht beim Thomaskantor Wein-
lig (der auch Richard Wagner betreute) und dem Theaterkapellmeister Heinrich Dorn (zu dem Wieck später auch Robert Schumann vermittelte) geför-

dert. Unterricht im Gesang erhielt Clara bei Aloys Mieksch und in der Instrumentation bei Carl Reißiger (beide in Dresden), Kontrapunktunterricht bei Siegfried Dehn in Berlin. Sogar Unterweisungen auf der Violine ergänzten die vielseitige musikalische Ausbildung.

Das Tagebuch, in dem sich die Eintragungen von Vater und Tochter ständig aufeinander bezogen, wurde zu einem Träger der psychisch-moralischen Erziehung. Wieck machte seine hochbegabte Tochter von sich abhängig und unterwarf sie seinem Willen, so daß die späteren Kämpfe um die Eheschließung mit Robert Schumann für Clara zum härtesten Prüfstein für ihr Selbstbewußtsein und ihre Selbstbehauptung werden mußten. Der Leser der Briefe Robert Schumanns und Clara Wiecks aus jenen späteren Jahren stößt auf die häufigen, von Wieck eingeflüsterten Zweifel Claras, daß sie in einer Ehe mit Schumann wirtschaftlicher Not ausgesetzt sei und ihrer künstlerischen Berufung nicht werde nachgehen können. Schumann wird dadurch oft bis an den Rand seiner psychischen Kräfte geführt. Er hätte aus den Jugendtagebüchern Claras viel über die Ursachen ihrer Ambivalenz — des plötzlichen Umschlags der Gefühle — erfahren können, aber er hat diese Aufzeichnungen nur flüchtig kennengelernt: Wieck behielt sie zurück und übergab sie Clara erst Jahre nach Schumanns Tod — 1859.

Wenden wir uns wieder der 9jährigen Clara Wieck zu. Wieck brachte sie — also noch in kindlichem Alter — mit seinem musikalischen Zirkel in Berührung, in dem die Verleger Hofmeister und Probst, der Komponist Heinrich Marschner, der Arzt Ernst August Carus und der Redakteur der Allgemeinen Musikalischen Zeitung, Gottfried Fink — später der Gegenspieler Robert Schumanns als Redakteur der Neuen Zeitschrift für Musik — verkehrten. Es ist eine musikalische Welt im kleinen, aus der Wieck seine Tochter bald zum öffentlichen Debüt herausführte: zum ersten Auftritt im Gewandhaus am 20. Oktober 1828, welcher allerdings beinahe ausgefallen wäre, was folgende Zeilen Friedrich Wiecks — wiederum aus Claras Perspektive — humorig belegen: »Sonderbar ist es, daß ich um in das Gewandhaus mit der Demoiselle Grabau zu fahren, in einen anderen Wagen gesetzt wurde, welcher unseres Hausmanns Tochter Clara zu einem Balle nach Eutritzsch fahren sollte. Ich wurde also mit einer andern Clara vertauscht, welche meine Stelle im Gewandhaus wenigstens für diesen Abend nicht gut hätte ersetzen können.« Die Situation wurde jedoch gemeistert. Im Tagebuch steht zu lesen: »Es ging sehr gut und ich hatte nicht gefehlt.« Mit einem virtuosen Werk des Modekomponisten Kalkbrenner erntete sie sofort Beifall und die freundliche Reaktion der Allgemeinen Musikalischen Zeitung. Im März und April 1830 eroberte Wieck mit Clara den Dresdener Hof, und bald darauf bereitete er die junge Pianistin

auf die erste eigene »Musikalische Akademie« im Gewandhaus vor. Das Re-
sumé der Presse über dieses Konzert am 8.11.1830 überträgt Wieck eigenhändig ins Tagebuch: »Den 10ten Novbr. stand unter den politischen Nachrichten in der Leipz. Zeitung: am 8. Novembr. gab die 11jährige Pianistin,
Klara Wieck in Leipzig ein Concert. Die ausgezeichneten, sowohl in ihrem
Spiele, als in ihren Compositionen bemerkbaren Leistungen der jungen
Künstlerin rissen zu allgemeiner Bewunderung hin, und errangen ihr den
größten Beifall.« Soloabende im heutigen Sinne waren damals noch nicht üblich; außer Claras pianistischen Darbietungen (Henri Herz, Kalkbrenner und
ein Variationswerk, »componirt und gespielt von Clara« selbst) wurde u.a. ein
Quatuor concertante für 4 Pianoforte von Carl Czerny vorgetragen, bei dem
neben Clara der Musikdirektor Dorn und die Leipziger Pianisten Knorr und
Wendler mitwirkten.

Nicht zuletzt Paganinis Äußerung anläßlich seines Besuches im Oktober 1829
in Leipzig, Clara habe »Beruf« zur Kunst, weil sie Empfindung hätte, ließen
Wiecks Ambitionen emporschnellen: Zum nächsten Ziel wurde Paris erklärt,
die Stadt, die über eine musikalische Zukunft entschied, in der die Pianisten
Thalberg, Kalkbrenner, Pixis und Herz residierten, Chopin und Liszt Maßstäbe setzten. Clara lernte Französisch und studierte neueste Werke. Von September 1831 bis Mai 1832 dauerte diese erste Konzertreise, die über Weimar, Kassel, Frankfurt, Darmstadt und Mainz verlief. Wieck unterließ es
nicht, Goethes Interesse in Anspruch zu nehmen und über den Erfolg die
Leipziger musikalische Presse sofort zu informieren. Zweimal spielte Clara
vor dem Geheimrat (kurz zuvor hatte er den 12 Jahre alten Mendelssohn mit
Bach, Mozart und Beethoven gehört), der sie mit einem Medaillon, seinem
»Brustbild in Bronze«, beehrte, in dessen Kapsel eingetragen war: »Der
kunstreichen Clara Wieck — W. 9. Oct. 1831«. In Claras Tagebuch heißt es
über die erste Begegnung (Wieck ist der Verfasser): »Den 1. October Mittag
12 Uhr hatten wir Audienz bei dem 83jährigen Minister Excellenz von Goethe … Er empfing uns sehr freundlich; Clara mußte sich zu ihm auf das Sofa
setzen … Clara wurde nun aufgefordert zu spielen … und spielte La Violetta
von Herz … und dann noch Bravourvariationen von Herz op. 20. — Goethe
fällte über die Komposition und das Spiel der Clara ein sehr richtiges Urteil,
nannte die Komposition heiter und französisch pikant und rühmte Claras richtiges Eindringen in diesen Charakter.« — Wieck, von den ersten Wellen der
Publicity emporgetragen, sieht sich ermutigt, einen Essay über ein Chopin-
sches Werk, das Clara im Repertoire hatte, nach Paris vorauszuschicken. Chopin verhinderte allerdings eine Presseveröffentlichung in Paris. Zum anderen
ließ Wieck von Eduard Fechner, dem in Paris lebenden Bruder seiner zwei-

116

ten Frau, eine Lithographie der 13jährigen Clara anfertigen; das Bild sollte in seiner betonten Kindlichkeit die Erwartung einer Sensation wecken.

Nun, Clara wurde zwar mit bedeutenden Persönlichkeiten der Kunststadt Paris bekannt, und sie machte unentbehrliche Erfahrungen mit der Härte und der Zwiespältigkeit des verflachten Konzertbetriebes, aber sie vermochte die Stadt nicht zu erobern. Was Wieck dort leistete, ist enorm: Clara, die in nicht allzu ferner Zeit alle diese Dinge selbst in die Hand nehmen wird, erlebt mit, wie ihr Vater für sie eine umfangreiche Korrespondenz führt, Rezensenten zu gewinnen sucht, Flügel verschickt und verkauft, Claras augenblickliche Verfassung und den Effekt einschätzt, dabei den Diplomaten spielt, oder – wie sich Wieck ausdrückt – Claras Lohnbediensteten abgibt. Und sie selbst wartet auf den Soirees bis 1 oder 2 Uhr nachts ermüdet auf ihren Auftritt, macht am folgenden Tage Besuche, übt in der verbleibenden Zeit, lebt karg und sparsam, bietet bei wenig Schlaf punktgenaue Konzentration. Sie lebt gegen ihr kindliches Wesen, lernt Beherrschung und Verdrängung von Gefühlen – um sie beim Musizieren dann freizugeben. Die Worte, die ein Beobachter der Weimarer Auftritte Claras feinfühlig formuliert, wiederholen sich oft sinngemäß: »Perfekte Ausführung, untadeliges Gefühl für das Zeitmaß, Kraft, Klarheit, glückliche Überwindung von Schwierigkeiten aller Arten ... Ich würde gesagt haben, sie sei eine Maschine, da sie doch so bemerkenswert spielt, und ich wäre ein Stein geblieben; aber sie ist Musikerin, sie fühlt, was sie spielt und weiß, wie es auszudrücken ist; unter ihren Fingern nimmt der Klavierklang Farbe und Leben an ... Armes Kind! Sie hat einen Anflug von Unglücklichsein und Leid ...« Einiges davon rührt uns an, wenn wir in die zweifellos etwas gestellte Naivität des Bildchens der 13jährigen schauen.

Werfen wir nun einen Blick auf die lange Reihe der Konzertreisen Claras mit ihrem Vater bis in das Jahr ihrer Eheschließung 1840: 1832 und 1833 Solokonzerte in Leipzig; 1833 außer Leipzig auch Chemnitz, Karlsbad und Schneeberg; 1834 Hamburg, Hannover, Magdeburg; 1836 Breslau, 1837 Berlin, Hamburg, Bremen. Im gleichen Jahr bricht Clara zur äußerst erfolgreichen Wienreise auf. 1839 reist sie – ein Akt gewaltsamer Loslösung – erstmals ohne ihren Vater nach Paris und kämpft mit äußerster Willenskraft und physischer Energie, jedoch ohne den Wiener Erfolg wiederholen zu können. Dennoch stellt diese zweite Parisreise die Grunderfahrung dar, aus der ihre souveräne Praxis der Konzertreisen erwächst. Anstelle eines ausführlichen Berichtes über Claras Konzerterfolge – er müßte die Grenzen unserer Darstellung übertreten, wollte er seinem Vorhaben gerecht werden – mögen einige Reaktionen aus ihrer persönlichen Sicht stehen. Lokalkolorit wird eingefangen, wenn über den im Jahre 1833 neu gemalten Gewandhaussaal

Leipzigs — übrigens waren wertvolle Deckengemälde Friedrich Oesers bei den Erneuerungsarbeiten zerstört worden — zu lesen ist: »D. 29ten« (September 1833) »spielte ich im 1sten Abonnementsconcert zur Eröffnung des gemalten Saals zum ersten Male Pixis Militärphantasie und Finale aus Chopins Concert ... Der Saal ist in der That entstellt und sein alter Glanz ist dahin — eine Küche ist er geworden. D. Langenschwarz: der Saal sähe deswegen so roth aus, weil er sich schäme, so schlecht gemalt zu seyn ...« Am 26.3.1885 spielt Clara im gleichen Saale, sich dessen bewußt, daß »das Concert in Leipzig ein Abschiedsconcert sein wird, das letzte, welches man im alten Gewandhaussaale geben wird — ich beschließe also für Leipzig doch mein öffentliches Auftreten in demselben Saale, in dem ich vor 57 Jahren begonnen!« Doch Clara irrt: Am 26. November des gleichen Jahres heißt es in ihrem Tagebuch: »Concert im neuen Gewandhaussaal, der ganz wundervoll akustisch ist. Ich spielte das F-Moll-Concert von Chopin, das ich im Jahre 52, also vor 33 Jahren zuletzt in Leipzig gespielt hatte und es hat mir Freude gemacht.« — Doch nehmen wir den Faden unserer Darstellung wieder auf.

Im Jahre 1828 tritt Robert Schumann in ihr Leben: Nach der Aufkündigung seines Jurastudiums zieht der Zwanzigjährige 1830 in Wiecks Haus ein, um unter dessen Augen eine ähnliche Laufbahn zu beginnen wie Clara. Er bringt — ganz nebenbei — Frohsinn in die gestrenge Kinderstube, erfindet für Clara und ihre beiden Brüder Scharaden und erzählt oder spielt Geschichten von Geistern und Doppelgängern. Nachdem Schumann in sein »Dichterstübchen« in Rudolphs Garten vor allzu scharfer Kontrolle geflohen ist, fliegen erste verspielte Liebesbriefe hin und her (Juli 1833): »... ich spiele morgen Punkt 11 Uhr das Adagio aus Chopin's Variationen und werde dabei sehr stark an Sie denken, ja ausschließlich an Sie. Nun die Bitte, daß Sie dasselbe thun möchten, so daß wir uns geistig sehn und treffen. Der Punkt würde wahrscheinlich über dem Thomaspförtchen sein als wo sich unsere Doppelgänger begegnen.« — Jäh wird seine soeben begonnene Pianisten-Laufbahn unterbrochen, als er sich durch Manipulationen beim Klavierüben die Hand verletzt. Während er langsam zum eigenwillig-neuartigen Komponisten heranreift, erwirbt er sich seinen Lebensunterhalt durch die Leitung der von ihm 1834 gegründeten Neuen Zeitschrift für Musik, die durch ihre poetische Sprache und ihre zündenden Plädoyers für eine echte, das Zeitempfinden reflektierende Musik große Bedeutung erlangt.

Nach ihrer Rückkehr von der ersten Parisreise (1832) erscheint ihm Clara nicht mehr als Kind. Eine kurze Liaison (1834) mit Ernestine von Fricken, einer Schülerin Wiecks, taugt nur, um ein bald nicht mehr zu löschendes Feuer zu entfachen. Wieck setzt von Anfang an mit Härte dagegen und fühlt sich zum äußersten herausgefordert, als er erfährt, daß Robert und Clara ihn hintergehen. Er verhängt über beide ein Schweigen für die Dauer von 1 ½ Jahren, in dessen Einsamkeit sich Zweifel und Irrtümer bei beiden anhäufen. Clara ist es, die den Bann bricht, als sie am 13. August 1837 in einer Matinee in der Deutschen Buchhändler-Börse (ehemals an der Ostseite des Nikolaikirchhofes) Teile aus Schumanns Symphonischen Etüden spielt und damit ihr Jawort vorwegnimmt. Die Mittel, derer sich Wieck in dem nun angesagten Kampfe — Schumann hatte in einem Briefe um die elterliche Weihe gebeten — bediente, gipfeln in Anschuldigungen Roberts wegen Trunksucht, angeblicher Mittellosigkeit, wegen Unfähigkeit, verständlich zu sprechen und zu schreiben. Er unterstellt ihm Undankbarkeit, »mystisches Wesen« und das Unvermögen, Clara bei Konzertreisen zu unterstützen. Angesichts der überwältigenden Erfolge Claras in der Wiener Öffentlichkeit und am Hofe (1837/38; sie wird zur K. u. K. österreichischen Kammervirtuosin ernannt) faßt die auf einer Forderung Wiecks beruhende Idee Fuß, den gemeinsamen Wohnsitz in Wien zu nehmen. Roberts erfolglose Wienreise von 1838/39 zerstörte jedoch diese Illusion, und der entwürdigende und langwierige gerichtliche Weg konnte nun nicht mehr vermieden werden. Wiecks Opposition war allerdings nicht allein egoistischer Natur: Er sah voraus, daß Claras Laufbahn durch eine Ehe empfindlich beeinträchtigt werden würde. Dabei konnte er nicht ahnen, daß sie acht Kinder empfangen sollte, aber auch nicht, daß sie Schumann um 40 Jahre überleben würde — und daß nach Schumanns Tod ihre eigentliche pianistische Karriere erst begann.

Nach dem erlösenden Rechtsspruch heiratete das junge Paar am 12. 9. 1840 — einen Tag vor Claras 21. Geburtstag — in der Schönefelder Kirche und bezog eine Wohnung in einem Neubau in der Inselstraße (heute Nr. 18; eine Tafel kennzeichnet das Haus), die zum Zeugen der glücklichsten Jahre Clara Schumanns wurde. Am 13. September wird ein gemeinsames Tagebuch aufgeschlagen, das in tausend herrlichen Belegen von der Einmaligkeit dieser Künstlerehe spricht. Schumann gibt ihm die Leitgedanken: »Das Büchlein, das ich heut eröffne, hat eine gar innige Bedeutung; es soll ein Tagebuch werden über Alles, was uns gemeinsam berührt in unserem Haus- und Ehestand; unsere Wünsche, unsere Hoffnungen sollen darin aufgezeichnet werden; auch soll es sein ein Büchlein der Bitten, die wir aneinander zu richten haben, wo das Wort nicht ausreicht; auch eines der Vermittlung und Versöhnung, wenn wir uns etwa verkannt hatten ...« Dieses Ehetagebuch ist in seiner lebenatmenden Dichte jedoch nur bis in die Mitte der Dresdener Jahre hinein geführt (oder überliefert) worden. Die kritischen Zeiten des Wechsels von Leipzig nach Dresden und von dort nach Düsseldorf werden ausgespart. Wohl aber sind ausführliche und lebhaft-angeregte Reisenotizen erhalten. Die

Skizze des Hauses Inselstraße 18, in dem das Ehepaar Clara und Robert Schumann 1840 bis 1844 lebte

Leipziger Jahre allerdings spiegeln sich bestechend klar, es werden sogar Einblicke in die psychologische Situation gewährt. Angefangen von den ersten Nöten der jungen Hausfrau, der die aus Berlin herangereiste Mutter beim Kochen und Braten helfen muß (später leisten sich die Schumanns eine eigene Köchin, die — wie man liest — zuweilen auch in Küche und Keller stiehlt), oder von den gemeinsamen Konzert- und Theaterbesuchen (Mendelssohns Dirigieren mit dem Stab; die hinreißende Ausstrahlung der Schroeder-Devrient), über Musiker, die die Schumanns besuchen (Moscheles: — er wird nun alt; Liszt: — wir sehnten uns aber gar sehr nach Ruhe), reflektiert das Tagebuch auch Gespräche über kompositorische, ästhetische und interpretatorische Fragen (Immer ist's aber besser, der Virtuos gibt das Kunstwerk, nicht sich). Von wissenschaftlicher Bedeutung sind die Erörterungen über Roberts schöpferische Vorhaben (als die Frühlingssinfonie entsteht, ist Clara begeistert, daß sich Robert »endlich auf das Feld begeben, wo er mit seiner großen Fantasie hingehört«) und über gemeinsame Kompositionspläne, wie den Liebesfrühling nach Rückert, op. 37, in dem drei Lieder von Clara »unter beider Namen« mit veröffentlicht sind.

Blättern wir ein wenig im Tagebuch. Im Hause Inselstraße wird am 1.9.1841 Marie, das erste Kind, geboren: »10 Minuten vor elf Vormittag war das Kleine da — unter Blitz und Donner, da gerade ein Gewitter am Himmel stand. Die ersten Laute aber und das Leben stand wieder hell und liebend vor uns — wir waren ganz selig vor Glück.« (Marie war jenes Kind, für das Schumann sein berühmtes Album für die Jugend op. 68 entwarf, sie war auch diejenige Tochter, die in den späteren Jahren oft ihre Mutter auf Konzertreisen begleitete oder aber die häuslichen Pflichten gegenüber den jüngeren Geschwistern auf sich nahm.) Es gelang Robert Schumann, nicht zuletzt an Hand der Partituren der Klassiker, Clara die Urgründe seines poetischen Musikverständnisses zu vermitteln. Er förderte sie auch handwerklich derart, daß sie fachgerecht Klavierauszüge auszuarbeiten vermochte. Ohne Frage durfte sich andererseits Clara als Muse seiner künstlerischen Pläne fühlen. Wenn Clara aber bereits in der zweiten Ehewoche erstmals die Klage anstimmt, sie könne nicht ungehindert üben (da sie Robert beim Komponieren störe), daß sie aber doch ihre besten Kräfte einsetzen müsse, um ihr Talent zu erhalten und zum Unterhalt beizutragen, dann melden sich gravierende Widersprüche in dieser Künstlerehe an. Clara wird auch an die Prophezeiungen ihres Vaters gedacht haben, wenn Konzertreisen wegen ihrer Schwangerschaften immer wieder hinausgeschoben werden mußten oder wenn Robert unwillig zu erkennen gab, daß er seine Begleitung auf ihren Reisen als Verlust für seine schöpferische Arbeit empfand. Eine Tournee nach Norddeutschland mündete in ein Disaster: er kehrt unwillig allein um, während Clara eine Überfahrt nach Dänemark wagt. Schumanns Gewissen spricht unüberhörbar im Tagebuch: »Ja, es ist durchaus nöthig, daß wir Mittel finden, unsere Talente nebeneinander zu nützen u. zu bilden.« Gewichtig ist auch der anschließende Satz: »*Amerika* liegt mir im Sinn.« Durch eine längere Kunstreise nach Übersee glaubten beide, das leidige finanzielle Problem aus der Welt schaffen zu können. Robert bestritt den Lebensunterhalt noch immer in der Hauptsache — bei steter Verringerung der Rücklagen — durch die Arbeit an der Zeitschrift, während der Drang, unabhängig künstlerisch tätig sein zu können, allmählich übermächtig wurde. Clara war sich vollkommen sicher, daß sie durch das ihr ohnehin zum Lebensbedürfnis gewordene Konzertieren dieses Dilemma beseitigen könnte. Mit Mendelssohns diplomatischer Hilfe setzt sie durch, daß sie mit ihrem Mann (1844) eine große Rußlandreise nach Petersburg und Moskau unternehmen kann. (Sie war schon im ersten Ehejahr geplant, aber durch Schwangerschaft verhindert worden. Übrigens: im Jahre 1864 wurde sie von Clara allein wiederholt.) Schumann schwebt zwischen apathischer Zurückhaltung und Begeisterung über den fremdartigen Zauber dieser Städte, erwägt sogar eine Übersiedlung, doch Clara ist rastlos tätig: Sie organisiert ihre Konzerte selbst und tritt gegenüber ihrem Mann den folgenschweren Beweis an, daß sie den Unterhalt der Familie beinahe allein zu tragen vermag. Und sie denkt durchaus an ihrer beider künstlerische Zukunft, wenn sie nach der Rückkehr behutsam, aber doch zielstrebig die Übersiedlung der Familie nach Dresden betreibt. Was Schumann anbetrifft: Er muß aus den beengenden Banden herausgerissen werden, die ihn in der Stadt Leipzig, in der er seit 1828 fast durchweg lebt, fesseln. Was Clara anbetrifft: Sie glaubte, mit der Hilfe der Wieckschen Familie, die Ende 1839 nach Dresden übergesiedelt war, eine umfassende Reisetätigkeit aufnehmen zu können. Hier liegen Gründe für ihren Versuch, mit dem Vater wieder ins reine zu kommen, wozu sie wohl auch durch die lastende Erkenntnis, daß er Momente ihrer Zukunft erschaut hatte, gedrängt wurde. (Möglicherweise wurzeln hier auch die Schuldgefühle, gegen die Robert Schumann ein Leben lang ankämpfte und die er nur künstlerisch zu sublimieren vermochte.) Clara hatte im Einvernehmen mit ihrem Vater den Umzug nach Dresden vorbereitet, für den Schumanns gesundheitliche Krise Ende 1844 zum auslösenden Moment wurde. Clara vermochte nur einige der Wege, die das Schicksal einschlagen wollte, zu erfassen. Wie hätte sie auch erahnen können, daß ihr zu den beiden »Leipziger« Kindern Marie und Elise noch sechs weitere geboren werden sollten (1845 Julie, die bereits 1872 verstarb; 1846 Emil, der nur wenig älter als ein Jahr wurde; 1848 Ludwig, dem es auferlegt war, drei Jahrzehnte in einer Heilanstalt in Colditz zu verbringen; 1849 Ferdinand; es folgten in Düsseldorf 1851 Eugenie und 1854 Felix, der — hochbegabt — 1879 an Schwindsucht sterben mußte)? Es erklärt sich von selbst, daß, abgesehen von den Konzertreisen im Februar 1847 nach Wien, Berlin und Zwickau (Huldigungsfeier der Vaterstadt Schumanns) und einer Reise über Leipzig nach Hamburg und Bremen im Frühjahr 1850 keine kontinuierliche Reisetätigkeit zustande kommen konnte. Clara sollte zudem bald fühlen, daß der sensible Kontakt mit der Wieck-Familie durch die unausrottbare Intriganz des Vaters zerbrechen mußte. Eine endgültige Lösung von ihrem Vater, die ihr in den ersten Ehejahren nicht gelingen konnte, setzte voraus, daß sie das Verhältnis von Herrschen und Abhängigsein — das in ihrer eigenen Erziehung geübte Prinzip — nun aus umgekehrter Blickrichtung zu erleben vermochte. Das ereignete sich aber erst, als sie auch eine gewisse Distanz zu ihrem Manne erhielt, der — insbesondere verursacht durch die häufigen gesundheitlichen Krisen und die an seiner seelischen Substanz zehrende Kreativität — in praktischen Fragen gleichgültig war. Dresden war jedoch für Robert eine fruchtbare Zeit des Unabhängigseins, wenngleich im höfisch-konventionellen Fluidum die kraftvollen Impulse der bürgerlich-progressiven Musikstadt Leipzig fehlten.

Clara gehörte zu jenen Auserwählten, welche, ohne es zu wollen (vielleicht auch zu wissen) Herrschaft über die Gemüter ausüben. Sie hatte die Sicherheit und Entschiedenheit ihres Vaters angenommen. Es war im wesentlichen ihre Initiative, daß Schumann, Demokrat aus innerster Überzeugung, die Tage des Maiaufstandes 1849 außerhalb der Stadt verbrachte. Clara handelte ohne

Zweifel an sich, in künstlerischen Dingen auch ohne Selbstrechtfertigung. Um so mehr verwundert es, daß sie 1850 die verhängnisvolle Entscheidung Schumanns guthieß, die Stelle des Städtischen Musikdirektors in Düsseldorf anzunehmen. Mußte Clara als Ehefrau und als erfahrene Konzertpianistin nicht wissen, daß Schumann für eine so exponierte Stellung durch seine Introvertiertheit, nicht zuletzt schlicht durch den Mangel an dirigentischen Erfahrungen ungeeignet war? Clara glaubte an den Dirigenten Schumann und vermochte die in Düsseldorf — nach beglückend-freundlicher Aufnahme — sehr bald eintretenden Schwierigkeiten nur als Intrigen einzuschätzen. Sie bezog Position zwischen ihm und der Außenwelt und fing die Schläge ab, um seinen sensitiven Geist zu schonen. Sie half bei den Proben des Chores als Begleiterin und als »Dolmetscherin« seiner leisen Hinweise. Claras Rebellion gegen die zuerst versteckten, dann öffentlichen Anwürfe ist ihr einziger Schutz gegen die aufsteigenden Ängste, die sie zu verdrängen suchte. Zwei Gründe gibt es dafür, daß sie Roberts Entscheidung für Düsseldorf nicht blockierte: Die angewachsene Kinderschar belastete den Haushalt schwer und setzte den entscheidenden Ausgleich zeitweilig nahezu außer Kraft — Claras Konzertieren. Eine feste Anstellung war als Unterhaltsbasis unentbehrlich geworden. Tragisch ist — und dafür sind die sozialen Bedingungen dieser Zeit verantwortlich —, daß die Einkünfte Roberts trotz einer großen Anzahl an Kompositionen, trotz lebhafter und zuverlässiger Verlagskontakte nicht ausreichten. Der andere Grund ist psychologischer Natur: Clara vermochte Gegebenheiten und Verhältnisse, die gegen ihre von starkem Willen geprägte Vorstellungskraft standen, nicht zu akzeptieren, besonders wenn diese mit Emotionen belastet waren. Ihre erstaunliche Willenskraft bewirkte allerdings auch, daß ihr damals ein Konzertieren überhaupt möglich war: z. B. 1852 innerhalb einer Schumann-Woche in Leipzig; 1852 trat sie in Düsseldorf auf, vor allem aber 1853 beim Niederrheinischen Musikfest, während der beglückend-erfolgreichen Hollandreise mit Robert Schumann und auf der letzten Reise mit ihrem Mann nach Hannover, drei Wochen vor seinem Zusammenbruch.

Warum aber hat Clara ihren Mann, der zwischen Februar 1854 und seinem Tod, am 29. Juli 1856, in einer Heilanstalt in Endenich bei Bonn lebte, nicht besucht? Deutet dies auf einen uns verborgenen inneren Bruch hin? So ist spekuliert worden, nicht zuletzt, weil Clara bereits ein halbes Jahr nach Roberts Selbstmordversuch ihre Konzerttätigkeit in kaum gekanntem Umfang wieder aufnahm. Neben Johannes Brahms und dem Geiger Joseph Joachim, den beiden letzten bedeutenden menschlichen Begegnungen, die Schumann vergönnt waren — haben mehrere Freunde und Bekannte Schumann aufgesucht und Clara darüber berichtet. Sie selbst sah ihn erst an den drei letzten

Tagen seines Lebens und unmittelbar nach seinem Tod wieder: »Ich stand an seiner Leiche, des heißgeliebten Mannes, und war ruhig; all mein Empfinden ging auf in Dank zu Gott, daß er endlich befreit ...«

Robert und Clara haben während der bitteren Endenich-Jahre korrespondiert. Die freundlichen Briefe Roberts aber lassen eine allmähliche psychische Auszehrung nicht verkennen. Clara folgte dem Besuchsverbot des Arztes, weil sie Robert in jenen Zustand der Beunruhigung zu versetzen fürchtete, den nur sie in den furchtbaren letzten Düsseldorf-Tagen mit durchleiden mußte. Daß sie wieder konzertierte, ist zwiefach erklärbar: Zum einen lag die Verantwortung für die große Familie nun allein in ihren Händen. Es gelang ihr, das Familienkapital zwischen 1854 und 1856 um 5000 Taler zu erhöhen (das übersteigt Schumanns Einkommen von vier Jahren). Clara hatte zudem die Kosten der ärztlichen Betreuung in Endenich zu bestreiten, die auf 45 bis 60 Taler monatlich geschätzt werden. Zum anderen aber hat der vertraute Umgang mit Musik für Clara — psychologisch gesehen — existentielle Bedeutung. In den Jahren vor ihrer Ehe hatte sie, den unerbittlichen Forderungen ihres Vaters im Hinblick auf Selbstdisziplin und Unterordnung gehorchend, Musik als das einzige Refugium betrachtet, in dem sie ihre Gefühle auszuleben vermochte. In den ersten Jahren der Verbindung mit Robert Schumann ist ihr das innige partnerschaftliche Leben als *die* Aufhebung ihrer Einsamkeit, als das eigentlich Entbehrte, als die Entdeckung des psychischen Pendants zu sich selbst, offenbar geworden. Nach dem nie verwundenen bitteren Verlust des geliebten Mannes wendet sich ihre Psyche wieder voll der Musik zu, die ihr Wesen zugleich noch in einem anderen Sinne erfüllt: Clara muß und will ihre Gefühle der Musik unterordnen, und sie vermag als Interpretin dennoch zugleich, durch Musik Herrschaft auszuüben. Hier ist ein Kernstück ihrer Natur erkennbar.

Clara ist nun allein für die große Familie verantwortlich. Die von beiden Eltern gewünschte Kinderschar, zuerst Hemmnis für Claras volle künstlerische Entfaltung, wird — nun umgekehrt — zum unaufhörlichen Stimulus für die dritte und längste Phase ihrer Karriere, die sie als die Witwe Robert Schumanns durchläuft. In ihr erfüllt und bestimmt sich ihre Persönlichkeit als Mutter, aber anders, als die Mutterrolle traditionell begriffen wird. Clara hat in ihrer Jugend die Wärme einer Mutter-Kind-Beziehung nicht erleben dürfen, und sie vermag sie daher ihren Kindern nicht als bedingungslose Liebe weiterzugeben. Hinter mancher schnellen, möglicherweise auch harten Entscheidung kann man sogar einen gewissen Mangel an Sensibilität vermuten. Aber Clara handelt aus dem starken Gefühl der unbedingten Verpflichtung gegenüber den Kindern und der Aufopferung für sie. Die Sorge um ihren beruflichen Werdegang nimmt sie trotz der Kraftverluste auf sich. Die quälende

Last, die die kranke und früh sterbende Julie, der geistig behinderte Ludwig, auch Ferdinand, dessen Kinder sie nach seinem Tod 1891 noch in ihre Betreuung einbeziehen muß, und der schwärmerisch-geniale, 1879 der Krankheit erliegende Felix, bedeuten, würde die Kräfte eines normal veranlagten Menschen überfordern. Allein diese Seite der Lebensleistung Clara Schumanns zu beschreiben, hieße Bände füllen.

Die Nachwelt hat ihr das Gedächtnis als Pianistin, insbesondere als Sachwalterin des Werks ihres Mannes, bewahrt. Man kann ihre Laufbahn in drei Phasen einteilen: 1. die Zeit des jungen Ruhms; 2. die Jahre mit Schumann, 1840 bis 1856; 3. die Periode von 1856 bis 1891, in der sie zur unersetzlichen künstlerischen Autorität wurde. Sie hat als junge Künstlerin noch die Zeit erlebt, da sich der Pianist bei seinen Auftritten von anderen Künstlern assistieren ließ, bis sich nach 1840 der Soloklavierabend durchzusetzen begann. Clara verlieh ihren ursprünglich gemischten Programmen immer mehr persönliches Profil. Sie schuf mit an den Normen, die sich auf die Künstler der jüngeren Generation, Tausig, Bülow und Rubinstein übertrugen und bis heute erhalten haben. Sie pflegte vor allem Bach, Beethoven und die damals neueren Meister, unter denen Robert Schumann natürlich die bevorzugte Rolle spielte. Eine Überschau über ihre Programme offenbart allerdings, daß sie erst spät Schumanns Werke als Zyklen – also vollständig – spielte und einige überhaupt aussparte. Auch in dieser Hinsicht ist ihre Praxis Modell geworden. Ihr Wort zu Schumann galt, und manche Zurückhaltung unserer Tage gegenüber bestimmten Schumannschen Werken ist durch Claras Autorität verursacht.

Claras Spiel wird in Kritiken immer wieder wegen ihres singenden Tones und ihrer Werktreue gelobt. Die Lebendigkeit jeder Phrase ist ihr »Signet«, manchmal werden ihr zu schnelle Tempi vorgehalten. Anton Schindler behauptet, daß sie Beethoven maltraitiere. Bettina von Arnim mokiert sich über ihr Auswendigspiel: Wie prätentiös sie dasaß …

Ihren Schülern gegenüber zeigte sie nicht die Unerbittlichkeit ihres Vaters. Sie wirkte durch Güte und pianistisches Vorbild. Die technische Arbeit stand stets im Dienst des Aussagewillens der Komponisten.

Robert Schumann hatte die Entscheidung über die Veröffentlichung nachgelassener Werke – neben Clara – Gade und Rietz überlassen. Obwohl dies dokumentiert ist, vertraute Clara dem Urteil der beiden schöpferischen jungen Musiker Brahms und Joachim. 1887 beginnt sie ein Riesenwerk. Sie bereitet im Auftrage des Leipziger Verlages Breitkopf & Härtel die Gesamtausgabe der Werke ihres Mannes vor, die für die zahlreichen nachfolgenden Ausgaben anderer Verlage zur entscheidenden Quelle wurde. Es war ihr nicht auferlegt worden, einen quellenkritischen Kommentar beizugeben, was ihr die Möglichkeit zu kleinen Retuschen gab. Noch stärker prägt sie Roberts Werken ihre Interpretationsvorstellung auf, als sie die instruktive Ausgabe beginnt. Hier gibt sie auch mündliche Überlieferungen wieder, vereinfacht aber vielfach die feinsinnige Poetik der Werke, die Schumanns Naturell entsprang, unterdrückt wohl auch manche biographisch-persönliche Deutung, um die sie wissen mußte (z. B. kann sie sich nicht mit Schumanns Carnaval op. 9 als Werk der Reflexion und der Entscheidung zwischen Ernestine und Clara identifizieren). Heute gibt es neue Urtextausgaben, die auf die »alten Drucke« – wie das Brahms empfahl – zurückgehen. Claras Leistung für Robert Schumann ist, trotz dieser Einschränkungen unermeßlich.

Clara als Komponistin beanspruchte ein eigenes Kapitel. Ihre Werkliste umfaßt 23 Titel, darunter neben den Solo-Klavierwerken auch eine größere Anzahl Lieder, ein Klavierkonzert (op. 7) und ein Trio für Klavier, Violine und Violoncello (op. 17). Ihr Schaffen ist gekennzeichnet durch leidenschaftlich-gesangvolles Melos, durch beachtliche handwerkliche Technik und durch Sensibilität. Schumann befand sich bereits vor der Ehe in schöpferischer Auseinandersetzung mit Claras Werken und zitierte sie oft mit bewußtem Sinnbezug im eigenen Schaffen. Eine vollständige Ausgabe ihrer Werke steht noch aus. Eine lohnende Aufgabe!

In ähnlicher Weise gibt es Berührungen zwischen Brahms' und Claras musikalischem Schaffen. Ihrer beider Beziehung begann 1853, als der 20jährige Brahms sich in Düsseldorf im Hause Schumann vorstellte, und endete erst mit Claras Tod 1896. Daß zwischen beiden eine wirkliche Liebe bestand, in der sich, durch die tragische Situation um Schumann bedingt, verschiedene Gefühlsebenen durchdrangen, wird nicht bestritten. Wohl aber konnte es von beiden Seiten weder eine leicht genommene noch eine voll erfüllte Beziehung geben. Clara trug die Last großer Verantwortung und künstlerischer Identifikation, Brahms rang um kreative und persönliche Freiheit. Würden wir dieser langjährigen, schwierigen und fruchtbaren Freundschaft weiter nachspüren, dann dürfte die Persönlichkeit Clara Schumanns sicherlich nicht verlieren, sondern an Größe gewinnen.

Erleben wir die Persönlichkeit Clara Schumanns noch an Portraits, die ihr Leben einfassen. Weist nicht bereits die wunderbare Bleistiftzeichnung der Elwine von Leyser diesen eigentümlichen, Innen und Außen verbindenden Blick Claras auf, der auch in der Zeichnung von Cäcilie Brandt von 1840 wie im Lenbachschen Gemälde von 1878 fasziniert? Es scheint, als wechsle Musik von außen nach innen und als müsse sie – mit dem Wesen Clara Schumanns angereichert – wieder nach außen treten: Berufung des großen Interpreten.

126

Edith Sonnenkalb

Der Erziehungsberuf ist der Kulturberuf der Frau

Henriette Goldschmidt geb. Benas (23. 11. 1825 bis 30. 1. 1920)
Führend in der Leipziger Frauenbewegung, Mitbegründerin des »Allgemeinen Deutschen Frauenvereins« Verdienste um eine systematische Kindergärtnerinnenausbildung; Schaffung von Volkskindergärten nach Fröbelschem Vorbild. Gründete 1911 eine der ersten Frauenhochschulen Deutschlands

29. Oktober 1986 — mein Herz hat heute wieder einmal seinen eigenen unruhigen Rhythmus. In Erwartung helfender Ärzte gehe ich den gewohnten Weg zur Poliklinik Goldschmidtstraße. Etwas ärgerlich — denn jeder Schritt fällt mir schwer — muß ich, vom Karl-Marx-Platz kommend, auf die linke Straßenseite überwechseln: Vor dem Hause Goldschmidtstraße 20 stehen festlich gekleidete Menschen; besonders die vielen jungen Mädchen fallen mir ins Auge.

Obwohl ich diesen Weg zur Poliklinik schon oft gegangen bin, nehme ich heute zum ersten Male bewußt wahr, daß es mit dem großen grauen Gebäude etwas Besonderes auf sich haben muß. Zum Glück für mich stelle ich fest, daß gerade eine Gedenktafel enthüllt wird, die mich kundig macht, wer hier geehrt wird, wer hier lernt und lebt und was sich hinter dem Namen Goldschmidt verbirgt. (Ich habe mich immer gewundert, warum diese Straße nicht nach dem bedeutenden Komponisten und Gewandhaus-Kapellmeister Felix Mendelssohn Bartholdy benannt wurde, der doch hier von 1845 bis 1847 wohnte: Haus Nr. 12, 1. Etage.)

Auf dem Rückweg von der Poliklinik werde ich alles genauer betrachten …

Die Behandlung hat mir gut getan, nun plagt mich die Neugier — besser: die Wißbegier! — und ich steige die breiten Stufen zum Eingang der Schule hinauf.

Dicht gedrängt stehen noch immer erwartungsvoll diese jungen Mädchen da. Ich erfahre, daß es die Vertreter der über 600 Studentinnen dieser Schule sind, der Fachschule für Kindergärtnerinnen, die mit ihren Lehrkräften und chemaligen Absolventinnen einer Frau ehrenvoll gedenken, die vor 75 Jahren hier eine der ersten Frauenhochschulen Deutschlands gründete: Henriette Goldschmidt.

127

Interessiert folge ich den Gedanken der Rednerin:

»40 Jahre ihres Lebens hat Henriette Goldschmidt auf diesen Augenblick hingewirkt. Hochbetagt — 86jährig —, aber noch immer voller Tatendrang und erfüllt von ihren Ideen, eröffnete die kleine, weißhaarige kluge Frau am 29. Oktober 1911 in der Aula unseres Hauses ihre Hochschule für Frauen mit den Worten:

›Das Erlebnis dieses Augenblickes hat seine tiefen Wurzeln in der Vergangenheit, es gilt keinem in der Gegenwart geschaffenem Tagewerk. Es ist das Ergebnis einer langen mühe- und kampfreichen Zeit. Diese Hochschule für Frauen ist die reife Frucht eines blütenreichen Baumes, den wir sorglich gehegt und gepflegt haben, und sie enthält den Keim zur Entfaltung für die Zukunft!‹«

Es war schon etwas Neues, was diese unermüdlich wirkende Frau, diese Henriette Goldschmidt, seit 1865 anstrebte: Durch mehr Bildung wollte sie in vollem Umfange die schaffende Mitarbeit der Frau am gesamten gesellschaftlichen Leben ermöglichen, sie wollte alle Frauen für die Ausübung des mütterlichen Erziehungsberufes vorbereiten, sie befähigen, sich beruflich und ehrenamtlich den mannigfaltigen sozialen Aufgaben, die innerhalb der Gemeinde, des Staates, innerhalb der Gesellschaft erwachsen, zu widmen.

Gleichberechtigt nehmen Frauen wie Männer heute Bildungsmöglichkeiten wahr; was 1911 ein hohes, für einen einzelnen nicht zu realisierendes Ideal bildete, ist vom Anspruch her selbstverständlich, für junge Leute kaum des Nachdenkens wert.

Wirklich nicht?

Henriette Goldschmidt erlebte ihre Hochschule für Frauen nur wenige Jahre; der erste Weltkrieg veränderte den Charakter der Lehranstalt, und er brach dieser humanistischer Gesinnung tief verbundenen Frau auch den Lebensmut.

Die Hochschule wurde in ein sozialpädagogisches Frauenseminar umgebildet und diente danach vorwiegend der Berufsausbildung.

Mit der Machtübernahme durch die Hitler-Faschisten im Jahre 1933 war alles, was irgendwie an die Jüdin Henriette Goldschmidt erinnerte, zerstört worden: die Bildnisse wurden beseitigt, über dem Eingang des Hauses der Name abgerissen und ihr humanistisches Ideengut durch faschistische Ideologie ersetzt. So konnten ihre Prinzipien und hohen Ideale erst nach 1945 wieder zum Tragen kommen: »Die Arbeit ist die Grundlage unserer Kultur, die Arbeit ist daher Pflicht und Ehre des weiblichen Geschlechts« und »Der Kindergarten ... ist nicht eine Einrichtung der Not ... er ist in erster Linie eine pädagogische Anstalt« — Gedanken, die uns vertraut, die Bestandteil unserer Wünsche für ein frohes, unbeschwertes Heranwachsen unserer Kinder sind.

Clara Wieck 1832.
Lithographie von Eduard Fechner

Clara Wieck 1836.
Bleistiftzeichnung von Elwine von Leyser

Clara Schumann 1840.
Porträt nach einem Gemälde von C. Brandt

Clara Schumann 1878.
Porträt nach einem Gemälde von Lenbach

Henriette Goldschmidt. Unbekannter Maler   Henriette Goldschmidt um 1830

Was ich von Fröbel lernte und lehrte

Versuch einer kulturgeschichtlichen
Begründung der Fröbel'schen
::   Erziehungslehre   ::

von

Henriette Goldschmidt

Mit Zeichnungen von Marie Müller

Leipzig
Akademische Verlagsgesellschaft m. b. H.
1909

Unten links: Haupttitelblatt des 1909 erschienenen theoretischen »Vermächtnisses« auf
erzieherischem Gebiet der Henriette Goldschmidt
Unten rechts: Grabplatte auf dem alten jüdischen Friedhof in Leipzig,
Berliner Straße

Oben links: Vereinshaus Weststraße (heute Friedrich-Ebert-Str.) 16
Oben rechts und unten: 1911 gegr. Hochschule für Frauen, Vorder- und Gartenseite.
1914 Erweiterung des Gebäudes um den östlichen Flügel und den Mittelteil.
Gestaltung: Architekt Fritz Schade

Natalie Reh, 1868

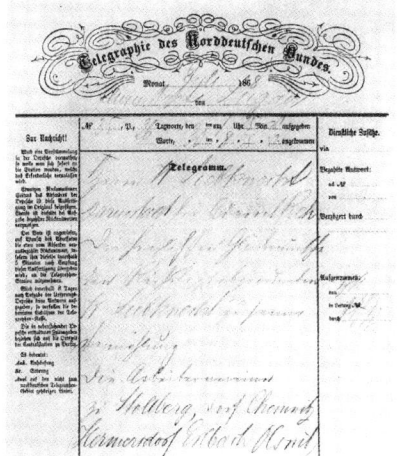

Oben links: Glückwunschtelegramm zur Vermählung Wilhelm Liebknechts mit Natalie Reh von den Arbeitervereinen Stollberg, Dorf Chemnitz, Hermersdorf, Erlbach, Ölsnitz, 30. 7. 1868
Oben rechts: Wilhelm Liebknechts Töchter Alice und Gertrud aus der Ehe mit Ernestine Liebknecht geb. Landolt
Unten: Rechnung der Möbelfirma Hornheim & Gerlach in der Petersstraße; Natalie hatte für notwendige Einrichtungsgegenstände gesorgt

August Bebel mit seiner Frau Julie und Tochter Frieda

Julie Bebel um 1900

Auguste Eichhorn, die während ihrer Leipziger Zeit in der Mariannenstraße 27 wohnte, um 1890

Hören wir ihren Auftrag, mit dem sie die Frauenhochschule eröffnete: »Höher hinauf! Seid Wegbereiter!« — eine edle Verpflichtung für junge Pädagogen, sich große humanistische Ziele zu stellen und dabei auch Wegbereiter zu sein. Henriette Goldschmidt stellte Aufgaben, die über Zeiten weiterwirken werden ...

Am 23. November 1825 wurde Henriette in Krotoschin (Krotoszyn), einem kleinen Städtchen in der Nähe Poznans, geboren; sie verstarb am 30. Januar 1920 in der Weststraße (heute Friedrich-Ebert-Straße) in Leipzig. Ihr Leben und Wirken umschließt fast ein Jahrhundert.

Henriette Benas war das sechste Kind eines wohlhabenden, geistig hochstehenden und fortschrittlichen jüdischen Kaufmanns, von dem sie meinte, daß er seinen Kindern »die Anregung für die Auffassung der Lebensverhältnisse über das ewig Gestrige hinaus gegeben hat.«

Kaum fünfjährig verlor sie die Mutter, die von einer Stiefmutter ersetzt wurde, die leider keine mütterliche Natur war, wie Henriette es selbst beurteilte. Und diese Stiefmutter war Analphabetin, was Henriette nachhaltig beeinflußte.

Zu den nachdrücklichsten Kindheiterinnerungen des Mädchens gehören die liebevollen Geschwisterbeziehungen, besonders zu ihrer fünf Jahre jüngeren Schwester Ulrike, und Erzählungen über den weitgereisten legendären Großvater.

Dieser Großvater war aus seinem Lebenskreis in Krotoschin mutig ausgebrochen, um sich umfassendere Bildung aneignen zu können. Mit 18 Jahren hatte man ihn verheiratet, und bald trug er die Verantwortung für eine Familie. Aber sein Bildungsdrang zog ihn weg von Krotoschin. Der bekannte Berliner Philosoph Moses Mendelssohn vermittelte den jungen Mann zu einem Glaubensbruder nach Dänemark als Hebräisch-Lehrer. Dort war es ihm möglich, sich vielfältige wissenschaftliche Kenntnisse anzueignen. Es gelang ihm aber nicht, seine Frau zu bewegen, Krotoschin zu verlassen und ihm zu folgen — so kehrte er in die geistige Enge seiner Heimat zurück!

Dieser Großvater, der in den letzten Lebensjahren immer weiß gekleidet ging, wurde von seiner Frau bis hin zu den Enkelkindern ehrfurchtsvoll ob seiner Weisheit wie ein höheres Wesen betrachtet und übte nachhaltigen Einfluß auch auf Henriettes Persönlichkeitsentwicklung aus. War es nicht vielleicht sogar das Beispiel des Großvaters, daß Henriette so wissensdurstig wurde und es bis ins hohe Alter hinein auch blieb? Ihr Bildungsweg hatte sie gewiß nicht zu der Persönlichkeit gemacht, die sie später repräsentierte. Rückblickend charakterisierte sie ihn sehr treffend:

»Nur einem inneren Drang folgend, bin ich von der kleinen Stadt in der

Provinz Posen in die deutsche Kulturwelt hineingewachsen. Ohne einen anderen Unterricht als den dürftigen einer Elementarschule und den Besuch eines Jahreskurses in einer, aus einer Klasse bestehenden Töchterschule, bin ich zur Gründung einer Hochschule für Frauen gelangt in einer der anerkanntesten Kulturstädte des Vaterlandes. Mit vierzehn Jahren hatte ich meine Schulzeit beendet. Eine große Bereicherung hat sie mir nicht gebracht, dennoch ist sie natürlich nicht ohne Einfluß auf meine innere Entwicklung gewesen, brachte sie mich doch in Beziehung zu Mitschülerinnen aus einem anderen, als dem gewohnten Lebenskreise.

Zum erstenmal trat ich Töchtern aus dem deutschen Beamten- und Offiziersstand nahe, empfand zum ersten Male, daß diese sich in bevorzugter Stellung den jüdischen Mitschülerinnen, also auch mir gegenüber, zu befinden glaubten, und es kam zu kleinen Zwistigkeiten zwischen uns. Einen Streit hatte ich mit einer adeligen Majorstochter, die das vertraute Du, das wir fast alle untereinander gebrauchten, auch bei mir anwendete, sich aber berechtigt fühlte, sich von mir den gleichen Gebrauch ihr gegenüber zu verbitten. Ich war darüber derartig entrüstet, daß ich den Eintritt des Lehrers überhörte, so daß er Zeuge des Streites wurde. Zur Ehre dieses Lehrers sei erwähnt, daß er sich meiner, der Herausgeforderten, annahm und das junge Fräulein von Soundso in seine Schranken zurückwies.

So jung ich damals war, so hatte ich doch in einer Zeit und in Verhältnissen, in denen es als selbstverständlich galt, die Juden nach Belieben zu behandeln, so viel Persönlichkeitsgefühl, um gegen solche mich beleidigende Behandlungsweise gewappnet zu sein!«

Dieses starke Gerechtigkeitsgefühl der jungen Henriette hatte sich besonders unter dem Einfluß der vorrevolutionären Atmosphäre in Deutschland ausgeprägt, hatten ihre Lieblingsdichter des Vormärz, besonders Herwegh, und ihr ewig geliebter Schiller bewirkt. Bereits mit elf Jahren war sie so von Schillers glühenden Worten ergriffen, daß sie im Mondschein auf dem Haushof seine Werke verschlang, denn die Stiefmutter gestattete nicht das Lesen bei Licht. Viele Jahre ihres Lebens war Henriette der Meinung, daß die Jugend, die einen Schiller besitzt, keiner anderen Literatur bedarf. Bezeichnend für Henriettes ausgeprägtes Persönlichkeitsgefühl ist eine weitere Episode aus ihrem Leben.

Die älteste Schwester, noch nicht dreißigjährig, verstarb während einer Typhusepidemie und hinterließ drei kleine Kinder. Henriette übernahm mit großer Hingabe die Betreuung der kleinen Nichten und lebte in gutem geschwisterlichem Verhältnis mit dem Schwager.

Nach Ablauf des Trauerjahres wollte der Schwager Henriette ehelichen. Henriette liebte die Kinder und wollte sie vor dem Schicksal einer anderen

Stiefmutter bewahren, aber sie empfand, daß sich ihre Gefühle für die Kinder nicht auf den Vater übertragen ließen. Sie litt darunter, daß er sie, die junge, ungewöhnlich reizvolle Schwägerin, mißtrauisch überwachte und daß er auch von ihrem inneren Leben Besitz ergreifen wollte.

Nur der Mann, der ihrer eigenen Natur gerecht wurde, der ihr den Eigenwert ihres inneren Menschen ließ, konnte der sein, dem sie sich einmal zu eigen gab. Wie sie selbst bekannte, gab ihr »die revolutionäre Bewegung der vierziger Jahre, das Jahr 1848« den Mut zum Neinsagen.

Bedeutsam für ihre Entwicklung war gewiß auch die Gewohnheit des Vaters, am Familientische aus der Breslauer Zeitung (im Philisternestchen Krotoschin gab es keine Zeitungen) die Wichtigkeiten des gesellschaftlichen Lebens vorzulesen. Ebenfalls außergewöhnlich für Henriettes Entwicklung war die Tatsache, daß im väterlichen Hause viele politische Gespräche geführt wurden, daß man den Idealen der 48iger Revolution von Freiheit, Gleichheit und Brüderlichkeit begeistert zustimmte!

Aufgewühlt und betroffen von den revolutionären Ereignissen siedelt 1850 die gesamte Familie nach Posen; diese Stadt wird für Henriette jedoch zu keiner neuen Heimat, obwohl sie dort eine Aufgabe übernimmt, die mit ihrem späteren Lebenswerk sehr eng verbunden ist.

»In Posen habe ich mich«, erzählt Henriette Goldschmidt, »zum erstenmal an freiwilliger sozialer Hilfsarbeit beteiligt. Ein alter Herr hatte die Idee, einen Verein zu gründen für ›Frauen und Jungfrauen‹, die sich armer Kinder nach den Schulstunden annehmen sollten, ihre Schularbeiten beaufsichtigen, ihnen Handarbeitsunterricht erteilen, ihnen überhaupt Schutz und Pflege angedeihen lassen.« Dadurch wird die junge Henriette mit Problemen konfrontiert, die über die eigene häusliche Atmosphäre hinausreichen, die Einblick gewähren in die Situation armer Familien, armer Mütter und Kinder. So kann man annehmen, daß ihr soziales Gewissen in dieser Zeit erwacht.

Im Jahre 1853 schließt H. Benas die Ehe mit dem Rabbiner Dr. Abraham Meier Goldschmidt und übersiedelt mit ihm nach Warschau — der vom russischen Zar Nikolaus I. beherrschten Stadt. Dr. Goldschmidt wurde dort Prediger der deutsch-jüdischen Gemeinde.

»Einen Höllentraum konnte man mein Leben in Warschau nennen und wiederum ein harmonisch schönes Leben«, denn:

Henriette ist beeindruckt von der starken Persönlichkeit ihres 13 Jahre älteren Ehemannes, seinem Wissen und seinen ethischen Prinzipien. Es gibt ein sehr verbindendes geistiges Miteinander der Ehepartner und ein beglückendes Familienleben, denn Henriette hatte die gewaltigen Pflichten für die Erziehung von drei kleinen Knaben aus der ersten Ehe des Predigers übernommen. Auch mit gleichgesinnten Freunden erlebten Henriette und ihr Mann beglückende Stunden in Warschau; so sang man — freilich hinter verschlossenen Türen und Fenstern — die Lieder der Achtundvierziger und las Schiller, Goethe, Lessing.

Immer wieder aber erinnert sich Henriette Goldschmidt an die erschütternden Ereignisse in Warschau, den »Höllentraum« charakterisierend: Die Wohnung ihrer Familie lag in einer engen Gasse, direkt dem Gefängnis gegenüber. Täglich waren die qualvollen Schreie der geprügelten Gefängnisinsassen zu hören. Daß es vorwiegend politische Häftlinge waren, die da so gefoltert wurden, hat die junge Frau tief betroffen.

Wie glücklich war deshalb die Familie Goldschmidt, als 1859 Dr. A. M. G. in Leipzig eine Predigerstelle erhielt und man dorthin übersiedelte. Was war das für eine völlig andersartige Atmosphäre, zumal in Leipzig gerade der 100. Geburtstag Friedrich Schillers — des Lieblingsdichters — gefeiert wurde!

»Die Hundertjahrfeier von Schillers Geburtstag war für mich keine Episode, sie war ein Erlebnis ... Ich hatte den Boden gefunden, der mir geliebter Nährboden gewesen war von Kindesbeinen an, ich fühlte den Pulsschlag des Geistes, der mich beseelte.«

Rasch lebte sie sich in Leipzig ein und begann mit intensiven Selbststudien, besonders der Werke Fichtes, Hegels, Kants, sie las Goethe, Lessing und immer wieder Schiller, den sie bis an ihr Lebensende glühend verehrte. Großen Genuß bereiteten ihr auch die Theater- und Konzertbesuche, besonders die Gewandhausproben, die sie auch dann noch besuchte, als sie schon die 90 überschritten hatte. Leipzig wurde zur wirklichen Heimat Henriette Goldschmidts, wurde die Stätte ihres Wirkens.

»Leipzig war im Jahre 1859 noch eine recht kleine Großstadt, aber sie gehörte zu den bekanntesten Städten des In- und Auslandes. Es war eine Stimmung in ihr für die Lösung politischer, sozialer und kultureller Fragen.«

Sehr wichtig für das spätere Wirken der Henriette waren die Tischrunden in ihrem Hause. Bekannte Persönlichkeiten Leipzigs versammelten sich dort regelmäßig, um wissenschaftliche, kulturelle und politische Fragen zu diskutieren — und wohl auch manchen selbstgebackenen Kuchen von Frau Henriette zu probieren, die als vorzügliche Hausfrau und Gastgeberin galt.

Dabei scheint der in Deutschland bekannte Naturwissenschaftler Prof. Roßmäßler großen Einfluß auf Henriette Goldschmidt genommen zu haben. Er gehörte den demokratischen Linken an, die der Meinung waren, daß mehr Bildung für das gesamte Volk folgerichtig auch zu mehr Freiheit führen würde. Er war ein begeisterter Verfechter der Idee einer vorschulischen Erziehung aller Kinder und äußerte immer wieder die Meinung, daß man die Leistungen, die der Kindergarten für die Entwicklung des Kindes bringt, überhaupt nicht hoch genug einschätzen könne. Henriette Goldschmidt hat in

Leipzig viele prägende Erlebnisse und interessante Ideen aufgenommen, so daß es sie, eine intelligente, vielseitig interessierte, gefühlsmäßig starke Persönlichkeit, drängte, selbst aktiv tätig zu werden, obwohl sie keine abgeschlossene Ausbildung hatte.

Den entscheidenden Schritt ins öffentliche Leben ging sie durch ihre Bekanntschaft mit Louise Otto-Peters und Auguste Schmidt. So organisierte sie gemeinsam mit den beiden Frauen die bürgerliche Frauenbewegung und gründeten am 16. Oktober 1865 den »Allgemeinen Deutschen Frauenverein«, außerdem beschlossen sie die Herausgabe eines Frauenblattes unter dem Titel »Neue Bahnen«. Von Louise Otto-Peters aufgefordert, wagte sich Henriette mit Vorträgen an die Öffentlichkeit, von denen bereits 1870 »Die Frauenfrage — eine Kulturfrage« und 1874 »Die Frau im Zusammenhang mit dem Volks- und Staatsleben« gedruckt wurden.

Bald bereiste sie mit ihren Vorträgen viele Teile Deutschlands, wobei sie große Anstrengungen auf sich nahm.

Wie die Altersfreundin und Schriftstellerin Josephine Siebe zu berichten weiß, war Henriette Goldschmidt eine Rednerin mit großer Suggestion:

»Sie sprach so gut, mit so hinreißendem Feuer, daß in Leipzig das Gerücht entstehen konnte, sie schriebe für ihren Mann, der selbst ein guter und geistvoller Redner war, die Predigten nieder.« Dabei war die Erarbeitung der Vorträge ein mutiges und kühnes Unterfangen, denn Henriette hatte ja keine wissenschaftliche Ausbildung und spürte nun all zu oft ihre Wissenslücken, die sie nur im harten Selbststudium schließen konnte.

»Es war ein geistiges Erarbeiten, ein Ringen um Wissen, das diese Frau auch im Alter nicht verlor, sie war immer im besten Sinne eine Arbeiterin an sich selbst, so wie sie eine Arbeiterin für andere war«, vermerkt Josephine Siebe später.

Zeitlebens bleibt Henriette Goldschmidt der Meinung — das wird besonders in ihrer Schrift »Ideen über weibliche Erziehung« und in ihrem Buch »Was ich von Fröbel lernte und lehrte« deutlich —, daß die Frauenfrage nur im Zusammenhang mit der Erziehungsfrage gelöst werden kann und daß nur durch vernünftige Erziehung von Kindheit an die Menschheit humaner wird.

Hier wird die Grenze ihres politischen Credos sichtbar. Daß Zufälle im Leben eines Menschen oft eine entscheidende Rolle spielen, sollte auch Henriette Goldschmidt erfahren. »Auf dem Wege in Leipzigs Straßen kam ich in eine Gasse in der Nähe der Weststraße an ein kleines Haus, dessen Parterre die Inschrift: ›Kindergarten‹ trug. Ich hatte wohl in Gesprächen manchmal, wenn auch selten, etwas von Kindergärten, Fröbelschen Beschäftigungen, reden hören, ohne der Sache besondere Aufmerksamkeit zu schenken. Doch blieb ich einen Augenblick vor dem Hause stehen, klingelte und stieg einige

Stufen hinunter in einen kellerartigen Raum. Denn wo hätte damals ein Kindergarten anders ein Lokal finden können als in einem irgendwie ungehörigen Raum? Eine junge Dame trat mir entgegen, freudig überrascht, daß jemand es der Mühe für wert hielt, sich nach dem Kindergarten zu erkundigen. Es war noch früh morgens, die Kleinen waren noch nicht da und die Kindergärtnerin hatte Zeit, mir die Fröbelschen Beschäftigungsmittel zu zeigen. Sehr erstaunt sah ich sie an, ich fühlte, hier ist ein Plan, ein System, eine Methode!«

Henriette Goldschmidt besorgte sich voller Begeisterung die Schriften Fröbels aus der Universitätsbibliothek und verschlang sie mit Rieseneifer. »In den Schriften Friedrich Fröbels fand ich nicht nur den Plan für die Praxis des Kindergartens theoretisch begründet — es war mir, als wehte ein Hauch des Geistes aus seinen Worten in meine Seele.«

Fröbels Ziel war die allseitige harmonische Bildung und Erziehung aller Kinder im Vorschulalter, dabei stellte er das Tun, die schöpferische Tätigkeit in den Mittelpunkt seiner pädagogischen Bemühungen. Er hatte erkannt, daß der Arbeit der Erwachsenen das kindliche Spiel entspricht, und nahm eine Systematisierung der Spiele und Spielmittel der Kinder vor.

Unter dem Eindruck der Ideen Fröbels gründete Henriette Goldschmidt am 10. Dezember 1871 mit 150 Mitgliedern in Leipzig den »Verein für Familien- und Volkserziehung«. Damit versuchte sie, der Frauenfrage und Erziehungsfrage, die sie immer mehr in ihrer Einheit erfaßte, gerecht zu werden. Sehr bald, im Herbst 1872, eröffnete der Verein einen ersten Volkskindergarten in der Querstraße, der über ein Jahrhundert bestand.

Unvergessen bleiben die Bemühungen dieser aktiven Frau für eine geordnete, systematische Ausbildung von Kindergärtnerinnen. In ihrem ebenfalls 1872 gegründeten Seminar für Kindergärtnerinnen unterrichtete sie selbst. Sie war der Auffassung, daß es nicht genüge, auf dem Seminar nur in die Handhabung der Fröbelschen Gaben und Beschäftigungen einzuführen; sie wollte eine allgemeine Vertiefung in Menschen- und Welterkenntnis. So sollte den jungen Mädchen und Frauen auch Unterricht in den allgemeinbildenden Fächern erteilt werden.

Unermüdlich und rastlos widmete sich Henriette Goldschmidt der Verwirklichung ihrer Ideen. Sie baute den Verein für Familien- und Volkserziehung weiter aus, hielt Vorträge, so sechs unter dem Titel: »Ideen über weibliche Erziehung«, die sie später, da war sie schon über 80 Jahre, zu ihrem bedeutendsten Buch erweiterte: »Was ich von Fröbel lernte und lehrte«. Vortragsreisen für den »Allgemeinen Deutschen Frauenverein« führten sie auch weiterhin durch Deutschland, und sie verstand es, in ihrem Hause eine geistig belebte Geselligkeit zu pflegen. Dabei kam es der kleinen zierlichen Frau zugute, daß sie eine eiserne Gesundheit besaß. Früh um vier Uhr schon stand sie auf; am

Waschtisch schrieb sie ihre Vorträge, da sie selbst keinen Schreibtisch besaß.

1878, viele Erfahrungen inzwischen verallgemeinernd, versucht sie, mit der Gründung eines »Lyzeums für Damen« ihre Ideen über die allgemeine weibliche »Höherbildung« zu verwirklichen. So legte sie in der Denkschrift »Vom Kindergarten zur Hochschule für Frauen« 1911 ihre Gedanken dazu dar:

»Das Lyzeum will der Idee dienen, die weibliche Jugend der wohlhabenden, der gebildeten Stände mit dem Wissen und Können auszustatten, das der Erziehungsberuf innerhalb der eigenen Familie erfordert. Der Erziehungsberuf der Frau ist als gleichwertig der Berufsbildung des Mannes zu betrachten, er bedarf der Vorbereitung.«

Eine große Errungenschaft der H. Goldschmidt für die praktische Umsetzung der Ideen war der Erwerb eines Vereinshauses in der Weststraße (heute Friedrich-Ebert-Straße 16). Der Rat der Stadt und zahlreiche Freunde unterstützten finanziell das Vorhaben. In diesem Vereinshaus vereinigten sich nach und nach ein Kindergarten, ein Seminar für Kindergärtnerinnen, ein Pensionat für Studentinnen sowie die Wohnung Henriette Goldschmidts und ihrer Freundin, der Schriftstellerin Josephine Siebe, die über diese Zeit schrieb:

»Von morgens 8.00 Uhr bis abends 8.00 Uhr wurde unterrichtet — es wurde aber auch gesungen, gespielt und getanzt.«

Niemals wird Henriette müde, für andere da zu sein, für andere zu kämpfen, ihren Ideen Gestalt zu geben. Auch herbe persönliche Verluste, der Tod der geliebten Verbündeten und Schwester Ulrike, die in Berlin die »Viktoria Fortbildungsschule« für Frauen gegründet hatte, der Tod des ältesten Pflegesohnes und gar 1889 der Verlust des geliebten Ehemannes, Verbündeten und Lebenspartners werfen sie nicht nieder. Es sind ihre vielfältigen Vorhaben, ihre Vorstellungen, den Frauen mit ihren Familien zu helfen, die sie beleben und das Älterwerden nicht spüren lassen.

Zu den bedeutendsten Aktivitäten Henriette Goldschmidts für die Sache des Kindergartens gehört zweifellos die 1898 von ihr initiierte Petition des »Bundes deutscher Frauenvereine« an die deutschen Regierungen — ein historisch bedeutsames Schriftstück in der Geschichte des Kindergartenwesens.

Sie wollte die Regierungen für das Kindergartenwesen aufgeschlossen machen und forderte, die Kindergärten und Seminare für Kindergärtnerinnen dem Schulgesetz zu unterstellen und nicht, wie bisher, dem Gewerbegesetz, damit »die genannten Anstalten der Willkür enthoben und einer behördlichen Kontrolle unterworfen werden«. Auch staatliche Anstalten für die Ausbildung von Kindergärtnerinnen und ihre spätere Pensionsberechtigung werden vorgeschlagen. Frau Goldschmidt kannte sehr gründlich die Mißstände in den Kindergärten und wollte mit dieser Petition auf die Ursachen aufmerksam machen und Lösungswege anbieten.

Obwohl Pfingsten 1897 die Generalversammlung des Bundes dem Antrag Henriette Goldschmidts, diese Petition zu erarbeiten, zugestimmt hatte und die »Erziehungskommission« mit der Ausarbeitung beauftragt wurde, galt es, viele Schwierigkeiten zu überwinden – von Inaktivität der Mitglieder bis Gegnerschaft! (So war z. B. der Vorsitzende des Fröbelverbandes, Prof. Dr. Eugen Pappenheim aus Berlin, gegen diese Eingabe.) Henriette blieb daher nichts anderes übrig, als diese Petition selbst auszuarbeiten. Sie war sich zwar bewußt, daß sich nicht alle Forderungen der Petition sofort erfüllen lassen würden, aber sie wollte in Gang setzen, daß sich die Regierungen der Kindergartensache verpflichtet fühlen!

Bis an ihr Lebensende bleibt sie schöpferisch und aktiv, verliert sie ihre Ziele nicht aus den Augen. So sind es wohl die glücklichsten Stunden ihres Lebens, als sie dank einer Stiftung durch den jüdischen Verleger, Kommerzienrat Henri Hinrichsen, endlich 1911 »ihre« Hochschule für Frauen eröffnen kann. Das dafür entworfene Programm sollte der Verwirklichung der großen Gedanken Fröbels dienen, dessen Kindergärten 1851 durch eine reaktionäre Schulpolitik wieder verboten worden waren. »Die Hochschule will

1. der Frau für die Ausübung des mütterlichen Erziehungsberufes eine auf gründlicher Einsicht beruhende Vorbereitung geben und

2. die Frau befähigen, sich den mannigfaltigen gemeinnützigen Aufgaben, die ihr innerhalb der Gemeinde, des Staates und der Gesellschaft erwachsen, mit weitem Blick und mit vollem Verständnis für die Bedürfnisse der Gegenwart zu widmen.«

Die Hochschule bot allen nach Bildung strebenden Frauen, die das 18. Lebensjahr vollendet hatten, Vorlesungen für allgemeine Bildung (Philosophie, Psychologie, Ethik, Ästhetik, Kulturgeschichte, Literaturgeschichte, Kunstgeschichte); pädagogische Vorlesungen (Kinderpsychologie, Geschichte der Pädagogik des 18./19. Jhd., Erziehungstheorie, Gesundheitspflege) und sozialwissenschaftliche Vorlesungen. Darüber hinaus wurden Studienkurse zur Ausbildung für Lehrerinnen der pädagogischen Fächer an Kindergartenseminaren, Frauenschulen und anderen Lehranstalten und Studienkurse für soziale Berufstätigkeit angeboten.

Letztes glückliches Erleben der 90jährigen, unermüdlich wirkenden Frau: Aus einer Sammlung vom »Verein für Familien- und Volkserziehung« wird im Revolutionswinter 1918/19 ein Kindertagesheim in Leipzig eröffnet – und diese Einrichtung erhält den Namen Henriette Goldschmidt!

Am 30. Januar 1920 erfüllt sich das Leben dieser Frau, die sich mit einer beispielhaften Leidenschaft für die Emanzipation der Frau und für die Verwirklichung der Ideen Friedrich Fröbels eingesetzt hatte – für umfassende Bildung in sozialer Verantwortung.

136

Wolfgang Schröder

Ich muß mich ganz hingeben können

Anspruch, Ernüchterung und Bekenntnis Natalie Liebknechts

Natalie Liebknecht geb. Reh (19. 7. 1835 bis 1. 2. 1909)
Heirat mit Wilhelm Liebknecht 1868. Widmete ihre ganze Kraft der Erziehung ihrer 5 Söhne, unterstützte aktiv das politische Wirken ihres Mannes, stand im Verkehr mit Vertretern der internationalen Arbeiterbewegung und trat mit Übersetzungen hervor

Genau 22 Jahre lebte und wirkte Natalie Liebknecht in Leipzig, vom August 1868 bis September 1890. Als mit dem Sieg über das Sozialistengesetz der sozialdemokratische Parteivorstand seinen ständigen Sitz in der Hauptstadt des Deutschen Reiches nahm, beugte sie sich der Notwendigkeit, dem »sozialistischen Hauptquartier« zu folgen. Ihr fiel es nicht leicht, Leipzig zu verlassen und nach Charlottenburg bei Berlin überzusiedeln, wo die Familie Liebknecht in der Kantstraße 160 eine Wohnung fand. Sie hatte in Leipzig Wurzeln geschlagen, vieles und viele ließen ihr Leipzig zur Heimstatt werden.

Doch nicht von dieser ihrer »Leipziger Zeit«, die voller Aufopferung, aber auch voller Erfüllung war, soll hier die Rede sein. Vielmehr möchten wir dokumentieren, wie die Darmstädterin nach Leipzig verschlagen wurde: Es ist die Hochzeitsgeschichte von Natalie Reh und Wilhelm Liebknecht.

Beide waren weitläufig miteinander verwandt: Die Großmutter Natalie Rehs, Wilhelmine Christine Weidig (1766 bis 1831), deren Sohn Friedrich Ludwig Weidig einer der namhaftesten Märtyrer der Demagogenverfolgung wurde, war eine geborene Liebknecht, die Schwester von Liebknechts Großvater. Und dennoch war es blanker Zufall, daß sich die 32jährige Natalie Reh und Wilhelm Liebknecht (42) kennenlernten: Nach dem deutsch-österreichischen Krieg von 1866 und der Gründung des von Preußen beherrschten Norddeutschen Bundes unternahm Bismarck 1868 einen vorsichtigen Sondierungsversuch, um zu erkunden, wie groß die Chancen der Durchsetzung der preußischen Hegemonie auch über Süddeutschland auf friedlichem Wege seien. Dem sollte das deutsche »Zollparlament« — faktisch eine Art gesamtdeutsches Parlament — dienen, das aus den Mitgliedern des Norddeutschen Reichstages und eigens gewählten Vertretern der vier süddeutschen Staaten (Bayern, Baden, Württemberg und Südhessen) bestand.

Bebel und Liebknecht, seit 1867 Abgeordnete des Norddeutschen Reichstags, unterstützten mit einer Kette von Versammlungen den Wahlkampf der demokratischen Kräfte Südwestdeutschlands. Dabei kamen sie auch nach Darmstadt, wo sie am 16. März 1868 auf einer demokratischen Wahlkundgebung auftraten. In einer weit ausgreifenden Rede wandte sich Liebknecht mit aller Vehemenz gegen die Kollaboration der nationalliberalen Bourgeoisie-Politiker mit Bismarck. Über das greifbare Resultat ihrer strapaziösen Agitationstour äußerte sich Bebel später lapidar: »Liebknecht machte in diesem Wahlfeldzug die einzige Eroberung ... im übrigen zogen wir als die Geschlagenen nach Hause.« Die »Eroberung« bezog sich auf Natalie Reh.

In Darmstadt wurden Bebel und Liebknecht von Ludwig Büchner zu Tisch geladen. Der jüngere Bruder Georg Büchners war der Kopf der demokratischen Volkspartei in Südhessen. Als Arzt praktizierend, gehörte er zu den populärsten materialistischen Naturphilosophen seiner Zeit und war langjähriger Repräsentant der deutschen Freidenkerbewegung. Gut zwei Jahrzehnte zuvor hatten Büchner und Liebknecht sich als Studenten der Gießener Universität nahegestanden. Büchners Frau Sophie hatte zu der Tischgesellschaft auf der Darmstädter Ludwigshöhe auch ihre Freundin Natalie Reh geladen. Hier sahen sich Natalie Reh und Wilhelm Liebknecht zum ersten Mal.

Knapp ein Jahr zuvor war Liebknechts erste Frau Ernestine an der Proletarierkrankheit, der Tuberkulose, qualvoll zugrunde gegangen; 2 Kinder, Alice und Gertrud, die noch nicht einmal 10 bzw. 4 Jahre zählten, als Halbwaisen zurücklassend. Liebknecht gestand Natalie Reh: »Es war Nacht um mich, als ich nach Darmstadt kam. Mein Glück lag im Grab; sorgenvoll gedachte ich der verwaisten Kinder. Auf dem Rückweg von der Ludwigshöhe fiel wieder der erste Sonnenschein auf mein verdüstertes Dasein. Anfangs hatte ich gar keine Acht auf Sie gehabt. Erst auf dem Heimweg fiel mir die Binde von den Augen und plötzlich, wie wenn ein Blitz niedergefahren wäre, wurde es mir klar, daß ich an einem Wendepunkt meines Lebens stand.« Vierzig Jahre später erinnerte sich Bebel an diesen Moment, da Liebknecht »Feuer« gefangen hatte: »Ich mußte also am nächsten Tag die Rolle des postillon d'amour übernehmen und durch Frau Büchner eine zweite Zusammenkunft vermitteln. Vier Monate später war die Hochzeit.« Was Bebel hier im Zeitraffertempo wiedergab, war eine komplizierte Entscheidungssituation, in die glücklicherweise erhaltene Briefe authentische Einblicke gewähren.

Natalie Reh war voller Neugier zu Büchners Tischgesellschaft gekommen und gespannt auf die Persönlichkeit Bebels und Liebknechts, die durch ihre aufsehenerregenden Kontroversen im Norddeutschen Reichstag von sich reden gemacht hatten. Ihr Eindruck war »durchaus in jeder Beziehung sehr günstig und angenehm«, doch es wäre gewiß bei der Erinnerung an einige interessante Stunden geblieben, wenn nicht die durch Bebel vermittelte Werbung Liebknechts eine »lebhafte Empfindung« in ihr geweckt hätte. Stand nicht auch sie in ihrer persönlichen Entwicklung objektiv an einem »Wendepunkt ihres Lebens«? Sie hatte sich noch nicht entschließen können, eine Ehe einzugehen. Für eine anspruchsvolle Frau wie Natalie Reh war es schwierig, einen ebenbürtigen Partner zu finden, und es wurde von Jahr zu Jahr schwerer. Sie war schon 32! Vielleicht hatte sie sich schon damit abgefunden, ihr Leben allein zu gestalten? Und nun, unverhofft, bemühte sich ein Mann um sie – nicht irgendein Mann, sondern eine gebildete, temperamentvolle, engagierte Persönlichkeit, die im Rampenlicht der Öffentlichkeit stand! Natürlich war Natalie Reh angetan von der Werbung Liebknechts, in der sie allmählich, wie wir annehmen dürfen, eine Lebenschance für sich selbst sah.

Liebknecht hatte offenbar seinen Studienfreund Büchner über seine Situation informiert. Sophie Büchner, die Freundin Natalies, und ihr Mann stellten sich als Mittler in dieser delikaten Angelegenheit zur Verfügung. Liebknecht hatte Sophie Büchner darum gebeten und ihr zugleich eine Photographie seiner beiden Töchter zugesandt. »Das Bild von Ihren Kindern hat uns außerordentlich gefallen und ich bin überzeugt, daß es auf Natalie denselben Eindruck machen wird«, dankte Sophie Büchner Liebknecht und berichtete aus Darmstadt: »Werter Herr! Noch an demselben Tage hatte ich Gelegenheit, mit Natalie Reh unsere für alle Teile so wichtige Angelegenheit zu besprechen. Etwas Sicheres kann ich Ihnen leider jetzt noch nicht über die Sache mitteilen. Nur so viel, Natalie schien im ersten Augenblick überaus freudig und glücklich von meiner Mitteilung berührt zu sein.« Da aber schaltete sich Nataliens Vater Theodor Reh (67) ein. Er war bekannter Abgeordneter des Hessischen Landtages, zuvor 1848/49 Mitglied – und zwar auf dem gemäßigt bürgerlichen Flügel – und sogar im Mai 1849 kurze Zeit Präsident der Deutschen Nationalversammlung gewesen und hatte der Deputation angehört, die – brüsk abgewiesen – dem preußischen König die deutsche Kaiserkrone angeboten hatte. Wenn schon damals starke Diskrepanzen zwischen den »Gemäßigten« à la Theodor Reh und den ungestümen »Radikalen« bestand, die – wie Liebknecht 1848/49 – mit der Waffe in der Hand nicht nur für die vom Frankfurter Parlament beschlossene, von den wichtigsten der deutschen Fürsten aber abgelehnte Reichsverfassung unter Einsatz ihres Lebens kämpften, sondern die »soziale« oder »rote Republik« erstrebten, so war diese Kluft seitdem beträchtlich vergrößert. Der eine hatte sich als Großherzoglich-Hessischer Hofgerichtsadvokat in einem Kleinstaat etabliert, der andere war als Freund und Schüler von Karl Marx aufopferungsvoller Vorkämpfer der sich formierenden sozialistischen Arbeiterbewegung. Zu den gravierenden politischen und weltanschaulichen Differenzen kamen gewiß berechtigte Sorgen um die materiell gesicherte Zukunft der Tochter. So trat Theodor Reh den Ambitionen Nataliens mit einem energischen Veto entgegen, das von der ganzen Familie unterstützt wurde. Auch mit 32 Jahren war Natalie in dieser ihrer ureigensten Lebensentscheidung von der Zustimmung ihres Vaters abhängig, der als Druckmittel mit der Enterbung drohen konnte. Sicherlich hat sich Natalie dagegen aufgebäumt, möglicherweise sogar stürmisch, gänzlich unbeeindruckt blieb sie von diesem Widerstand der Familie allerdings nicht. Das väterliche Veto wurde indessen schnell gegenstandslos, da Theodor Reh am 31. März 1868 verstarb. Ludwig Büchner berichtete Liebknecht umgehend und konstatierte, »daß sie /Natalie/ nunmehr vollkommen frei und im Besitz ihres Vermögens ist ... Nach eingezogenen Erkundigungen soll Nataliens Erbteil zirka 8 000 fl/Gulden = etwa 5 350 Taler/ betragen; jedoch kann es auch mehr oder weniger sein.«

Fast zwei Jahrzehnte hatte Liebknecht in drückendster finanzieller Misere leben, im wahrsten Sinne des Wortes tagtäglich um die nackte Existenz kämpfen müssen. Auch wenn er sich davon nicht unterkriegen ließ, beeinträchtigten die spärlichen und zudem unregelmäßigen Honorare, die er mit relativ großem Zeitaufwand durch Artikel für demokratisch orientierte Provinzzeitungen und für Privatunterricht erzielen konnte, seine politische Tätigkeit. Ungefähr 200 Taler mehr pro Jahr wünschte sich Liebknecht, wie aus einem Brief an Marx hervorgeht, geradezu sehnsuchtsvoll — »dann könnte ich leben — und zehnmal besser arbeiten als jetzt«.

Niemand wußte besser als Liebknecht selbst, daß Büchners Mahnung nicht von der Hand zu weisen war: »In einer Lage wie der meinen kann man Dir gewiß nur dazu raten, nicht ohne Vermögen zu heiraten; schon die Rücksicht auf Deine Kinder gebietet Dir das.« Für Liebknecht entscheidend aber war die Herzensbindung. Er hoffte, in seiner exponierten Position für sich eine Partnerin und für seine Töchter eine neue Mutter zu finden. In seinem ersten Brief, den er Ende April 1868 an Natalie Reh richten durfte, äußerte er frei heraus: »Sie haben einiges Vermögen, und das freut mich. Es soll Ihnen gesichert bleiben, und könnte ich Ihnen nicht mehr als Stütze dienen, so wären Sie wenigstens nicht ganz mittellos!«

Und an dieses Versprechen hielt er sich auch in für ihn äußerst kritischen Lagen.

Nüchtern-sachlich informierte Ludwig Büchner Mitte April 1868, »daß die Betreibung Deiner Angelegenheit durch den Tod von Nataliens Vater und ihre dadurch bedingte Zurückgezogenheit eine natürliche Verzögerung erfahren hat, die man nicht ohne Verletzung des Zartgefühls abschneiden oder abkürzen kann«, daß »aber die Angelegenheit ... durchaus günstig für Dich steht, d.h. von Seiten Nataliens selbst, nicht so, wie es scheint, von Seiten der

Familie. Da aber Natalie jetzt ganz unabhängig dasteht, so hat letzteres nichts zu bedeuten.« Natalie ließ Sophie Büchner — und damit Liebknecht — wissen, daß sie die durch den Schmerz über den Tod ihres Vaters geschuldete Pause in der familiären Besprechung ihres Verhältnisses zu Liebknecht für beendet ansehe und nunmehr ihre eigenen Interessen verfolgen könne. Allerdings könne sie ihre Entschließung in einer so wichtigen Angelegenheit nicht für sich allein fassen, sondern sei auf den Rat ihrer Stiefmutter und vor allem ihres Bruders angewiesen, dessen Mißbilligung sie nicht habe überwinden können. Seine Einwände beträfen weder Liebknechts Person noch dessen Charakter, wohl aber seine berufliche Position, die er als höchst unsicher betrachte, unsicher durch die »stark exponierte politische Stellung und unsicher durch die damit zusammenhängende Tätigkeit an Zeitungen, deren Existenz durch jede politische Gegenströmung im höchsten Grade gefährdet sei«. Als unverzichtbare Grundbedingungen erachtete der Bruder »eine wenigstens menschlichen Berechnungen nach einigermaßen gesicherte Zukunft, wenn auch nur durch ein bescheidenes, aber sicheres Einkommen«.

Die Familie Reh hatte in Gießen Erkundigungen über Liebknecht eingezogen. »Hochehrwürdiger Herr Amtsbruder!« antwortete G. Landmann, offenbar Advokat in Gießen, und attestierte, daß Liebknecht »als Gymnasiast und Student recht gute Anlagen gezeigt, bei seinen politischen Verirrungen und Agitationen einen redlichen Willen gehabt« habe. Der Schlußpassus aber lautete: »Daß er einer Frau eine sichere Existenz bieten könne, wird bezweifelt, und wenn er meine Tochter zur Frau haben wollte … dann würde ich mich dreimal besinnen!« Das verstärkte natürlich die Bedenken, die Nataliens Familie gegen die ins Auge gefaßte Verbindung erhob.

Diesen Bedenken ihrer Verwandten nachgebend, die ja auch die ihrigen waren, ließ Natalie Reh über Büchner am 22. April anfragen, ob Liebknecht sich nicht vor der Heirat eine gesicherte Anstellung an einer größeren Zeitung, einer Schule oder dergleichen verschaffen könne. Natalie erstrebte für sich und ihre künftige Familie soziale Sicherheit. Wer vermochte es ihr zu verdenken? Für eine Frau wie Natalie barg die Familiengründung ein beträchtliches Risiko in sich. Sie war auf den Mann angewiesen — fiel er fort, etwa durch Krankheit oder Tod, stand die Frau mit ihren Kindern ohne Einkommen da. Ein Rentensystem, das der Witwe mit ihren Kindern wenigstens ein Minimum an Existenzmitteln gewährte, existierte damals nur für langgediente Staatsbeamte bzw. Militärs. Das Einkommen des Mannes als Alleinverdiener wurde nicht nur für die tagtäglichen Lebensbedürfnisse gebraucht, sondern auch für eine gewisse Rücklage, die der Familie bei persönlichen Schicksalsschlägen ein Überleben ermöglichen sollte. Die »gesicherte Anstellung«, die Natalie wünschte, bedeutete aber für Liebknecht Verzicht auf die in mühseliger Arbeit und unter schwersten Opfern errungene politische Position als Arbeiterführer. Die größeren Zeitungen hatten bürgerlichen Charakter. Übernahm er hier einen Redakteurposten, mußte er als Funktionär der sozialistischen Arbeiterbewegung unglaubwürdig werden. Und eine feste Anstellung als Lehrer an einer Schule mußte unweigerlich mit seinen Pflichten als Abgeordneter in Berlin und mit seiner aufwendigen Agitationsarbeit kollidieren. Darauf vermochte sich Liebknecht nicht einzulassen.

Als sein Fürsprech versicherte Büchner Natalie, daß es für Liebknecht nicht so einfach sei, rasch eine feste Position zu erringen, er aber jedenfalls keine Gelegenheit versäumen würde, seine materielle Stellung zu verbessern. Sie müsse einiges Vertrauen in Liebknechts Persönlichkeit setzen. Das war ganz im Sinne Wilhelms, der seine und ihre gemeinsame Chance in einem Alles-oder-Nichts-Standpunkt sah: Entweder sie nahm ihn, wie er war, mit allem, was er hatte und was er nicht hatte, oder die Hoffnung beider zerschlug sich. Büchner glaubte am 22. April, die Entscheidung sei gefallen. »Sie gab schließlich ihre Einwilligung zu Eurer Verbindung unter der Voraussetzung natürlich, daß Ihr Euch bei näherer Bekanntschaft gegenseitig gefallen würdet. Du kannst also, wenn Du willst, nun einmal an sie schreiben unter meiner oder meiner Frau Adresse, und sie auf Deine Ankunft vorbereiten.« Doch tags darauf mußte er ein Postskriptum anfügen. In einem Schreiben an Sophie Büchner hatte Natalie erneut um Intervention gebeten. »Meine Familie zweifele nicht an der Sicherheit seiner Stellung für den Augenblick, wohl aber für die Zukunft durch seine scharf ausgesprochene politische Richtung ... Für mich würde es deshalb, eben meiner nächsten Angehörigen wegen, gewiß sehr angenehm sein, zu wissen, wie fest seine Engagements seien.«

Das freilich wußte Liebknecht selbst nicht! Seine Korrespondententätigkeit für kleine Zeitungen in Baden und der Schweiz hatte er mehr und mehr reduzieren müssen, um Zeit für seine politische Arbeit zu gewinnen; Unterricht im Leipziger Arbeiterbildungsverein — Französisch, Englisch, Rhetorik — brachte ihm wenig ein, und das galt auch für Privatstunden, die er noch immer auf sich nahm. Abgeordnete des Norddeutschen Reichstages erhielten keinerlei Diäten (Aufwandsentschädigungen); um an den Parlamentsverhandlungen teilnehmen zu können, opferte Liebknecht nicht nur einmal das Geld, das er für die Vierteljahresmiete seiner Leipziger Wohnung brauchte. Anfang 1868 wurde — endlich! — das »Demokratische Wochenblatt« gegründet. Mühsam war das allernotwendigste Startkapital durch Anteilscheine von 1 bis 5 Talern von Arbeitervereinen aufgebracht worden. Unverzichtbares Informations- und Führungsinstrument der »Bebel-Liebknechtschen Richtung«, konnte die Auflage von anfangs 700 Exemplaren binnen 8 Wochen verdoppelt werden — aber jede Nummer, die herausgegeben wurde, erforderte Zuschüsse oder vermehrte die Schuldenlast. Nicht selten mußte der Redakteur — Redaktionslokal war die Liebknechtsche Wohnung Braustraße 11 — auf das ohnehin minimale Monatsgehalt verzichten.

Wahrlich, es stimmte, und er gestand es in seinem ersten Brief an Natalie Reh offen ein: »Ich bin nicht reich.« Doch schwankte die Waage zwischen Hoffnung und Realität, wenn er versicherte, »daß ich im Stande bin, eine Frau zu ernähren ... und auch für die Zukunft Sorge tragen kann«.

Am 21. April, da Büchner in Darmstadt mit Natalie Reh sprach, griff Liebknecht in der Leipziger Braustraße 11 zur Feder, um Natalies Freundin Sophie Büchner zur Intervention zu ermuntern. »Verehrte Freundin! Ich muß wieder an Sie schreiben, das Herz ist mir zu voll. Ich bin jetzt entsetzlich unglücklich. Auf 14 Tage hatte ich die Kinder bei Bekannten in der Umgegend, und konnte da so recht beobachten, wie sie, trotz aller meiner Anstrengungen, verwahrlost sind. Jetzt, seit gestern, sind sie wieder hier, und ich muß ihnen Mutter sein, mich um die kleinsten Kleinigkeiten bekümmern. Und dabei mit Arbeiten überhäuft, immer neue Aufforderungen zu schreiben, Vorträge zu halten usw. Sonntag soll ich nach Berlin zum Zollparlament! Ich zittre bei dem Gedanken. Die Kinder von mir geben — ich kann's nicht. Sie bei mir behalten — ich ruiniere mich, bin in allen Bewegungen gehemmt. Es gibt nur ein Mittel der Rettung — Sie kennen es.« Er verstieg sich zu dem Appell: »Mitleid, so sagt man, erzeugt bei den Frauen Liebe. N. soll mich aus Mitleid heiraten! Sähe sie, wie ich mich abquäle, sie würde mir die Pein langer Ungewißheit ersparen, und mir die Last abnehmen, die dann ein Segen wäre. Einen Mann glücklich machen, zwei Kinder dem Elend der Mutterlosigkeit entreißen — es erfordert Opfer, schwere Opfer, aber ist auch eine hohe Aufgabe; und wahrlich, ich würde mich jede Minute meines Lebens dankbar erweisen für die gebrachten Opfer.« In der Gewißheit, daß dieser Brief in Natalies Hände gelangen würde, fügte er eine bewegende Selbsteinschätzung ein. »Sie kennen mich nur als politischen Charakter, als Soldat der Demokratie. Ich habe viel gekämpft, viel gelitten, eine dicke Hornhaut hat sich um mich gebildet — wie sollte es auch anders sein, wenn man 20 Jahre herumgewirbelt worden ist? Allein ich bin nicht rauh, noch weniger gefühllos; ich habe mein Herz jugendwarm erhalten, und ich kann nicht leben, ohne zu lieben, ohne geliebt zu werden. N. gefiel mir, sobald ich mir sie ansah; sie hatte mich gefesselt, als sie die ersten 10 Worte mit mir gesprochen. Das klingt etwas romantisch. Ist es vielleicht auch ... Bitte, bitte ... sorgen Sie dafür, ›daß sie sich kriegen‹ ... Ich sagte es Ihnen bereits: es ist mir voller, vollster Ernst; mein Lebensglück, das meiner Kinder steht auf dem Spiel. Ich vertraue mich Ihnen an, führen Sie meine Sache gut. Herzliche Grüße an Sie und N. Wie gern würde ich direkt an sie schreiben!«

143

Sophie Büchner sandte auch diesen Brief an diejenige, für die er bestimmt war. Gleichzeitig wandte sie sich an Liebknecht, voller Verständnis für seine persönliche Situation. Doch müsse Natalie in einer derartig delikaten Angelegenheit selbst entscheiden. »Mein Rat ist der, daß Sie so bald wie möglich herkommen und vorher an Natalie selbst unter meiner Adresse schreiben.« Das ließ sich Liebknecht nicht zweimal sagen, zumal dieser Rat auf Natalie selbst zurückging, die Sophie gebeten hatte: »Schreib Du ihm, ein Brief von ihm, bevor er komme, würde mich recht freuen, und ich hätte auch sehr viel schwere Stunden in den letzten 3 Wochen gehabt.«

Inzwischen wieder in Berlin, wandte sich Liebknecht am 30. April 1868 erstmals direkt an Natalie Reh, die Inkarnation seiner Hoffnungen: »Mein Fräulein! Drei Briefe habe ich schon angefangen und wieder zerreißen müssen. Soll es mit diesem nicht ebenso gehn, so muß ich mir ein Herz fassen und — ganz offen und rückhaltlos zu Ihnen reden ... Warum ich an Sie schreibe, wissen Sie. Sie wissen, daß ich Sie liebe, und daß Ihr Besitz das höchste Ziel meines Strebens ist. Um eins möchte ich Sie nun vor allem bitten: Sagen Sie selbst mir, daß ich hoffen darf, das Ziel zu erreichen. Ich will Sie nicht überrumpeln, Sie nicht zu einem voreiligen Entschluß treiben. Wir müssen erst mehr miteinander verkehrt haben, ehe ich ein endgültiges Ja! von Ihnen fordern kann; aber auf den ersten Eindruck kommt sehr viel an, und die paar Stunden, die ich in Ihrer Gegenwart verlebt, haben Ihnen jedenfalls ein Bild von mir hinterlassen, das — vervollständigt durch die Mitteilungen, die Ihnen B./Büchner/ über mein Tun und Kämpfen geben kann — zur Fällung eines Urteils über meine Persönlichkeit ziemliche Anhaltspunkte bietet. Gleich jedem, der rücksichtslos nur seine Pflicht zu erfüllen sucht, und das Unrecht bekriegt, bin ich vielfach verleumdet worden, aber meine ärgsten Feinde erteilen mir das Zeugnis, daß ich mich nie durch schlechte, eigennützige Beweggründe habe leiten lassen. Ich habe ein stürmisches Leben geführt. Mit 22 Jahren stürzte ich mich in den Strudel der Revolution; auf dem Schlachtfeld, im Gefängnis, in 13jähriger Verbannung stählte ich meinen Charakter und lernte die Menschen kennen. Ich habe den Becher des Elends und des Unglücks bis auf die Hefe geleert. Kein härterer Schlag hat mich aber je getroffen als der Tod meines treuen Weibes. Daß ich dies Ihnen sage, beweist Ihnen, welche hohe Meinung ich von Ihnen habe. Hielte ich Sie für kleinlich, so würde ich meiner ersten Liebe nicht erwähnen. Aber die Liebe ist unendlich und ohne Maß. Mit weichem Herzen zum Kampf gezwungen, habe ich doppelt das Bedürfnis zu lieben und geliebt zu werden; und die Stärke meiner Liebe zu der Verstorbenen zeigt Ihnen die Stärke der Liebe, die Sie in mir erweckt.« In der ersten Begegnung mit Natalie, die ihm verklärt erschien, sah er nun »einen Wendepunkt meines Lebens«: »Hier eine lichte Zukunft,

häusliches Glück, die Waisen versorgt, meines Herzens Sehnsucht gestillt —
dort hoffnungsloser Verzicht auf Familienglück, die Kinder von mir gerissen,
der politische Kampf meine einzige Erholung, im Taumel der Leidenschaft
die Stimme des Herzens erstickt! Ich bin leidenschaftlich, rasch im Entschluß,
aber auch zäh; noch nie habe ich von dem einmal Erstrebten abgelassen, nie
bin ich mir selbst untreu geworden. Also glauben Sie nicht, daß nur eine vorübergehende Laune aus mir spricht, daß ich leichtsinnig hinschreibe, was ich
gerade im Moment fühle, was aber der nächste Tag wegwehen wird. Mit voller Überlegung, mit klarstem Bewußtsein, wenn auch nichts weniger als ruhig,
erkläre ich Ihnen, daß Sie mein Schicksal in der Hand haben. Ich kenne Ihre
gesellschaftliche Stellung, und habe Sie zu lieb, Ihnen ein Leben des Elends
anzubieten. Ich bin nicht reich … Habe ich ein treues Weib, das mir einen
Teil meiner Sorgen abnimmt, so vermag ich meine Stellung so zu verbessern,
daß ich für Ihre und meiner Kinder Zukunft Maßregeln treffen kann. Doch
ich greife vor. Nur eins noch. Meine Lage ist eine unerträgliche; das Leben,
welches ich jetzt führe, reibt mich auf; meine Kinder müssen möglichst bald
Mutterpflege erlangen — ich kann nicht lange in Ungewißheit bleiben. So weit
kennen Sie mich, daß Sie im Stande sind, zu sagen, ob Sie mich überhaupt
lieben können. Ich kann bloß auf kurze Zeit nach Darmstadt kommen, und
das erst nach Schluß der Session, d.i. etwa im Juni. Bis dahin müssen wir uns
so weit kennengelernt haben, daß es nur noch eines kurzen persönlichen Ver-
kehrs bedarf, um uns auf immer zu verbinden oder — zu trennen. Wir können uns aber bis dahin bloß brieflich kennen lernen; und ich bitte Sie daher
inständigst, wenn Sie einen Funken von Sympathie für mich haben, willigen
Sie in einen Briefwechsel zwischen uns [ein]. Richten Sie jede Frage an mich,
fordern Sie jede Auskunft von mir — auf Ehrenwort, ich werde Ihnen die
Wahrheit antworten! …
    Bedenken, gerechtfertigte Bedenken sehe ich nicht. Ich will nur Ehrenhaf-
tes; Ihre Familie braucht sich meiner nicht zu schämen. Im Namen meiner armen Kinder, in meinem eignen Namen bitte, beschwöre ich Sie: erfüllen Sie
meinen Wunsch! … Nochmals: ich habe kein höheres Ziel, als Sie zu besitzen, keinen heißeren Wunsch, als Sie glücklich zu machen … Wägen Sie
meine Worte nicht auf der Goldwaage; ich mußte sehr hastig schreiben. Aber
prüfen Sie die Gedanken, die Gefühle, die ich Ihnen im Vertrauen auf Ihr gutes Herz enthüllt habe. Hochachtungsvollst der Ihrige W. Liebknecht.«
    Natalie Reh entsprach der Bitte Liebknechts und eröffnete die direkte Kor-
respondenz mit ihm. Ihr erster, an Wilhelm Liebknecht selbst gerichteter
Brief ist ein Zeugnis ihrer Persönlichkeit:
    »Geehrter Herr! Mit zagendem Herzen ergreife ich die Feder, ich fühle,
wie mich der Mut mit jedem Augenblick mehr verläßt, Ihnen das zu sagen,

was Kopf und Herz sich klar bewußt sind. Ihr Brief hat mich sehr erfreut, aber auch tief erschüttert. Ich glaube und vertraue Ihnen und so hoffe ich die Kraft zu finden, Ihnen mit derselben Offenheit und Wahrheit antworten zu können, die Sie mir gegenüber gezeigt, ich erfülle dann wohl nur meine Pflicht und genüge dem Bedürfnis meines Herzens. —

Ja, Ihre Nähe war mir wohltuend, der Eindruck, den ich in den wenigen Stunden unseres Zusammenseins empfunden, durchaus in jeder Beziehung günstig und angenehm. Leugnen will ich aber nicht, daß, ohne Ihr freundliches Entgegenkommen, wohl keine lebhaftere Empfindung in mir für Sie erwacht wäre; ebenso offen gestehe ich Ihnen aber nun auch, daß ich mich nach allem, was ich von Ihnen gehört und gelesen, zu Ihnen hingezogen fühle und von der Zukunft nur hoffe, daß durch unseren brieflichen Verkehr und später durch persönliches Zusammensein dieses Gefühl an Tiefe und Innigkeit zunehme. Ich kann und werde mich nur dann an das Leben und Schicksal eines Mannes binden, wenn ich fühle, daß es für meine Liebe und mein Vertrauen gegen ihn keine Grenzen gibt und daß ich dasselbe von ihm erwarten kann. Ich kann nicht oberflächlich lieben noch vertrauen, ich muß ganz mich hingeben können, nur dann werde ich mich so entwickeln, daß ich im Stande bin, meine Pflichten mit Freudigkeit zu erfüllen, die dann ein unversiegbarer Quell des Glücks sind.

Glauben Sie nicht, daß ich jemals mir glänzende äußerliche Verhältnisse gewünscht, nie in meinem Leben, wohl aber eine Häuslichkeit, die es mir möglich mache, gehoben und getragen von der unerschütterlichen Liebe, dem festen Vertrauen meiner Angehörigen, um für dieselben zu leben und darin meine höchste Seligkeit zu finden.

Ich habe — bekannte Natalie in Anspielung auf ihre Stiefmutter — viel, viel unter Lieblosigkeit und Mißtrauen gelitten, und es ist dies für ein liebebedürftiges, vertrauendes Herz schwer, sehr schwer zu ertragen, es erfordert eine stete Selbstverleugnung, die ohne Lohn ist. Bleiben Ihre Gefühle und Gesinnungen für mich auch bei näheren Beziehungen dieselben und gewinnen Sie mein Herz fort und fort mehr wie seither, dann fürchte ich mich vor keiner Zukunft, sondern gehe ihr mit Freude und Mut entgegen und keine Einwände meiner Verwandten sollen auch nur für Augenblicke meinen Entschluß schwankend machen.

Die Einwände meiner Angehörigen betreffen weder Ihre Person noch Ihren Charakter, sondern einzig und allein Ihre politische Stellung. Ich bin nicht imstande, ihre Bedenken zu beseitigen, die traurige Erfahrung, wie tief die Politik in das Familienglück eingreifen kann, haben Sie leider selbst gemacht, und auch unsere Familie blieb davon nicht verschont …

Ihr Schicksal, vielmehr Ihre Schicksale haben mich tief ergriffen und gibt

146

es in Ihrem Brief eine Stelle, die mich Ihnen mehr wie jede andere ganz besonders geneigt macht und meine Achtung für Sie steigert, so ist es die Erwähnung Ihrer ersten Frau und Ihrer Liebe zu ihr. Nicht in der Verleugnung der Liebe, die Sie einst gegeben und empfangen, sondern im warmen, treuen Andenken daran sehe ich die beste Garantie für die Wahrheit und Dauer Ihrer Gefühle für mich. Und ist es mir einst vergönnt, Ihnen nahe zu stehen, dann soll es mein ehrliches Bestreben /sein/, nicht die Vergangenheit Sie vergessen zu machen, so doch ihr den Stachel zu benehmen. — Wahrer und aufrichtiger, wie ich zu Ihnen gesprochen, kann ich vor Gott selbst nicht reden, und habe ich aber vielleicht zu viel gesagt, dann — ich hoffe, ich fühle, Sie verstehen mich. Nur eine Bitte erlauben Sie mir an Sie zu richten. Mein lebhafter Wunsch wäre es, Ihre Kinder früher zu sehen als Sie sie meiner Liebe und Pflege übergeben würden. Wenn ich /ihnen Mutter/ sein soll, dann wäre es mein höchstes Streben, ihnen so viel nur immer in meinen Kräften steht, den schweren Verlust des treuen liebenden Mutterherzens zu ersetzen. /Doch möchte/ ich von ihnen einen Eindruck haben, ehe sie an mich gebunden sind, damit ich wüßte, ob wir uns zueinander hingezogen fühlen. Kinder haben ihre Sympathien wie Antipathien ebenso wie die Erwachsenen. Ich weiß nur zu gut aus Erfahrung, was es heißt, die Mutterliebe für ewig entbehren zu müssen … Sagen Sie mir in Ihrem nächsten Brief, was Sie darüber denken, der hoffentlich nicht lange auf sich warten läßt.

Mehr zu schreiben ist mir heute nicht möglich … Von Frau B./Büchner/ freundliche Grüße. Ihre Natalie Reh.

Ich bin stolz auf Ihr Vertrauen.«

Am Morgen des 5. Mai hielt Liebknecht diesen ersten Brief Natalies in seinem Zimmer in der Berliner Charlottenstraße 16 in der Hand. Er ließ sich gern und ganz davon überwältigen. »Mein Fräulein … Tausend Dank für Ihren Brief! Er hat mich glücklich gemacht; ich sehe, daß das Dunkel sich lichtet, und kein unübersteigliches Hindernis mich von Ihnen trennt. Ich will mir Ihre Liebe erringen und werde sie erringen. Sie haben mit so edler Offenheit zu mir gesprochen, mir ein so herrliches Gemüt erschlossen, daß ich den Moment segne, der mich in Ihre Nähe führte; und im Hinblick auf den hohen Siegespreis werde ich vor keiner Anstrengung, keinem Opfer zurückbeben. Sie besitzen die Kraft zu lieben, die Hingebung und die Seelenstärke, deren die Lebensgefährtin eines Mannes meiner Natur und meiner Lebensstellung bedarf; und Sie — das lese ich aus jeder Zeile Ihres Briefs heraus — Sie haben eine Innigkeit des Gefühls und eine Gewissenhaftigkeit, welche Sie befähigen, den Kindern einer andren Frau Mutter zu sein.«

Für ihn war das ein Kardinalpunkt, und er kam nochmals darauf zurück.

»Es zeugt von Ihrer, ich möchte sagen mütterlichen Vorsorge, daß Sie sich schon jetzt um die Liebe meiner Kinder bewerben. Die Tränen traten mir in die Augen, als ich die Stelle Ihres Briefs las.« Tief bewegt, suchte er diese Bindung zu stärken. Er hatte von Sophie Büchner ein Foto Natalies erhalten. »... und am Abend der Heimkehr zeigte ich es den Kindern mit den Worten: ›Wie würde Euch eine solche Mutter gefallen?‹ (Auf Englisch, — wir sprechen meist Englisch). Die Älteste, Alice, 10 Jahre, betrachtete das Porträt aufmerksam und sagte dann: Ach! das ist eine gute, hübsche Mama, das ist keine böse Stiefmutter! Und die Kleine, Gertrud, gewöhnlich Baby genannt, 4 Jahre alt, plapperte es lachend nach. Seitdem habe ich ihnen das Bild oft gezeigt, und Sie sind meinen Kindern ans Herz gewachsen ... Sie zürnen mir vielleicht, daß ich so verwegen war, nach so kurzer Bekanntschaft auch nur im (freilich ernsten) Scherz über Sie zu verfügen? Ich fühle mich so glücklich dabei!« Er kündigte an, bei seinem Kommen Alice, die ältere der beiden Schwestern, mitzubringen. Noch aber sei er »an den Fels der Politik« angeschmiedet.

»... Also in Eile, was ich noch auf dem Herzen habe. Ich liebe Sie! Ich liebe Sie! Ihr Brief zeigt mir die Erfüllung meines Ideals. Sie haben alle die Eigenschaften, die ich Ihnen in meinen Träumen beigelegt: Sie haben Verstand, Bildung, Herz und Sie können lieben, leidenschaftlich lieben. Sie können ›nicht oberflächlich lieben; Sie müssen sich ganz hingeben‹. — Gebe Gott, daß ich es sein möge, dem Sie sich ganz hingeben! Sie werden finden, daß auch ich, wo ich liebe, ganz liebe, und daß es kein Opfer gibt, das ich dem geliebten Weib nicht bringen kann. Sie sind zu verständig, mir Verzicht auf meine politischen Prinzipien zuzumuten; aber das schwöre ich Ihnen: Wenn ich Sie besitze, werde ich mein Leben nach Ihren Wünschen regeln, und wird der Gedanke, Sie, geliebtes Mädchen, für Ihre Liebe zu belohnen, Ihnen Glück um Glück zu geben, all mein Dichten und mein Handeln beherrschen. Und da muß ich nun schließen und habe Ihnen eigentlich nichts gesagt, als daß ich Sie liebe ... Nicht wahr, Sie schreiben mir wieder recht, recht bald, und erquicken mein liebesdürstendes Herz? Ich bin hier so vereinsamt, und ein Wort von Ihnen ist für meine Seele wie der Tautropfen für die sonnenversengte Blume. — Da werde ich zuletzt noch sentimental. Lachen Sie mich nicht aus, lieben Sie mich; lieben Sie mich aus Mitleid, wenn es nicht anders geht, retten Sie mich. Ohne Sie werde ich ein ödes, trost- und lichtloses Leben führen. Voll Achtung und Liebe W. Liebknecht.«

Für knapp drei Tage nach Leipzig zurückgekehrt, sandte er ihr, bevor er mit den Kindern zu einer »Landpartie« aufbrach, das wertvollste Dokument, über das er verfügte: Die Photographie seiner beiden Kinder, die ihm seine Frau Ernestine als letztes Weihnachtsgeschenk 1866 ins Gefängnis, die Berliner Stadtvogtei, geschickt hatte. Er legte auch sein Porträt bei. »Die Kinder sind in Wirklichkeit schöner; von mir gilt das umgekehrte; nur einen Vorzug habe ich vor dem Bild: ich bin nicht so finster als ich aussehe.« Er schloß: »Das Bild meiner Kinder ist das einzige, welches ich habe. Es ist überdies ein heiliges Andenken an meine verstorbne Frau. Daß ich es Ihnen gebe, zeigt Ihnen zweierlei: 1) daß ich Sie wirklich liebe, und 2) daß ich fest hoffe, Ihre Liebe zu gewinnen. Glaubte ich nicht zuversichtlich, mit Ihnen als Zugabe das Bild wiederzubekommen, ich würde es nimmermehr weggegeben haben. Und in dieser süßen Hoffnung bestärken Sie Ihren Sie heiß und innig liebenden W. Liebknecht.«

Wiederum in Berlin, fand Liebknecht selbst während der Tagung des Zollparlaments Gelegenheit, auf dem nur 1/2 Fuß (etwa 15 cm) breiten Pult seines Abgeordnetensitzes an Natalie, in diesem Fall freilich nur mit Bleistift, zu schreiben. »Mein geliebtes Mädchen!« begann er sehnsuchtsvoll. »Also Sie freuen sich auf meine Ankunft!«, quittierte er einen Brief Natalies, der uns leider nicht vorliegt, und gab sich »entzückt« von dieser ihrer Freude, von der er ein hohes »Maß von Aufrichtigkeit«, Charakterstärke und »Selbstgefühl der Weiblichkeit« ableitete, »das mich mit Stolz und Bewunderung erfüllt. Ich hasse die Prüderie und Zimperlichkeit; sie verrät entweder Verdorbenheit oder eine kleinliche Gesinnung. Und ich brauche eine Frau, die mir nicht bloß ein Spielzeug ist, sondern eine ›helpmate‹, eine Hilfsgenossin — ein Weib, das mir weiblich mild und doch charakterstark zur Seite steht. Und Gott sei Dank, Sie haben diese Charakterstärke!«

Natalie Reh hatte, auf seine Bitte hin, ihm ihr Porträt gesandt. »Noch einmal: Tausend Dank für das Bild — wohl erinnere ich mich noch an Sie, jeder Zug Ihres lieben Gesichtchens ist mir eingegraben, allein trotzdem glaube ich Ihnen näher zu sein, wenn ich Ihr Bild vor Augen habe, und wenn ich es küsse, dann kann ich mir einbilden (die Phantasie ist ein ungezogenes Kind, sie hat keine Schranken und macht mitunter gar verwegene Sprünge — also zürnen Sie mir nicht) — kann ich mir einbilden, das Bild sei zum Original geworden.« Zum Schluß drängte er: »Wenn ich Ihr Jawort habe, werde ich die Hochzeit nicht lange aufschieben. Jeder Tag, den ich warte, ist ein verlorener Tag, ein unglücklicher Tag. Sie kennen meine Lage, Sie wissen, wie sehr meine Kinder durch den Mangel an Mutterpflege zu leiden haben. — Doch nun muß ich schließen … Lieben Sie mich! Schreiben Sie recht, recht bald ihrem Sie ewig liebenden Wilhelm L.«

Seine leidenschaftlichen Liebesbeteuerungen erweckten in Natalie Reh nicht nur Freude. Dies bewegte ihre Freundin Sophie Büchner — Mittlerin zwischen beiden — zum Eingreifen. »Lieber Herr Liebknecht! Sie werden mich entschuldigen, wenn ich einmal ganz offen und ehrlich ein Wörtchen mit

Ihnen spreche«, kündigte sie ungeschminkt an und ging mit ihm sofort forsch ins Gericht. »Durch verschiedenes, was ich von N./Natalie/ höre und sehe, scheinen Sie mir in einer Weise aufgeregt und exaltiert zu sein, daß es einem dabei förmlich unheimlich zumute sein könnte. Mich könnte eine solche Leidenschaftlichkeit eher abstoßen wie anziehen. Es wäre Ihnen sehr zu raten, daß Sie sich besser beherrschen. Ja, wenn Sie sich schon oft gesehen hätten und nach und nach in ein solches Feuer gekommen wären, so entschuldigte ich dies eher, aber so, nur durch briefliches Kennenlernen, finde ich eine solche Leidenschaftlichkeit, die fast an Raserei grenzt, verzeihen Sie mir diesen Ausdruck, fast unwahr, weil unnatürlich. Wo soll es denn hier noch eine Steigerung geben ...?« »Sie sind eben im Begriff, sich und besonders meine liebe Natalie auf so unverantwortliche und unnötige Weise aufzuregen, daß ich es als wirkliche Freundin von beiden nicht mehr stillschweigend mit ansehen kann. Natalie leidet sichtlich darunter und ich muß sagen, daß ich fast für ihre Zukunft zu fürchten anfange, wenn ich bedenke, wie sie bei Ihnen in jeder Weise auf Exaltation und Leidenschaftlichkeit stoßen wird.« Kategorisch erklärte sie: »Von einem richtigen Mann verlange ich, daß er in jeder Lage des Lebens das richtige Maß einzuhalten versteht, denn das scheint mir eine Vorbedingung des Glücks zu sein ... Sie tun mir und sich selbst also den größten Gefallen, wenn Sie sich ein wenig mehr in oben angegebener Weise zu Ihrem Vorteil veränderten, es wäre Ihnen beiden jetzt gesünder und für das ganze Leben tauglicher.«

Betroffen, zumindest sehr nachdenklich dürfte Liebknecht dieser — bei aller Schärfe doch wohlmeinende — Brief Sophie Büchners gemacht haben, der seiner überhitzten Leidenschaftlichkeit, in die er sich hineingesteigert hatte, einen Dämpfer aufsetzte. Inwieweit ließ er sich durch diese Mahnungen beeinflussen? Wir wissen es nicht.

Folgen wir dem Journalisten Rudolf Fendt, einem Studienfreund Liebknechts aus Gießen, dessen Frau von Natalie Reh informiert wurde, so war die briefliche Verlobung am 28. Mai 1868 perfekt. Fendt gratulierte und wünschte von ganzem Herzen Glück. »Du hast nach meiner vollsten Überzeugung eine gute Wahl getroffen, wofür Du dem Zufall dankbar sein kannst.«

Am 29. Mai 1868 nahm Liebknecht von dem Schneider Albert Steinert, dessen Wohnung und Werkstatt im 3. Stock des Seitengebäudes der Leipziger Weststraße 68 (heute Friedrich-Ebert-Straße) lag, — natürlich auf Kredit — einen neuen Paletot façon für 6 Tlr. 25 Sgr. und eine Weste für 1 Tlr. 15 Sgr. in Empfang. Seinen schwarzen Rock hatte er aufbügeln und mit einem neuen Kragen versehen lassen. So ausstaffiert, reiste er in der ersten Junihälfte mit seiner fast elfjährigen Tochter Alice nach Darmstadt.

Erstmals hatten Natalie Reh und Wilhelm Liebknecht — nun bereits als Brautleute — Gelegenheit, sich näher kennenzulernen.

Einen Monat später, zwei Tage vor Natalies 33. Geburtstag, teilte Liebknecht Karl Marx mit: »Am 30. dieses Monats /Juli/ werde ich heiraten, ein Fräulein Reh in Darmstadt, Tochter des ehemaligen Vizepräsidenten bzw. Präsidenten des Frankfurter Parlaments, der früher ein fanatischer ›Kaisermacher‹ war, aber durch 1866 zur Vernunft kam. Meine Braut — eine entfernte Verwandte, ihre Großmutter war die Schwester meines Großvaters — ist sehr klug, gesund und gutmütig, 29 Jahre alt und eine ausgezeichnete Hausfrau. In der alten Weise konnte ich nicht weiterleben. Entweder mußte ich mich von meinen Kindern trennen oder tun, was ich zu tun im Begriff bin. Bei nächster Gelegenheit werde ich Dir eine Photographie schicken.« Tags darauf, am 18. Juli 1868, erhielt Liebknecht von seinem Schneider Steinert, wiederum auf Kredit, einen schwarzen Rock, complet, für 14 Tlr., eine schwarze Hose für 6 Tlr. 15 Sgr. und eine schwarze Weste zu 3 Tlr. 5 Sgr. sowie einen Schal — die Hochzeitskleidung. Einer von vielen hundert überlieferten Notizzetteln Liebknechts enthält eine Liste notwendiger Unterlagen für die Hochzeit: »1. Taufschein des Bräutigams, 2. Todesschein der Eltern, 3. Todesschein der 1. Frau, 4. Heimatschein vom Kreisamt Gießen (Inventar), 5. Heimatschein vom Stadtgericht Gießen (Ehegatte), 6. Proklamationsschein vom Pfarramt Gießen.«

Außerdem hatte Liebknecht noch eine Bescheinigung vom Gerichtsamt Leipzig zu erbringen. Seit dem 12. Februar 1868 besaß Liebknecht den Einwohnerschein der Stadt Leipzig, den er unter Registriernummer 580 b für 2½ Neugroschen erworben hatte. Darin konstatierte der Rat der Stadt Leipzig: »Nachdem der Schriftsteller Herr Wilhelm Philipp Martin Christian Ludwig Liebknecht in die Zahl der selbständigen Einwohner hiesiger Stadt eingetreten und in das Verzeichnis derselben aufgenommen ist, so wird hierüber dieser Schein erteilt.« Quer am Rande stand die die Sicherheit des Aufenthalts wesentlich einschränkende Bemerkung: »Inhaber ist Ausländer«: Er war nicht im Königreich Sachsen, sondern im Großherzogtum Hessen geboren und hessischer Staatsangehöriger.

Am 30. Juli 1868 vollzog J. P. Ewald, Pfarrer der vereinigten evangelischen Civil-Gemeinde in Darmstadt, die feierliche Hochzeitszeremonie. Das Trauungsprotokoll — bis zum 1874 beschlossenen Gesetz über die Zivilehe das einzige amtliche Hochzeitszeugnis — fixierte:

»Im Jahre Christi Achtzehnhundert Acht und Sechzig, den dreißigsten Juli wurden auf Kreisamtlichen und Stadtgerichtlichen Heiratsschein und desfallsige Bescheinigung vom Königlich Sächsischen Gerichtsamt Leipzig, auf Dispensation von zweimaliger Proklamation, nach einmaliger Proklamation, auf

Dimissioriale vom Pfarramt Gießen wie mit Wahrung der kanonischen Erfordernisse getraut und ehelich eingesegnet der Literat, dermalen zu Leipzig wohnhaft Dr. Wilhelm Philipp Martin Christian Ludwig LIEBKNECHT, geboren den 29. März 1826 zu Gießen und allda heimatsberechtigt. Witwer seit dem 29. Mai 1867, und Wilhelmine Natalie REH, geboren den 19. Juli 1835, des verstorbenen Großherzoglichen Hofgerichts-Advokaten Jakob Ludwig Theodor Reh, mit weiland Karoline Theodore Luise, geborene Weidig, ehelich erzeugte ledige Tochter.

Zeugen waren: 1. Karl Reh, der Bruder der Braut, 2. der Großherzogliche Rendant zu Mainz, Eduard Langsdorf, welche dieses Protokoll nebst mir, dem Pfarrer, der die Trauung verrichtet, unterschrieben haben.

Karl Reh   J. P. Ewald

Eduard Langsdorf«

Rudolf Fendt, der der Trauung beiwohnte, fand, »Pater Ewald hat am Altar ganz prächtig gesprochen, wie ich es noch nie von ihm gehört habe«. Er wünschte Liebknecht: »Mögest Du an ihrer Seite alles das friedliche Glück finden«, das er in seiner eigenen Ehe genieße. »Einen besseren Wunsch kann ich Dir nicht auf den Weg geben ... Herzlichen Händedruck von Deinem alten Freund und oberhessischen Landsmann.«

Sorgsam bewahrte Liebknecht zwei telegraphische Glückwünsche aus seinem Wahlkreis auf: »Dem großen Volksvertreter, unserem Reichstagsabgeordneten Herrn W. Liebknecht zu seiner Vermählung die herzlichsten Glückwünsche vom Arbeiterverein Geyer« und »Die herzlichsten Glückwünsche dem Reichstagsabgeordneten W. Liebknecht zur Vermählung. Die Arbeitervereine zu Stollberg, Dorf Chemnitz, Hermersdorf, Erlbach, Ölsnitz.«

Wenige Tage nach der Hochzeit, Anfang August 1868, traf Natalie Liebknecht mit ihrem Mann in Leipzig ein. Sie fanden eine Hochzeitsgabe August Bebels vor. »Lieber Freund, Mit den herzlichsten Glückwünschen an Dich und Deine liebe Frau für Eure eheliche Verbindung, sende ich Dir im Namen der Mitglieder des Arbeiter Bildungsvereins das beifolgende Geschenk, das ich bitte als ein klares Zeichen unserer Freundschaft und Verehrung annehmen zu wollen. Montag /10. August/ kehre ich zurück aus meinem Wahlbezirk und werde dann nicht ermangeln, Euch meine Aufwartung zu machen, inzwischen grüßt Dich und Deine liebe Frau freundschaftlichst Dein Aug. Bebel.«

Natalie Liebknecht trat in eine für sie neue Welt ein. Ihre Verwandten und ihr Freundeskreis blieben im Hessischen zurück. Leipzig war für sie eine völlig unbekannte Stadt, in der sie niemanden kannte. Bislang nur für sich selbst lebend, hatte sie, faktisch von einem Tag zum anderen, eigenständig einen Familienhaushalt zu führen und war verantwortlich für zwei Kinder im Alter von nunmehr nahezu 11 und 5 Jahren — eine für sie völlig ungewohnte Aufgabe, die sie mit dem besten Willen in Angriff nahm. Aber unter welchen Bedingungen! Noch im August komplettierte Natalie die dürftige Wohnungseinrichtung bei Hornheim & Gerlach, einem führenden Möbelmagazin in der Petersstraße 19. Die Rechnung führt auf:

1 birkene Kommode mit 3 Kästen	8 Tlr.—.—
1 lackierter Kleiderschrank mit 2 Teilen	16 Tlr.—.—
1 mattierter Glasschrank mit 2 Teilen	22 Tlr.—.—
1/2 Dutzend birkener Rohrstühle	9 Tlr. 15 Sgr. —
1 Nußbaum-Nachtschränkchen mit Marmorplatte	7 Tlr. 15 Sgr. —
1 mattierter Damenschreibtisch	13 Tlr.—.—
	76 Tlr.—.—

Damit versuchte Natalie Liebknecht, sich ein Stück des Milieus zu erhalten, in dem sie im Hause ihres Vaters gelebt hatte. Doch das konnte die abrupte Umstellung, die sie zu bewältigen hatte, kaum mildern. »Natalie Liebknecht kam zunächst in Verhältnisse, die sich von rein proletarischen in nichts unterschieden«, urteilte Bebel. »Es ist daher begreiflich, daß es ihr, die an eine gewisse Behaglichkeit der Existenz gewöhnt war, nicht leicht wurde, in die neue Ordnung zu finden.« Gewiß: Anspruchsvoll in ihrer Erwartung von der ehelichen Gemeinschaft und alles andere als oberflächlich veranlagt, machte sie es sich selbst und ihrer neuen Familie nicht einfach, und der rastlos arbeitende Liebknecht — als Redakteur des »Demokratischen Wochenblattes« und Reichstagsabgeordneter, durch »Brotarbeit«, Versammlungen und Agitationstouren gerade im Parteibildungsprozeß voll gefordert — war nicht der Mann, ihr den persönlichen Umstellungsprozeß wesentlich zu erleichtern.

»Aus dem gesicherten Frieden ihres Elternhauses, in dem Not und Sorge unbekannte Dinge gewesen waren«, so charakterisierte die lebenserfahrene Minna Kautsky diese Umbruchsituation, »trat die junge Frau unvermittelt in ein Leben der Armut, der Unrast, der Kämpfe und der Aschenputtelarbeit. Wenn die sozialdemokratische Partei, die damals noch klein und arm an Geldmitteln war, in jener Zeit die höchsten Anforderungen an den Idealismus ihrer Vorkämpfer stellte, so verlangte sie nicht zuletzt von den Frauen derselben ein fast übermenschliches Maß von Selbstentäußerung und Opferwilligkeit.«

Allmählich nur und widerstrebend, nicht selten aufbegehrend oder resignierend, fügte sie sich in die neuen Lebensumstände ein, die geprägt waren durch die exponierte politische Tätigkeit Liebknechts und proletarische Lebensverhältnisse in der Braustraße 11. Es kam zu ernsten Konflikten, die die von den harten Stürmen des Lebens bisher weitgehend verschonte Frau, die zuvor vorwiegend in einer geistig-kulturellen Sphäre gelebt hatte, sogar mehr-fach in schwere gesundheitliche Krisen führten. So wartete August Bebel im April 1869 in Berlin vergebens auf Liebknecht, mehrmals war er umsonst zum Bahnhof geeilt: Liebknecht kam nicht von Leipzig los, weil er seiner Frau beizustehen hatte. »Lieber Freund. Nachricht von der Erkrankung Dei-ner lieben Frau tut mir schrecklich leid. Hoffentlich gehts bald vorüber«, schrieb Bebel teilnahmsvoll. — Der Briefwechsel Natalie Liebknechts mit ihrer neugewonnenen, aber von Leipzig nach Berlin übergesiedelten Freun-din Elise Schweichel läßt den Umfang und die Tiefe derartiger Konflikte erah-nen. »Solche Zeiten der Entscheidung über Lebensfragen sind außerordent-lich … aufreibend«, wußte Elise Schweichel aus eigener Erfahrung und riet Natalie, »Selbständigkeit zu dokumentieren, so viel es nur möglich ist. Wenn die Frau erst anfängt zu entsagen, ist kein Ende davon abzusehen und so schön es an und für sich sein möge, so führt es zu einem Zustand, der nicht mehr leben, sondern vegetieren ist. Also lassen Sie sich warnen.«

Im intimen Freundeskreis, und so auch gegenüber Friedrich Engels, ließ Natalie mehrfach den bitteren Gedanken freien Lauf, ein Mann von dem poli-tischen Engagement Wilhelm Liebknechts hätte überhaupt nicht heiraten dür-fen. »Ich glaube nicht«, schrieb sie an Friedrich Adolph Sorge in Hoboken/ New York, »daß Sie eine Ahnung haben, in welchem politischen und Parteistrudel mein Mann lebt, von einem eigentlichen Familienleben, von Ge-mütlichkeit und einem wenigstens einigermaßen ungetrübten Lebensgenuß kann bei uns nicht die Rede sein.« Sie erfuhr am eigenen Erleben, was Jenny Marx unter Berufung auf 30jährige Erfahrung konstatierte: »Uns Frauen fällt in allen diesen Kämpfen der schwerere, weil kleinlichere Teil zu. Der Mann, er kräftigt sich im Kampf mit der Außenwelt, erstarkt im Angesicht der Feinde, und sei ihre Zahl Legion, wir sitzen daheim und stopfen Strümpfe. Das bannt die Sorge nicht, und die tagtägliche kleine Not nagt langsam aber si-cher den Lebensmut hinweg.«

Eintragungen ins Geburtsregister von Theodor Liebknecht, geboren 19. 4. 1870, und
Karl Liebknecht, geboren 13. 8. 1871

Erst kurz vor der Geburt ihres ersten Sohnes Theodor, der am 19. April 1870 zur Welt kam, bekannte sich Natalie Liebknecht endgültig zu ihrem selbstgewählten Schicksal: Zu diesem Zeitpunkt stand sie vor äußerst schweren Prüfungen, die der deutsch-französische Krieg von 1870/71 mit sich brachte. In einer spektakulären Aktion wurden Bebel und Liebknecht, die durch ihre internationalistische Haltung in schwierigster Situation ein dauerhaftes Beispiel politischer Standhaftigkeit und Weitsicht gaben, auf preußischen Druck am 17. Dezember 1870 — wenige Tage vor Weihnachten — für mehr als drei Monate in Untersuchungshaft geworfen, und emsig bastelten die Justizbehörden an einer Hochverrats-Anklage. »Es ist dies die preußische Rache für die moralischen Niederlagen, die L/iebknecht/ und B/ebel/ dem preußischen Kaisertum schon vor seiner Geburt beigebracht haben«, schrieb Friedrich Engels an Natalie Liebknecht und betonte: »Wir alle haben uns sehr gefreut über das tapfere Auftreten beider im Reichstag, unter Umständen, wo es wahrhaftig keine Kleinigkeit war, mit unsern Ansichten frei und trotzig hervorzutreten.« Engels legte für Natalie Liebknecht und Julie Bebel eine Fünfpfundnote bei, um mitzuhelfen, »daß unsere verhafteten Freunde und ihre Familien in Deutschland nicht Not leiden, und grade jetzt, wo ihnen das bevorstehende Weihnachtsfest ohnehin so verbittert wird … Leben Sie wohl, liebe Frau Liebknecht, und lassen Sie den Mut nicht sinken … Mit aufrichtiger Teilnahme Ihr Friedrich Engels.« Und Karl Marx teilte ihr mit:

Natalie Liebknecht an Friedrich Engels, Brief vom 20. 3. 1873 (Entzifferung im Anhang)

»Meine liebe Frau Liebknecht. Der Generalrat der ›Internationalen‹ hat eine Sammlung für die Familien der von der preußischen Regierung verfolgten ›Patrioten‹ eröffnet — Patrioten in dem wahren Sinn des Worts. Die ersten 5 £ die ich Ihnen zuschicke, sind für Sie selbst und Frau Bebel bestimmt.«

Die vielfältigen Beweise der Solidarität gaben Natalie Kraft und Zuversicht. Marx gegenüber klagte sie zwar: »Je länger die Haft meines Mannes dauert, je einsamer und verlassener fühle ich mich«, aber sie fand in dieser spannungsgeladenen Situation die Kraft zu dem Bekenntnis: »... meine vollständigste innerste Übereinstimmung mit dem von ihm /Liebknecht/ behaupteten und vertretenen Standpunkt und die Beweise von Anerkennung und Teilnahme von Seiten bewährter Freunde halten meinen Mut aufrecht.«

Mut brauchte sie dringend. Im fünften Jahr ihrer Ehe — am 13. August 1871 war ihr zweiter Sohn Karl geboren, seit Mitte Juni 1872 büßte Liebknecht die ihm wie Bebel im Leipziger Hochverratsprozeß zudiktierte zweijährige Festungshaft ab — bilanzierte sie in einem langen Brief an Engels: »Ich habe in den wenigen Jahren seit meiner Verheiratung schon viel Schweres durchleben müssen, mehr als 2/3 der Zeit brachte mein Mann im Gefängnis zu und konnte sich unter solchen Verhältnissen ein richtiges Familienleben noch gar nicht entwickeln. Doch ich habe den Mut noch nicht verloren und werde ihn auch nicht verlieren, meines Mannes und der Kinder wegen, ob aber meine körperlichen Kräfte ausreichen, ist eine andre Frage. Die Kinder sind soweit wohl und es ist meine Hauptsorge, sie gesund zu erhalten.«

Natalie Liebknecht war, wie Bebel feststellte, »entschlossen, an der Seite ihres Mannes auszuhalten und mit ihm für eine bessere Existenz zu kämpfen.«

Körperlich klein und zartgebaut, stellte sich die »tüchtige, geistig hochstehende Frau« mit großer Energie und Tapferkeit dieser Aufgabe, die ihr alles abverlangen sollte.

Anneliese Beske

Frau Julie

Julie Bebel geb. Otto (2. 9. 1843 bis 22. 11. 1910)
Arbeiterin, seit 1866 Frau August Bebels, Sozialistin

»Für einen Mann, der im öffentlichen Leben mit einer Welt von Gegnern im Kampfe liegt, ist es nicht gleichgültig, wes Geistes Kind die Frau ist, die an seiner Seite steht. Je nachdem kann sie eine Stütze und eine Förderin seiner Bestrebungen oder ein Bleigewicht und ein Hemmnis für denselben sein. Ich bin glücklich, sagen zu können, die meine gehört zu der ersteren Klasse.« Diese Worte widmete August Bebel seiner Frau Julie, einer gebürtigen Leipzigerin, mit der er 44 Jahre glücklich verheiratet war.

Verdienste hat sich diese Frau als Lebens- und Kampfgefährtin des bedeutenden Arbeiterführers erworben. Sein Name ist in die Annalen der Geschichte der Arbeiterbewegung eingetragen. Julies Namen und Persönlichkeitsbild ist der Nachwelt vor allem in Briefen — etliche Briefe, nicht allzuviele, sind von ihr selbst — und durch die Lebenserinnerungen ihres Mannes, August Bebels vielgelesenem Buch »Aus meinem Leben«, überliefert. Bebel hat diese Erinnerungen seiner »lieben Frau« zugeeignet. In ihnen bekannte er auch, daß er »eine liebevollere, hingebendere, allezeit opferbereite Frau nicht hätte finden können« und er nur mit Julies Hilfe leisten konnte, was er geleistet habe.

Johanna Caroline Julie Otto wurde am 2. September 1843 in einer Leipziger Arbeiterfamilie geboren. Sie war das jüngste von sechs Kindern des Erdarbeiters beim Eisenbahnbau Johann Gottfried Otto und seiner Frau Johanna Christiana. Julie wird wie ihre Schwestern und zwei Brüder die Volksschule besucht haben. Einzelheiten ihrer Kindheit und Jugend sind nicht bekannt. Ihr scheinen Not und Entbehrungen aber ebensowenig fremd gewesen zu sein wie August Bebel, denn in einem Brief an Friedrich Engels aus dem Jahre 1892 erwähnt sie als reife Frau, daß in ihr »... alle Jugendlust im Keime erstickt wurde. Schade, daß ich nicht jetzt schon Ihnen manche gewiß interessante Episode daraus erzählen kann; dann würden Sie das begreifen«.

Als Julie Anfang der 60er Jahre des 19.Jahrhunderts dem jungen Bebel begegnete, ist sie Arbeiterin in einem Leipziger Putzwarengeschäft, und ihr Vater ist schon verstorben. Die Umstände der Begegnung sind bekannt: Am 21.Februar 1863 besuchte Julie Otto mit ihrem Bruder Johann Carl Albert Otto, einem Maschinenbauer, das 2. Stiftungsfest des Gewerblichen Bildungsvereins, auf dem sie den 1860 aus dem Rheinland nach Leipzig gezogenen 23jährigen Drechslergesellen August Bebel kennenlernte. Er hielt die Festrede. Der junge Bebel war noch in der politischen Mauserung, noch stark in bürgerlich-liberalen Vorstellungen befangen, erst auf dem Wege zu sozialistischen Anschauungen. Seine damalige Rede stieß denn auch auf kräftigen Widerspruch bei den fortgeschritteneren Arbeitern, aber seiner späteren Frau Julie gefiel sie sehr gut. In seiner Autobiographie spöttelte Bebel später, er habe den begründeten Verdacht, »daß es mehr die Person des Redners war, die ihr gefiel, als der Inhalt seiner Rede, der ihr damals ziemlich gleichgültig gewesen sein dürfte«.

Anfang 1864 gelang es dem jungen Drechsler, eine eigene Werkstatt, zunächst noch unter fremdem Namen, einzurichten, weil ihm die sächsische Staatsbürgerschaft fehlte, die er dann unmittelbar vor seiner Hochzeit erwarb. Im Herbst 1864 verlobte sich das Paar, noch vor der Hochzeit verstarb im Dezember 1865 auch Julie Ottos Mutter. Die Ehe von Julie und August Bebel wurde am 9. April 1866 in aller Stille in der berühmten Thomaskirche zu Leipzig geschlossen. Die obligatorische Zivilehe gab es erst ab 1875. Die

Aufgebotsprotokoll vom 20. März 1866 in der Thomaskirche zu Leipzig

Eintragung ins Traubuch der Thomaskirche zu Leipzig vom 9. April 1866

Taufeintragung der Bertha Friederika Bebel vom 16. Januar 1869 (Entzifferung der drei Eintragungen im Anhang)

158

Hochzeitsfeier selbst fand im Lesezimmer des Leipziger Arbeiterbildungsvereins statt. Am 16. Januar 1869 wurde das einzige Kind des jungen Paares, die innig geliebte Tochter Bertha Friederika, kurz Friedchen oder Frieda genannt, in Leipzig geboren. Julie Bebel hatte zwar ganz traditionell unmittelbar nach der Eheschließung ihre Berufsarbeit aufgegeben, um Hausfrauen- und später Mutterpflichten zu erfüllen, darüber hinaus unterstützte sie Bebel bei der Führung seiner Drechslerwerkstatt.

Als die junge Leipziger Arbeiterin Julie Otto 1866 den gebürtigen Rheinländer und Sohn eines preußischen Unteroffiziers, den Drechsler und aktiven Funktionär des Leipziger Arbeiterbildungsvereins August Bebel heiratete, konnte sie nicht ahnen, daß aus ihm der Mitbegründer und anerkannte Führer der revolutionären Sozialdemokratischen Arbeiterpartei werden würde, daß sie die Lebensgefährtin eines Mannes wurde, der seine reiche Begabung als Politiker, Organisator und Theoretiker, als Schriftsteller, Redner und Parlamentarier ganz in den Dienst der Arbeiterbewegung stellte und zum anerkannten Führer der internationalen Sozialdemokratie emporwuchs. Das politische Wirken ihres Mannes stellte Julie Bebel vor Bewährungsproben, die einer Frau von proletarischer Herkunft des vorigen Jahrhunderts Haltungen und Handlungen abverlangten, wozu Bildung und Erziehung wenig Voraussetzungen schufen. Julie Bebel erlebte an der Seite ihres Mannes Zeiten heftigster Klassenauseinandersetzungen, aber auch jene Jahre, in denen die Arbeiterpartei mehr und mehr erstarkte und die überragende Rolle Bebels hohe Anerkennung in der Welt fand. Sie zeigte sich beiden Situationen gewachsen. In einem Brief vom Mai 1892 an Friedrich Engels, den eine enge Freundschaft mit August Bebel verband, schrieb Julie, daß sie »gar keine Lust« habe, sich »zum Aushängeschild besonderer Eitelkeitsgelüste benutzen zu lassen«. Zeitgenossen schilderten Julie Bebel als einfache, schlichte Frau, ihr Mann kennzeichnete sie als zurückhaltend und ruhig, die wenigen bisher bekannten Briefe von Julie offenbaren Güte, Courage und Lebensklugheit.

Julie und August Bebel lebten bis 1890 in Sachsen, bis 1881 war die Messestadt ihr gemeinsamer Wohnort. Ab 1881 wurde Borsdorf bei Leipzig das Domizil der auf Grund des Sozialistengesetzes und der Verhängung des Kleinen Belagerungszustandes über Leipzig ausgewiesenen Arbeiterführer August Bebel und Wilhelm Liebknecht. Julie Bebel mußte nun mit der Tochter ein paar Jahre an vielen Wochenenden nach Borsdorf reisen, um die getrennten Haushaltungen zu führen und um die Familie zusammenzuführen. Im September 1884 wurde die räumliche Trennung beendet, die Bebels siedelten nach Plauen bei Dresden, in die Hohestraße 22, über. Erst 1890, nach dem Sieg der revolutionären Arbeiterklasse und ihrer Partei über das Bismarcksche Sozialistengesetz — Julie Bebel war 47 und August Bebel 50 Jahre alt —, nahmen sie in Berlin ihren Wohnsitz, ein zweites Zuhause fanden sie später aus familiären Gründen noch in Zürich.

Daß Sachsen und insbesondere Leipzig in vielerlei Richtung eine entscheidende Rolle im Leben August Bebels spielte, ist bekannt. Julie Bebel fühlte sich ihr Leben lang zu ihrer Heimatstadt hingezogen. Von den Leipziger Adressen der Familie Bebel sind folgende Wohnungen bekanntgeworden: in der Gustav-Adolf-Straße 14 (heutige Zählung) im Dachgeschoß, wo das junge Paar von 1866 bis 1868 wohnte, danach die Petersstraße 18, Seitengebäude rechts, 1. Stock (im selben Haus hatte Bebel in einem ehemaligen Pferdestall seine erste Drechslerwerkstatt eingerichtet) und die Wohnungen in der Lange Straße 47, in der Heinrichstraße 28, in der Bernburger Straße und in der Hauptmannstraße 2. Alles, was Julies Heimat betraf, rührte sie an, gleich wo sie lebte. So antwortete sie Friedrich Engels am 10. Mai 1892 aus Berlin auf einen leider nicht erhaltenen Brief: »Daß Sie auch meines lieben ›Sächsisch‹ mächtig sind, bringt mich Ihnen immer näher, und kann ich nur wiederholt bedauern, daß es nicht in Wirklichkeit geschehen kann.«

Julie Bebel verdankte ihrer Heimat Sachsen, dem Ursprungsort der frühen Arbeiterinnenbewegung, ein Recht, das nur sehr wenige Frauen in den deutschen Staaten genossen, denn mit Berufung auf die preußische Vereinsgesetzgebung von 1850 wurde ihnen die volle Vereins- und Versammlungsfreiheit bis 1908 vorenthalten. Von der Politik sollten sie ferngehalten werden, aber in Leipzig, das auch die Wirkungsstätte von Louise Otto-Peters, der bürgerlichen Vorkämpferin der Frauenemanzipation, war, hatten Frauen die Möglichkeit, sich am öffentlichen politischen Leben zu beteiligen.

Von Julie Bebel wissen wir, daß sie Kontakt zum Leipziger Arbeiterbildungsverein hielt, in Dresden mit an der Gründung eines Frauenvereins beteiligt war und auch in Berlin einem solchen Arbeiterinnenverein angehörte. In einem ihrer Briefe an Friedrich Engels vom 6. Dezember 1892 berichtete sie, daß nicht sie mit ihrem Mann zusammen ein bekanntes Berliner Lokal besuchte, sondern er allein; launig schrieb sie nach London: »Ich war freilich nicht dabei, sondern hübsch sittsam im neuen Frauenbildungsverein, den August verbrochen hat.«

Schon als junge Frau bewies Julie Bebel Tatkraft, Mut und Entschlossenheit, als Bebels Stellung zum deutsch-französischen Krieg von 1870/71 und sein Bekenntnis 1871 zur Pariser Kommune ihn und Wilhelm Liebknecht in den berühmt-berüchtigten Leipziger Hochverratsprozeß verwickelten, und später in den zwölf Jahren von 1878 bis 1890, als Bebels Kampf gegen das Sozialistengesetz, gegen die Unterdrückung der Arbeiterklasse und ihrer Partei, ihm Bespitzelung, Haussuchungen, Verhaftungen, Ausweisung und langjährige Haftstrafen — insgesamt rund 5 Jahre — durch den Bismarckschen

Polizei- und Militärstaat einbrachten. Julie Bebel mußte mit ihrem Mann insgesamt 14 kürzere oder längere Haftstrafen mit tragen helfen. Sie besuchte ihn viele Male im Leipziger Bezirksgefängnis, in der Festung Hubertusburg und im Zwickauer Landesgefängnis. Die Haftjahre Bebels, seine ab 1867 einsetzende Abwesenheit während der Frühjahrs- und Herbstsessionen des deutschen Reichstags sowie Agitations- und Geschäftsreisen des Parteiführers bereiteten Frau Julie mit ihrer Tochter viele einsame Stunden, die Verständnis und Einsicht in die politische Arbeit Bebels erforderten und doch bei allem persönlichen Kummer zur Selbständigkeit von Julie Bebel beitrugen.

Politisch interessiert und informiert, Vertraute ihres Mannes in allen Parteiangelegenheiten, sicherte Julie Bebel in jenen schweren Leipziger Jahren auch zeitweilig die materielle Existenz der Familie, indem sie die geschäftliche Leitung der Drechslerwerkstatt übernahm. Unmittelbar vor Antritt von Bebels längster Haftzeit in Hubertusburg − nach der Verurteilung im Leipziger Hochverratsprozeß − übereignete er juristisch im Juni 1872 seiner Frau die Werkstatt. Das Geschäft entwickelte sich trotz anfänglicher Schwierigkeiten wegen Bebels politischer Tätigkeit sehr gut. Um sich eine finanziell unabhängige Stellung zu bewahren, was nur sehr wenigen engagierten Parteimitgliedern gelang, hatte August Bebel Ferdinand Ißleib 1875 als Geschäftsteilhaber gewonnen und stellte mit dessen finanzieller Unterstützung die Produktion von Fenster- und Türgriffen aus Büffelhorn auf Dampfbetrieb um. Julie Bebel trat nicht nur juristisch als Mitinhaberin der Dampfdrechslerei auf, sondern hatte jahrelang praktisch Anteil an der geschäftlichen Führung. In einem gedruckten Zirkular konnte man in verschiedenen Zeitungen Ende 1884 lesen: »P.P. Hierdurch beehre ich mich, Ihnen anzuzeigen, daß meine Frau und ich am heutigen Tage auf unsern eignen Wunsch als Teilhaber aus der Firma Ißleib und Bebel ausgeschieden sind ...«

Julie Bebel führte in Abwesenheit ihres Mannes nach seinen Hinweisen wichtige Parteikorrespondenz weiter. Sie schmuggelte bei ihren Besuchen Briefe und Artikel Bebels aus dem Gefängnis. Ferner belegen ihre handschriftlichen Abschriften wichtiger Parteidokumente auch diese Seite ihrer Parteiarbeit. Julie Bebel übernahm die juristische und persönliche Verantwortung für den Empfang von gesammelten Unterstützungsgeldern für die 1881 ausgewiesenen Leipziger Genossen sowie für Parteigelder, die von der Redaktion des in der Schweiz erscheinenden Parteiorgans »Der Sozialdemokrat« an die Parteiführung gesandt wurden. »Buchhalterin ohne Gehalt, aber mit guter Behandlung«, so charakterisierte Bebel seine Frau später in einem Brief an Friedrich Engels. Bis in die 90er Jahre des 19. Jahrhunderts unterstützte Julie Bebel ihren Mann in seiner Funktion als Parteikassierer, denn häufige Geschäfts- und Agitationsreisen, Reichstags- und Landtagstätigkeit in Berlin und

Dresden hielten den Arbeiterführer oft monatelang von zu Hause fern.

Die Frau August Bebels war mit vielen hervorragenden in- und ausländischen Genossen und deren Familien freundschaftlich und solidarisch verbunden, in Leipzig vor allem mit Wilhelm und Natalie Liebknecht und deren 7köpfiger Kinderschar. Julie Bebels größter Stolz blieb, daß Friedrich Engels, mit dem sie seit 1887 in Briefwechsel stand, mit ihr persönlich im Jahre 1893 Freundschaft schloß und während seines Berlin-Besuches in der Bebelschen Wohnung Quartier nahm. Julies Bescheidenheit, Liebenswürdigkeit, Hilfsbereitschaft und vor allem ihre Parteiverbundenheit gewannen ihr die Sympathien des großen alten Kämpfers und Lehrers des Proletariats, dem sie als »echte und rechte deutsche Proletarierfrau« geschildert worden war. Ihr Brief vom 13. Februar 1892 trug sicher dazu bei, in dem die Sozialistin Julie Bebel an Engels schrieb: »Früher war ich oft sehr unzufrieden, daß ich so gar nichts für meine geistige Ausbildung tun konnte; aber mich hat doch das Bewußtsein glücklich gemacht, für meinen Mann die häusliche Behaglichkeit schaffen zu können, die ihm zu seiner geistigen Entfaltung und Arbeit so nötig war. Aber dadurch, daß ich seine Parteigeschäfte fortführen mußte, soweit ich es konnte, wenn er so oft vom Hause weg war, bin ich in den Geist der Bewegung eingedrungen und heute mit ganzer Seele dabei, und so muß ich mich mit dem begnügen, was ich daraus gelernt habe.«

Um es deutlich zu sagen, Julie Bebel hat keine spektakuläre Tat vollbracht, auf keiner Rednertribüne gestanden und keine Gefängnishaft erduldet, sie hat kein Buch geschrieben und nicht selbständig in das gesellschaftliche Leben eingegriffen. Zur Arbeiterbewegung kam sie über die Liebe zu ihrem Mann. Dieser Werdegang war nicht selten für Frauen proletarischer Herkunft des vorigen Jahrhunderts. August Bebels politisches Wirken für die Sache der Arbeiterklasse empfand Julie nicht als Störung des Familienlebens, sondern als seine Lebensaufgabe, die sie nach ihren Kräften unterstützte. An der Seite ihres Mannes, dem »Anwalt der Frauen«, ein Ehrentitel Bebels, den ihm nicht nur seine eigene Frau nach Erscheinen seines berühmtesten Buches in Leipzig »Die Frau und der Sozialismus« verlieh, wurde Julie Bebel zur Mitkämpferin im Befreiungskampf des Proletariats gegen den Kapitalismus erzogen. Übrigens erzählt Karl Kautsky — er und seine Frau Luise waren jahrzehntelang mit den Bebels eng befreundet — in seinen Erinnerungen über den Erwerb des 1879 erschienenen Bebelschen Hauptwerkes, das wie die meisten sozialistischen Schriften durch das Sozialistengesetzt verboten wurde: »Ich selbst kaufte damals verschiedene verbotene Schriften in Berlin, darunter ein Exemplar des eben erschienenen Buches Bebels über ›Die Frau und der Sozialismus‹. Bebels Gattin hieß Julie. So verlangte man in Parteikreisen ›Frau Julie‹, wenn man sein Buch haben wollte.«

Ohne Zweifel war Julie Bebel nach allen vorliegenden Schilderungen eine gute und verständige Hausfrau und Mutter, eine umsichtige Pflegerin ihres gesundheitlich anfälligen Mannes; ihre charakterlichen Vorzüge wie ihre stille Zurückhaltung vor der Öffentlichkeit lassen die Wertschätzung ihrer Person verständlich werden. Diese Urteile über Julie Bebel sind am traditionellen alten Frauenbild gemessen. Das Neue ihrer Frauenpersönlichkeit war, daß sie »Hingebung für unsere Sache« zeigte. Die Frau, die zunächst durch den Einfluß ihres Mannes zur Arbeiterbewegung gekommen war, gewann im Laufe ihres Lebens an Bebels Seite eine eigene politische Überzeugung. »Nicht bloß aus persönlicher Zuneigung zu dem Manne ihrer Wahl, sondern auch aus tiefer Überzeugung von der Herrlichkeit unserer großen Sache, die in demselben Maße die ihre war wie die seine«, wurde sie der starke Rückhalt Bebels und wuchs in die politische Arbeit hinein. »Das Leben der Partei hat sie stets mit größtem Interesse verfolgt, und sie wußte sich dabei die Selbständigkeit ihres Urteils zu wahren, allen gegenüber, auch dem eigenen Gatten.« Sie sei Bebel »Kamerad und Beraterin, mit der er alles besprach, was ihn beschäftigte, deren Urteil er stets achtete«, geworden, urteilte Karl Kautsky, und Franz Mehring schrieb ähnlich: »... sie beriet ihn auch wohl in politischen Fragen nachhaltiger, als ihr überaus anspruchsloses Wesen vermuten ließ.«

Dies deutet auch ein Brief Julies an Natalie Liebknecht an, den sie am 12. September 1887 schrieb, als ihr Mann gerade eine neunmonatige Gefängnishaft wegen angeblicher Geheimbündelei im Landesgefängnis Zwickau abgesessen hatte. Zunächst konstatierte sie resignierend, daß »wir nunmehr alle Versuche, unsere Männer zurückzuhalten, aufgeben müssen; sie gehen ihrer Wege und halten Schritt mit dem Gang der Verhältnisse, und müssen wir ihrer Klugheit und Erfahrung vertrauen, nur zu tun, was sie müssen und sich suchen, der Gefahr [einer erneuten Verurteilung – A.B.] möglichst fernzuhalten; all unsere Ermahnungen und Reden sind vergebens, und tun sie doch was sie wollen«. Julie fährt dann aber fort: »Daß Ihnen Herr Liebknecht so wenig anvertraut, finde ich auch nicht in der Ordnung, das habe ich ihm selbst gesagt, als er mir mein vielleicht zuviel Wissen in Parteiangelegenheiten zum Vorwurf machte. Das ist eine falsche Ansicht des Herrn Liebknechts, daß damit die Frauen beunruhigt würden, das kann doch nur bei denen sein, die absolut nichts davon wissen wollen und kein Verständnis für die Sache sich aneignen. Wenn man aber die Hälfte seines Lebens an dieser Tätigkeit direkt oder indirekt teilgenommen hat, verdient man auch das volle Vertrauen der Männer, und damit ist das schreckhafte ihrer Tätigkeit von vornherein ausgeschlossen, und schließlich ist das Leben, wenn es auch mitunter sehr aufregend ist, doch auch interessant und abwechselnd, und die Verehrung für unsere Männer fällt ja auch auf uns.«

Bebel wird eine sachliche und nüchterne Natur nachgesagt, er sei ein Vernunftsmensch gewesen, das mag stimmen … Tatsächlich war ihm eine seltene Beherrschtheit seiner persönlichen Gefühle eigen. Einblick in sein Familienleben gewährte er der Öffentlichkeit kaum, obwohl weder Frau noch Kind, ja selbst der Schwiegersohn Bebels vor öffentlichen Angriffen seiner politischen Gegner nicht verschont blieben. Franz Mehring z. B. erzählt in seinen persönlichen Erinnerungen über Bebel, daß dieser, »als ihn einst ein Witzblatt, um seine Auffassung der Frauenfrage zu verspotten, an der Seite einer wenig anziehenden Frauengestalt abgebildet hatte, meinte er mit einem Anfluge von Ärger: ›Na, so viel könnten sie mir doch lassen, daß ich mir eine hübsche Frau ausgesucht habe.‹«

Bebel, der selbst der letzte Nachkomme seiner Familie war und mit 13 Jahren Vollwaise wurde, suchte und fand in seiner Frau Julie und in Tochter Frieda, später auch in deren Ehemann Ferdinand Simon und dem einzigen Enkel Werner, wirkliches Familienglück, einen harmonischen Familienkreis, dessen Liebe und Geborgenheit er genoß und erwiderte und der ihm lebenswichtiger Kraftquell für seine jahrzehntelange politische Arbeit war. Vertraute, sehr enge politische Weggefährten wußten um das innige und zärtliche Familienverhältnis der Bebels.

Ein frühes und sehr berührendes Beispiel für diese Verbundenheit sind Bebels rund drei Dutzend Briefe aus den Jahren 1872 bis 1875 aus dem Hubertusburger und Zwickauer Gefängnis an sein kleines Töchterchen Frieda — das Kind war zu Haftbeginn 3, am Ende von Bebels Haft 6 Jahre alt. »Man muß die Briefe lesen«, schrieb Walther Victor, der schon 1938 in seiner im Schweizer Exil geschriebenen Gedenkschrift über den Arbeiterführer auf diese Seite des Bebelschen Lebens aufmerksam machte, »die dieser Kämpfer aus diesem Gefängnis immer wieder an sein ›liebes, herziges Friedchen‹ richtet, um zu wissen, welch herrlicher, gefühlswarmer Mensch er war. Der Mann, den die Gegner als blutrünstigen Revoluzzer hinzumalen nicht müde wurden, plaudert mit seinem Mädchen über Osterhasen und Weihnachtsmann, er, dessen leidenschaftliche, ja fanatische Diktion im politischen Kampf berühmt und gefürchtet war, findet hier nicht nur die kindertümlichsten Worte, sondern er kann auch jenes warme Gefühl nicht verbergen, das niemand an ihm vermutet haben würde …«

Natürlich stand Frau Julie als Sekretär der kleinen Frieda bei ihren Antworten zur Seite und unterstützte auf ihre Weise ihres Mannes Versuche, über diese Briefe den Kontakt zu seiner kleinen Tochter während der langen Gefängnishaftzeit zusätzlich zu den wenigen erlaubten Besuchen aufrechtzuerhalten. »Heute hat mir die gute Mama«, schrieb Bebel am 13. März 1874 an sein Töchterchen, »ein allerliebstes Buchzeichen geschickt als die erste Schularbeit von unserem guten Friedchen. Ich bin darüber ganz entzückt und habe das Zeichen sofort in mein Buch zur Benutzung gelegt und um es aufzuheben als Andenken ...« Julie Bebel lehrte ihrem Töchterchen auch schon recht frühzeitig das Lesen und Schreiben, so daß Bebel einen Tag nach seinem 34. Geburtstag, am 23. Februar 1874, überglücklich an das nun 5jährige Friedchen schrieb: »So ein schönes Briefchen wie Du mir gestern zu meinem Geburtstag geschickt, hab ich mein Lebtag noch nicht erhalten ...« und fügte hinzu: »Auch werde ich Deinem Wunsch nachkommen und bald wieder zu Euch kommen ...« Vielleicht wußte das kleine Mädchen gar nicht bzw. sollte es nicht wissen, daß der Vater im Gefängnis war. Bebels Briefe, auch äußerlich — kleines Format, verspielte Anrede — wie aus der Kinderspielpost, man hat sie deshalb lange für Kassiber gehalten, nahmen auf den Kinderalltag Bezug, atmen Fürsorge, Liebe und Sehnsucht des Vaters nach Frau und Kind. Man kann aber auch herauslesen, daß Bebel durchstand, was nach seiner politischen Überzeugung durchzustehen war, und ihm trotz dreijähriger Haftzeit sein Humor nicht abhanden gekommen war, wie einer seiner letzten Gefängnisbriefe an sein Friedchen vom 15. Januar 1875 belegt: »Mein liebes, herziges Kind«, schrieb er, »ich sende Dir hiermit zu Deinem sechsten Geburtstag meine herzlichsten Glückwünsche ... Ich wollte Dir anfangs auch ein kleines Geschenk schicken, aber ich dachte mir ..., daß es besser sei, wenn ich es jetzt unterließe und es Dir selber brächte, wenn ich zu Dir und der guten Mama zurückkehrte, was nicht mehr lange dauert. Wenn noch mal so viel Wochen um sind als Du Fingerchen hast, dann komm ich zurück. Ich käme schon jetzt, aber die Leute hier haben mich so gern, daß sie mich noch nicht fortlassen wollen und da muß ich wohl noch ein Weilchen warten. Hernach aber bleibe ich immer bei Euch und da soll Dein nächster Geburtstag um so schöner werden.« Bebels Versprechen ging leider nicht in Erfüllung, auch zum neunten Geburtstag seiner Tochter mußte er ihr Glückwünsche aus dem Gefängnis senden. Julie blieb wieder einmal allein mit Frieda, und Bebel war wieder im ihm wohlbekannten Leipziger Bezirksgerichtsgefängnis, wo er diesmal wegen Bismarck-Beleidigung und Anprangerung des preußisch-deutschen Militarismus eine sechsmonatige Haft absaß.

Seiner Frau riet Bebel einmal unmittelbar nach Erlaß des Kleinen Belagerungszustandes über Leipzig und Umgebung im Juli 1881, im Umgang mit Justiz- und Polizeibeamten: »... tritt ihnen nicht nur ruhig, sondern auch sehr fest entgegen. Du bist keines Verbrechers Frau, wir stehen moralisch bergehoch über denen, die uns heute schuriegeln und kuranzen.« Die Frau des Arbeiterführers war aus solchem Holz geschnitzt, daß sie zu dieser selbstbewußten Haltung fand. Was aber mochte in Bebels 13jähriger Tochter vorgehen, als ihr Vater 1882 während eines gemeinsamen Spazierganges in Dresden am

Pfingstsonntagvormittag auf der Brühlschen Terrasse aus reiner Willkür der sächsischen Polizei verhaftet wurde? Das Mädchen mußte allein zurück zur Mutter gehen, die eine befreundete Dresdner Familie besucht hatte, und im Auftrag des Vaters der Ahnungslosen von dieser erneuten Polizeischikane berichten. Das Bebelsche Familienleben erfuhr in den 70er und 80er Jahren häufig derartige Störungen: Polizeibesuche, Haussuchungen, Verhaftungen. Sieben Weihnachtsfeste verbrachte Bebel in jenen Jahren in Gefängnissen. Julie und ihre Tochter hielten sich dann häufig bei den Verwandten auf, den in Leipzig lebenden Geschwisterfamilien Otto und Brauer; so manchen Feiertag verlebten Julie und Frieda bei Bebels erzwungener Abwesenheit im größen Kreise der eng befreundeten Familie Liebknecht oder als Gäste anderer befreundeter Leipziger Genossen.

Am 20. Februar 1887 schrieb Julie Bebel ihrem Mann zum 47. Geburtstag ins Zwickauer Landesgefängnis, wo er 6 Monate wegen »Geheimbündelei« inhaftiert war: »Wenn nur die beiden Wünsche in Erfüllung gingen, wollte ich zufrieden sein, nämlich, daß Du gesund bleiben möchtest und Deine Freiheit nicht mehr mit dem Gefängnis vertauschen brauchtest.« Letzterer Wunsch ging in Erfüllung, aber das konnte Julie Bebel noch nicht wissen. Denn schon Ende 1889 mußte sie zunächst wieder befürchten, daß ihrem Mann abermals in dem Sozialistenprozeß vor dem Elberfelder Landgericht gegen 91 Sozialdemokraten eine Verurteilung zu hoher Haftstrafe drohte. August Bebel, wochenlang von zu Hause fort, wußte um diese Sorge seiner Frau, die allein in Dresden war, zudem weilte die Tochter Frieda im Ausland, und ihn selbst riefen in den Prozeßpausen Reichstagsverhandlungen nach Berlin. Er unterrichtete seine Frau Julie deshalb brieflich genau über den Fortgang der Prozeßverhandlungen und bat sie in seiner Weise um Verständnis: »Meine liebe gute Julie«, schrieb Bebel am 25. November 1889 aus Elberfeld, »ich bitte Dich, rege Dich nicht auf, Du hast gar keine Ursache dazu. Denke, ich hätte einige Wochen auf die Reise gehen müssen. Das Opfer, das Du und ich bringen, bringen wir für Dutzende Familien, deren Ernährer hier auf der Anklagebank sitzen und die vor Gefängnis bewahrt werden können, wenn sie geschickt verteidigt werden.« Tatsächlich endete der Elberfelder Prozeß — nicht zuletzt wegen Bebels »brillanter Führung des Prozesses«, wie Friedrich Engels ausdrücklich konstatierte —, für 43 Angeklagte — darunter Bebel selbst — mit Freispruch.

Je älter Bebels Tochter Frieda wurde, um so mehr erging es ihr wie ihrer Mutter Julie. August Bebel machte auch sie zur Gehilfin seiner politischen Arbeit. Sie kannte sich aus in ihres Vaters Bibliothek und führte u. a. während seiner Haftzeit 1886/87 etliche Korrespondenzaufträge in seinem Auftrag aus, letztere auch noch als verheiratete junge Frau.

Als Julie und August Bebels Tochter beabsichtigte, Medizin zu studieren, mußte sie 1889 ins Ausland gehen, nach Zürich, weil Frauen für das Studium im Wilhelminischen Kaiserreich bis um die Jahrhundertwende, in Preußen sogar bis 1908, nicht zugelassen wurden. Bebels öffentliches Engagement im Reichstag für die Zulassung des Frauenstudiums in Deutschland seit Anfang der 90er Jahre hatte neben der prinzipiell befürwortenden Haltung der Arbeiterpartei also auch einen familiären Hintergrund.

Frieda Bebel brach ihr Medizinstudium aus Krankheitsgründen ab — diese chronische psychisch-depressive Erkrankung der Tochter, die sporadisch auftrat, bildete später den Hintergrund zu den häufigen Züricher Aufenthalten, vor allem von Julie Bebel und ihrem Mann. Frieda Bebel hatte in Zürich ihren späteren Mann, den Arzt und Sozialdemokraten Ferdinand Simon, kennengelernt. Als August Bebel im April 1890 Friedrich Engels die Verlobung seiner Tochter mitteilte, fügte er hinzu: »Es wird eine echt sozialdemokratische Ehe werden.« Ferdinand Simon war nämlich 1887 in den Breslauer Sozialistenprozeß verwickelt worden und plante deshalb, sich später nicht mehr in Deutschland, sondern in den USA niederzulassen. Das paßte den Eltern natürlich nicht, und so fluchte Bebel im selben Brief: »So mischt sich das verdammte Sozialistengesetz in die privatesten Beziehungen ein.« In die USA gingen die Simons nicht, sie ließen sich in der Schweiz nieder und bürgerten sich dort ein.

Durch ihren Schwiegersohn wurden Julie und August Bebel persönlich mit den Brüdern Carl und Gerhart Hauptmann bekannt, die enge Jugendfreunde von Ferdinand Simon waren. Besonders Gerhart Hauptmann hatte zu den Familien Bebel und Simon seit Anfang der 90er Jahre persönlichen und Briefkontakt in Berlin und der Schweiz, der ein Leben lang anhielt, auch wenn politische Auffassungen divergierten. Hauptmanns Theaterstücke wurden in Berlin von den Bebels besucht; »Die Weber« wie sein gesamtes Werk waren im Bebelschen Familienkreis hoch geschätzt.

In Hauptmanns Tagebuch aus dem Jahre 1892 liest man z. B. über ein Zusammensein mit den Familien Bebel und Simon in Arbon und St. Gallen: »Frau Bebel erzählt von den Ausweisungen, den Haussuchungen und wie sie das Kassenbuch in den Ofen versteckt hat, als sie durch das Guckloch den Kommissar in den oberen Stock gehen sieht. Ahnungslos dann macht sie, als die Gefahr vorüber, im Ofen Feuer und merkt zu spät, daß sie vergessen hat, das Buch herauszunehmen.«

Diese Episode aus der Zeit des Kampfes gegen das Bismarcksche Ausnahmegesetz kann man auch in Bebels rund 20 Jahre später erschienenen und schon so häufig erwähnten Lebenserinnerungen im Kapitel »Der Kleine Belagerungszustand über Leipzig und Umgebung« nachlesen.

Als Julie Bebel dann 1910 in Zürich starb, bekundeten auch Gerhart Hauptmann und seine Frau Margarete ihr Beileid, wie aus Frieda und Ferdinand Simons Antwortbrief vom 15. Dezember 1910 hervorgeht: »Lieber Gerhart«, heißt es von Ferdinand Simon, »vielen Dank auch für Deine Teilnahme an dem Tode meiner guten Schwiegermutter. Wir haben schwere Zeiten durchgemacht ...«, und Frieda fügte hinzu: »Ich danke Euch von ganzem Herzen für Eure liebevolle Anteilnahme an unserem schweren Leid. Entschuldigt gütig, daß es nicht früher geschah. Das Schreiben wird mir noch sehr schwer.«

Im September 1909 ahnten August Bebel und seine Frau Julie nicht, daß sie zum letzten Mal gemeinsam in Leipzig weilten und daß ihre Turmbesteigung des Neuen Rathauses, das auf den Grundmauern der alten Pleißenburg erbaut worden war, ein Abschied für immer von der geliebten Stadt werden würde. Ein Leipziger Genosse berichtete darüber: »Es war 1909, anläßlich des Parteitages in Leipzig. Frau Bebel äußerte mir gegenüber den Wunsch, ihren Gatten aus gesundheitlichen Rücksichten von den Verhandlungen des Nachmittags fernzuhalten. So schlug ich denn vor, auf den Rathausturm zu fahren. Das geschah denn auch. Hier stand auf der Höhe des gewaltigen Trotzers, um dessen Mauern Jahrhunderte hindurch die Stürme der Weltgeschichte gebraust haben, unser alter Bebel. Er sah die Handels-, Gewerbe- und Industriestadt Leipzig mit den Gassen der alten Stadt zu seinen Füßen. Dort grüßten aus Osten und Westen die Fabrikschlote der modernen Gegenwart herüber; im Norden der Militarismus − die Kasernen, im Süden ragte aus dem Häusermeere der Bau unseres Volkshauses mit seiner Turmkappe, das Haus, das sich Leipzigs Arbeiterschaft selbst geschaffen. Ein schönes Bild war es, und seine Augen glänzten von den wachsenden Erinnerungen. Das Leipzig von 1860 und von 1909. 50 Jahre Kampf und Streit, 50 Jahre Lust und Leid. Er zeigte seiner Frau die Straßen, in denen sie gewohnt und in Sorgen so manchen Tag verlebt haben; ferner die Säle, wo er und die junge Arbeiterbewegung so manchen Strauß ausgefochten, bis das Sozialistengesetz ihn von hier vertrieben ...«

Die letzten beiden Lebensjahre von Julie Bebel waren durch schwere Krankheit überschattet. Sie litt seit 1908 an Brustkrebs, wurde operiert und genas zunächst, um dann durch Leberkrebs hinweggerafft zu werden. Viele Briefe des alten Arbeiterführers geben in ergreifender Weise über diese Leidenszeit seiner Frau Aufschluß, zeigen, wie er, seine Tochter und sein Schwiegersohn, der Arzt Ferdinand Simon, Julies Krankheit zu lindern suchten und sie davor behüteten, daß sie selbst vom tödlichen Charakter ihrer Krankheit erfuhr.

Der langjährigen in Berlin lebenden Freundin der Familie, Luise Kautsky, schilderte Bebel brieflich drei Wochen vor Julies Tod, wie es um sie stand: »Juliens Zustand wird langsam schlechter, sie kommt nicht aus dem Zimmer; Versuche, mit Auto zu fahren, haben ihr durch das leiseste Schütteln Schmerzen verursacht. Die Schmerzen, die unerträglich wären, werden durch Mittel, die Simon anwendet, gedämpft und unterdrückt. Allnächtlich stehe ich zwei- bis dreimal auf, um ihr Tropfen zu geben und sie besser zu betten, da sie im Bett sitzen muß; neuerdings hat sich auch Atemnot eingestellt. Ihr Appetit ist sehr mäßig, und sie ist natürlich sehr mager geworden. Sollte eine umfassendere Pflege notwendig sein, nehmen wir natürlich eine Wärterin; jetzt können wir es noch leisten. Da wir sie nicht aus dem Hause geben wollen und mit dem Platz sehr beschränkt sind — sie bringt den größten Teil des Tages auf der Chaiselongue zu — und die Krankenstube für sie Arbeitsstube für mich ist, wollen wir mit der Annahme der Pflegerin warten, bis die Not drängt.«

Julie Bebel starb am 22. November 1910 in der Züricher Wohnung ihrer Tochter, die zugleich zweiter Wohnsitz der alten Bebels war. »Wir sind noch wie niedergeschmettert und können uns nicht in den Gedanken finden, daß die Sonne in unserem kleinen Familienkreis für immer erloschen ist. Nie hätte ich für möglich gehalten, daß meine Julie vor mir die Welt verläßt«, schrieb Bebel an Karl Kautsky. Bebel überlebte seine Frau Julie keine 3 Jahre; er starb am 13. August 1913.

Der Züricher Sihlfeld Friedhof wurde Frau Julies letzte Ruhestätte. Julie Bebels Grab befindet sich zufällig in der Nähe der Grabstelle von Gottfried Keller, des Schweizer Schriftstellers, dessen Werke sie so liebte. Auf Wunsch von Julie Bebel wurde ihr Grab auch späterer Begräbnisort ihres Mannes.

Als Julie Bebel im Alter von 67 Jahren verstarb, widmete ihr nicht nur die deutsche Parteipresse ehrende Nachrufe, auch in der österreichischen und Schweizer Arbeiterpresse wurde ihrer gedacht. Rosa Luxemburg regte persönlich das polnische Parteiblatt an, Julie Bebels öffentlich zu gedenken. Es war in der Arbeiterbewegung bekannt geworden, mit welcher Liebe und Verehrung August Bebel an seiner Lebensgefährtin hing und welchen Anteil sie an seinem politischen Lebenskampf besaß. Der Nachruf des deutschen Parteiorgans fand wohl über Julie Bebel das treffendste Wort: »Sie hat in August Bebel die große Achtung vor der Frau befestigt, die uns aus dem ganzen Wesen unseres Führers entgegentritt.«

Rose Nyland

Der richtige Weg

Auguste Eichhorn, geb. Strohbach (29.9.1851 bis 1.6.1902)
Arbeiterfrau; zählte zu den Mitbegründerinnen der proletarischen Frauenbe-
wegung, Agitatorin; wesentlich beteiligt an der Gründung des Arbeiterinnen-
Bildungsvereins in Dresden

In einem ärmlichen Zimmer, darin gekocht und gegessen, gewaschen, geschla-
fen und Heimarbeit verrichtet wurde, kam sie zur Welt. Man schrieb das Jahr
1851. Die damalige Textilarbeiterstadt Chemnitz zeichnete sich — selbst bürgerlichen Berichten und Statistiken zufolge — durch eine hohe Kindersterb-
lichkeit aus. Das Existenzminimum lag in der Woche vier bis acht Groschen
höher, als eine Weberfamilie verdiente. Und sie war die Tochter eines Chem-
nitzer Webers. Ihre Eltern nannten sie Auguste.

Der Vater starb bald, denn Weber, ausgemergelt durch lange Arbeitszeit,
Hunger und Sorge, wurden nicht alt. Das Durchschnittslebensalter in diesem
Beruf betrug etwa 32 Jahre. Und war, als der Vater noch lebte, die Not ein
ständiger Gast in der Familie, wurde das Elend nach seinem Tode unbe-
schreiblich schlimm. Zuweilen mußte die stolze kleine Gustel von Tür zu Tür
gehen, um ein Stück Brot bittend. Manchmal konnte man auch arbeiten. Die
Andrehkinder zum Beispiel hatten beim Spinnen reißende Fäden wieder zu-
sammenzudrehen. Auch sie schufteten zwölf und mehr Stunden. Was sie verdienten, reichte zum Hungern aus.

So wuchs Auguste auf. Die Mutter heiratete zum zweitenmal. Gewiß, das
hat die schlimmste Not ein wenig gemildert. Und dennoch, ein anderer Hunger quälte das heranwachsende Mädchen weiterhin. Da war nun die Welt, so
groß, so unbarmherzig, und was steckte hinter allem? Warum sollte Auguste
diese Fragen nicht stellen dürfen? Warum sollte sie nicht Antwort bekommen?

Irgendwann begriff sie, nein, ahnte sie wohl erst, wie wichtig das Lernen
sei. Doch was brachte die Volksschule dem Kinde schon bei! Mühselig Schreiben und Lesen, ein wenig Rechnen und viel Respekt vor der »gottgewollten«
Ausbeuterordnung. Auguste aber lernte hartnäckig und nahm das wenige
Wissen, das man ihr bot, gierig auf.

Dann erfuhr sie am eigenen Leib das Elend der Arbeiterinnen in den Fa-
briken, deren Leben noch schwerer war als das der Männer. Die »Fabrikmäd-

chen«, wie diese arbeitenden Frauen und Mädchen genannt wurden, verdienten wöchentlich 16 Groschen bis einen Taler. Davon sollten sie leben. Die Feiertage wurden abgezogen. Bei Krankheit hatten die Frauen keinen Anspruch auf Lohn. Ein einziges Brot kostete vier Groschen.

Ihren Ausbeutern standen die Arbeiterinnen fast schutzlos gegenüber. Zwar entstand in den Jahren 1868/69 die Internationale Gewerksgenossenschaft der Manufaktur-, Fabrik- und Handarbeiter, die auch Frauen als gleichberechtigte Mitkämpferinnen der Männer aufnahm. Aber die meisten Arbeiterinnen waren noch nicht organisiert, hatten keine politische Erfahrung, waren scheu, eingeschüchtert. Obwohl sich die Führer der Sozialdemokratie, August Bebel, Wilhelm Liebknecht und Julius Motteler, für das Recht der Erwerbsarbeit der Frauen eingesetzt hatten, konnten die Frauen, die billigeren Arbeitskräfte, von den Männern noch nicht viel Hilfe erwarten. Die Arbeiter kämpften verbissen um die Arbeitsplätze, es war ein Kampf um die nackte Existenz.

Es scheint, als sei der Weberstochter Auguste keine schwere Erfahrung erspart geblieben. Wir wissen, daß sie heiratete, und diese Ehe brachte ihr an Stelle des Sklavenlebens in der Fabrik das Sklavenleben einer unterdrückten, vom Ehemann ausgebeuteten Frau. Es heißt, die Ehe sei bald geschieden worden.

Dies auf sich zu nehmen in jener Zeit, das Los der geschiedenen Frau, zeugt von Mut, von Charakterstärke und unbeugsamem Freiheitswillen.

Als einige Jahre später, 1879, ein Werk erschien, das wie kaum ein anderes zuvor von Mann zu Frau, von Frau zu Mann durch das Proletariat weitergereicht wurde, da fand Auguste ihre Erfahrungen bestätigt. Als sie den ersten Satz las: »Frau und Arbeiter haben gemein, Unterdrückte zu sein«, wußte sie, August Bebels »Die Frau und der Sozialismus«, das war ihr Buch, für sie und ihresgleichen geschrieben. Obwohl klar und verständlich, war dieses Buch dennoch nicht einfach zu lesen. Der einstige Drechslergeselle Bebel, der gemeinsam mit Wilhelm Liebknecht 1869 auf dem Eisenacher Parteitag die Sozialdemokratische Arbeiterpartei als erste revolutionäre Massenpartei des deutschen Proletariats gegründet hatte, machte es ihr und ihren Kampfgefährten nicht leicht. Und wie viele andere auch, nahm Auguste die Nächte zu Hilfe, studierte, erkannte größere Zusammenhänge und war glücklich dabei.

»Nur allein durch die gänzliche Umgestaltung der Gesellschaft und ihren Aufbau auf sozialistischer Grundlage ist die wirkliche und ganze Befreiung der Frau möglich, einen zweiten Weg gibt es nicht«, schrieb Bebel. Was sollte sie, Auguste, nun tun? Wie sollte sie den richtigen Weg beschreiten, um die Gleichberechtigung der Frau herbeizuführen? War doch in diesem Buch bewiesen, daß die Frau dem Manne gleichwertig ist, daß sie Fähigkeiten und Talente besitzt, genau wie der Mann. Bebel beantwortete die Frage der um Klarheit ringenden Frau. Er forderte auch sie auf, »nicht zurückzubleiben, wo für ihre eigene Befreiung und Erlösung mitgekämpft wird. An ihr ist es zu beweisen, daß sie ebenfalls ihre wahre Stellung in der Bewegung und in den Kämpfen der Gegenwart für eine bessere Zukunft begriffen hat und daß sie entschlossen ist, daran teilzunehmen.« Es schien ihr, als spreche Bebel direkt zu ihr, als sie las: »Großes Unrecht kann der Frau durch die Ehescheidung zugefügt werden. Im Falle der Scheidung verbleibt nämlich dem Manne das in gemeinsamer Arbeit erworbene Vermögen, auch wenn der Mann der Schuldige ist, und die Frau am meisten erworben hat.« Und ganz genau, bitter genau, kennt sie den empörenden Inhalt jenes Satzes, den Bebel zitiert: »Die Ehe ist die einzige wirkliche Leibeigenschaft, welche das Gesetz kennt.« Ja, eine Leibeigene war sie gewesen. Er hat recht, der Genosse Bebel, so recht hat er. Sie weiß es.

»Aber ich bin ausgebrochen aus dieser Leibeigenschaft«, denkt sie. »Ausgebrochen für immer.«

Ehe sie den Kopf wieder neigt, um weiter einzudringen in die Gedanken August Bebels, der es ihr nicht leicht macht, weil er ihrer Klugheit vertraut, ehe sie den Kopf wieder neigt, lächelt sie einem Manne zu. Auch er liest, lernt, grübelt. Ihr Gesicht mit den feinen, klugen Zügen leuchtet in stiller Heiterkeit.

Auguste hatte wieder geheiratet. Der Steinmetz Eichhorn wurde ihr treuer, verständnisvoller Gefährte, wie sie auch dem glühenden Sozialisten liebende Frau und Kampfgefährtin war. Er machte sie mit den sozialistischen Ideen bekannt.

Über das Ehepaar schrieb Clara Zetkin: »Aber das gewonnene innere Glück fiel mit dem größten äußeren Ungemach zusammen. Das Einkommen des jungen Paares war ein dürftiges, und bald machte der Kapitalismus Eichhorn zu einem Nomaden, der unstet und flüchtig, dem Broterwerb nach, von Ort zu Ort, von Land zu Land gehetzt wurde. Arbeitslosigkeit trieb 1871 die Familie in die Schweiz. Die Hoffnung auf besseren Verdienst und vor allem der Wille, dem proletarischen Befreiungskampf die besten Kräfte zu widmen, bestimmte die Rückkehr in die Heimat.«

In Leipzig ließ sie sich nieder und zählten bald zu den tätigsten Trägern der politischen und gewerkschaftlichen Arbeit. Es war in der Zeit des Sozialistengesetzes, das ein Gesetz gegen die Sozialisten war. Es bestand von 1878 bis 1890. Bismarck hatte im Reichstag die Annahme dieses Ausnahmegesetzes erwirkt. Denn die Arbeiterklasse wurde von Tag zu Tag stärker und einiger. Großbourgeoisie und Junker hofften, durch das Verbot der Arbeiterpartei und aller sozialdemokratischer Zeitungen, durch Demütigungen und Verfolgungen, die stetig wachsende Kraft der Arbeiter zu zerschlagen. Dies allerdings erwies sich als grundlegender Irrtum. Zwar war die politische Arbeit durch dieses Gesetz schwer und gefährlich geworden, die Arbeiterbewegung aber konnte man nicht mehr vernichten. In verschiedenen Tarnorganisationen, in Turn- und Gesangsvereinen, ja, selbst in Militärvereinen konnte man starke Gruppen sozialdemokratischer Agitatoren finden. Die Arbeiter wußten das Recht auf ihrer Seite.

Ja, die Arbeit war schwer. Wiederholt wurde der Genosse Eichhorn, der »Aufhetzer«, von den Betriebsherren auf die Straße gesetzt, und trotzdem kämpften sie weiter, er, seine Frau und Tausende andere.

Über Leipzig war 1881 der Belagerungszustand verhängt worden. Von Auguste Eichhorn heißt es, sie habe findig, wie kaum eine andere, den »Pickelhauben« und den Polizeispitzeln ein Schnippchen nach dem anderen geschlagen, zum Beispiel bei der Verbreitung der illegalen Parteizeitung »Sozialdemokrat«. Sie wurde in der Schweiz gedruckt und trotz engster Polizei- und Zollkontrolle vom »roten Feldpostmeister« Julius Motteler und seinen Helfern nach Deutschland befördert.

Die Ausweisung sozialdemokratischer Genossen aus Leipzig nahm oft den Charakter einer offenen Demonstration an. Die Ausgewiesenen wurden von ihren Genossen bis zur Stadtgrenze oder zum Bahnhof begleitet. Um solch eine Demonstration zu verhindern, wurden beispielsweise im Falle des Stötteritzer Zigarrenarbeiters Hoffmann 40 Polizisten, 25 Geheimpolizisten und zwei Kompanien Soldaten aufgeboten.

Im Jahre 1888 wurde gelegentlich einer Aussperrung der Leipziger Steinmetze auch der Genosse Eichhorn in einen Massenprozeß verwickelt und ausgewiesen. So ging die Familie nach Dresden. Auguste, klug und energisch, zählte hier bald zu den Begründerinnen und Führerinnen der proletarischen Frauenbewegung.

Wie viel Energie muß in dieser Frau gesteckt haben! Noch immer saß sie nächtelang über den Büchern, um sich trotz ihres ärmlichen Schulwissens die sozialistische Theorie anzueignen. August Bebel, der standhafte, talentierte und geachtete Führer der deutschen Sozialdemokraten, war das große Vorbild für sie geworden.

Die Worte, mit denen er sein großes wissenschaftliches Werk beschließt, hatten sich eingebrannt und eingekerbt in das Herz vieler Frauen, auch in das Herz Auguste Eichhorns.

»Dem Sozialismus gehört die Zukunft, das heißt in erster Linie dem Arbeiter und der Frau.«

So kennen wir Auguste Eichhorn, die aufopferungsvolle und heitere Mitkämpferin Clara Zetkins. Ihre Erkenntnisse, gewonnen durch harte Erfahrungen, scharfe Beobachtung und marxistische Lektüre, vermittelte sie, eine un-ermüdliche Referentin, an ihre Geschlechtsgenossinnen weiter. Kein Weg war ihr zu weit oder zu beschwerlich, um den Arbeiterinnen sozialistisches Gedankengut nahezubringen, um ihnen zu zeigen, daß sie ihre Gleichberechtigung nur durch die Teilnahme am Kampf der Arbeiterklasse gegen die Ausbeuter erlangen können.

Ein Lungenleiden zehrte an den Kräften ihres Mannes, der, solange noch ein Funken Kraft in ihm war, in der vordersten Reihe der Dresdner Arbeiter kämpfte. Die Polizei verhaftete den Todkranken. Er starb kurze Zeit nach seiner Haftentlassung. Mutter Eichhorn setzte den Kampf fort, arbeitete, ernährte und erzog die Kinder. Ihr Wirkungskreis hatte sich allmählich immer weiter ausgedehnt. Die Genossinnen und Genossen vertrauten ihr, sie wurde zu den Parteitagen nach Köln, Gotha und Hamburg delegiert. Solange ihre Glieder sie noch trugen, kam sie zu den Besprechungen. Als sie nicht mehr öffentlich reden konnte, half sie den jüngeren Genossinnen, gab ihnen von ihrer Erfahrung, von ihrem Mut und ihrem heiteren Optimismus.

Ihr Name ist in keiner bürgerlichen Chronik zu finden, gewiß nicht. Einem Liede gleich aber klingen die Worte Clara Zetkins auf diese Frau, klingen wie ein Kampflied und ein Lied von Liebe, gewaltig und leise zugleich:

»Wenn das kämpfende Proletariat derer gedenkt, die ihr Alles, ihr Bestes für das Ideal der Gleichheit, Freiheit, Brüderlichkeit eingesetzt haben, dann fällt auch stets ein frischer Lorbeerzweig auf Auguste Eichhorns Grab.

Unsere Genossin hat genug gelebt für alle Zeiten, denn sie hat dem Besten ihrer Zeit gelebt.«

Rita Jorek

Aufschrei

Elsa Asenijeff geb. Elsa Maria von Packeny (3. 1. 1867 bis 5. 4. 1941)
Schriftstellerin; Lebensgefährtin des Malers, Grafikers und Bildhauers Max
Klinger in der Zeit von 1898 bis um 1912

Elsa Asenijeff begleitet mich seit Jahren. Die beiden Bildnisse, in Abendtoilette das eine, das andere draußen im Freien, wo eine Gloriole gelben Sonnenlichts sie umgibt, kannte ich längst. Kurz nach 1900 von Max Klinger gemalt, zeugen die Bilder von den wenigen, verhältnismäßig glücklichen Jahren einer Liebe. Jemand fragte mich eines Tages nach Elsa Asenijeff. Er hatte in einer Zeitung einen Artikel über sie gefunden:

»Die Frau interessiert mich. Sie soll Bücher geschrieben haben. Kennst du etwas von ihr?« Ja. Ich kannte »Die neue Scheherazade — Ein Roman in Gefühlen«. — »Gib mir das Buch wieder, wenn du es nicht mehr brauchst«, bat mich der Besitzer des kleinen Bandes, als er ihn mir auslieh. Neugierig, auch mit Skepsis las ich die Gedichte und den Prosatext, der die Hauptfigur vorstellt: »Die sanfte Maria lebt irgendwo, zwischen Häusern, Mauern, Maschinen ... lebt zwischen Lastern und Häßlichkeit mit naivem Herzen nur der strengen Pflicht und bescheidet sich darin.« Sie wartet wie in einem Märchen auf den Prinzen. Mir kam das Buch naiv, trivial, sentimental vor. Unser Geschmack heute ist anders, mehr auf Sachlichkeit bedacht. Aber nach und nach erfuhr ich beim Lesen und wiederholten Lesen etwas über einen Menschen, der mit sich selbst und seinen Schwierigkeiten fertig zu werden suchte. Eine gequälte, sich quälende Gestalt trat hervor. Die Konturen wurden schärfer mit jedem Buch von ihr, das ich in die Hand bekam.

Zu meinen Unterlagen, die ich zusammentrug, gehören jener Artikel und das erste Buch. Sie bildeten Ausgangsstoff für einen Vortrag, den ich 1986 über Elsa Asenijeff im Leipziger Museum der bildenden Künste hielt. An jenem Sommerabend kamen viele ältere Leute. Sie kannten Elsa Asenijeff noch von Angesicht und erzählten mir von ihren Begegnungen und Erlebnissen.

Sie war im ersten Viertel unseres Jahrhunderts eine stadtbekannte Persönlichkeit. Die Erinnerungen der Leute bezogen sich vor allem auf die schlimme Zeit nach der Trennung von Max Klinger, als sie mittellos war und die Leipziger Gesellschaft sich ganz von ihr zurückgezogen hatte. Was ich da hörte, ähnelte der Schilderung ihrer Person durch einen Nachrufschreiber.

Der Verfasser jenes Nachrufes aus dem Jahr 1941 — eines Artikels, der sich durch bemerkenswert viele Fehler in bezug auf Elsa Asenijeffs Biographie auszeichnete — erwähnte nur nebenher, daß sie auch als Schriftstellerin bekannt war, ihn interessierte nur Skandalöses. Er konnte damit der Zustimmung seiner Leserschaft sicher sein. Was er schrieb, erzählt manch einer noch heute:

»In den Straßen Leipzigs sah man in den ersten Nachkriegsjahren (um 1920) oft eine Frau, die wie ein Gespenst von ehemaligem Luxus und vergangener Schönheit wirkte. Die Fremden blieben stehen und sahen das weibliche Wesen an, das ihnen entgegenkam in vornehm-lässiger Haltung, als spaziere es auf einer eleganten Kurpromenade durch ein Spalier bewundernder Blicke. Die Frau trug ein uraltes, verbeultes Hütchen, das fleckige alte Kostüm sah aus, als würde es Tag und Nacht nicht ausgezogen, ein Schirm, zerlöchert und mit spießenden Rippen, sollte vor der Sonne schützen. Das Schrecklichste aber war das Gesicht dieser Frau. Es steckte zwischen tief in die Wangen hereingezogenen Haarwülsten und war lila verschminkt. Unter der letzten Schicht von Schminke saßen unzählige andere Schichten und sie machten aus den Zügen der abgezehrten Frau eine fast grauenhafte Maske. Obwohl die Erscheinung der Frau bekannt war«, weiß der Nachrufschreiber weiter zu erzählen, »ahnten doch viele, die ihr begegneten und den Kopf schüttelten, nicht, daß hier ein wertvoller, aber zerstörter Mensch vorüberging. Daß dieses seltsam aus Vornehmheit und Verwahrlosung gemischte Geschöpf Elsa Asenijeff war, die Dichterin und Frau, die Max Klinger begeistert hatte.« Der Autor des Artikels tat ein übriges, die Umwandlung der »bizarren Frau«, jener »großen Exzentrischen«, wie man Elsa Asenijeff nach einer von ihr erfundenen Gestalt oft zu bezeichnen beliebte, in die »komische Alte«, das »Leipziger Original« festzuschreiben. Er streift kurz nur die Zeit des Zusammenlebens mit Max Klinger, der »ganz im Bann ihrer exzentrischen Persönlichkeit und ihrer Begabung« gestanden habe, um dann wieder und noch drastischer die fatale Existenz dieser Frau zu schildern. Dazu gehören die »Temperamentsausbrüche« in Hotels und Redaktionen, die zerstörerischen Vulkaneruptionen geglichen haben sollen, ebenso wie die zunehmende Verwahrlosung. War sie nicht gesehen worden mit Schuhen ohne Sohlen und Seidenstrümpfen, die nur noch aus Längen bestanden, »so daß sie auf dem blanken Pflaster« lief? »Schließlich mußte sie aus dem Hotel ausziehen und bei einer Vermieterin unterkriechen«, teilt der Nachrufschreiber mit. »Aber es kam der Tag, wo auch die Vermieterin nicht mehr die Miete stunden konnte. Wochenlang hatte Elsa Asenijeff schon von trocken Brot gelebt ... Eines Nachts wurde sie obdachlos auf der Straße aufgegriffen. Sie sträubte sich, wurde dem Stadtarzt vorgeführt und in die psychiatrische Klinik der Universität eingeliefert.« Das

Max Klinger, Bildnis Elsa Asenijeff im Freien, um 1903.
Öl auf Leinwand

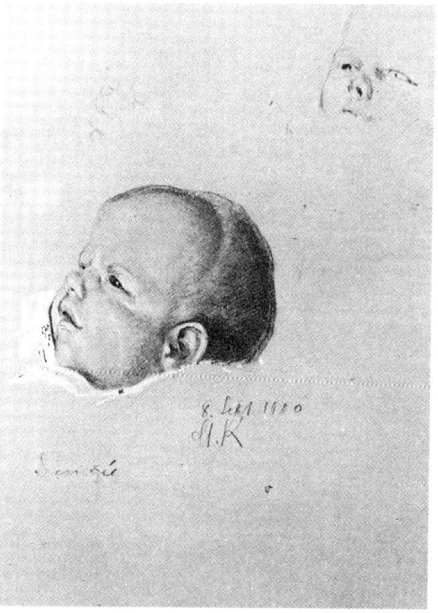

Oben links: Elsa, Fotografie von Nicola Perscheid, 1897
Oben rechts: Max Klinger, Bildnis Elsa Asenijeff, 1904. Zeichnung
Unten links: Max Klinger, Ex libris für Elsa Asenijeff, um 1900. Radierung und Stich
Unten rechts: Max Klinger, Desireé, 1900. Zeichnung

Lene Wagner. Jungmädchenfoto

7. 9. 21   Preis mit Zuschlag 1,50 Mark   II. 49

DER DRACHE

Eine ungemütliche sächsische Wochenschrift

Herausgegeben von Hans Reimann

I n h a l t

DIE WEISSE EHE (*Extrakt eines Zeitungs-Romans*)
H. R.: Dialekt
Jan Altenburg: KÜNSTLER-ANEKDOTEN
Walter Mehring: Berliner Tempo
C. K. Roellinghoff: Berliner Brettl-Brief
H. R.: Die Freikarten des Stadttheatermitglieds
Max: Kartoffellyrik
Alba: Kinomusik
Alexander Schum: Das Bläsjen
Lene Voigt: Die Mutterschafts-Dichterin
Munkepunke: Der Organist
A. R. Meyer: Preisabbau
Briefkasten

E r s c h e i n t   j e d e n   M i t t w o c h

Verlag „Der Drache" / Leipzig / Königstraße 19

Oben links: Lene Voigt mit ihrem im Alter von 5 Jahren verstorbenen Sohn, 1925
Oben rechts: »Der Drache«. Ausgabe vom September 1921 mit Beitrag von Lene Voigt
Unten links: Grabstein Lene Voigts
Unten rechts: Feierstunde zum 95. Geburtstag Lene Voigts auf dem Südfriedhof, 1986

Dr. Margarete Blank, um 1930

Oben links: Immatrikulationsurkunde vom 3. Mai 1921; Aufnahme des Medizinstudiums
Oben rechts: Das Zeugnis ist unterschrieben von dem Humanisten und Wissenschaftler Sudhoff
Unten links: Verhaftet und den Tod vor Augen, galt M. Blanks Sorge dem Wohl der Patienten
Unten rechts: Todesurteil vom 15. Dezember 1944

Oben: Das ehemalige Wohnhaus in
Panitzsch, »Pilz« genannt, Treffpunkt
vieler Freunde und Kampfgefährten;
heute Gedenkstätte
Unten: Dr. Margarete Blank
unterwegs zu
Hausbesuchen

Professor Dr. Eva Lips, 1986

muß um 1922 gewesen sein. Gerade war ihr letztes Buch »Der Aufschrei« in Leipzig erschienen. Elsa Asenijeff kam von einer Nervenanstalt in die andere und starb am 5. April 1941 in Bräunsdorf bei Freiberg. Es entsprach in mehrfacher Hinsicht faschistischer Gesinnung, wenn damals ihre Gedichte und damit ihre gesamte schriftstellerische Arbeit als Fall für den Psychiater deklassiert wurden.

Ich hörte eine Geschichte, die etwas von ihrem Stolz und ihrem Eigensinn wiedergibt. Sie ereignete sich in den Tagen der Novemberrevolution. In der Grimmaischen Straße und am Grimmaischen Steinweg standen Barrikaden. Von beiden Seiten wurde über den Augustusplatz geschossen. Die Leute brachten sich angstvoll in Sicherheit. Im Telegraphenamt am Grimmaischen Steinweg hatte sich alles hinter die Schalter verschanzt. Da ging die Tür auf. Eine Frau trat ein. Unangefochten von dem Geschehen. Furchtlos.

»Nehmen Sie bitte das Telegramm auf!« forderte sie. Ein Beamter fügte sich ihrem Wunsch. Elsa Asenijeff bezahlte, schloß die Tür hinter sich und ging ohne Hast über den Platz, auf dem die Schrapnells zerbarsten. Wer sie so dahingehen sah, war starr vor Entsetzen. Elsa Asenijeffs und Max Klingers Enkelin Ursula Baumgartl sagte, als ihr der Maler und Grafiker Arnd Schultheiß diese Anekdote erzählt hatte: »Ja, so war meine Großmutter.«

Ursula Baumgartl — sie starb am 26. Juli 1987 in Australien — lag viel daran, das Werk und das Andenken ihrer Großmutter zu pflegen und die Wahrheit über Elsa Asenijeff und ihre Beziehungen zu Max Klinger aufzudecken. »Denn nicht nur die Kunst Klingers, sondern auch die Schriften Elsa Asenijeffs erregen erneut erstaunliches allgemeines Interesse. Doch habe ich mit Bedauern feststellen müssen, daß die bestehenden Kenntnisse über meine Großmutter zum Teil noch recht lückenhaft sind«, schrieb sie am 12. November 1986. Und weiter: »Leipzig hat Elsa Asenijeff viel Unrecht getan, nicht zuletzt weil sie viel zu modern für ihre Zeit und ihr weit voraus war. Ihre Schriften sind auch heute noch erstaunlich aktuell ... vor allem in ›frauenrechtlerischen‹ Kreisen« (Brief vom 29. November 1986).

Elsa Maria von Packeny wurde am 3. Januar 1867 in Wien geboren. Ihre Familie wohnte in der Josefstädter Straße 6. Die Mutter Laurenzia war die Tochter des kaiserlich königlichen Oberkriegskommissärs Vincenz Adametz, der aus Mähren stammte, Elsas Vater, Karl von Packeny, ein Sohn des Juweliers Prokop von Packeny, war Direktor der österreichischen Südbahn. Dieser Großvater vermittelte Elsa wahrscheinlich Kenntnisse über Edelsteine, die sie später in ihrer kunsttechnischen Studie über Max Klingers »Beethoven« anwenden konnte. Das Verhältnis zu Schmuck und Edelsteinen bildet schon in ihrer ersten Veröffentlichung Gegenstand literarischer Reflexionen.

Die Familie gehörte ohne Zweifel zu den monarchietreuen Offiziers- und Beamtenkreisen des österreichischen Vielvölkerstaates. Durch starre Lebens- und Moralmaximen sollte die gewohnte Ordnung erhalten bleiben. In der Prosa-Einleitung zu dem lyrischen Roman »Das Hohelied an einen Ungenannten« gibt Elsa Einblicke in ihre Kindheit und Jugend, durch den Namen ihre Identität mit der Heldin zugleich verdeckend und lüftend. Vera Maria klingt ähnlich wie Elsa Maria, Namen, auf die sie in der Pfarre »Maria Treu« getauft worden war.

Sie war oft bei den verehrten Großeltern. »Großpapa als hoher Offizier hatte seinen Dienst, und das gab dem ganzen Haushalt schon das Geregelt-Stramme, Ordnungsgemäße. Aber Großpapa war eine Ausnahmenatur. Er studierte viel, hatte die Universität besucht gehabt, beschäftigte sich viel mit Philosophie. Aber alles das verschwand in dem ungeheuren Lebensdrang dieses heiteren, sonnigen Naturells, dem ein ernster Sinn Halt gab.« Sie entdeckte mit ihm die Sternbilder am nächtlichen Himmel, sie erhielt Tanzunterricht, und Großmutter erzählte ihr Geschichten. Es war alles so schön …

Als Elsa 23 Jahre alt war, verlor ihre Familie die Geduld: Sie mußte endlich heiraten! Ihr Gatte wurde der elf Jahre ältere Bulgare Ivan Johannis Nestoroff, Chefingenieur und Diplomat. Im »Hohelied« beschreibt sie ihre Situation:

Die junge Frau hatte Sehnsucht nach einem Mann, aber die Bewerber mißfielen ihr. Da wurden die Eltern ängstlich. Ein paar glänzende Partien hatte sie abgeschlagen. Wollte sie eine alte Jungfer werden?

»Also, du mußt, man fragt dich nicht mehr. Er ist angesehen, ehrbar, und daß er alt ist, ist nur gut für deine eigensinnige Natur.« — Sie hatte sich eben zu fügen.

Die erste Nacht war »schrecklicher als alles, was sein kann und sie dachte: nun wird mir auch der Tod nicht mehr arg erscheinen.« — Der ihr einst aufgezwungene Mann belastete zeitlebens Elsas Verhältnis zur Sexualität. Die Frau, die dem Manne ausgeliefert ist und sich selbst nicht frei entscheiden kann, war ein all ihre Bücher beherrschendes Thema, meistens in schwermütiger, bitterer Selbstdarstellung abgehandelt. Ich glaube nicht, daß die von ihr oft formulierte Männerfeindlichkeit Koketterie war. Sie war zu tief verletzt worden durch die Erfahrung, als Frau nicht gleichwertig im persönlichen und im gesellschaftlichen Leben wirken und sich ausbilden zu können. Was ihr selbst widerfuhr, erkannte sie als allgemein herrschendes Prinzip, gegen das sie sich wehrte und andere zum Widerstand mobilisieren wollte. So schrieb sie ihre Bücher in Kenntnis und als Teil der vor der Jahrhundertwende wieder erstarkenden Frauenbewegung.

Für ihr eigenes Leben zog sie die Konsequenz. Kurz vor dem siebenten

Ehejahr, Sohn Heraklit war gerade geboren worden, ließ sich Elsa scheiden. In »Tagebuchblätter einer Emancipierten«, 1902 im Verlag Hermann Seemann Nachfolger erschienen, teilt sie mit:

»Wie bin ich froh, daß ich endlich geschieden bin — uf! fast mein ganzes Vermögen ist daraufgegangen. Diese lieben Retter, die Rechtsanwälte, sind kostspielige Freunde. Nun, jedenfalls bin ich frei, das ist schon etwas!«

War es ihr als Katholikin denn möglich gewesen, sich von ihrem Mann zu trennen?

Ursula Baumgartl beantwortete mir diese Frage am 4. April 1987: »Die Scheidung zwischen E. A. und Ivan Nestoroff fand allerdings statt. Kurz vor der Jahrhundertwende. Meine Großmutter wechselte ihre Religion dafür ... und erhielt zur Zeit der Scheidung von der bulgarischen Regierung Genehmigung, die bulgarische Staatsangehörigkeit beizubehalten und ihren ›penname‹ ASENIJEFF ... als offiziellen Namen zu führen.« — Ase bezeichnet die von Odin abstammenden germanischen Gottheiten. Elsa Asenijeff — Elsa, die Göttergleiche. Damals griff sie zu den Sternen.

Im Bösen scheint Elsa trotz allem nicht von ihrem Gatten fortgegangen zu sein; denn sie gesteht in den »Tagebuchblättern«: »Es ging eben zu schwer. Mein Gemahl hatte mich lieb. Er ist ja auch ein guter Mensch, aber immer so ein paar Stufen tiefer als ich. Das kann doch ein Weib nicht ertragen, die Hinabsteigende zu sein — eben weil sie die Empfangende im generellen Sinne ist.«

Das Suchen nach sich selbst teilte Elsa mit dem Suchen nach dem »ebenbürtigen« oder sogar »höherstehenden« Mann. Das Weib müsse zum Manne aufschauen — aus solch einer herkömmlichen Denkweise vermochte sie sich nicht zu lösen.

Max Klinger galt bereits vor der Jahrhundertwende als ein bedeutender Künstler, vor allem durch seine graphischen Zyklen mit den romantischen und surrealen Zügen. Sie kündeten, Freuds Erkenntnisse vorwegnehmend, vom Wirken des Unterbewußtseins und der Träume, von Verführung, heuchlerischer Doppelmoral, von Leid und Tod. In seiner 1891 erschienenen Schrift »Malerei und Zeichnung« hatte Klinger zudem seine eigenen Erfahrungen und Einsichten in die Kunstdiskussion eingebracht und begann Einfluß auf andere, besonders jüngere Künstler auszuüben, auf Käthe Kollwitz, auf Alfred Kubin. Als dieser den radierten Zyklus über den Fund eines Handschuhs sah, zitterte er vor Wonne. Er schrieb darüber: »Hier bot sich mir eine ganz neue Kunst, die genügend Spielraum für den andeutenden Ausdruck aller nur möglichen Empfindungswelten gab. Noch vor den Blättern gelobte ich mir, mein Leben dem Schaffen solcher Dinge zu weihen.«

1897 wurde Max Klinger Professor an der Akademie für graphische Künste in Leipzig und Korrespondierendes Mitglied der neugegründeten Wiener Sezession. Ein Jahr später begegneten er und Elsa einander bei einem Treffen der »Literarischen Gesellschaft«, die ein Festessen zu Ehren Detlev von Liliencrons und Frank Wedekinds gab. Das Ereignis war eine Anekdote wert; denn Wedekind, der Elsa wahrscheinlich sehr aufdringlich den Hof machte, wurde plötzlich von ihr mit einem — eleganten — Dolch bedroht, den sie aus dem Gewande zog. Für sie war Max Klinger der Auserwählte.

Elsa, zehn Jahre jünger als er, hatte als Schriftstellerin schon einen Namen, und — was noch wichtiger war — sie sah gut aus, besaß Temperament, war eine extravagante, kluge Frau. In einem Katalogtext für die Ausstellung »Max Klinger — Liebe, Tod und Jenseits« schreibt Memory Jokisch Holloway:

»Sie wurde für ihn eine anziehende Verführerin. Er meißelte eine Büste von ihr, die er ›Die neue Salomé‹ nannte. In einem Exlibris, das er für sie zeichnete, stellte er sich selbst nackt zu ihren Füßen dar, wie sie sich umdreht und ihm ins Gesicht tritt … Als er mit 36 Jahren aus Paris zurückgekehrt war, baute Klinger ein großes Haus, wobei er auch das Vermögen seiner Eltern mit einbezog. Von dieser Adresse aus, Karl-Heine-Straße 6, Plagwitz, schrieb er Liebesbriefe an Elsa Asenijeff, manchmal zwei bis drei am Tag. Die meisten davon enthielten Verabredungen für den Abend, um sich mit Elsa gegen 20.30 Uhr zu treffen. Es muß so scheinen, als wäre Klinger von der Doppelmoral der Leipziger Gesellschaft ebenso angekränkelt gewesen wie die Charaktere, die er elf Jahre zuvor in ›Eine Liebe‹ künstlerisch gestaltet hatte. Er verbrachte die Nächte mit Elsa, ging in ihre Wohnung oder empfing sie in seinem Haus. Wegen der Einwände seiner Eltern war er aber nicht in der Lage, sie zu heiraten.«

Ursula Baumgartl — auf ihre Berichte und auf Dokumente aus ihrem Besitz konnte sich Mister Holloway stützen — schrieb in dem schon erwähnten Brief:

»Die Tatsache, daß Klinger und Elsa nicht heirateten, hing also nicht von der Scheidung ab, sondern wohl hauptsächlich von der schrecklichen Spießbürgerlichkeit einer Stadt wie Leipzig. Klingers Familie, besonders die Mutter und die zwei Schwestern, übten dahingehend großen Druck auf Klinger aus. Eine geschiedene Frau!! Die freimütig mit einem Mann zusammen lebte!! Klinger hat viele Jahre seiner Familie gegenüber, die ja nebenan von ihm wohnte, immer den Schein zu wahren gesucht. Das geht auch aus vielen seiner Briefe an EA hervor. Anstand? Wohl kaum. Eher ein gewisser Mangel an Courage. Denn ansonsten war EA ja, auf seine Veranlassung, Gastgeberin in seinem Hause, auch ‘wenn es sich um Gäste wie Max Reger und Johannes Brahms handelte. Die übrigens großen Respekt vor EA hatten! Und auf Reisen waren und wohnten beide immer zusammen, ohne Versteckspielen der Umwelt gegenüber.«

Sie gingen sofort nach ihrer Bekanntschaft viel auf Reisen. Aus Elsa Asenijeffs Buch »Max Klingers Beethoven — Eine kunst-technische Studie«, das
ebenfalls 1902 im Verlag von Hermann Seemann Nachfolger erschien (unver-
züglich nach Vollendung der monumentalen Plastik), geht hervor, daß beide
1899 in den Pyrenäen und in Griechenland waren, um dort den Marmor für
dieses Werk auszusuchen. Sie schreibt:

»Die Gestalt des Beethoven ist aus Marmor von Syra. Auf Syra giebt es
eigentlich keine Brüche. Klinger hat aufs Geratewohl vom Besitzer das ihm
notwendige Stück Marmor gekauft, welches er von Arbeitern heraussprengen
ließ. Auf steilen Höhen, nach stundenlangem Maultierritt über die Berge, erreicht man jenen Gipfel. Von oben ist nichts ersichtlich, als in blauen Tiefen
das Meer. Dort, wo die Sonne im Untergehen ihren letzten Schein voll und
schwer wie goldnen Segen hinlegt, ist die Stelle, aus welcher der Stein heraus-
gehoben wurde. Es ist klar: erst hat der Maler existieren müssen, den solche
Wege reizen, bis der Bildhauer auf ihnen fand, was er suchte ... Der Adler
aus schwarzem Marmor, sowie der feingetönte gewitterwolkenartige Marmor,
auf dem der Bronzestuhl ruht, sind beide aus den Pyrenäen und gleichfalls
vom Meister selbst gesucht.«

Die interessante Werkgeschichte dieser bedeutenden Arbeit des Künstlers
von Elsa Asenijeff wird in der umfangreichen Klinger-Literatur selten direkt
zitiert und überhaupt nicht gewürdigt. Sie erscheint bestenfalls in den Quel-
lenangaben. Schließlich hatte ein Fachmann, Klingers Biograph Julius Vogel,

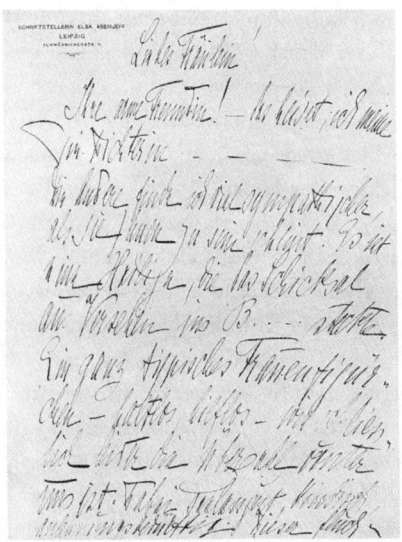

Brief von Elsa Asenijeff an eine Unbekannte, um 1906

Direktor des Museums der bildenden Künste, 1925 festgestellt: »Daß Frau Asenijeff auf Klingers Kunst, eine Annahme, die sehr nahe liegen würde, von bestimmendem Einfluß gewesen ist, läßt sich im Einzelnen schwer nachweisen. Klinger war eine zu selbständige, von sich selbst überzeugte und in gutem Sinne auch zu eigensinnige, eine zu zielbewußte Persönlichkeit, um umfassendere Anregungen anderer in sich aufzunehmen.«

Aus ihren Schriften und aus anderen Zeitzeugnissen geht hervor, daß Elsa Asenijeff für Klinger in der Auseinandersetzung mit Kunst, Literatur und Philosophie aus Vergangenheit und Gegenwart eine ebenbürtige Partnerin war. Sie hatte sich schon damit befaßt, bevor sie ihn kennenlernte.

Im Juni 1900 fuhren sie nach Paris. Max Klinger gab dort bei erfahrenen Meistern die Elfenbeinarbeiten und den Bronzeguß des Thronsessels für den »Beethoven« in Auftrag. Elsa war schwanger, was in Leipzig niemand erfahren sollte. Am 6. Juli schrieb Klinger an Julius Vogel:

»Ich sitze hier über den Beethovensessel. Er ist nun soweit, daß der Wachsausguß in Angriff genommen werden kann. Während der vielen freien Zeit, in der ich nur hin und wieder die Abformung zu controllieren habe, bin ich am Kupfer.« Zwar habe er nicht viel Zeit zum Bummeln, gesteht er, genieße jedoch das Fluidum: »Paris macht Arbeitslust.« Dies ist einer der wenigen Briefe, die Elsa Asenijeff erwähnen, als »Frau Nestoroff, die sich die erstmalige Ausstellung ihrer Büste ansehen gekommen war«, und zwar nach München, wo — laut Klinger — die Ausstellungsgelegenheit schlecht war. »Die Bucht die man dort in der Secession für die Skulptur hat ist ja unter aller Kanone.« Frau Nestoroff habe ihm »nicht schlecht den Text gelesen. Wie viel besser hatte sie (die Büste von E. A., R. J.) in Leipzig gewirkt. Na die können warten in München bis ich wieder was dahin bringe.«

Wir verstehen — der »Unfall« sollte vertuscht werden. Die Geschwätzigkeit des Meisters, sein Ablenkungsmanöver, verraten uns das. Elsa gebar am 7. September 1900 ihr zweites Kind: Désirée — die Erwünschte!?

Der Paris-Aufenthalt dauerte bis November. Im Mai 1901 fuhr das Paar wiederum in die französische Hauptstadt und blieb bis Februar 1902 dort. Unterdessen ging der »Beethoven« seiner Vollendung entgegen. Eines Morgens im Dezember, gegen zwei Uhr, war nach neunzehnstündiger anstrengender Arbeit der Thronsessel in Bronze gegossen und »man fühlt«, berichtet Elsa in ihrer kunsttechnischen Studie, »er sei nur in Bronze möglich«. In eindringlicher Weise schildert sie den komplizierten Akt des Gießens, der den ganzen Einsatz der Handwerker und des Künstlers verlangte.

Wo aber war das Kind geblieben?

Désirée selbst schrieb 1951 für ihre beiden Töchter die eigenen und die ihr übermittelten Erinnerungen an ihre Kindheit auf: Noch vor der Geburt war

Madame Charlotte Heudeline in Marcoussis von Dr. Guillouse dafür gewonnen worden, sich des Kindes anzunehmen und es großzuziehen. Als ihr ein Telegramm seine Ankunft auf dieser Welt meldete, machte sich Madame Heudeline auf den Weg nach Paris und staunte, Mutter und Kind in Spitzen gekleidet vorzufinden. Sie hatte noch nie solchen Luxus gesehen. Ein Arzt sollte Madame Heudeline bei der Pflege des Kindes unterstützen und die Vaterstelle einnehmen. Er kam jeden Tag, nach ihm zu sehen, und wurde dafür bezahlt.

In den Monaten, als Elsa Asenijeff und Max Klinger in Paris lebten, besuchten sie oft ihre Tochter. »Immer und immer wieder kam der Mann, der ein Riese schien, beugte sich über die Wiege und erkundigte sich endlos nach dem Befinden seines Kindes. Dann kamen eines Tages beide Eltern … Sie liebkosten das Kind lange und fuhren dann nach Deutschland.«

Désirées Bericht trägt einen Stachel, den Stachel des Vorwurfs gegen die Mutter. Also schreibt sie weiter: »Das Kind entwickelte sich gut, war aber sehr nervös, was dem Vater sehr zu schaffen machte. Beide Eltern kamen von Zeit zu Zeit im Verlauf ihrer Reisen vorbei und ihre Besuche bereiteten echte Freude, denn sie brachten immer große, ungewöhnliche Kuchen ins Dorf und genauso wunderbare Spielsachen, die zu schön erschienen, um damit zu spielen, und so endeten sie in einem Schrank, wo sie verstaubten. Aber die bedeutendsten Höhepunkte waren die Gelegenheiten, da das Kind von seinen Eltern mit nach Paris genommen wurde, um mit ihnen in exklusiven Restaurants zu speisen und im Bois de Boulogne spazieren zu gehen, wo der Vater glücklich mit seinem Kinde herumtobte. Die Jahre gingen vorüber und immer wieder kündigten die Klingers ihre Besuche an aus Deutschland, Italien oder Spanien. Sie kamen in der Kutsche, sie in einer Wolke von Parfüm und so schön wie eine Göttin, er gutgelaunt, voller Humor und Einfällen für Spiele.«

Der Alltag zwischen diesen aufregenden Besuchen war für das Mädchen oft traurig.

Wer trägt die Schuld daran, daß ein Kind ohne elterliche Liebe aufwachsen muß, daß eine erfolgreiche Frau in der Mitte ihres Lebens zerbricht?

Diese Frage läßt sich nicht leicht beantworten. Elsa Asenijeff schreibt in »Tagebuchblätter einer Emancipierten«:

»All unser Unglück kommt von der Liebe — wenigstens gilt das für uns Frauen. Von Jugend auf lehrt man uns: Liebe ist alles und dazu: entbehre die Liebe — ergo — — — Dann steckt man uns in die Ehe, die mit der Liebe nichts zu thun hat. Wir zappeln wohl ein wenig zwischen den Eisengittern des Gehorsams und der elterlichen Autorität, aber endlich geben wir nach. Und dann lächeln wir als Bräute und fixieren unsere Gedanken auf die erste Schleppe, die sich so schön am Boden hinringelt, damit wir nicht weinen. S'ist ein Elend. Ich hab mir es fix vorgenommen: Du, geliebt wird nicht. Noch 3, 4 Jahre, dann kommen die 30iger heran, das ist ein gefährliches Frauenalter — allein du bist vernünftig. Warum solltest du nicht zehn, zwölf Jahre früher klug werden als andere Frauen.«

Elsa war schon 33 Jahre alt, als Désirée geboren wurde. Trennte sie sich leichten Herzens auch von dem zweiten Kind? In den Tagebuchblättern, die in jener Zeit entstanden, reflektiert sie ihre Beziehungen zu Kindern nicht. Ich glaube, sie verdrängte das um der Unabhängigkeit willen, die sie für das Schreiben gewinnen wollte. »Ich suche Ruhe, Alleinsein, Nachdenkenkönnen. All' das, was man Frauen verwehrt. Ich will einmal ins Klare mit mir, mit dem Leben kommen. Es gibt ja Seligkeiten jenseits der Liebe.«

Elsa gehört zu den Schriftstellerinnen, die sich auf der Suche nach dem »eigenen Zimmer« (Virginia Woolf) befanden, jedoch »eine Art geistigen Keuschheitsgürtel« (Alma Mahler-Werfel) nicht ablegen konnten.

Sie steht in dem Konflikt zwischen ihrer Sinnlichkeit. Die sie kasteien möchte, und der angestrebten Intellektualität; zwischen Körper und Geist: »Ich habe einen Widerwillen gegen die Sinnlichkeit. Dennoch bin ich ein leidenschaftliches Weib.« Abscheu vor dem Liebesakt schildert sie in vielen Nuancen und schwärmt von platonischer Liebe, von »geistiger« Berührung, von Keuschheit, die in der Seele liegt, so daß sie und ihre Gestalten uns als Opfer jener zweigeteilten Moral erscheinen, die viele Frauen in schier aussichtslose Situationen brachte. Die Frau ist in fast allen Geschichten und Gedichten von Elsa Asenijeff die leidende Hauptgestalt; denn »methodisch erstickt wurden Frauen seit Jahrtausenden«. Allerdings seien sie an ihrer Situation selbst mit schuld: »Das Gehirn wäre gesund gewesen, aber ihr Wille hatte allezeit zu schwache Gelenke. Das war ein Vorteil für den Mann im Wettlauf der Geschlechter, also erhob er den Fehler zur Tugend.«

Ihr aufrührerischer Geist wider die männlichen Herrschaftsansprüche entpuppt sich als »immerwährende Kraftvergeudung«, weil sich ihre Gedanken im Kreise bewegen. Der Mann betört das Weib, lockt es aus seiner geistigen Sphäre: »… mein Leib fühlt sich zum Manne hingezogen, also hat der Mann recht.«

Die Erlebnisse der Tagebuchschreiberin Irene bezeugen das:

Hella, »die große Exzentrische«, die intelligente, schöne Frau, ertränkt sich aus Liebeskummer. »Der vulgäre Genuß hat sie erschreckt.« …

Berthold, der Freund, versucht Irene im Rosental zu vergewaltigen. »Nun war alle Unschuld des Miteinandergehens zu Ende … Und tropfenweise floß der Haß aus dem Filter meiner Seele in die Augen. Er aber sah nichts mehr. Sein Wille schwoll, er stand auf, umschlang mich und riß mich an seine Brust. Da stellte sich ein wahnsinniger Tierschrei aus meiner Kehle empor … Und ich biß — ja, — ich glaube, in diese Hände, die starr und hart wie Eisen sich um meinen Leib preßten. Wie ich mich wand! In der Überkraft der Wut riß ich mich los — er aber sank in Krämpfen zu Boden ... Am Boden lagen die Blumen zertreten, mein Dolch daneben — mein Hut. Plötzlich kam eine brutale Wut über mich: das also hatte er von mir gedacht? ... Mir wurde rot in der Seele: Ich lief auf ihn zu und trat stampfend mit meinen Absätzen auf seine Brust, bis ich müde wurde.«

Gleicht die hier beschriebene Szene nicht jener, die Max Klinger in dem Exlibris für Elsa Asenijeff heraufbeschwor?: die Frau, die den Mann zu Fall brachte. Elsa hat sich oft auf Klingers Werke bezogen, hat ihm aber nicht nur durch ihre leibliche, sondern auch durch ihre geistige Existenz »Stoff« für seine Arbeit geboten. Wenn in den Tagebuchblättern von der armen betrunkenen Frau die Rede ist, die in der Gosse starb, lenkt das hin zu der Aquatinta-Radierung aus »Opus VIII: Ein Leben« mit dem Titel »In die Gosse!« Eine verzweifelte junge Frau wird von hexenhaften und lemurenartigen Gestalten in den Rinnstein hinabgestoßen.

Drastische Schilderungen von Situationen wechseln in Elsa Asenijeffs Arbeiten mit Seelenergüssen und Deklamationen: »Wäre ich doch frei! Wie lange muß ich an meiner Kette zerren?« Das Gegeneinander der Geschlechter löst sich für sie selten in ein Miteinander auf. Sie erklärt es historisch und kommt zu dem Schluß:

»Und Geschicke haben wir nie gelenkt, am wenigsten die unseren. Höchstens durch das Geschlecht wirken wir, gewaltig, dämonisch, daß die Welt von rechts nach links mußte, daß alles toll ging, als gäbe es nur Zufälle, aber niemals Notwendigkeiten. Aber wir dahinter waren arme, arme Menschen und wußten kaum, was geschah.« Letzten Endes bleibe der Frau Ehe oder Prostitution — »was nur die verschiedene Form eines Gleichen ist«.

Was sie da schrieb, wirkte damals sensationell, mutig, aber auch pikant bis frivol. Es liegt wohl in der Natur der Sache, die hier verhandelt wurde, daß die von Elsa Asenijeff heraufbeschworenen Gestalten, Situationen, Ansichten mit der Zeit sie selbst belasteten.

Die »Tagebuchblätter einer Emancipierten« waren zweifelsohne ihr wichtigstes Werk. Der zuvor erschienene Band »Unschuld — Ein modernes Mädchenbuch« wurde in einer Verlagsannonce als »eine Sammlung von psychologisch fein ausgearbeiteten Skizzen aus dem Leben des Weibes von der frühen Jugend bis in das Alter« gepriesen, die auch »über die herben Erscheinungen des Lebens keinen prüden Schleier« ziehe. Das Buch war für alle jungen Mädchen geschrieben, die nach Höherem strebten. »Für jene, welchen ein Walzer oder ein schönes Kleid oder Reichtum alles gelten, sind meine Worte nicht«, heißt es im Einleitungstext. Elsa Asenijeff versucht über Liebe und Sexualität aufzuklären. Leider rede man aus »Anstand« über diese Dinge nicht, läßt die Autorin ein Mädchen feststellen, auch in den Liebesromanen stehe darüber nichts. »Es ist — hm! vielleicht, weil die Männer die Bücher schreiben«, heißt die Antwort darauf. So gibt es auch eine Geschichte mit dem Titel »Was Mädchen nicht wissen sollen«, in der es um eine uneheliche Schwangerschaft geht. Die junge Frau stirbt: »Die Schande hat sie umgebracht.« Und das Kind kommt ins Findelhaus, Kommentar: »So schwer ist unser Leben.«

»Unschuld« erschien ein Jahr nach der Geburt der Tochter. Geburt und Tod und Liebe sind die immer wiederkehrenden Themen. Trennungsschmerz scheint dieses Buch inspiriert zu haben.

In dieser Zeit befand sich Max Klinger in einer Schaffenskrise. Elsa Asenijeff schreibt ihm: »Lieber! Du tust uns Unrecht, Lieber, Dir und mir Unrecht. In einem faustisch-übermenschlichem Drange wolltest Du Dein Leben vertausendfach wissen, an Zeit und Kraft, um all das noch der Erde in Werken zu geben, was Dein vulkanisches Innere noch birgt. Wer ist Schuld daran, Du? Ich? daß auch ein Genie nach dem leidvoll, ungerechten Schicksal nur *ein*Leben, nur *eine* Kraft, den gleichen Tag mit nur kurzen 24 Stunden zugemessen bekommt? Wie willst Du Dir Arbeitsmüdigkeit vorwerfen? Hast Du nicht das Drama geschaffen? Du weißt nicht, wie sehr Du es unterschätzt! Und das zu einer Zeit, wo Dich eine große Arbeit, wie Beethoven, gedanklich schwer fesselte! Glaubst Du (es ist lächerlich, einem Schöpfer wie Dir dies sagen zu müssen), daß man an mehreren ganz gewaltigen Schöpfungen zugleich arbeiten kann? Niemals! ... Warte erst noch 2 bis 3 Jahre, bis Dein Beethoven fertig, Deine Museumsarbeit weiter fortgeschritten, so daß Du gedanklich freier wirst, und Du wirst sehen, wie es aus Deinem Innern von Neuem mächtig und gewaltig überquillt, noch bedeutender als früher, wo neues Leid und noch unbekanntes Glück Dir eine neue Reife im Leben gab.«

Elsa Asenijeff schließt ihren Brief aufopferungsvoll:

»Aber alles wie Du willst, wie es für *Dein* Glück, für *Deine* Freude, *Dein* Ziel besser erscheint. Hab ich denn in diesen 2½ Jahren einmal an mich gedacht? Nie, o Geliebter.«

Elsa gab für ihn nicht nur das Kind auf. Auch für ihre Arbeit bleibt nicht mehr viel Zeit und Kraft. Ab 1903 muß das Weinberghäuschen in Großjena eingerichtet werden. Sie hat sich nun schon um drei Haushalte zu kümmern; denn die beiden Wohnungen in Leipzig bestehen weiter. Als Klinger Vorsitzender des Villa-Romana-Vereins geworden war, begleitete sie ihn nach Florenz, um dort die Honneurs zu machen. Der verehrte Künstler mußte vielen Verpflichtungen im In- und Ausland nachkommen!

So braucht es nicht zu verwundern, daß vorerst nur zwei Bücher und einige Aufsätze fertig werden. »Der Kuß der Maja« variiert das bereits Geschriebene. Die Freude am Sichvertiefen, die sie dem Geliebten wünschte und zusicherte, zerschellte für sie an den Kleinigkeiten des Alltags.

Daran ging auch die Liebe zugrunde.

1911 gewinnt Max Klinger die vierundzwanzigjährige Gertrud Bock als Modell. Sie zieht schon ein Jahr später als seine Haushälterin ins Weinberghaus. Elsa überließ der Rivalin das Feld nicht kampflos. Ihren Dichtermut zusammennehmend, brachte sie in kurzer Zeit zwei expressionistische Romane in Versen heraus: »Die neue Scheherazade«, am 19. Februar 1912 »zur Zeit des ersten Treibhausfliedes« begonnen und 1913 bei Georg Müller in München erschienen, und »Das Hohelied an einen Ungenannten«, das ebenfalls von Georg Müller verlegt wurde. Dieses Buch trägt den Vermerk »angefangen: Weinberg Großjena 1913, geschrieben und vollendet: Dresden 1914«. Beide Bücher enthalten Darstellungen ihrer traurigen Situation, Beschwörung und Beteuerung der Liebe zu Max Klinger sowie Verteufelung der neuen Geliebten. »Ich bin nicht jung noch schön / und meine großen Fehler schmerzen Dich«, klagt sie und hofft:

»Du kehrst doch wieder bald / Berauscht zu mir zurück.« Um diese Zeit lernte sie die jungen Leipziger Expressionisten kennen, die der Kurt Wolff Verlag förderte. Ein Zeugnis dafür ist »Der neue Parnaß«, eine Gabe für den Leipziger Bibliophilenabend am 16. November 1912 mit Gedichten von Walter Hasenclever, Kurt Pinthus und Elsa Asenijeff. Als Kurt Pinthus 1919 die erste Anthologie expressionistischer Gedichte »Menschheitsdämmerung« herausgab, war Elsa Asenijeff in diesem Kreis schon vergessen. Wie sehr sie vor dem ersten Weltkrieg akzeptiert wurde, erfahren wir von Dr. Julius Zeidler. Er schrieb in »Leipzig — Ein Blick in das Wesen und Werden einer deutschen Stadt, Festgabe der Stadt Leipzig 1913« über sie:

»Elsa Asenijeff, der schon in rhythmischer Prosa glücklichste Prägungen zu verdanken sind, suchte den neuen Lebensinhalten, von denen sie sich durchpulst fühlt, die an das Innerste ihres Weibtums rühren, auf metrisch und rhythmisch zuweilen nicht ungefährlichen Fahrten neue selbständige tieferfaßte Formen, die nur in den Hymnen Dehmels und Nietzsches ihresgleichen haben … In größter Freiheit, ja Eigenwilligkeit der sprachlichen Linie strömt es von den Lippen dieser tapferen Dichterin — Freuden, Schmerzen, bunte Erkenntnisse, tiefstes und instinktmäßiges mütterliches Weibesfühlen, eine Welt neuer Gefühle, in denen sich von unserem alten Boden eine höchste Modernität losringt.«

Als der erste Weltkrieg ausbrach, meldete sie sich wieder zu Wort. Der Verlag A. R. Meyer, Berlin Wilmersdorf, gab im Oktober 1914 ein schmales Heft, ein Flugblatt, heraus, in dem sich sehr bekannte, aber auch weniger bedeutende Dichter mit dem Thema »Krieg« befaßten. Vor Gedichten von Carl und Gerhart Hauptmann, Klabund und Rudolf Leonhard eröffnete Elsa Asenijeff den illustren Reigen und bezeugte mit dem Gedicht »Vollmond« ihre Betroffenheit: »Jetzt ist keiner ein Gott/ und keiner ein Held./ Wo sind die Jungen, die Roten?/ Im Felde liegt einer vergessen/ mit weitoffnem Mund./ — Pferdemassen hügeln am Wiesengrund.«

Krieg und Verbrechen verurteilte sie von Anbeginn ganz und gar aus weiblicher Sicht. In den Tagebuchblättern heißt es drastisch: »Morde einen in gutem Gewissen und du bist ein Held. (Jeder brave Krieger denkt so.) Nur uns Frauen, die wir die Leben-Gebenden sind, schaudert davor.«

Und an anderer Stelle: »Ach! Wann wird endlich Menschenblut heilig sein!«

Während des Krieges begann das Leben, das Überleben für sie selbst zum Problem zu werden. Max Klinger stand ihr nicht zur Seite, Familie besaß sie nicht mehr. Der Vater war bereits 1889 gestorben. Die Mutter lebte zwar noch in Wien, aber zu ihr und zur drei Jahre jüngeren Schwester sowie zum Sohn Heraklit bestanden keine Beziehungen.

Ihre und Max Klingers gemeinsame Tochter wuchs fremd in der Fremde auf — in Frankreich. Der Krieg hatte Désirée dort zur Verfehmten und heimatlos gemacht. Max Klinger schickte nach Kriegsausbruch 800 Francs für die Tochter an Madame Heudeline. Die Bauern des kleinen Ortes, die schon immer neidisch auf die Frau und ihre Pflegetochter geschaut hatten, ließen nun ihren Unmut an beiden aus. Désirée schrieb in ihrem Lebensbericht, daß sie nicht mehr auf die Straße gehen konnte, weil Steine nach ihr geworfen wurden; man spuckte sie an. Das Leben wurde für sie und für ihre Stiefmutter unerträglich. Kaum vierzehn Jahre alt, verlor sie plötzlich alle Illusionen und sah sich in eine Einsamkeit hineingedrängt, von der sie niemals wieder ganz loskam.

Der Vater konnte mit Geld noch einmal sein Gewissen freikaufen. Die Mutter, die selbst in Not geriet, vermochte für die Tochter nichts zu tun. Ihre Sorge und Liebe, die sicher nicht erloschen waren, beweist ein Brief an Désirée von 1919. »Dein Vater ist im Augenblick nicht reich«, schreibt sie ihr, »sein Besitz bringt nicht viel, ein jeder ist arm in Deutschland. Aber bedenke, er ist berühmt, und sein Name wird bestehen bleiben, und Deine unbekannte Mutter entstammt einer sehr alten Familie.«

Anfang Oktober 1919 hatte ein schwerer Schlaganfall den zweiundsechzigjährigen Klinger rechtsseitig gelähmt. »Den Winter über hielt er sich in Leipzig auf, wo er sich im November mit seiner Gesellschaftsdame, Fräulein Gertrud Bock, vermählte, die, wie sie ihm bis dahin bereits eine hilfreiche Pflegerin gewesen, nun eine treusorgende Gattin wurde«, berichtet Klingers Biograph Julius Vogel zurückhaltend über diesen eigenartigen Entschluß des

Künstlers, der, als er gesund war, niemals geheiratet hatte, auch Elsa, seine Geliebte, die Mutter seines Kindes, nicht. — Wenige Monate später starb er und hinterließ keinen unbedeutenden Besitz. Erbin war die Gattin und zum kleinen Teil die Tochter, die zum Begräbnis nach Deutschland und nach Leipzig kam. Gertrud Klinger nahm sie freundlich auf. Zum erstenmal in ihrem Leben betrat Désirée solch ein reiches Haus. Die Frau ihres Vaters war jung und attraktiv und — trotz der tiefen Trauer — ganz fröhlich. Die beiden mußten sich über das Wörterbuch verständigen, denn Désirée sprach nur französisch. Kein Wunder, daß sie sich später vor allem an Leute erinnerte, die des Französischen kundig waren, an jene alte Schauspielerin aus dem Leipziger Theater oder an jenen Friseur, der von seiner neuen Kundin entzückt war. Julius Vogel, Désirées Vormund, brachte sie in einer Familie unter, wo sie deutsch lernen konnte. Aber die Leute behandelten sie von oben herab, in einer Art Chauvinismus, der sie tief verletzte. So zog sie in eine Pension. Mit Gertrud Klinger traf sie sich hin und wieder; wie sie berichtet, wurden die Beziehungen dadurch verdorben, daß ein Mann die Rolle des Hausherrn übernommen hatte: jener Prof. Johannes Hartmann, der immer in Frau Klingers Nähe gewesen war und schon sechs Monate nach Max Klingers Tod ganz in die Wohnung zog. Désirée gegenüber verhielt er sich unfreundlich, er sprach sehr schlecht von ihrer Mutter, von Elsa Asenijeff, und das tat er sogar in Gegenwart anderer. Das Mädchen hörte sich das ruhig an, es verhielt sich so, wie es sich schickte. (Das hatte Désirée unterdessen gelernt.) Doch mit der Zeit wurde es für diese junge Seele zuviel, und sie geriet in schlimme Not, als sie ihre Mutter durch die Straßen gehen sah — arm und elend.

Nein, die Tochter half der Mutter nicht. In ihrem Bericht wendet sie sich sogleich den Problemen der Inflation zu, die ihr Erbteil über Nacht wertlos machte. Désirée fühlte sich in Deutschland nicht wohl. Sie mußte auch Geld verdienen und fuhr deshalb nach Frankreich zurück, um ihren Beruf als Lehrerin wieder aufzunehmen.

Es war das Jahr 1922. Elsa Asenijeffs letzter schmaler Band mit dem Titel »Aufschrei« — »Gedichte in freien Rhythmen« lag zum Druck vor und kam bei A. H. Payne in einer hohen Auflage heraus: Der Aufschrei eines Menschen, für den es keinen Ausweg mehr gab und keinen, der half. Aber die Dichterin jammerte nicht über sich, sondern sorgt sich um die Welt: »Wie rett ich Dich, o Welt, vom Menschen; /ohne ihn zu vernichten!/.../Wie halt ich Milliarden Hände!/ Die sich schändend an Dir vergehen/ .../ Welch ein Mund sei mein Mund, /Ihnen zu verkünden: Das Paradies hat Euch geboren,/ Und die Hölle habt Ihr geboren!/ Laßt noch Sterne über ihren Dünsten leuchten,/ Hell brennende Gold- und Edelsteine als Grund,/ Blütenüberschütteter Boden dazwischen ...«

Sie appelliert an alle, sich für das Leben, für den Fortbestand der Erde verantwortlich zu fühlen. In ihrem letzten Gedicht wendet sich Elsa Asenijeff noch einmal an die Frauen: »Menschin steh auf!« Es enthält einen Fluch auf den Krieg: »Und da war der Himmel nicht mehr blau,/ Sondern grau und dreckte Pech auf unsere Köpfe/ Und ihr Sterben war nicht mehr Heldenthum/ Für großes Können und Ruhm,/ Sondern Mord und Sünde am Himmel./ Menschin steh auf aus dem Gewimmel/ Und rücke das Leben wieder zurecht ...«

Damit endet unsere Geschichte von Elsa Asenijeff. Sie ist so traurig, geheimnisvoll und hintersinnig wie ein Grafikzyklus von Max Klinger. In den ersten Wochen der Wonne war sie ihm noch »der Kuß auf alles, was man sehen gelernt hat«.

Zwanzig Jahre fast, das letzte Drittel ihres Lebens, vegetierte sie in Nervenkliniken oder psychiatrischen Anstalten. Es müssen Jahre der Verzweiflung und der Selbstaufgabe gewesen sein, von denen wir nichts wissen. Sie wurde 74 Jahre alt und könnte eines natürlichen Todes gestorben sein. Aber in jener Zeit begannen die Nationalsozialisten, unzählige Menschen in ähnlicher Situation zu vernichten. Möglicherweise hatte Charlotte Eichhorn recht, die am 9. Juli 1946 in einer Leipziger Zeitung behauptete, Elsa gehöre »zu jenen Opfern der Hitler-Schergen, die bei der gegen Kranke und Hilflose unternommenen Aktion ums Leben kamen«.

Elsa Asenijeff war brutal auf die Außenseite des Lebens gestoßen worden. Wir können sie noch einmal — wenn auch spät — zurückholen in unsere Mitte.

Wolfgang U. Schütte

Nebstbei zäumte ich den Pegasus

Lene Voigt geb. Wagner (3. 5. 1891 bis 16. 7. 1962)
Mundartdichterin und Gebrauchslyrikerin, schrieb u. a. für linke Zeitungen,
errang Popularität durch ihre Säk'schen Balladen und Säk'schen Glassigger

Als der Autor dieser Zeilen 1961 aus seiner thüringischen Kleinstadt Groß-
breitenbach nach Leipzig kam und für immer hier kleben blieb, hatte Lene
Voigt noch ein knappes Jahr zu leben. Es wäre gelogen, wenn ich sage, daß
mir die Autorin ein Begriff war.

1966 begann ich mit der Arbeit an einer Auswahl aus der satirischen Wochenschrift »Der Drache«, die von 1919 bis 1925 in Leipzig erschien. Mitarbeiter an diesem Buch war der langjährige Chefredakteur des sächsischen Sa-
tiricons Hans Bauer (1894 bis 1982). Er wiederum hatte den »Drachen«
1921 vom Gründer und ersten Chefredakteur Hans Reimann (1889 bis 1969)
käuflich erworben. Beim Sichten der Zeitschrift mit den wechselnden Unter-
teln (Leipziger, sächsische, republikanische Wochenschrift) begegnete ich vielen Autoren, deren Namen ich vorher nie gehört hatte. Eigentlich hätte mir
die einzige Frau in der Männer-Drachen-Runde besonders auffallen müssen,
sie, die ihre Texte mit Lene Voigt oder dem Kürzel L. V. zeichnete. Sie hatte
Anekdoten, Glossen und wunderbare sächsische Dialoge veröffentlicht. Daß
letztlich im Buch nur zwei hochdeutsch geschriebene Anekdoten Aufnahme
fanden, lag weniger am debütierenden Herausgeber als an den Zeitumstän-
den. Niemand wußte, wie die Rechtslage ist, ob es Erben, vielleicht welche im
westlichen Ausland, gibt. Nahegelegen hätte es, schwor doch Hans Bauer
Stein und Bein, daß Lene Voigt in München gestorben sei. So falsch steht es
auch in den biographischen Notizen von »Damals in den Zwanziger Jahren«.
Elisabeth Trepte-Flieger, ehemalige Bibliothekarin im Leipziger Bezirkskran-
kenhaus für Psychiatrie, klärte mich brieflich auf: »Lene Voigt, durch die Verfolgung der Nazis nervenkrank geworden (sie litt an Verfolgungswahn), lebte
bis zu ihrem Tode in Leipzig-Dösen, der dortigen Nervenheilanstalt. Sie war
ein harmloser Fall und hätte wohl entlassen werden können, sagte aber selbst,
daß sie sich ›draußen‹ nicht mehr zurechtfände. Sie arbeitete in der Kasse der
Anstalt. All ihre Bücher waren der Verbrennung zum Opfer gefallen, sie besaß nur noch ein einziges Buch von sich …« (Brief vom 7. 9. 1969).

Noch steht sie in keinem Schriftstellerlexikon. Sind zwölf Bücher, ein Hörspiel, zahlreiche Arbeiten für die Presse nicht ausreichend, um da Aufnahme zu finden? Oder betrachtet man sie von oben herab, da das meiste ja doch »nur« Dialektdichtungen sind?

Einige Fakten, etliche Zitate und auch die eine oder andere Vermutung sollen helfen, das nicht leichte Leben der Lene Voigt näher zu charakterisieren. »Väterlicherseits stammt sie aus einem Gebirgsbauerngeschlecht und mütterlicherseits aus Akademikerkreisen«, verrät ein »Gespräch mit Lene Voigt«, welches der »Hannoversche Kurier« am 6.1.1935 publizierte. Der Vater Karl Bruno Wagner war Schriftsetzer, die Mutter Alma Marie Wagner, geb. Pleißner, vermutlich Hausfrau. Die Kindheit verbrachte sie in Leipzig und »in einem weltentlegenen erzgebirgischen Nest im Hause eines Pastors«, die erste Stellung der kleinen Lene ist die eines sogenannten Laufmädels in einer Puppenklinik. Auf den besonderen Wunsch der Mutter ließ sich Lene, die damals noch Helene Wagner hieß, als Kindergärtnerin ausbilden. Die erste Stelle in diesem Beruf sollte auch die letzte sein, denn sie war zur Betreuung eines siebenjährigen Mädels eingesetzt, spielte dem täglich eigene Puppenspiele vor und ersann ein Spiel um einen Erbonkel, der bald das Zeitliche segnen möge. Das war eine Spur zu realistisch, und so mußte sie sich, vermutlich nicht zur Freude der Eltern, nach einer neuen Stellung umsehen.

»Ich widmete mich, vom Schrifttum angezogen, dem Buchhandel, den ich von Grund auf erlernte und war dann später bei weltbekannten Verlagsbuchhändlern in Leipzig tätig«, vertraute sie dem M.H. zeichnenden Interviewer an. Eine dieser weltbekannten Verlagsfirmen ist die B.G. Teubner Verlagsgesellschaft, doch leider ließ sich die Dauer der Voigtschen Mitarbeit nicht belegen, da das Archiv im zweiten Weltkrieg weitgehend zerstört wurde. »Nebstbei zäumte ich den Pegasus … Schon mit 15 Jahren habe ich ›gedichtet‹ und wurde — man denke — sogar gedruckt. Es handelte sich um eine Turnvereinshumoreske.« Bislang ließ sich diese erste Arbeit der jungen Dichterin noch nicht auffinden. Der Zufall brachte eine andere Spur. Nach einer Sendung über Lene Voigt auf dem Sender Stimme der DDR schickten viele Hörer, durch den Sender aufgefordert, Briefe und Karten, in denen in den meisten Fällen ein paar Worte zur Sendung und in einigen wenigen etwas zur indirekten oder gar direkten Bekanntschaft mit der Dichterin standen. Eine ältere Dame aus Dessau schrieb, daß sie zwar nichts von Lene Voigt habe, aber einige undatierte Zeitungsausschnitte mit sächsischen Gedichten. Drei davon enthielten Arbeiten von Helene Wagner! Ein Gedicht stellt »'s Luftschiff« und die Aufregung um dieses aeronautische Ereignis dar. Wohlgemerkt in Leipzig. Das von Helene Wagner besungene Luftschiff hatte seinen Jungfernflug am ersten Pfingstfeiertag des Jahres 1909. Es ist, wie zu lesen war, nicht die erste Veröffentlichung der späteren Lene Voigt, doch es ist die durchaus bemerkenswerte Dichtung einer Achtzehnjährigen — und bereits das ist eine Dialektdichtung. Die anderen Gedichte aus jener noch nicht ermittelten Leipziger Zeitung sind gleichfalls in sächsisch gehalten, heißen »Die rätselhaften Dinger«, »An der Deahdergasse« und »Uff'n Audo-Omnibus«. Letzteres hat gar einen kleinen sozialkritischen Hauch, bedichtet Helene Wagner doch eine Fahrt auf dem Oberdeck eines Omnibusses, während der sie ihren ungeliebten Hauswirt laufen sah, denn der

»guckt uff seine Mieder, / weil er reich, und mir sin's nich, / voll Verachtung nieder!«

Helene Wagner freut sich mit dem Überschwang der Jugend:

»Ei, da hadd mersch Härz gehubbt, / Nee, war das bloß scheene! / Un mer sah direkt de Wut / Um sein Schnurrbart zucken, / Weil er diesmal gonnde nich / Uff mich niedergucken!«

In der im Kriegsjahr 1914 erschienenen Anthologie »Dichtung und Prosa von Leipziger Frauen« ist Helene Wagner eine der Beiträgerinnen. Sie ließ die Dialekt-Gedichte »An den Mond« und »Bemmchen's Friehlingslied« sowie die hochdeutschen Texte »Lichtscheu«, eine Prosa-Skizze, und »Gesellschaft«, ein heiteres Gedicht, veröffentlichen.

Die ersten Arbeiten nach der sogenannten »großen Zeit« stehen in Tageszeitungen, die der jungen KPD gehören, in der Berliner »Roten Fahne«, der Augsburger »Bayerischen Arbeiter-Zeitung« und auch in der »Sächsischen Arbeiter-Zeitung«. Otto Voigt, Musiker im berühmten Orchester Paul Lincke, hatte am 19. September 1914 Helene Wagner zum Standesamt geführt. Die Ehe wurde bereits am 23. September 1920 geschieden. Der gemeinsame Sohn Alfred, geboren am 10. September 1919, starb am 6. Februar 1924 an der damals nicht heilbaren Gehirnhautentzündung.

Das war der erste große Schicksalsschlag im Leben der Lene Voigt. Im Nachlaß fand sich das Gedicht

Im Ginderwaachen

Ä Seichling liecht im Ginderwaachen.
De Leite, die vorieberjaachen,
Die missen sich ganz neidisch saachen:
So hamm mir ooch in friehsten Daachen
Dahingedeest, noch frei von Blaachen
Un Sorchen um de Maachenfraachen,
Die's schbätre Lähm uns zugedraachen.
Drum, Seichling uff dein Unterlaachen,
Genieß dei Glick im Ginderwaachen.

Die Autorin merkte handschriftlich auf dem Typoskript an: »Hier haben wir wieder mal ein, ich möchte sagen grauenhaftes Beispiel dafür, wie unser tiefster Humor aus tiefstem Schmerz geboren werden muß, denn ich verfaßte dieses Gedichtlein am — Todestage meines Jungen, abends, nachdem ich all die Stunden vorher sterbensmelancholisch war …«

Zu jener Zeit wohnte Lene Voigt, es ist auf dem Blatt vermerkt, in Leipzig W 33, Frankfurter Str. 49 IV (jetzt Friedrich-Ludwig-Jahn-Allee). Ihre vorherigen Leipziger Wohnadressen sind Schletterstr. 18, Nostizstr. 51 (jetzt Reichpietschstraße), Oststr. 104.

Die Mitarbeit an der »Roten Fahne« wurde erwähnt, so überrascht es nicht, auch Texte in der Zeitung der KPD für Westsachsen, der »Sächsischen Arbeiter-Zeitung«, zu finden. Hier zeigt sich, wie bereits bei den Arbeiten für das kommunistische Zentralorgan, eine andere Lene Voigt, eine engagierte Streiterin für die Sache der Arbeiterklasse. Diese Arbeiten liefert sie in der Hochsprache ab und verzichtet völlig auf den ihr so geläufigen Dialekt. Bereits im »Drachen« finden sich sowohl hochdeutsche als auch sächsische Texte. In einem dieser »Drachen«-Texte macht sie sich gekonnt über die Angst des Kleinbürgers lustig, der Kommunisten und Anarchisten und Terroristen gleichsetzt. Ihrer Mitarbeit am sächsischen Satiricon Nr. 1 widmet sie 1927 eine ironische Reminiszenz: »Drauf ein frohes Vierteljahr / Lene oft vertreten war / in den Spalten dieses Blattes. / Aber ach, ganz plötzlich hat es / Sein Erscheinen eingestellt, / Denn zu Ende ging das Geld.«

Tatsächlich: der »Drache« stellte 1925 sein Erscheinen aus Geldmangel ein, und in den Verszeilen habe ich mir lediglich erlaubt, den Namen Lene einzusetzen. In Wirklichkeit heißt es im Original Mally, denn es ist ein Auszug aus der Verserzählung »Mally der Familienschreck«, die sie 1927 herausbrachte. Da war sie bereits durch ihre »Säk'schen Balladen« berühmt, von denen der erste Band 1925 und der zweite ein Jahr später im Leipziger Verlag A. Bergmann erschienen war.

Die linksbürgerliche »Neue Leipziger Zeitung«, wo Erich Kästner fleißig mitarbeitete und Feuilletonredakteur Hans Natonek sie stets förderte, vermerkte zum Erscheinen des ersten Bandes der »Säk'schen Glassigger« lakonisch: Lene Voigt »sitzt ja schon seit Jahren an der sprudelnden Sachsenquelle, und was sie selbst ausschenkt, ist garantiert naturell. Ihre ›Glassigger‹ — sind sächsischer Edelsekt.« (NLZ, 31 12. 1925) Mit Hingabe und einem bewundernswerten Fleiß widmet sich Lene Voigt ab 1925 dem freien Schriftstellertum. Die in Leipzig erscheinende Humorzeitschrift »Der gemütliche Sachse«, der Titel wurde ab Jahrgang 1929 in »Der lustige Sachse« geändert, bietet ihr die Möglichkeit der ständigen Mitarbeit. Ihre Bindungen zur Arbeiterbewegung hat sie nicht aufgegeben, immer wieder tauchen Lene-Voigt-Arbeiten in der Arbeiterpresse auf, egal ob es sich um die SPD-nahe »Illustrierte Reichsbanner-Zeitung«, das kurzlebige »Panoptikum« oder das sozialdemokratische »Sächsische Volksblatt« in Zwickau, wo Walther Victor Feuilletonchef ist, handelt. Es ist vermutlich nur für die Puristen von Belang, daß sie in all diesen Publikationsorganen sächsische *und* hochdeutsche Texte publiziert. Das aber sind keineswegs alle Zeitungen, die Lene Voigt drucken; eine Leserin aus Erfurt sandte mir undatierte Zeitungsausschnitte aus einer offensichtlich linken Tageszeitung der zwanziger Jahre, die »Berliner Volkszeitung« unter ihrem Chefredakteur Otto Nuschke beschäftigte die Leipziger Autorin, und selbst in einem scheinbar fernliegenden Druckerzeugnis wie der in Stuttgart herausgegebenen »Metallarbeiter-Zeitung« sind Lene-Voigt-Texte zu finden. Den meisten Arbeiten kann sozialkritisches Engagement nicht abgesprochen werden. Ein Sichten aller linken Periodika der Weimarer Republik ergäbe vermutlich Erstaunliches. Die ungünstige Quellenlage und der immense Aufwand haben das bisher verhindert. Wollen wir uns aber der ganzen Lene Voigt bemächtigen, und daran kann es wohl keinen Zweifel geben, so muß diese Arbeit ebenso geleistet werden wie das Durcharbeiten der »Neuen Leipziger Zeitung«, allein im Jahrgang 1925 fanden sich elf Texte, die nicht in ihren Büchern stehen.

Die freie Schriftstellerin arbeitet fleißig und wird dankbar gedruckt. Alles scheint in ihrem Leben zum Besten zu stehen. Um 1926/27, sie stand auf dem Höhepunkt ihres Ruhmes, lernte sie einen Mann kennen, der Mitglied der progressiven Vagabundenbewegung war. War es ein Maler, ein Schriftsteller oder ein Musiker? Wir wissen es nicht. Diesem Mann, so erklärte sie an ihrem Lebensabend einem Leipziger Psychiater, wandte sie sich in einer tief empfundenen Liebesbeziehung zu, und der beschrieb das mit den Worten, »daß sie damals als Frau voll erwacht sei.«

Die Zeitschrift der Vagabunden »Der Kunde«, redigiert vom ideologischen Kopf der Bewegung Gregor Gog, druckte 1929 einen bewegenden redaktionellen Beitrag ab, »Kunden-Tod« heißt er und besteht aus den Briefen von Lene V. aus Leipzig. Gregor Gog stand der KPD nahe und wurde später ihr Mitglied, an ihn wandte sich Lene Voigt in der Hoffnung, daß da ein Mensch sei, dem Menschliches nicht fremd ist. Der feinfühlige Gog hat diese Briefe mit Sicherheit nicht ohne das Einverständnis der Autorin gedruckt.

»Lieber G. G.   Leipzig, den 7.2.29

Da wollte ich Ihnen nun etwas schreiben über den erfrorenen Zirkusclown und dabei scheint meinen eigenen geliebten Vagabunden das gleiche furchtbare Schicksal ereilt zu haben! Er ließ mich keine Woche ohne Nachricht, aber seit dem 18. Januar kam keine Zeile mehr. Zuletzt wollte er von Meißen nach der Sächsischen Schweiz tippeln. An Papieren führte er nur seinen Geburtsschein mit sich, der auf Ludwigshafen a. Rhn. lautet. Wohnungsschein hat er natürlich keinen. Darum habe ich an das Polizeiamt in Ludwigshafen geschrieben und angefragt, ob von irgendwo die Meldung eingelaufen sei, daß ein Mensch erfroren aufgefunden wurde, der einen auf Ludwigshafen lautenden Geburtsschein bei sich hatte. Würden Sie mir raten, lieber G.G., daß ich eine Vermißtenanzeige in den Dresdener Blättern erscheinen lasse? Denn in der Dresdener Gegend muß ja das Unglück geschehen sein. Bitte sagen Sie mir doch, was ich tun soll! Mir ist so bange. Vielleicht liegt er irgendwo an einer ganz einsamen Waldstelle und ist noch gar nicht gefunden. Ich verfolge täglich die Zeitungsmeldungen aus der betreffenden Gegend, fand jedoch noch nichts. Was soll ich nur tun? Läge mein Freund irgendwo krank im Spital, dann hätte er mir bestimmt durch eine Schwester schreiben lassen. Dies kann also nicht in Frage kommen. Und wir waren auf Weihnachten noch so glücklich!

Bitte geben Sie ein paar Worte Ihrer sehr traurigen Lene V.

P.S. Es ist doch das Beste, man tippelt mit, denn dann verreckt man wenigstens zusammen und es gibt kein Herzweh für den anderen.

Lieber G.G.,   Leipzig, den 13.2.29

erfroren ist er nicht, unser Vagabund, aber bereits am 19. Januar in Dresden einem tödlichen Schlaganfall erlegen. Weil die einzige Flebbe der Geburtsschein war, konnte man mich nicht benachrichtigen, sondern ich mußte meinerseits suchen gehen. Zur Zeit erwarte ich noch die Mitteilung vom Dresdner Stadtkrankenhaus, auf welchem Dresdner Friedhof mein Kunde die letzte Ruhestatt gefunden hat. Dann kann ich zum Grab meiner ›letzten Liebe‹ (wir nannten uns halb wehmütig, halb humorig so) pilgern gehen. Vor fünf Jahren um die gleiche Zeit starb mein einziges Kind, nun der Liebste. Was will man da eigentlich selber noch?

Es grüßt Sie Ihre nun ganz vereinsamte Lene V.«

Im Brief, der eine Woche später datiert ist, dankt sie Gregor Gog für die »lieben Worte« und schildert ihre Bedrückung: »Ja, Sie haben recht: die Toten beneiden die Lebenden nicht. Es ist nur so unsagbar schwer, das schreckliche Wort ›nie‹ zu ertragen! Nie sieht man ihn wieder, der so fröhlich und zuversichtlich schied, um bald zurück zu sein ›bei Muttern‹, wie er im seit letzter Zeit erwachten Heimverlangen es nannte.«

Detailliert beschreibt sie dann, welche Schwierigkeiten es ihr als »der ungesetzmäßigen Frau« machte, die sterblichen Überreste zu bekommen. Denn der unbekannte Vagabund lebte seit 12 Jahren von seiner Frau getrennt.

Der letzte Brief im Beitrag »Kunden-Tod« ist datiert vom 20.3.29, eingangs teilt Lene V. mit, daß sie am 28. Februar noch einmal in Dresden war, aber nichts Tröstliches erfahren konnte. Die Frau erhob zwar keinen Anspruch, jedoch müsse die Urne drei Jahre aufbewahrt werden, um danach im Massengrab beigesetzt zu werden. Damit aber konnte und wollte sie sich, die couragierte Frau aus Leipzig, nicht zufriedengeben, sie ging »bis zur allerhöchsten Instanz für das Bestattungswesen in Dresden« und fand auf diesem Posten »zum Glück ein(en) Mensch(en) und kein(en) Paragraph(en)«. Ein Telefonanruf des Beamten — und alles war zur Zufriedenheit geregelt, und »so konnte ich am 5. März auf dem hiesigen Waldfriedhof mein liebes großes Kind endlich zu Bett bringen.

Seither gehe ich (außer sonntags, wo die Spießer scharenweise hinauspilgern) Tag für Tag auf den Friedhof. Er ist mein einziges Wanderziel geworden und wird mich nun wohl auch nie mehr lange von Leipzig weg dulden, mal zwei, drei Tage, dann kehre ich zurück. Als ich das Kind begrub, das war schon bitter, aber dieser Schatten ist doch schwerer! Er will und will nicht wieder hell werden! Ihre Lene V.«

In der Zeitschrift schreiben Oskar Maria Graf, Bruno Vogel, Friedrich Wolf, es zeichnen die Maler Gerhard Bettermann und Tombrock — und Lene Voigt legt sich ein Pseudonym zu. Ein Gedicht als Lenka Sirotek ist nachweisbar, es heißt »Strich-Lotte spricht« und erzählt von der Wohltat einer Berliner Prostituierten an einem Arbeitslosen, der am Weihnachtsabend mit Selbstmordgedanken an der Spree steht.

Lenka Sirotek ist aus dem Slawischen abgeleitet und bedeutet, frei übertragen, Lenchen Waise. Wie muß es um eine Frau bestellt sein, die sich ein solches Pseudonym wählt …

Im Herbst 1929 druckt der »Lustige Sachse« »Mein Liebster ist ein Vagabund«, in dem Lene Voigt ihre große Liebe besingt, die zwölfmal im Jahr zu ihr kommt.

Als es gedruckt vorliegt, hat sie ihre große Liebe bereits zur letzten Ruhe auf dem Südfriedhof, der damals umgangssprachlich Waldfriedhof hieß, gebettet.

Trotz der Ankündigung, Leipzig nur kurzzeitig zu verlassen, zieht sie 1929 nach Bremen.

»Wie in aller Welt kommen Sie als waschechte Leipzigerin nach Bremen?« fragt der Interviewer des »Hannoverschen Kurier« und bekommt eine Antwort, die mehr Ausflucht als Bekenntnis ist: »Höchst einfach! Im Juni 1929 war in einer Leipziger Straßenbahn ein fulminantes Schild des ›Bremer Lloyd‹ ausgehängt — ein Werbeplakat für eine fünftägige Helgolandfahrt. Ich mußte mit. Das stand fest. Also auf und davon in Richtung Bremen, wo wir

einen Tag Aufenthalt hatten − und − Bremen sehen und lieben war eins …
Ich entschloß mich dazu, meine Zelte in Leipzig abzubrechen und hier dauernden Wohnsitz zu nehmen. Im Herbst desselben Jahres stand ich dann
eines Tages mit vielen guten Vorsätzen, einer aufrichtigen Liebeserklärung an
die Stadt Bremen im Herzen, einer Schreibmaschine in der einen, und ein
Köfferchen in der anderen Hand, auf dem Bremer Hauptbahnhof. Das einzige
Kleid trug ich auf dem Leib.«

Weshalb sie tatsächlich Bremen wählte, es bleibt im Dunkel der Geschichte. Die erwähnte Helgolandfahrt mit dem Bremen-Aufenthalt gestaltet
sie in dem Unterhaltungsroman »Vom Pleißestrand nach Helgoland« (1934),
im gleichen Jahr erschien auch »Die sächsische Odyssee«, die sich wieder des
sächsischen Dialekts bediente und eine Verballhornung der weltliterarischen
Vorlage ist.

1934 ist aber aus einem anderen Grund von Bedeutung. Seit längerem waren Lene Voigt, die anerkannte Schriftstellerin, und der junge unbekannte
Mann namens Robert Meier, der gern Schriftsteller geworden wäre, in brieflichem Kontakt. Als Arbeitsloser hatte er genügend Zeit und radelte im Sommer des Jahres 1934 von Leipzig, wo er zu Hause war, nach Bremen. Dieses
Zusammentreffen der beiden Geistesverwandten sollte sich als fruchtbar erweisen. Gegenseitig tauschte man Typoskripte aus, Robert Meier war in seiner
Heimatstadt eifrig als Lene-Voigt-Propagandist tätig. Die Begegnung in Bremen dokumentierten sie im Foto, deutlich ist auf einem dieser Bilder Lene
Voigts Wahlspruch »Trotz alledem!« zu lesen. Am 29. April 1935 sprach er
»über Lene Voigts Schaffen«, im erhalten gebliebenen Rede-Manuskript ist
vieles von Belang, weil aus näherer Bekanntschaft mit der bemerkenswerten
Frau getroffen: Sie »selbst hält ihre Dialektdichtung für eine Art Widerspenstigkeit gegen ein mütterliches Verbot in der Jugend … Sie durfte nur hochdeutsch sprechen und sächselt im persönlichen Leben durchaus nicht. Das
geht so weit, daß sie für den Vortrag ihrer eigenen Sachen ganz ungeeignet
ist …

Ihr Humor ist nicht boshaft, sondern wenn er spottet, dann ist dieser Spott
so, daß ihn jeder mit stillem Lächeln auf sich selbst angewendet hinnehmen
würde. Vielleicht ist es auch alles Selbstironie, wozu sie im persönlichen Leben durchaus neigt.«

Zu erfahren ist aus dem Meier-Vortrag auch, daß Oldenburger Lehrer »offiziell gegen diese Art von angeblicher Verschandelung der Klassiker« protestierten, worauf Lene Voigt beim Propagandaministerium anfragte, ob sie weiter mundartlich parodieren dürfe. Da antworteten die Herren um Goebbels
noch: »Selbstverständlich dürfen Sie auch im 3. Reich weiter parodieren.«

Der Nachlaß von Robert Meier enthielt zwei dickleibige Mappen mit der

Aufschrift LENE. Das Sichten der Mappen ergab ein konturenreicheres Bild von Lene Voigt, denn zahlreiche Arbeiten in der Hochsprache belegen, daß die Autorin nicht nur die sächsische Humoristin war, als die man sie gemeinhin kennt. Die meisten der hochdeutsch geschriebenen Arbeiten enthält das Taschenbuch »Mally der Familienschreck«.

Wie sah sich Lene Voigt selbst — als sächsische Humoristin oder hochdeutsche Schriftstellerin? Diese Gegenüberstellung ist unfair, aber da sie zeit ihres Lebens, und, um es vorweg zu nehmen, lange darüber hinaus, dem Vorwurf ausgesetzt war, nur sächsische Ulknudel zu sein, sollte man sie selbst befragen. In einer Mappe LENE befand sich auch ihr bislang ungedruckter Text »Vom mundartlichen Schaffen«, der bestätigt, was wir bereits von Robert Meier wissen, denn »nur mein Vater sprach Dialekt, während meine Mutter auf ein peinliches Hochdeutsch meinerseits hielt und in der Leipziger Mundart geradezu etwas Gewöhnliches und Verpöntes erblickte … Bis auf den heutigen Tag bin ich der Mundartdichtung treu geblieben. Ja, ich kann es wohl, trotz aller hochdeutschen schriftstellerischen Bestätigung der letzten Jahre, kaum jemals ändern, daß ich als sächsische Dialektdichterin abgestempelt bin und bleibe. Mag es gern so sein. Es ist trotz der fürnehmen Verwandtschaft mütterlicherseits von jeher mein Stolz gewesen, daß mein Vater ein Leipziger Arbeiter war; und so will ich auch weiterhin das Mundartliche als das wahrhaft Volkstümliche in meinem Schaffen pflegen.«

Geschrieben wurden diese Zeilen am 10. April 1935 in Lübeck, dem neuen Wohnort von Lene Voigt. Doch ihr Bleiben in der Hansestadt ist nicht lange, noch im gleichen Jahr siedelt sie nach Flensburg. Wie überall hat sie auch hier in einem kleinen möblierten Zimmer gewohnt. Im »Sang der Möblierten« (»Neue Leipziger Zeitung« vom 19. 2. 1935) dichtet sie selbstironisch-melancholisch: »Das mögen so ein Dutzend Zimmer sein, / Die in verschiedenen Städten man bezogen. Mitunter stellt ihr Bild sich wieder ein / Und kommt uns nächtlich durch den Traum geflogen … Nach jeder Richtung: Norden, Süd, Ost, West / Hat unser Fenster schon einmal gelegen; / Bis uns die letzte Wohnstatt einst hält fest / Und setzt ein Ziel den Erdenwanderwegen.«

Ob sie bereits ahnt, daß sie bei den faschistischen Machthabern in Ungnade fallen wird? Es werden immer weniger Arbeiten in der »Neuen Leipziger Zeitung«, wo neben ihr Georg Maurer, René Schwachhofer, Walter Steinbach, Johannes Tralow ständige Mitarbeiter sind, zum Druck angenommen. Am 6. Mai 1936 erscheint in dieser Zeitung, mit der sie ein freundschaftliches, ja herzliches Verhältnis verband, die letzte Arbeit, die bedrückende Prosa-Skizze »Der Schatten«.

Wovon lebt eine freie Schriftstellerin, deren Arbeiten boykottiert werden, deren Bücher trotz Nachfrage nie eine 2. Auflage erhalten? Eine gewisse Zeit

199

dürfte der Rundfunk ihr die Möglichkeit des Geldverdienens gegeben haben; es ist ein Kurzhörspiel erhalten geblieben. Da sie angibt, Mitglied der Gesellschaft für Senderechte zu sein, darf geschlußfolgert werden, daß es nicht die einzige dramatische Arbeit für den Funk ist. Ihre Sorgen und Nöte verarbeitet sie mehr als einmal literarisch, beispielsweise glossiert sie schon im Feuilleton »Zwischenspiel am Himmelstor«, zuerst in der Halle-Merseburger KPD-Zeitung »Das Wort« 16/1923 publiziert, die ungegnügende Bezahlung von Buchhandlungsgehilfen zum einen und freien Schriftstellern zum anderen.

In den Mappen LENE sind zwei Gedichte, die belegen, daß sie Existenzsorgen hatte. Im »Chor der freien Schriftsteller« heißt es: »Der Dichtung Muse, wollst uns gnädig sein! / Du weißt, daß wir von unserer Feder leben. / Fällt uns nicht täglich etwas Neues ein, / Daß wir der Schreibmaschine Futter geben, / Dann kommen wir erbärmlich untern Schlitten. / Drum, holde Muse, lasse dich erbitten.«

In »Aus der Werkstatt geplaudert« wird Lene Voigt noch direkter: »Zwölf Zeilen Lyrik macht vier Zentner Kohlen, / Zwei Spalten Prosa schafft ein Stiefelpaar. / Auch Monis Schuhe brauchen neue Sohlen. / Die leere Kaffeebüchse spricht: ›Es war.‹ «

Beide Gedichte wurden zu Lebzeiten der Lene Voigt nicht gedruckt.

Offiziellerseits wollte man von der im Volk beliebten Dichterin nichts mehr wissen. Die in den braunen und schwarzen Uniformen ließen L. V. überwachen. Die ständige Bespitzelung eines solchen Freigeistes blieb nicht ohne Folgen und führte zu einer Psychose. Vom 18. Mai 1936 bis zum 15. Juli 1936 muß sich die Schriftstellerin in der Nervenheilanstalt stationär behandeln lassen. Bis an ihr Lebensende, wir wissen es, bleibt ihre Psyche angegriffen.

Von Flensburg zieht sie nach München. Warum? Die Frage kann nicht beantwortet werden. Der (leider anonyme) Herausgeber einer Lene-Voigt-Auswahl beim 1945 nach München übergesiedelten Verlag A. Bergmann teilt mit, daß sie folgenden Text an die Staatskanzlei Dresden, wo Gauleiter Mutschmann seinen Sitz hatte, sandte:

»In München wimmelts jetzt von Sachsen / un alle sächseln quietschvergniecht. / Im Hofbreihaus bei Bier un Haxen / hat Braxis Deorie besiecht. / 'ne Mundart läßt sich nich verbieten, / weil blutsgebunden bis ins Mark, / dr Volksmund selwer weeß zu hieten / sei Vätererbe drei un stark. / Ich mußte neie Mundartlieder / Landsleiten uff e Zettel schreim, / denn meine Schwestern, meine Brieder / wolln fest mit mir verbunden bleim. / Un habbt Ihr ooch dn Stab gebrochen / längst iwer mich, Ihr hohen Herrn, / was Volksmund hier zu mir gesprochen, / das ziert mich mehr als Ordensstern.

Lene Voigt«

Das ist ein eindeutiger Beleg für ihre Beliebtheit auch nach dem Verbot ihrer Bücher — und es ist auch das Zeugnis einer selbstbewußten Frau.

Es ist nicht das einzige. So schickt sie an die Lautensängerin Gerti Dellwihk (1886 bis 1970), die viele ihrer Gedichte vertonte und öffentlich vortrug, das Gedicht »Muß das nu werklich sin?«. »'ne jede Mundart darf bestehn, / Bloß unsrer wollnse 'n Hals umdrehn.« lauten die ersten Zeilen. Auf dem erhaltengebliebenen Typoskript, welches Dieter Hellriegel-Dellwihk, Seattle, USA, zur Verfügung stellte, heißt es mehr als doppeldeutig: »Vorläufig singen wir es hier in München nach der Melodie ›Steh ich in finstrer Mitternacht‹«.

Über Hamburg-Altona und Berlin kehrt sie um 1940 nach Leipzig zurück und macht erneut mit dem Krankenhaus Bekanntschaft. Einmal wird sie Medizinstudenten gar als Objekt vorgeführt ... Die Frage, ob die Psychiater sie vor dem Zugriff von Euthanasie-Ärzten schützten, ist legitim. Leider ist es nicht möglich, Namen zu nennen. Das Krankenblatt ist durch Kriegseinwirkung vernichtet, Genaues über ihre Aufenthalte in den Krankenhäusern läßt sich nicht sagen.

Die Zeit des Faschismus überlebt Lene Voigt nicht unbeschadet, angelastet wurde ihr zum einen die Benutzung des sächsischen Dialekts und zum anderen die Mitarbeit an linken Zeitungen und Zeitschriften in der Weimarer Republik.

Nach 1945 ist es die Leipziger Vortragskünstlerin Fridel Hönisch, die Lene Voigt wieder ins Gespräch bringt. Im Kabarett »Die Rampe«, geleitet von Ferdinand May und Joachim Werzlau, spricht sie mehrere Texte. Am 30.6.1946 schreibt die so lange Zeit verbotene Autorin an ihre erste Nachkriegsinterpretin:

»Meine liebe Fridel Hönisch,
Ihr Wunsch ist schon seit langem auch der meine. Ich wußte: eines Tages kommt die Jugend ja doch zu mir und warten habe ich ja gelernt im Leben. Zum Zeichen wie vorbereitet ich auf Sie war nehmen Sie anbei achtzehn Gedichte. Sie dürfen alles behalten. Alles weitere mündlich am Donnerstag gegen zwei Uhr.   Ihre Lene Voigt.«

Leider kann Lene Voigt das Erlebnis des Nichtvergessenseins nicht positiv verarbeiten. Am 11.Juli 1946 wird sie in die Universitäts-Nervenklinik eingeliefert, die Diagnose lautet Schizophrenie — dem aber widersprach die Patientin aufs heftigste. Sie behauptete, daß es sich um vorübergehende Psychosen handele. Ihre literarische Produktion unterbricht sie zu keiner Zeit, und die Literatur ist es auch, die zu einer Neubewertung ihrer Krankheit führt. Das Gedicht »Erkenntnis im Schlafsaal« kommt dem Arzt zu Gesicht und hat zur

Folge, daß die Diagnose revidiert und Lene Voigt in der Buchhaltung des Krankenhauses angestellt wird, wo sie — gelernt ist gelernt — zur vollen Zufriedenheit der Vorgesetzten arbeitete.

Ab und an traten Volkskunstgruppen vor Patienten und Angestellten auf, nach der bereits erwähnten Lene-Voigt-Sendung auf »Stimme der DDR« meldete sich Otto Büchner aus Pirna und teilte unter anderem mit: »Zu meinen persönlichen Beiträgen an diesem Abend gehörten auch einige Gedichte von Lene Voigt. ... Am Ende der Veranstaltung traten plötzlich zwei ältere Damen auf mich zu und begrüßten mich. Die eine stellte sich mir als ›Lene Voigt‹ vor und sagte in sichtlicher Erregung, indem sie mir fest die Hand drückte, daß sie sich riesig über das Gesehene und Gehörte gefreut habe und daß sie feststellen und sich überzeugen konnte, von der Jugend nach der schweren, vergangenen Zeit, nicht vergessen zu sein. Sie dankte mir mit innerer Bewegung, verabschiedete sich, wünschte mir viel Glück, Gesundheit und war ebenso schnell verschwunden wie sie gekommen war.«

(Brief vom 4.4.1986)

Sie arbeitete später als Botin und hätte durchaus entlassen werden können, fühlte sich jedoch im Krankenhausbetrieb wohl. Lene Voigt schrieb viele ihrer Arbeiten aus dem Gedächtnis in Stenoblöcke oder kleine Oktavheftchen. Diese versah sie mit dem Titel »Sächsischer Kleinkram«, fügte auch dieses und jenes neu entstandene Gedicht hinzu und — verschenkte sie an Menschen, die sie mochte.

Mit ihrem geschiedenen Mann hatte sie Kontakt, besuchte ihn auch, als der eine neue Ehe eingegangen war. Wolfgang Voigt, der Sohn von Otto Voigt aus dessen zweiter Ehe, entsinnt sich gern der Tante Lene — und bekam nach ihrem Tod all das, was sie zu Papier gebracht hatte. In kameradschaftlicher Weise stellte er den Nachlaß Lene Voigts zur Verfügung, so daß er mittlerweile erschlossen werden konnte. Einiges ist im ersten Lene-Voigt-Buch unseres Landes »Bargarohle, Bärchschaft un sächs'sches Ginsdlrblud«, Verlag Zentralhaus-Publikation Leipzig 1984, veröffentlicht. Dort ist auch Lene Voigts »Letzter Wunsch« nachzulesen. Sie hätte gern ein Zimmer im damals modernsten Feierabendheim gehabt, doch das ließ sich nicht realisieren. »Im Laufe des Jahres 1962«, schreibt ihr Arzt, »wirkte sie müder als in den Jahren zuvor. Am 8. 7. 1962 kam es zu einem apoplektischen Insult, am 16. 7. 1962 trat plötzlich der Exitus letalis ein.«

Lene Voigt ist eine Volksdichterin im besten Wortsinn. Ihre Veröffentlichungen sind gekennzeichnet durch geistreichen Witz und durch gekonnten Umgang mit dem Dialekt. Uns mögen Unterhaltung und der souveräne Umgang mit dem Dialekt als Vorzüge erscheinen. In deutschen Landen zählt jedoch der Schöpfer hoher Kunst weit mehr als einer, der geistvoll und witzig unterhält und dessen Werk vom Volk geliebt wird. So etwas wird, auch heute noch, gelegentlich herablassend betrachtet.

Als dunkle Wolken über Deutschland sie physisch und psychisch bedrohten und sie zum Schweigen verurteilten, ging ihr Werk als namenloses Lied durchs Land. Gedichte und Parodien aus ihren Werken wurden da und dort vorgetragen. Der Name der Autorin geriet scheinbar in Vergessenheit. Ihre Bücher wurden 1936 verboten; kein Rundfunksender brachte Beiträge aus ihrer Feder. Die sensible Schriftstellerin hätte dringend der Anerkennung bedurft, nicht nur der privaten, auch der gesellschaftlichen. So sitzt sie im stillen Kämmerlein und schreibt mit der höchst ungewissen Aussicht, daß dies einmal gedruckt das Licht der Öffentlichkeit erblickt. Das ist lähmend und deprimierend.

Ihr Leben, es muß uns immer wieder die Mahnung ins Gewissen gerufen werden, hat kein glückliches Ende, an dem das Wiederauferstehen einer lange Vergessenen steht. Gründe dafür gibt es viele, und es ist müßig, darüber zu rechten. Als Lene Voigt starb, brachte eine einzige Leipziger Zeitung eine Zwei-Zeilen-Notiz im Kleingedruckten.

Wäre manches anders gekommen, hätte sie mehr aus sich und ihrer Biographie zu machen gewußt? Es steht zu vermuten, daß gerade ihr in unserem Land ein glücklicherer Lebensabend bereitet worden wäre, wenn sie selbst jene wichtige Phase in ihrem Leben den Zeitgenossen nicht vorenthalten hätte. Gemeint ist ihr Engagement auf Seiten der Linken. Aber niemandem hat sie gesagt, daß sie Mitarbeiterin der KPD-Blätter »Sächsische Arbeiterzeitung« und »Rote Fahne« war, für Freidenker-Zeitschriften und linksgerichtete Wochenschriften engagierte Texte schrieb.

Hat sie wirklich niemand gefragt? Bescheidenheit? Resignation? Fragen ohne Antwort.

Ihr Leben war alles andere als leicht. Sie hatte ihr Päckchen zu tragen und machte des öfteren aus ihren großen Sorgen die kleinen Liedchen. Unterkriegen ließ sie sich trotz aller Schicksalsschläge nie.

Seit ihrem 95. Geburtstag ziert ihre letzte Ruhestätte auf dem Leipziger Südfriedhof ein Grabstein, gespendet vom Kabarett academixer, dem Verlag Zentralhaus-Publikation und dem Autor dieses Beitrages.

Wir haben an Lene Voigt etwas gut zu machen, wir sollten es tun mit der Erschließung ihres ganzen Werkes.

Charlotte Zeitschel

Das kleine Fräulein Doktor

Margarete Blank (21.2.1901 bis 8.2.1945)
Ärztin, antifaschistische Widerstandskämpferin

Vor den Toren der Messestadt Leipzig, eingebettet in Wiesen und Felder der Parthenaue, liegt die kleine Gemeinde Panitzsch. Inmitten des Ortes ein schlichter Gedenkstein.

Eingemeißelt in rotes Porphyrgestein die Worte:

Dr. Margarete Blank

* 21.2.1901 hingerichtet am 8.2.1945 in Dresden

Den Lebenden zur Mahnung

Rosen umgrenzen das kleine Rondell, stets schmücken frische Blumen den Stein – bis spät in den Herbst hinein. Schüler der polytechnischen Oberschule »Dr. Margarete Blank« pflegen die Anlage. Wer war diese mutige Frau, die unvergessen in der Erinnerung der Panitzscher Bürger lebt und die noch heute – nach Jahrzehnten – liebevoll »unser kleines Fräulein Doktor« von denen genannt wird, die sie kannten und die ihre Patienten waren?

Klein und zierlich war sie tatsächlich von Gestalt, groß und aufopfernd aber war ihre Liebe und Fürsorge für die Menschen. Margarete Blank wuchs in diesem Ort nicht auf; sie kam als Fremde und war mit den Eigenheiten und Lebensgewohnheiten einer kleinen, kaum mehr als 1 000 Einwohner zählenden Gemeinde nur wenig vertraut. Ihre Eltern waren wohlhabende Deutsch-Balten, die in Kiew, der Hauptstadt der Ukraine, Anfang dieses Jahrhunderts lebten. Der Vater projektierte als Diplomingenieur in diesem landwirtschaftlich entwickelten Gebiet Zuckerfabriken, die Mutter arbeitete als Zahnärztin.

Die drei Kinder, Herbert – das älteste –, Margarete und Eleonore verlebten eine glückliche Kindheit, frei von materiellen Sorgen. Sie interessierten sich für Kunst, Literatur, Musik und Sprachen. Die Schwestern besuchten eine evangelische Töchterschule und später eine Frauenhochschule in Kiew.

Für den humanistischen Geist, der im Elternhaus herrschte, spricht die Widmung der Mutter auf dem Notenblatt eines Klavierkonzertes von Tschaikowski, das Margarete zu ihrem 17. Geburtstag als Geschenk erhielt:

»Nur im Streben nach dem Höchsten erreicht man das Möglichste, nur immer mutig nach oben, ein Markstein des so schweren Jahres 1918. Von nun an sei Dein Lebensweg in Licht und Luft gebadet. Das wünscht Dir — Deine feinfühlende Seele vollauf verstehend — Deine Mutter.«

Dieses Notenblatt ist bis heute erhalten geblieben. Margarete bewahrte es wie ein Vermächtnis auf.

Kiew war in den Jahren 1918 bis 1920 von erbitterten Kämpfen gezeichnet. Die Stadt wurde abwechselnd von revolutionären Arbeitern, ukrainischen Nationalisten sowie polnischen und deutschen Intervenen beherrscht. Ein Einblick in die revolutionären Ziele des russischen Proletariats war von der 17jährigen Margarete zur damaligen Zeit nicht zu erwarten.

In diesen Kämpfen von Revolution und Bürgerkrieg wurde die Mutter durch ein Geschoß tödlich getroffen. Daraufhin verließen die Blanks — Vater mit Sohn und 2 Töchtern — ihre ukrainische Heimat und siedelten nach Deutschland über. Ihre erste Station war Kolberg an der pommerschen Ostseeküste. Am Realgymnasium dieser Stadt legten die Schwestern ihre Reifeprüfung ab. Der um 10 Jahre ältere Bruder hatte seine Ausbildung bereits in Kiew abgeschlossen.

Nach kurzer Zeit schon trennte sich der Vater von den Kindern und wählte Berlin als neuen Wohnsitz. Die Geschwister zog es nach Leipzig. Bereits seit Ende des 19. Jahrhunderts hatte sich diese Stadt mit ihrer ehrwürdigen Universität zu einem Anziehungspunkt für junge russische Intellektuelle entwickkelt.

Hier lernten sie auch die Brüder Valentin und Georg Sacke kennen, Deutsch-Balten, wie sie, die in Leipzig studierten.

Ganz sicher waren es nicht nur gleiche Erinnerungen an die ferne Heimat ihrer Kinderzeit, die sie zu guten Freunden werden ließ. Vielmehr waren es wohl gemeinsame humanistische Ideale und die in vielen Gesprächen und Diskussionen gefestigten Standpunkte über die Bedeutung der Sozialistischen Oktoberrevolution und die Ziele der jungen Sowjetmacht, die sie miteinander verbanden und später zu mutigen, standhaften Kämpfern gegen Faschismus und Krieg werden ließen.

Im Mai 1921 erfüllte sich Margaretes Wunsch: Sie begann an der Alma mater Lipsiensis ihr Medizinstudium. Das war zur damaligen Zeit für eine Frau durchaus noch nichts Alltägliches! Alle amtlichen Dokumente, von der Verpflichtungsurkunde bis zum Studienabschluß, enthielten nur die Bezeichnung »Herr«, die dann handschriftlich auf »Fräulein« abgeändert wurden.

Mit der ihr eigenen Zielstrebigkeit begann das junge Mädchen das Studium und legte nach zwei Jahren die erste Vorprüfung ab, die über die weitere Eignung zum Medizinstudium entschied.

Der Prüfungskommission stand der berühmte Mediziner Professor Dr. Karl Sudhoff vor. (Seinen Namen trägt heute das Institut für Geschichte der Medizin der Karl-Marx-Universität Leipzig.) Die gestrenge Prüfungskommission bescheinigte der Studentin Margarete Blank sehr gute Leistungen und erteilte ihr die Gesamtnote 1. Das »sehr gut« wiederholte Margarete drei Jahre später in der ärztlichen Abschlußprüfung und nach einem anschließenden praktischen Jahr in verschiedenen Fachkliniken wurde ihr im Dezember 1927 die Approbation als Ärztin erteilt. Endlich geschafft! Sechs Jahre hartes, entbehrungsreiches Studium lagen hinter ihr. Nun war sie endlich in der Lage, selbst Geld zu verdienen. Bisher waren die bescheidenen Zuwendungen ihres Bruders, der als Dolmetscher und Übersetzer in Leipzig arbeitete, sowie unregelmäßige Unterstützungen des Vaters die einzigen Unterhaltsquellen. Das reichte natürlich nicht aus, um Margaretes Medizin- und Eleonores Kunststudium zu bezahlen. Die Schwestern erteilten Nachhilfestunden, Eleonore arbeitete stundenweise als Verkäuferin in einem Kunstgewerbegeschäft, um zusätzlich etwas Geld zu verdienen.

Auf eigene Füße gestellt, hatten sie beizeiten gelernt, sparsam und äußerst bescheiden zu leben. Auch wenn das oft schwer fiel, bezahlten sie pünktlich ihre während der Inflationszeit unvorstellbar ansteigenden Studiengebühren. Das Studienbuch Margaretes schließt mit der amtlichen Eintragung ab: »Die Studentin verläßt die Universität ohne Schulden.«

Nach dem Studium sammelte Margarete als junge Assistenzärztin praktische Erfahrungen an Leipziger Kliniken, insbesondere auf den Gebieten der Chirurgie und inneren Medizin. Außerdem übernahm sie zeitweilige Vertretungen im Stadtkrankenhaus Kirchberg in Sachsen, in einer ausgedehnten Landpraxis in Scheibenberg im Erzgebirge sowie bei einem praktischen Arzt in Leipzig. Von den Leitern dieser Einrichtungen erhielt sie ausgezeichnete Zeugnisse, die ihr die Bewerbung an einer der Leipziger Universitätskliniken ermöglicht hätten. Aber Margarete gewann während dieser praktischen Tätigkeit die Erkenntnis, wie wichtig es ist, unmittelbaren Kontakt zu seinen Patienten zu haben, sie in ihrer Umwelt, mit ihren Sorgen und Problemen kennenzulernen, um ihnen wirksam helfen zu können. Deshalb war es ihr Wunsch, eine eigene Arztpraxis zu eröffnen.

Das war ein kühner Entschluß für ein Mädchen, das weder Fürsprecher noch das erforderliche Startkapital besaß. Wie wollte sie das allein schaffen?

Sie schaffte es!

Anfang 1929 bewarb sie sich um die Eröffnung einer Landarztpraxis in Panitzsch. In diesem Ort hat es zuvor noch nie einen eigenen Arzt gegeben. Waren die Menschen krank, mußten sie einen Arzt in Borsdorf oder Taucha konsultieren.

Warum sich Margarete gerade für Panitzsch entschied, weiß heute niemand mehr zu sagen. Vielleicht folgte sie einer Empfehlung des Bruders, der in Panitzsch ein Gartengrundstück erworben hatte oder die fehlenden Mittel gestatteten ihr nicht, sich um eine größere Praxis zu bewerben.

Der Gemeinderat prüfte die Bewerbung; er prüfte lange und ließ sich Zeit mit der endgültigen Entscheidung.

Endlich, am 1. Februar 1930, erhielt Margarete die Mitteilung, »daß das hiesige Gemeindeverordnetenkollegium und der Finanz- und Verfassungsausschuß ... einstimmig das Bedürfnis zur Niederlassung eines Arztes in Panitzsch bejaht haben.«

Dieser neue Weg, den die junge, noch unerfahrene Ärztin betrat, war nicht weniger schwer als das hinter ihr liegende Studium. Die Schwestern hatten inzwischen ihr gemeinsames Studentenzimmer in Leipzig aufgegeben und waren nach Panitzsch verzogen. Eleonore brach ihr eigenes Studium ab, um der Schwester bei der Einrichtung der Praxis zu helfen.

Der Umzug ging schnell, ein Möbelwagen war nicht notwendig. Die gesamte Habe fand in zwei Koffern Platz. In einem Wohnhaus mieteten die Schwestern zwei Zimmer, das eine zum Wohnen, das andere für die Praxis. Wenige Monate später gesellte sich der junge Orientalist Dr. Siegfried Behrsing zu ihnen; auch er war Deutsch-Balte. Während seines Studiums in Leipzig hatte er Eleonore kennengelernt und später geheiratet.

War es für die kleine Landgemeinde schon ungewöhnlich, zwei junge Frauen aufzunehmen, die im fernen Rußland geboren waren, so kam der junge Doktor Behrsing von noch weiter her. »Zugezogen aus Peking« stand in der Einwohnermeldekartei, dahinter ein kleines Fragezeichen. Sollte das etwa verschrieben sein und Penig bei Leipzig heißen? Nein, der Ortsname Peking stimmte. Dr. Behrsing beschäftigte sich mit der Sprache und Kultur des fernen China. In Peking hatte er ein Praktikum absolviert und war jetzt zurückgekehrt.

Neugierig beobachteten die Einheimischen diese drei »interessanten« Fremden. Zögernd stellten sich die ersten Patienten ein. Das Sprechzimmer war dürftig eingerichtet; Medikamente und Salbentöpfe standen auf einem einfachen weißen Tisch. Eine Höhensonne, ein Lichtkasten, ein Apparat zum Blutdruckmessen, das war anfangs fast alles an medizinischem Inventar. Drei unterschiedliche Holzstühle standen im Treppenhaus für die Wartenden.

Für Hausbesuche besaß die Ärztin nur ein Paar wetterfeste Schuhe und ein Fahrrad. An ein kleines Auto konnte sie erst viel später denken. Aber diese äußeren, materiellen Bedingungen waren nicht das Wichtigste, um im Ort Fuß zu fassen.

Das ausgezeichnete Fachwissen, die Wärme und das Verständnis der jungen Ärztin für die Nöte und Sorgen der zahlreichen Arbeiterfamilien, die Bescheidenheit und Hilfsbereitschaft der Schwester ließen sie sehr schnell Achtung und Vertrauen finden. Bald gewannen sie Freunde im Ort. Der Kreis der Patienten wuchs über die Grenzen Panitzschs hinaus. Immer mehr kamen aus umliegenden Orten — auch aus Taucha und Engelsdorf — und suchten die Hilfe des »Fräulein Doktor«. Später sah sich selbst die faschistische Justiz zu dem Eingeständnis gezwungen, daß »Margarete Blank eine anerkannte tüchtige Ärztin« war.

Neben ihrer umfangreichen praktischen Arbeit in Panitzsch blieb Margarete mit der Leipziger Universität verbunden. Sie war Mitglied des Instituts der Geschichte der Medizin, das von 1925 bis 1932 von Professor Henry Ernest Sigerist geleitet wurde. Zu seinen Arbeitsmethoden gehörten regelmäßige Foren und Streitgespräche über medizinische, sozialpolitische, ethische und philosophische Probleme mit den Mitgliedern des Instituts. Dazu gehörten junge Wissenschaftler, Studenten und Ärzte aus der Praxis, die sich auf ihre Promotionen vorbereiteten.

Professor Sigerist, ihr »Doktorvater« schätzte die sachkundige und fleißige Mitarbeit Margaretes in diesen Foren.

Trotz ihrer zu dieser Zeit sehr angegriffenen Gesundheit promovierte sie 1932 zum Doktor der Medizin.

Sie übersetzte und interpretierte eine in Lateinisch verfaßte Krankengeschichte des holländischen Arztes Hermann Boerhaave. Er beschrieb im Jahre 1727 den Verlauf einer Geschwulstkrankheit bis zum Tode des Patienten. Margarete zeigte die Grenzen des Verfassers dieser Krankengeschichte, die im Widerspruch zwischen einer modernen wissenschaftlichen Zielsetzung und den zu dieser Zeit noch unzulänglichen »antiken« Untersuchungsmethoden bestanden. Diese ergaben sich aus religiösen und moralischen Verhaltensnormen dieser Zeit sowie aus dem unzureichenden Entwicklungsstand der Medizin im 18. Jahrhundert. Erst der wissenschaftliche und technische Fortschritt des 19. Jahrhunderts ermöglichten neue Untersuchungsmethoden zum Wohle der Kranken.

In Panitzsch begann sich das Leben zu verändern. Die Arztpraxis wurde zu eng. In einem Gebäude direkt an der Hauptstraße fanden sich größere Räume, die noch bis zum Neubau einer modernen Ambulanz vor einigen Jahren ihren Zweck erfüllten. Selbst Margaretes Schreibtisch wurde bis zum Jahre 1987 genutzt und hat jetzt seinen Platz in der Gedenkstätte im ehemaligen Wohnhaus gefunden. Die wachsenden Einkünfte der Ärztin und das bescheidene Assistentengehalt Dr. Behrsings gestatteten, mit Hilfe eines Darlehns ein Grundstück zu erwerben und darauf ein einfaches Holzhaus zu bauen. Eine winzige Küche, zwei kleine Wohnräume und ein Erdkeller vor dem Haus — das war ihr ganzer Komfort. Wer hätte in dieser schweren Zeit der Weltwirtschaftskrise schon großzügiger bauen können? Die drei Bewohner vom »Pilz«, so wurde das Häuschen liebevoll von ihnen genannt, waren zufrieden. Sie fühlten sich wohl in ihrer neuen Umgebung.

Ein ausgefahrener Sandweg führte hügelan aus dem Dorf heraus zum Grundstück am Ortsausgang. Von dort schweifte der Blick über ausgedehnte Felder und Wiesen bis hin zum bewaldeten Fuchsberg. Das mag die Schwestern ein wenig an ihre ukrainische Heimat erinnert haben.

Der Sandweg ist heute noch immer unbefestigt, wie damals, bei Regen und Schnee schwer passierbar. Noch immer geben Felder und Wiesen den Blick frei. Nur das Haus ist inzwischen von herangewachsenen hohen Bäumen umgeben. Eine Schiefer-Verkleidung schützt das Gebäude vor dem Verfall.

Noch lebende Freunde der Geschwister Blank pflegen Haus und Garten. Ein Raum ist als Gedenkstätte eingerichtet, im anderen treffen sich von Zeit zu Zeit Namensträgerkollektive, Pionier- und Jugendgruppen zu Vorträgen und Diskussionen.

Zu Lebzeiten Margaretes ging es in diesen Räumen oft recht fröhlich zu. Freunde und Kampfgefährten genossen die herzliche Gastfreundschaft der Schwestern. Zu ihnen zählten Valentin und Georg Sacke mit ihren Frauen, Berufskollegen und gelegentlich auch Professor Sigerist mit seiner Familie. Ein herzlich willkommener Besucher war der Ingenieur Alexander Hardt, ein Freund der Schwestern, den sie aus ihrer gemeinsamen Jugendzeit in Kiew kannten. Auch er war nach Deutschland übergesiedelt und wohnte in Berlin. Er blieb Freund und Gefährte bis zur Verhaftung Margaretes. Geheiratet und eine eigene Familie gegründet hat sie nicht. Ihre ganze Fürsorge und Zuwendung galt ihren Patienten und Freunden sowie denen, die ihre Hilfe suchten. Das forderte ihr viel Kraft, Selbstdisziplin und persönliche Bescheidenheit ab. Sie war ein wunderbarer Mensch, eine bemerkenswerte Persönlichkeit, sagten alle, die sie kennen und schätzen gelernt hatten.

Rosemarie Sacke, die Ehefrau Georgs, erinnert sich an die ersten Begegnungen in Panitzsch:

»Margarete, klein und kräftig, begegnete uns stets schlicht und dunkel gekleidet oder im peinlichst sauberen Ärztemantel, das kurze Haar gescheitelt und glatt gekämmt. Ihr Gesicht, das in seinen klaren, ausgeprägten Zügen Spiegel eines klugen, ernsten, willensstarken Geistes war. An sich selbst stellte sie höchste sittliche Anforderungen. Der Umgang mit ihr war nicht gemütlich, obwohl sie jedem Menschen achtungsvoll begegnete. Man konnte mit ihr nicht irgendwie daherschwätzen, kleinliche, unwichtige Dinge berühren, unüberlegt, undurchdacht und ungenau reden, da sie sich das selbst nicht erlaubte.«

Daß Margarete der humanistischen Kultur ihrer Kindheit treu geblieben war, offenbarte eine Entdeckung 40 Jahre nach ihrem Tode. In einer ungenutzten Bodenkammer der Panitzscher Schule fand man mehr als 300 Fachbücher, schöngeistige Literatur, Noten, Studienaufzeichnungen und Objektträger mit medizinischen Präparaten. Wie vergessen stand in der Bodenecke eine Balalaika. Die Saiten waren zerrissen, aber es war ohnehin keiner mehr da, der darauf zu spielen verstand. Welche Erinnerungen mögen an dieses Instrument geknüpft gewesen sein? Möglicherweise hatte Margarete in dem »Balalaika-Orchester des Verbandes der Studenten der UdSSR, Ortsgruppe Leipzig« mitgespielt, das von Valentin Sacke geleitet wurde. Dieses Orchester leistete in den Jahren bis 1933 einen bedeutenden kulturpolitischen Beitrag zur Propagierung der Politik der Sowjetmacht.

Welch ein geistiger Reichtum tat sich beim Sichten der Bücher auf! Werke von Goethe, Schiller, Puschkin, Gogol, Tolstoi, Shakespeare, Hauptmann, Zweig und anderen Großen der Weltliteratur gehörte genauso zum Bestand wie philosophische und weltanschauliche Schriften von Ludwig Feuerbach, Georg Friedrich Hegel und dem Theologen Friedrich Daniel Schleiermacher und anderen.

Neben einfachen Reclam- und Inselbüchern standen in Leder oder Leinen gebundene Erst- und Jubiläumsausgaben und sehr wertvolle Fachbücher.

Im Hause Blank las man deutsch, russisch, englisch, französisch, spanisch, griechisch, hebräisch und chinesisch!

Die Bücher bewiesen auch Margaretes große Liebe für Tiere und die Schönheit der Natur. Ein Foxterrier war übrigens ihr ständiger Begleiter.

Das Jahr 1932 warf erste Schatten auf das Leben Margaretes. Professor Ernest Sigerist verließ mit seiner Familie Deutschland; er folgte einem Ruf an die Universität in Baltimore in den USA. Die Gefahr des Faschismus erkennend, begleiteten ihn einige seiner engsten Mitarbeiter. Er bot auch Margarete an, ihm dorthin zu folgen.

Die Entscheidung fiel schwer. Hatte sie das Recht, das Vertrauen ihrer Patienten zu enttäuschen, gerade zu einer Zeit, da sie in Panitzsch Anerkennung gefunden hatte? Durfte sie die Schwester verlassen, die ihretwegen auf die Fortsetzung des eigenen Studiums verzichtet hatte? Da war auch noch das Haus, belastet mit Darlehen, die noch nicht zurückgezahlt waren.

Margarete entschied: Ich bleibe. Zum damaligen Zeitpunkt konnte sie noch nicht erkennen, welches Schicksal sie erwartete. Das Jahr 1933 versetzte ihr und ihren Freunden schon bald weitere harte Schläge.

Valentin Sacke, Kommunist und Mitglied der »Kostufra« — der kommunistischen Studentenfraktion an der Universität — fiel als einer der ersten in die Hände der Faschisten. Nach seiner Haftentlassung im Jahre 1934 mußte er Deutschland verlassen und emigrierte in die Sowjetunion. Sein Bruder Georg, Privatdozent an der Osteuropa-Abteilung des Instituts für Kultur- und Universalgeschichte erhielt am 1. April 1933 seine Kündigung. Wegen seiner »marxistischen Auffassung historischer Probleme« und seiner »positiven Einstellung zur Sowjetunion« wurde ihm eine weitere Lehrtätigkeit an der Universität verboten.

Nach einer einjährigen Haft, Arbeitslosigkeit und illegaler Tätigkeit in Leipzig übersiedelte er im Herbst 1940 nach Hamburg. Er fand eine Anstellung am Weltwirtschaftsinstitut als Referent für osteuropäische Wirtschaftsverhältnisse.

Seine Verbindungen zu seinen Leipziger Freunden rissen dadurch nicht ab. In seiner neuen Stellung war er verpflichtet, »von Amtswegen« ständig die Presse der Sowjetunion zu lesen. Das nutzte er, um wichtige Nachrichten an seine Leipziger Kampfgefährten zu übermitteln.

Auch Siegfried Behrsing wurde von der Universität verwiesen, weil er sich weigerte, dem nationalsozialistischen Dozentenbund beizutreten. Er war längere Zeit arbeitslos, bis er 1936 eine Anstellung in einem Berliner Museum fand. Seine Frau Eleonore folgte ihm nach Berlin, blieb aber mit ihrer Schwester in ständiger Verbindung. Margarete selbst bekam ebenfalls die Gefährlichkeit der neuen Machthaber zu spüren. Unter dem unbegründeten Verdacht, Jüdin zu sein, wurde ihr die kassenärztliche Tätigkeit gekündigt. Das hätte das Ende ihrer Existenz bedeutet, denn wo hätten sich in so einem kleinen Arbeiterort Privatpatienten finden lassen?

Margarete kämpfte um ihr Recht und beschwerte sich beim Reichsarbeitsministerium. Mit Schreiben vom 30. Oktober 1933 erhielt sie von dort folgende Antwort:

»Aus den von Ihnen beigebrachten Unterlagen geht hervor, daß für Sie der Nachweis arischer Abstammung wegen der besonderen Umstände nicht möglich ist. Da andererseits ein Anhaltspunkt dafür, daß Sie nichtarischer Abstammung seien, nicht vorliegt, konnte die angefochtene Entscheidung nicht aufrecht erhalten werden. Diese Entscheidung ist endgültig.«

Diese sogenannte endgültige Entscheidung schützte Margarete jedoch nicht vor neuen Repressalien.

Der damalige Bürgermeister war bestrebt, die unbequeme Ärztin loszuwerden. Diese Frau, die statt »Heil Hitler« zu sagen, mit »Guten Tag« grüßte, die einen Beitritt zur NSDAP und zum Nationalsozialistischen Ärztebund ablehnte, die aus »Rußland« stammte und erst 1924 die sächsische Staatsbürgerschaft erworben hatte, gehörte nicht in das Dorf.

In einem »vertraulichen« Schreiben wandte er sich an die Bezirksstelle Leipzig der kassenärztlichen Vereinigung.

Der Leiter dieser Dienststelle schrieb am 8. Februar 1938 ebenso »vertraulich« zurück:

»Ich danke Ihnen sehr für die mir zugesandte Mitteilung über Fräulein Dr. Blank. Ich werde selbstverständlich bei der NSDAP-Kreisleitung Leipzig eine politische Beurteilung einholen … Es ist mir lieb, daß ich jetzt durch Sie, beziehendlich durch die NSDAP-Kreisleitung Leipzig, über die Ärztin ins rechte Bild gesetzt werde.«

Das waren folgenschwere Informationen, die später, bei der Verurteilung Dr. Margarete Blanks, mit herangezogen wurden.

Der zweite Weltkrieg begann. Die Ärztin sah sich mit neuen Anforderungen konfrontiert, die ihr viel Kraft, persönlichen Mut und politische Konsequenz abforderten.

Leid galt es zu trösten in Familien, deren Angehörige aus dem Krieg nicht zurückkehrten. Krankheiten nahmen zu, je mangelhafter die Versorgung mit Lebensmitteln, Milch, Kindernahrung, Kleidung und Schuhen wurde.

Erste Bomben fielen in der Umgebung. Überall wurde die Ärztin gebraucht. Aber da war noch etwas Neues, bisher nicht Dagewesenes, das die Humanistin zu persönlichen Entscheidungen zwang. Mit Beginn des Krieges entwickelte sich der Raum Taucha zu einem Zentrum faschistischer Rüstungsindustrie. Deutsche Arbeiter wurden knapp, die Männer verbluteten an den Fronten, deshalb begann Hitler mit dem größten Menschenhandel aller Zeiten: Seit 1943 wurden mehr als 6 Millionen Menschen aus allen okkupierten Ländern Europas zur Zwangsarbeit nach Deutschland verschleppt.

Im Mai 1944 lebten in der Stadt Taucha 5 149 Zwangsarbeiter, über 700 Kriegsgefangene und etwa 1 250 Häftlinge des Konzentrationslagers Buchenwald. Jeder 4. Einwohner war ein Gefangener, vorwiegend aus der Sowjetunion und aus Polen. In provisorisch errichteten Barackenlagern und in Gasthöfen fanden sie Unterkunft. Die Arbeitsbedingungen waren hart, das Essen schlecht, die medizinische Versorgung blieb auf ein Mindestmaß beschränkt. Den Ärzten war verboten, hochwertige Medikamente an Ausländer zu verschreiben oder nicht unbedingt notwendige Krankschreibungen vorzunehmen.

Viele dieser Zwangsverschleppten suchten die Ärztin in der Sprechstunde auf. Durfte sie diese Menschen zurückweisen, die aus ihrer ehemaligen Heimat kamen? Sie verstand ihre Sprache und konnte sich einfühlen in die Sorgen und das Heimweh vieler dieser jungen Frauen, zumeist noch halbe Kinder.

Unter Umgehung staatlicher Anweisungen besorgte sie ihnen dringend benötigte Medikamente. Blättert man in alten Rezeptregistern der Tauchaer Apotheken, so fällt auf, daß sich seit 1943 bis kurz vor der Verhaftung Dr. Blanks im Juli 1944 in wachsender Anzahl Rezepte fanden mit der Bemerkung: »Eigenbedarf«, »Praxisbedarf« oder »Privat« auf Rechnung aller damals bestehenden Krankenkassen. Das war eine von antifaschistischen Ärzten oft genutzte Möglichkeit, die Namen der Patienten zu umgehen, für die diese Medikamente bestimmt waren.

Damit erschöpfte sich ihre Hilfe nicht. Margarete nutzte die Abgeschiedenheit ihrer Wohnung, um Nachrichten ausländischer Sender abzuhören und an die Gefangenen weiterzuleiten. Sie wußte, daß sie damit ihr Leben riskierte. Die Faschisten nannten das »Hörspionage«. Darauf stand die Todesstrafe.

Möglicherweise ging Margaretes illegale Arbeit noch darüber hinaus. In ihrem Nachlaß befand sich eine »Tornisterkarte der deutschen Wehrmacht für den europäischen Raum Rußlands«. Die Frage steht im Raum: Wozu verwahrte eine Ärztin zwischen medizinischen Fachbüchern eine solche Karte? Wer war außer ihr noch am Frontverlauf im Osten interessiert? Bestand eine Verbindung zu dem Kriegsgefangenenlager im benachbarten Taucha, in dem sich sowjetische Offiziere befanden? Von dort aus gab es illegale Verbindungen zu den Außenlagern Abtnaundorf und Taucha des Konzentrationslagers Buchenwald, in denen sich etwa 2 000 Häftlinge befanden. Kontakte bestanden auch zu mehr als 20 Zwangsarbeiterlagern in und um Leipzig. Diese umfangreiche illegale Arbeit leitete ein internationales antifaschistisches Komitee unter Führung solcher bewährter sowjetischer Kommunisten, wie Nikolai Rumjanzew, Boris Losinski und Taisija Tokonog. Auch wenn diese Gruppe fast zur gleichen Zeit verhaftet und in das KZ-Lager Auschwitz gebracht wurde, fanden sich in späteren Vernehmungsprotokollen Margarete Blanks keine konkreten Hinweise über eine direkte Zusammenarbeit mit ihnen.

Im Sommer 1943 war eine neue Situation im antifaschistischen Widerstandskampf entstanden. Auf Initiative deutscher Kommunisten hatte sich in der Nähe Moskaus das Nationalkomitee Freies Deutschland gebildet.

Den Zielen dieses Nationalkomitees entsprechend, schlossen sich in Deutschland Antifaschisten unterschiedlichster sozialer Stellungen, politischer Auffassungen und Glaubensrichtungen zum einheitlichen Handeln zusammen, getragen von dem Willen, der faschistischen Gewalt und dem mörderischen Krieg endlich ein Ende zu bereiten.

In einer solchen Widerstandsgruppe trafen sich der Leipziger Kommunist und Kunstmaler Alfred Frank, der parteilose Wissenschaftler Dr. Georg Sacke und seine Frau Rosemarie, die christliche Ärztin Dr. Margarete Blank und der Direktor in den Köllmann-Werken Leipzig, Wolfgang Heinze. Welche Motivationen mögen diese Patrioten veranlaßt haben, für diesen Widerstandskampf ihr Leben zu opfern? Margarete hat sich niemals dazu erklärt. Aus ihrer persönlichen Entwicklung heraus lassen sich viele Gründe erkennen: Ihre langjährige Freundschaft mit Valentin und Georg Sacke, ihre Liebe zur Sowjetunion, ihre ethische Auffassung, die Mord, Menschenverachtung und Gewalt ablehnt, ihre Solidarität mit den Gefangenen des faschistischen Regimes oder die Achtung vor dem Mut und Kampfgeist solcher hervorragender Kommunisten wie Alfred Frank, den sie persönlich schätzte und der zeitweilig Graphiken in ihrer Wohnung in Panitzsch verborgen hatte.

Im Juli 1944 holte das faschistische Regime zu einem grausamen Schlag aus. Von Feinden verraten, fiel die gesamte Leitung der Leipziger Widerstandsbewegung in die Hände der Geheimen Staatspolizei. Auch Dr. Margarete Blank wurde am 14. Juli 1944 als »bolschewistische Spionin und Agentin« verhaftet.

Im Untersuchungsgefängnis Moltkestraße in Leipzig traf Margarete dann mit Gertrud Frank, der Ehefrau von Alfred Frank, zusammen. Über diese Begegnung berichtete Gertrud Frank später:

»In der Zelle lernten wir uns persönlich kennen. Dem Namen nach kannten wir uns schon länger. Durch die Vermittlung von Dr. Georg Sacke hatte Alfred seine künstlerischen Arbeiten bei ihr in Panitzsch versteckt. Nun teilten wir hier in der Zelle gemeinsam Freud und Leid. Aus unseren Gesprächen ging deutlich hervor, daß sie kein Sozialist war … Sie war ein aufrechter Gegner des Faschismus … Über ihre eigene Sache sprach sie mir gegenüber sehr selten, mit anderen gleich gar nicht. Unter den Frauen in der Zelle war sie stets heiter und rührend hilfsbereit und von außerordentlicher Bescheidenheit. Sie hielt immer auf große Sauberkeit und scheute sich selbst vor der dreckigsten Arbeit nicht. Sie versuchte bei allen, die großen und kleinen Wunden zu heilen. Als sie einmal meinen blau-schwarzen Körper sah, standen der Ärztin die Tränen in den Augen … Ihrem eigenen Prozeß sah sie mit großer Ruhe entgegen.

Später traf ich sie noch einmal in Dresden. Lächelnd und tapfer trug sie ihre Fesseln. Als sie erfuhr, daß unsere Männer hingerichtet worden waren, wußte sie, daß auch ihr Gang zum Schafott bevorstand. Trotzdem blieb das Lächeln auf ihrem Gesicht.« Im Oktober 1944 erhob der 6. Strafsenat des Volksgerichtshofes in Dresden gegen sie Anklage wegen »Wehrkraftzersetzung«. Worin bestand die »Schuld« der Angeklagten?

Im Januar 1944 behandelte sie als Ärztin die an Keuchhusten erkrankten 5 Kinder der Ehefrau eines Oberstabsarztes. Im Gespräch sagte Margarete, der Krieg wäre bald zu Ende. Sie brauche keine Angst zu haben. Die »Russen« seien nicht so, wie sie von den Nazis dargestellt würden. Rußland sei das Land der Zukunft, mit einer hohen Kultur. Die Menschen liebten den Frieden, und hätten den Krieg nicht gewollt …

Diese Frau schrieb ihrem Mann darüber an die Ostfront. Der erstattete bei der Gestapo Anzeige. Diese Anzeige und die Beurteilungen, die seit Jahren bei der Reichsärztekammer über Margarete vorlagen, reichten der faschistischen Justiz aus, um sie zum Tode zu verurteilen.

Die Teilname Margaretes am Kampf des NKFD, ihre Zusammenarbeit mit Alfred Frank und Georg Sacke, ihre Unterstützung der Zwangsarbeiter und Kriegsgefangenen blieb den Justizbehörden möglicherweise unbekannt. In der Anklageschrift findet sich darüber kein Hinweis. Tapfer und gefaßt nahm sie am 15. Dezember 1944 das Urteil des Volksgerichtshofes entgegen: »Margarete Blank hat im Januar 1944 vor einer deutschen Frau, deren Mann im Felde steht, schwer zersetzende Äußerungen getan. Sie wird daher zum Tode und dauerndem Verlust der Ehrenrechte verurteilt.« Angehörige und Freunde waren fassungslos. Die Schwester Eleonore sammelte mehr als 200 Unterschriften bei Freunden und Patienten und reichte ein Gnadengesuch an die Reichskanzlei Hitlers ein. Das war ein sehr mutiges Verhalten. Der Bürgermeister erfuhr davon und zog diese Liste ein, ohne die Gestapo zu informieren. Aus Angst vor dem nahen Ende, oder weil er vor den Behörden nicht eingestehen wollte, welches Ansehen die Ärztin im Ort genoß, bleibt ungewiß. Zwei weitere Gnadengesuche von Panitzscher Bürgern wurden nach Berlin geschickt. Vergeblich. Die Gnadenstelle entschied: Im Hinblick auf das Verhalten der Verurteilten besteht keine Veranlassung, die Bewilligung eines Gnadenerweises in Vorschlag zu bringen. Der Oberreichsanwalt erhielt die Anweisung, die Hinrichtung mit größter Beschleunigung zu veranlassen.

Margarete selbst bat nicht um Begnadigung. Sie trug ihr Schicksal mit bewundernswerter Tapferkeit.

Am 2.1.1945 schrieb sie in einem Brief an ihre Sprechstundenschwester in Panitzsch: »Machen Sie sich um mich keine Sorgen. Am Heiligen Abend haben wir ausgesuchte Stellen aus dem Evangelium gelesen. Es war ein Vikar bei uns … Nur wenn ich hier in das Arztzimmer kommen, dann packt es mich für einen Augenblick …« Sie wußte, daß sie keine Gnade zu erwarten hatte.

In ihrer Todeszelle, mit einem winzigen vergitterten Fenster zum Innenhof, vernahm sie am 11. und 12. Januar die Hinrichtung ihrer Leipziger Kampfgefährten Georg Schumann, Otto Engert, Alfred Frank, Wolfgang Heinze, Arthur Hoffmann, Karl Jungbluth, Kurt Kresse, Richard Lehmann, Georg Schwarz und William Zipperer. Georg Sacke, ebenfalls im Juli 1944 verhaftet, starb im April 1945 auf einem Transport aus dem Konzentrationslager Neuengamme, in dem er inhaftiert war. Seine Frau Rosemarie hat die Nacht des Faschismus überlebt.

Am 8. Februar 1945 erfuhr auch Margarete Blank die Stunde ihrer Hinrichtung. Letzte Abschiedsbriefe durfte sie schreiben, an den Bruder in Leipzig, die Schwester in Berlin, an Vertraute in Panitzsch. Mit Würde und Stolz richtete sie einen allerletzten Brief an den Leiter der Bezirksstelle Leipzig der Reichsärztekammer: »Es ist mir noch eine kurze Stunde vergönnt, von denen

DIRECTOR'S OFFICE

8. Juli 1946

Dr. Siegfried Behrsing
(1) Berlin C 2
Bodestrasse 1-3
Deutschland

Mein lieber Kollege Behrsing!

Ihre beiden Briefe haben mich gut erreicht, und da man jetzt
wieder schreiben kann, will ich nicht laenger warten, sondern Ihnen gleich
sagen, wie tief es mich betruebt hat von dem Schicksal Ihrer Schwaegerin
zu hoeren. Ich werde Margarete immer in bester Erinnerung behalten. Ich
war ihr immer sehr anhaenglich und hatte oft Gelegenheit, ihre Klugheit,
ihren Mut, und ihre wunderbare Gesinnung zu bewundern. Es ist wirklich
tragisch, dass sie so kurz vor Torschluss den Nazi Bestien zum Opfer
fallen musste. Noch kurz vor unsere Abreise von Leipzig, im Sommer 1932,
waren wir bei Ihnen auf dem Pilz, wo wir einen reizenden Tag verbrachten.
Wenn ich mich recht erinnere, habe ich damals einige Photos gemacht, und
wenn ich den Film finden kann, will ich Ihnen einige Abzuege schicken.

Ich hoffe, bald wieder von Ihnen zu hoeren und mit herzlichen
Gruessen und Wuenschen Ihnen Beiden bin ich in alter Frendschaft

Ihr

[Unterschrift]

Abschied zu nehmen, denen ich etwas verdanke … Sorgen Sie bitte vor allem
dafür, daß meine Ehre trotz aller tragischen Verwicklungen in vollem Umfang
wieder hergestellt wird. Unterstützen Sie bitte die Abwicklung alles Geschäftlichen, so daß nicht der Makel einer Nachlässigkeit an mir haften bleibt …

Auf eine sonnige Zukunft für die Überlebenden! Dr. Blank«

Am 9. Februar 1945 teilte der Oberstaatsanwalt dem Minister für Justiz mit:

»Ich zeige an, daß die Verurteilte Margarete Blank am 8. Februar 1945,
abends 18 Uhr 02 Minuten in einem umschlossenen Hof hingerichtet worden
ist. Der Vorgang hat 20 Sekunden in Anspruch genommen. Zwischenfälle haben sich nicht ereignet.«

216

Christel Foerster

Verlange keinen Frühlingshut, wenn du einen Steinwayflügel brauchst!

Eva Lips geb. Wiegandt (6. 2. 1906 bis 24. 6. 1988)
Professor Dr. phil. habil., Ethnologin; Professor an der Karl-Marx-Universität Leipzig und Direktor des Julius-Lips-Institutes. Wissenschaftliches Hauptwerk: »Die Reisernte der Ojibwa-Indianer«.

»... in dem Orte Gohlis ..., der nur eine Viertelstunde von Leipzig entlegen ist und wohin ein sehr angenehmer Spaziergang durch das Rosental führt«, wie Schiller 1785 in einem Brief an seinen Verleger Schwan notierte, fast dort, eine reichliche Häuserzeile nur entfernt, wo der Dichter die Erstfassung vom »Lied an die Freude« schrieb, und gegenüber jenem Rokokoschlößchen, in dem er »öfters zu Gaste zu sein pflegte«, hier lebte und arbeitete vier Jahrzehnte lang Eva Lips: Ordentlicher Professor für Ethnologie und Vergleichende Rechtssoziologie; an der einstigen Philosophischen Fakultät der 1409 gegründeten Alma mater Lipsiensis war sie der erste weibliche Lehrstuhlinhaber. Dazu: jahrelang Direktor des Julius-Lips-Instituts der Karl-Marx-Universität, Mitglied mehrerer wissenschaftlicher Akademien des In- und Auslandes, Mitglied des Schriftstellerverbandes der DDR und – seit 1938 – des Internationalen PEN-Clubs, besessene Forscherin von internationalem Rang, Publizistin, wissenschaftliche Zeichnerin, Buchautorin, Übersetzerin, Bewahrerin des wissenschaftlichen Nachlasses von Julius Lips, ihrem Mann, dem 1950 gestorbenen Rektor der Leipziger Universität. Eva Lips starb am 24. Juni 1988.

Sie war eine kultivierte Frau mit hohen Ansprüchen an sich selbst, herzlich zugetan allem Aufrechten, Charaktervollen, kompromißlose Mahnerin, sich im Alltag, nicht nur im wissenschaftlichen, ja nicht zu verzetteln: »Verlange keinen Frühlingshut, wenn du einen Steinwayflügel brauchst!« war ihr Motto.

Und bis zum Ende ihrer Erdentage hat sie sich auch ihren feinsinnigen, gelegentlich spöttisch-lakonischen Humor und eine vom Leben wohldosierte Mischung aus Mutterwitz und Staunen und Gelassensein über die kleinen und großen Merkwürdigkeiten dieser Welt bewahren können, auch das Lachen über sich selbst, über die eigenen Unzulänglichkeiten.

Eva Lips war eine große Arbeiterin, »voll Pflichtgefühl, voll Glauben an die fortwährende Vervollkommnungsfähigkeit dessen, der arbeitet«, wie es

217

Heinrich Mann, der Freund von Eva und Julius Lips, über Victor Hugo sagte. Und sie hat den Ruf der fortschrittlichen deutschen Wissenschaft, besonders den der von den Nazis so unbarmherzig mißbrauchten Völkerkunde, bewahrt und gemehrt.

Beinahe ihr ganzes Leben war sie tätig für die Wahrheit über die indianische Bevölkerung beider Amerika, vor allem für die Wahrheit über die Geschichte und die kulturellen und sozialökonomischen Lebensbedingungen der heute ungefähr 1,3 Millionen Indianer im nördlichen Teil des Doppelkontinents.

Keine Legende über andersfarbige Menschenbrüder hat sich länger und vollständiger erhalten als die über die Indianer. Auch hierzulande. Fast immer sind freilich nicht alle, sondern die im Mittleren Westen der USA lebenden Prärie-Indianer gemeint. Die seltsame Mischung aus Erfindung, Wahrheit und Halbwahrheit, aus Verklärung, Vorurteil und auch Arroganz, die Karl May und seine Verleger, aber nicht nur sie, über »Rothäute« und »Bleichgesichter« unter die Leute brachten, lebt ja noch fort. Nicht in der beängstigend-bornierten Form wie im kaiserlich-kolonialen Deutschland, aber es gibt sie noch immer. Trotz Eva Lips, trotz ihrer zäh betriebenen Aufklärung, entstehen noch immer Druckerzeugnisse, in denen »oft auf seiltänzerische Weise die Tatsache mit dem Phantasieprodukt verbunden wird«. Und verkleiden sich Kinder, zumal zur Faschingszeit, nicht immer noch als »Indianer«? Mit Tomahawks aus Plast, mit nachgemachtem Adlerfedernschmuck, mit viel roter Farbe? Dabei wissen wir doch, zum Beisiel von Eva Lips, daß Indianer nicht »Rote« sind. Auch das vor Zeiten in die Welt gesetzte Bild vom »aggressiven« Indianer ist nicht aus den Köpfen. Auch hierzulande spielen Kinder statt mit dem herrlichen Indianer-Quartett aus Pößneck, dessen Autorin Eva Lips ist, mit buntbemalten Plastindianern die vermeintlichen Kriegszüge von »Rothäuten« gegen »Bleichgesichter« nach. Nimmt denn die unsinnige, unselige Verwechselung von Ursache und Wirkung nie ein Ende?

In den Büchern von Eva Lips, in den vielen, die sie für ein allgemeines Publikum geschrieben hat, kann man doch nachlesen, daß die schriftlosen Völker keine Waffen besaßen, die speziell zur Tötung von Menschen ersonnen gewesen wären, daß ihr »Wille zur gütlichen Verhandlung älter ist als der Wille zum Krieg« – so heißt es in »Weisheit zwischen Eis und Urwald«. Und als brauchte es den zusätzlichen Beweis, zitierte Eva Lips, wo es nur möglich war, Tatanka Yotanka, genannt Sitting Bull, den großen Medizinmann der Dakota: »Ihr nennt uns Wilde, aber bei jeder Schwierigkeit, die entstand, habt ihr uns zuerst angegriffen. Ich wünsche in Frieden zu leben.«

Es hat mit unserer eigenen Würde zu tun, mit der Ehrlichkeit unseres Bekenntnisses zur Völkerfreundschaft auch, die gedankenlos mitgeschleppten

Phantastereien über Indianer, auch die über alle anderen ethnischen Gruppen, endlich hinter uns zu lassen, zu lernen, daß Indianer, zum Beispiel sie, eben nicht wie in manchem Kinostück sind. Eva Lips macht es uns ja so leicht.

Am 6. Februar 1906 wurde sie in Leipzig geboren. Ihre Wiege stand in der Kurprinzstraße (die heute nach dem Maler Matthias Grünewald genannt ist), im Haus Nummer 10 (gegenüber dem heutigen Gemüsegeschäft an der Ecke Leplaystraße hat es bis zum 4. Dezember 1943, bis zum schwersten aller Bombenangriffe auf Leipzig, gestanden). Es gehörte ihrem Großvater Alfred Lorentz: »Buchhandlung für Universitäts-Wissenschaften. Gegründet 1846.« — Als Eva Lips zur Welt kam, führte das großväterliche Unternehmen den modernen Namen »Universitätsbuchhandlung«, verkaufte aber nicht nur aus dem gängigen wissenschaftlichen Sortiment, sondern handelte auch mit entsprechenden antiquarischen Büchern, und noch bevor sie sich in die Leplaystraße 3 ausdehnen konnte, wurde sie um eine Verlagsabteilung erweitert.

Chef der Verlagsbuchhandlung — des Verlages und seines Vertriebes — war Ernst Wiegandt, der Vater von Eva Lips; zum editorischen Programm des Verlages gehörten vor allem Medizin, Soziologie, Philosophie, Volkswirtschaft und Erziehungskunde. Wegen seiner verlegerischen Verdienste um die Medizin wurde Ernst Wiegandt später zum Ehrendoktor der Universität Innsbruck promoviert, seine Verdienste um den »Leipziger Bibliophilen-Abend« erfuhren keine Würdigung.

Eva Lips wuchs in wohlbehüteter, menschlich warmer und verständnisvoller, aber auch Leistung fordernder Atmosphäre auf. Sie hatte das große Glück, den wenigsten Mädchen widerfuhr es damals, zur Lust am Lernen und zur Achtung alles Geistigen und Künstlerischen erzogen worden zu sein. Und war doch ein normales Kind: Lachte und tollte gern, hatte in Mathematik eine Drei (»die ich mit den Noten in Geographie, in Deutsch und in den Fremdsprachen wettmachte; das Englische fiel mir übrigens ganz leicht, und das Französische lernte ich schon deshalb, weil die Eltern gedroht hatten, andernfalls die nächste gemeinsame Sommerreise nach Paris ausfallen zu lassen«), lernte Klavier spielen (»was ich jetzt nicht mehr so gut kann wie zu der Zeit, als Mutter und ich gemeinsam musizierten«), besuchte Gewandhauskonzerte, schrieb Gedichte (»überschwengliche Verse; sie sind mir verlorengegangen«), hatte viele Freundinnen, half dem Vater manchmal beim Korrekturlesen ...

Als Julius Lips, der elf Jahre ältere, in ihr Leben trat, war sie siebzehn. »Wir trafen uns, nachdem ich einige Seiten seines Hobbes-Buches in der Korrektur gelesen hatte. Ich staunte, daß ein Wissenschaftler so schreiben kann ...« Und noch bevor sie im Jahr darauf, 1924, heirateten, übergab ihr

Julius Lips ein schmales Buch aus dem Verlag Das Zelt, Leipzig (Anschrift des Verlages: Kurprinzstraße 10,1), darin der von ihm verfaßte dramatische Text »Ferdinand Lassalle. Eine Tragödie des Willens.« abgedruckt war. Und die Zueignung »Für Dich Eva Wiegandt schrieb ich diese Tragödie.« Es ist zwar nicht bekannt, ob irgendeine Bühne das Recht der Aufführung beim Verlag erwarb — daß sich Eva Wiegandt der Größe des Geschenks bewußt war, dessen darf man sicher sein. Aber nicht nur, weil der von ihr geliebte Mensch der Autor der Tragödie, also ein Dichter war — Dichter, alle künstlerisch tätigen Menschen galten Eva Lips zeitlebens für besonders verehrungswürdig. Der Name Ferdinand Lassalle war ein im Hause Wiegandt häufig genannter, er bewegte — leidenschaftlich und kritisch — jene links eingestellte Nachkriegs-Studentenschaft, die in der Verlagsbuchhandlung ein- und ausging.

Julius Lips entstammte einer mit dem Kupferstecher und Goethemaler Johann Heinrich Lips verwandten Saarbrücker Beamtenfamilie. Er war das letzte von sechs Kindern, der Vater starb, als Julius Lips gerade drei Jahre alt war — Reichtümer hatte er der Familie nicht hinterlassen können. Sein Jüngster, wenn er denn schon die Abiturprüfung ablegen wollte (und er tat es, mit Bravour, im Alter von siebzehn Jahren), mußte sich schon selbst ums Geld für Schule, Bücher, Kleider, Reisen kümmern ... Von den Nachhilfestunden, die er als Vierzehnjähriger gab, kaufte er sich Bücher und einen Schreibtisch »mit Geheimfach, in dem meine ersten Gedichte lagen«. — Der Hunger auf dem Schulhof, der aus anerzogenem kleinbürgerlichem Stolz nicht zugegeben werden durfte, prägte den sozialen Instinkt des jungen Mannes und legte die Wurzeln seiner späteren »begeisterten Bereitschaft, den Begabten aller Länder und jeder Herkunft auf der ihnen vorgezeichneten geistigen Bahn vorwärtszuhelfen, ›unabhängig vom Geldbeutel des Vaters‹«.

Gleich nach dem Abitur schrieb er sich in die Matrikel der Leipziger Universität ein, um hier »das Denken zu lernen«. Er studierte Psychologie, römisches Recht und schließlich auch Völkerkunde.

Seine »Studentenbude« hatte er in der Carolinenstraße (heute: Paul-List-Straße) bei Frau Rosa Toll, »einem uralten Kräuterweiblein«. Dort saß er nachts »bei Gaslicht und Petroleumlampe«, um zu arbeiten. »Seine Vormittage verbrachte er in den Hörsälen, in der restlichen Zeit verdiente er sich Geld, indem er Sonderkurse in Mathematik und Physik abhielt.

Der Krieg sah den Studenten in Uniform zu Pferde — noch vor dem ersten Kriegswinter war das Pferd tödlich, sein Reiter schwer verletzt ...«

Als Eva Wiegandt den Verfasser von »Die Stellung des Thomas Hobbes zu den politischen Parteien der großen englischen Revolution. Mit erstmaliger Übersetzung des Behemoth oder Das Lange Parlament« kennenlernt (die

Schrift bildete den Kern seiner juristischen Dissertation), wohnt er noch immer bei Frau Toll, hat aber höchst verdächtige Freunde: Ernst Toller und Eugen Ortner, ebenfalls in der Carolinenstraße wohnend, dramatische Dichter beide. Als Tollers »Hinkemann« am 19. September 1923 im Alten Theater seine Uraufführung erlebt, ist Julius Lips dabei. Und am 8. Dezember sitzt er mit Eva Wiegandt im gleichen Alten Theater: Brechts »Baal« ist zum ersten Mal auf einer Bühne zu sehen — begleitet von Pfiffen, Gelächter, Trampeln … (»Vom Rang rief einer ganz laut und in breitem Sächsisch dem Hauptdarsteller zu: ›Erklären Sie mal das Stück!‹ Oder so ähnlich. Bloß das Sächsische kann ich nicht wiedergeben. Ich kann nicht sächsisch.«) Julius Lips und Eva Wiegandt gehörten zu den stürmisch jubelnden Anhängern des ungewöhnlichen Dichters.

Promotion zum Dr. juris utriusque und zum Dr. phil., Heirat, Übersiedlung nach Frankfurt am Main, »wo wir auf dem Hühnerweg, ganz nahe bei Goethes Lili, in zwei möblierten Zimmern hausten und täglich mit unseren Mappen in die Universitätsbibliothek wanderten«; den Lebensunterhalt bestritten sie hauptsächlich »durch Artikelschreiben auf dem Gebiet der Völkerkunde, aber auch durch Literaturkritik und Feuilletons«.

1925 wurde Julius Lips an das berühmte Kölner Rautenstrauch-Joest-Museum für Völkerkunde berufen, und wenig später habilitierte er sich an der Kölner Universität mit einer Arbeit über die Fallensysteme der Naturvölker. Eva Lips, die zwar den Lyzeumsabschluß, nicht aber die Hochschulreife besaß und bisher auch keinen Tag an einer Universität studiert hatte, wurde ihrem Mann von nun an die wichtigste Mitarbeiterin, sein »Fachberater für das Detail«. Zunächst bei den öffentlichen Vortragszyklen, die das Museum einführte und die der Völkerkunde viele Freunde gewannen — Jahrzehnte später wird Eva Lips dafür sorgen, daß im Hörsaal des Julius-Lips-Instituts, in der Leipziger Schillerstraße 6, ebenfalls öffentliche Vorträge zur Völkerkunde stattfinden, in jedem Wintersemester sechs bis acht Vorträge namhafter Wissenschaftler, siebzehn Jahre lang fanden sie statt.

Die Eheleute haben sich eingerichtet in Köln, sich auch ein Heim geschaffen, »in dem sie einst an Altersschwäche zu sterben hoffen«. Reisen nach Frankreich, nach Afrika …

Der Alltag wurde von der Museumsarbeit, von den Vorlesungen an der Universität, von der Publikationstätigkeit Julius Lips' bestimmt. »Er war Nacht- ich Tagmensch (›Eule und Lerche‹); auch darin ergänzten wir uns. So fand ich früh, ehe ich meine täglichen Pflichten des Lernens aufnahm« — es war noch immer ein Lernen nach dem zwar hart fordernden, aber doch »privaten«, von Julius Lips erdachten Lehrplan — »neben den Spuren des Tabaks und dem Rest des starken Tees, der ihn wachgehalten hatte, Stöße handgeschriebener Seiten, die nicht er, wohl aber ich lesen konnte, zum Abschreiben oder Bearbeiten vor«, notierte Eva Lips in dem 1965 erschienenen Buch »Zwischen Lehrstuhl und Indianerzelt«.

1928 wurde Julius Lips zum Nachfolger des schwer erkrankten Kölner Museumsdirektors und Völkerkundlers Fritz Graebner berufen, und alles deutete auf die Fortführung einer glanzvollen Museumsgeschichte. Das Jahr 1933 beendete die Hoffnung: Es zeigte sich, »daß nun Welten einander gegenüberstanden, die unvereinbar waren. Wir kannten keine Wertung der Völker, kannten keine Herabsetzung willkürlich herausgegriffener Gruppen der Menschheit. Wir wußten, wohin wir gehörten, und wir waren bereit, dafür einzustehen mit allen Konsequenzen ...« Wenige Wochen nach der »Machtübernahme« durch die Nazis legte Julius Lips, der SPD-Mitglied war, sein Museums- und sein Lehramt, beides Anstellungen »auf Lebenszeit«, nieder. Der Gedanke, daß künftig unverhüllter Rassismus über die Völkerkunde siegen würde, war für ihn und für seine Frau unerträglich. Julius und Eva Lips wählten die Emigration. Die Aberkennung der deutschen Staatsangehörigkeit erfolgte um die Jahreswende 1933/34. Das bescheidene Vermögen der Eheleute wurde eingezogen, ihr Haus in Köln-Klettenberg enteignet.

Paris. Das Armutshotel im Quartier Latin. Soleier als Mittagsmahl. Keine Habe, die noch zu verkaufen wäre ... Eva Lips hat ausführlich darüber geschrieben. Aber natürlich weiß sie, daß andere Emigranten in viel bitterer, wirklicher Armut lebten. Sie, die sozusagen mit dem vergoldeten Löffel im Munde geboren wurde – und das auch nicht leugnete, obwohl sie es niemals zur Schau stellte –, sie empfand Ärmlichkeit bereits als Armut. Und ärmlich lebte, wen die Lebensverhältnisse zum Verzicht auf ein weißes Tischtuch oder auf den Mokka zum Dessert zwangen. Die Kultiviertheit des Alltags war für Eva Lips immer ein Teil der Atemluft. Die Stulle aus der Hand oder am ungedeckten Tisch essen – das gab es für sie wohl nicht.

Paris war auch die Stadt des Musée dú Trocadéro, wo Julius Lips in seinem Fach weiterarbeiten konnte. »Und es war das Paris der treuen Freunde!« Immer hat sie ihrer, hat sie aller ihrer Freunde in Dankbarkeit gedacht, keinen vergessen, manch einen, wenn sie nur spürte, daß er es notwendig hatte, auch mit finanziellen Zuwendungen beschenkt.

Ende 1933 dann die Depesche aus New York, die Julius Lips als Professor für Völkerkunde und Recht an die Columbia University rief; 1937 bis 1939 lehrte er an der Howard University Washington, der damals größten Negeruniversität der Welt, wo er auch ein Institut für Völkerkunde begründete, danach wieder in New York.

Auch in den USA war Eva Lips die erste und wichtigste Mitarbeiterin ihres Mannes: An der Howard University war sie seine Assistentin; von 1939 bis zur Rückkehr nach Europa seine wissenschaftliche Mitarbeiterin an der Columbia University und an der New School for Social Research in New York — die ethnologische Praxis war es vor allem (»die Hörsäle der Wildnis«), die sie zu diesen Arbeiten befähigte. Und hier begann sie, selbst Vorlesungen über Völkerkunde zu halten. Natürlich in englischer Sprache. Sie beherrschte sie perfekt, auch in der freien wissenschaftlichen Rede. Viele ihrer Vorträge hielt sie nicht an den Universitäten; sogar außerhalb der beiden großen Städte, organisiert nach einer Art Volkshochschul- oder Kulturbundprinzip trat sie auf. Sie kam viel herum in diesen Jahren, sah Land und Leute, fotografierte, zeichnete, notierte akribisch (und das tat sie ihr Leben lang), was sie erlebte.

Später, als sich die USA im Krieg mit Deutschland befanden, hielt sie Vorträge anderer Art: vor amerikanischen Soldaten, über den Nationalsozialismus, über die Deutschen …

Zwei Bücher schrieb Eva Lips in dieser Zeit, und sie waren es vor allem, die den Eheleuten eine Weltreise ermöglichten.

Das erste Buch, 1938 entstanden, erschien in New York, in London, in Stockholm — in deutscher Sprache erschien es nie. Warum nicht? Warum erschien »Savage Symphony. A personal record of the Third Reich« (»Barbarische Sinfonie. Erlebnisse aus dem Dritten Reich«) hier bis heute nicht einmal auszugsweise? Die berühmte Dorothy Thompson schrieb die Einführung für die Erstausgabe, Albert Einstein das Geleitwort.

Und »Rebirth in liberty« (»Wiedergeburt in Freiheit«) erschien nur in New York, 1942. Warum gibt es auch dieses Buch nicht in deutscher Sprache? Wollte es Eva Lips nicht, daß die Bücher hier, daß sie überhaupt noch einmal erscheinen? Hat sie Fehler oder gar Ungerechtigkeiten in ihrer damaligen Beurteilung von Menschen der Zeit entdeckt?

Faszinierender Gedanke, vom ersten New Yorker Tag an, im Lande der Indianer zu sein! Wer sich, wie Julius und Eva Lips es schon lange taten, mit der Erforschung indianischen Rechts und indianischer Wirtschaftsformen befaßte, der mußte die Gelegenheit beim Schopfe fassen!

Freilich dauerte es, bis alle Genehmigungen und das notwendige Geld für die Ausrüstung zu einer ersten »Expedition« beieinander waren. Doch im Sommer 1935 konnten die Eheleute zu den Naskapi-Indianern der Labrador-Halbinsel aufbrechen, in das Land erhabener Koniferen und Papierbirkenwälder, schillernder Eisvögel und schwarzer, mit gelber Nase geschmückter Baribal-Bären, das die Heimat des großen subarktischen Jägervolkes ist.

»Wie glückliche Kinder rüsteten wir uns« für die Forschungsreise zu den Ojibwa von Nordminnesota, einem von weißer Kultur relativ unberührten Stamm der »Erntevölker« aus dem Gebiet um die Großen Seen, 1947 war das.

Der Begriff »Erntevolk« wurde 1928 von Julius Lips geprägt. Er beinhaltet, daß es Völker gab, die ihre Nahrung durch das Einernten wildwachsender Pflanzenarten beschafften und bereits Vorratswirtschaft betrieben — Seßhaftigkeit bedingte das, und es hatte Folgen für die soziale und kulturelle Entwicklung dieser Völker. Nach mehrmaligem Aufenthalt bei den Wasserreis erntenden Ojibwa-Indianern konnten Julius und Eva Lips mit geradezu detektivischer Akribie nachweisen, »daß es Seßhaftigkeit gegeben hat vor der Erfindung des Kornbaus«. Und das ist tatsächlich, wie Thomas Mann es 1950 formulierte, »eine Einsicht, die jahrtausend alte Vorstellungen erschüttert«.

Das erste Zusammentreffen mit den Ojibwa war nicht problemlos. In ihrem 1956 erschienenen großen Buch »Die Reisernte der Ojibwa-Indianer«, einem Standardwerk ethnographischer Weltliteratur, resümiert Eva Lips: »Wer aber aus der weißen Welt kommt, um in sie zurückzukehren; wer versucht, Wissen über die Ojibwa durch das Leben mit ihnen zu gewinnen, muß ihr Freund werden ...«

Da die beiden Forscher ohne Anmaßung zu den Ojibwa gekommen waren und mit aufrichtiger Natürlichkeit um ihr Vertrauen warben, ließen die Ojibwa sie an ihrem Leben teilhaben, erzählten die Legenden ihres Volkes — die geradezu aphoristisch zu nennenden tiefen Weisheiten des Häuptlings John Nett Lake hat Eva Lips in vielen ihrer Bücher und Inschriften immer wieder zitiert —, ließen sie vor allem teilnehmen am größten, wichtigsten Ereignis in ihrem Jahreslauf: an der Reisernte. »Der Reis regelt ihr gesamtes Leben. Recht ist, was dem Reis dient, Verbrechen, was ihn schädigt. Die Gebiete, wo er wächst, sind der teuerste Besitz des Stammes. Sie werden unter Einsatz ihres Lebens verteidigt.«

Als die beiden Völkerkundler Lips Amerika Ende 1948 verließen, trugen sie das Geschenk tiefer Freundschaft von Menschen zweier Indianerstämme hinüber nach Europa, nach Leipzig. Als Eva Lips 1959, bald ein Dezennium nach dem Tode ihres Mannes, noch einmal bei den Naskapi weilte, war diese Freundschaft so selbstlos wie einst. »Und niemand fragte, warum ich zum erstenmal allein gekommen sei ...« Und einer sagte: »Nun müssen wir es alles dir berichten ...« Ein anderer: »Keiner ist verlassen, wir sind alle da, die ganze Kette, die von den Urzeiten bis zu den Zeiten der Ruhe. Und keiner fehlt ...«. — So gedachten die Naskapi ihres toten Freundes Julius Lips.

Die Fähigkeit zu aufrichtiger Freundschaft spiegelt sich auch im Briefwechsel mit Heinrich Mann wider, in den wenigen, nach der Brandstiftung eines Pyromanen in der Lipsschen New Yorker Wohnung erhaltenen Stücken. Er reicht von 1934 bis 1950, dem Todesjahr von Heinrich Mann und Julius Lips. — Eva Lips hat bei vielen Gelegenheiten von dem Glück gesprochen, das ihr diese Freundschaft bedeutete.

Aus einem der Briefe wissen wir auch von den näheren Umständen der Heimkehr der Emigranten: »Wir kamen nach Leipzig«, schrieb Eva Lips nach Santa Monica, »gerüstet, etwa in heizungslosen Zementkellern zu wohnen, kurz, den in England als ›austerity‹ bekannten Zustand als brave Ethnologen zu ertragen. Wir waren jedoch kaum hier eingetroffen, als wir aufs angenehmste enttäuscht wurden. Uns geschah es also, daß wir uns plötzlich in einem schönen Haus aus dem Erbe unserer Eltern fanden, das uns Ausgebürgerten und ›Erbunwürdigen‹ von den Nazis genommen worden war und das man nun für uns freimachte und an uns zurückgab ... Was das Geistige anlangt, so ist Leipzig ja von jeher eine regsame Stadt gewesen, und der Geist der Musik, der Geist der Bücher schwebt noch immer über den (im Gegensatz zu Berlin) nicht allzusehr mitgenommenen Mauern. Ich kann gar nicht versuchen, Ihnen die wunderbaren musikalischen Eindrücke des letzten Jahres auch nur annähernd zu schildern, etwa die Aufführung der Matthäuspassion genau zweihundert Jahre nach der Premiere am selben Ort, in der unbeschädigten Thomaskirche. Auch das Gewandhaus hat seine Gemeinde noch, die allwöchentlich mit erlesener Kost gefüttert wird. Hinsichtlich der Buchkunst wird bereits Erstaunliches wieder geleistet ...« Bitter war der Gang durch die Grünewaldstraße. Hier war die Mutter, Elisabeth Wiegandt, von den stürzenden Trümmern begraben worden ... Eva Lips wußte es längst, Freunde hatten ihr die schlimme Nachricht Anfang 1944 überbracht — schlimme Nachricht erreicht einen sogar am Ende der Welt —, doch erst jetzt, als sie sieht, daß es das Elternhaus wirklich nicht mehr gibt, auch die Ruinen sind inzwischen fortgeräumt, wird sie schmerzliche Gewißheit. Und der Vater war auch tot, war vor der Mutter gestorben.

Eva Lips hat die Eltern sehr geliebt, der Mutter, auch als sie noch unter einem Dach wohnten, manch Briefchen voller Überschwang, später manchen Brief voller guter Gefühle und mit beruhigenden Informationen aus der Fremde geschrieben. Und sie bekam Antwort, nach Paris sogar telefonisch. Doch seit Beginn des Krieges funktionierte die Postbeförderung zwischen Elisabeth Wiegandt und ihrer Tochter, trotz Tarnadressen, eher sporadisch. Nachdem Hitlerdeutschland den Vereinigten Staaten von Amerika im Dezember 1941 den Krieg erklärt hatte, war er ganz unterbrochen, nur hin und wieder gab es ein kleines Zeichen, vermutlich über Frankreich, doch Eva Lips hat darüber nie gesprochen. Einmal, Ende 1933, war sie noch in Leipzig; Julius Lips war schon in den USA. Sie kam nach Leipzig, um persönliche Dinge zu ordnen. Es war die Zeit des Reichstagsbrandprozesses — Reichsgerichtspräsident Dr. Bünger, mit ihrem Vater befreundet, verschaffte ihr einen Platz auf der Zuschauertribüne ...

Am 25. Juli 1949 wählte der Senat der Universität Leipzig Julius Lips, den

Direktor der Institute für Ethnologie und für Vergleichende Rechtssoziologie, zum Rektor — es blieben ihm nur wenige Wochen, das hohe Amt zu führen.

»Daß ich weiterlebe, geschieht um seines Werkes willen, das zum großen Teil noch unvollendet ist«, schrieb Eva Lips am 14. Februar 1950 an Heinrich Mann. Und an anderer Stelle zitierte sie die Worte des japanischen Dichters Takeda Izumo: »Es ist mein Leben aus der Vergangenheit so reich gesegnet, daß auch meine späten Jahre nicht ausreichen werden, den Schatz zu vergeuden.«

Eva Lips, Mitte Vierzig, nahm all ihre Kraft, machte wohl auch ein größeres Stück der Nacht zum Arbeitstag (»um vier Uhr früh setzte ich mich an den Schreibtisch«). Getragen von dem Vertrauen so bedeutender Universitätslehrer wie Anton Arland und Georg Mayer (dem Nachfolger von Julius Lips im Amt des Rektors) und gefördert von der Sächsischen Landesregierung, vor allem von Volksbildungsminister Helmut Holtzhauer, übernahm sie noch im Frühjahr 1950 die Leitung der Geschäfte des Instituts, das schon bald den verpflichtenden Namen ihres Mannes erhielt. Ein Jahr später wurde sie zum kommissarischen Direktor dieses Instituts berufen —inzwischen hatte sie promoviert —, und 1954, nachdem sie sich habilitiert hatte, erhielt sie die Lehrberechtigung für Ethnologie und Vergleichende Rechtssoziologie; die Berufung zum Professor mit vollem Lehrauftrag erfolgte 1960, zum Ordinarius wurde sie 1966 ernannt. — Das liest sich so glatt, scheint weiter nicht auffallend … Der Schein trügt! Er verschweigt die ungewöhnliche Konsequenz, Disziplin und Besessenheit der Wissenschaftlerin — an kleine Ziele hat sie sich nie verschwendet. Es sagt auch nichts aus über den geduldig-nachsichtigen, freundschaftlichen Geist, mit dem die Hochschullehrerin eine neue Ethnologie-Generation unterrichtete, damit sie künftig für die Würde der Indianer, für die Würde aller Menschen arbeite. Erst recht verbirgt der Schein die Herzlichkeit, mit der Eva Lips jedermann — sei er nun Taxifahrer, Musiker oder Handwerker — gegenübertrat. Und über ihre umfangreiche gesellschaftliche Tätigkeit erfährt man aus den dürren Fakten überhaupt nichts.

Prof. Dr. Treide, heute Direktor der Sektion Afrika/Nahost-Wissenschaften, Lehr- und Forschungsbereich Ethnographie »Julius Lips« an der Karl-Marx-Universität Leipzig, versuchte 1981 eine Zusammenfassung der wissenschaftlichen Leistungen: Sie »hat das Konzept der Erntewirtschaft in vielen Punkten bereichert, … trat aber auch entschieden gegen verfehlte oder oberflächliche Interpretationen des Konzepts der Erntevölker auf … aus der Beschäftigung mit den Erntevölkern erwuchsen ihre ethnobotanischen Arbeiten. Hier, an der Nahtstelle zwischen zwei Wissenschaften, leistete Eva Lips Bleibendes und Wegweisendes. Überall in der Welt verbindet man den Aufstieg der ethnobotanischen Forschung nicht zuletzt mit ihrem Namen.« Und

Alt-Magnifizenz Georg Mayer urteilte in seinem Gutachten zu der Habilitationsschrift über die Reisernte der Ojibwa, »daß hier ein wichtiger Beitrag zur Wirtschaftsgeschichte der Menschheit geleistet wurde«.

Zu den Hauptvorlesungen von Eva Lips gehörten: »Einführung in die Vergleichende Völkerkunde«, »Grundlagen der Völkerkunde«, »Wirtschaft und Recht«, »Völkerkunde Nordamerikas«, »Völkerkunde Südamerikas«, »Magie, Mythos und Religion« — mit der christlichen Religion hat sie sich auch als Nicht-Ethnologin auseinandergesetzt, und häufig bekannte sie, lachend natürlich, ein abergläubischer Mensch zu sein!

Fast alle größeren wissenschaftlichen Arbeiten ihrer Studenten betreute sie selbst. Und stets war sie dankbar wie ein Kind, wenn ihre Studenten etwas herausgefunden hatten, von dem sie, die Professorin, nichts oder nur Ungenaues wußte. Sie sparte wohl auch nicht mit Lob — nicht mit dem ideellen, auch nicht mit einem roten oder blauen Schein im Briefumschlag. Gewiß, sie konnte es sich leisten, aber sie war auch in ihrem tiefsten Inneren ein großzügiger Mensch. Manch einem »der Ihren« hat sie nicht nur mit Lob, sondern auch mit Rat in unwägbaren Situationen beigestanden.

Zu ihren Studenten gehörten nicht nur junge Leute aus der DDR. 1960 nahm der erste ausländische Student das Studium am Julius-Lips-Institut auf, er hieß Ansa Asamoa, und weil er aus Ghana kam, wurde das Jahr 1960 das »afrikanische Jahr« getauft. Weitere Studenten und Aspiranten folgten: aus Mali, Niger, Somalia, aus dem Sudan, aus Syrien, aus dem Libanon, aus Peru, Guatemala, Bolivien, aus den USA, aus Norwegen …

Auf ihre Organisationskünste scheint Eva Lips stolz gewesen zu sein. Und es ist ja auch in der Tagespresse bezeugt, wie gut die öffentlichen Vorträge des Instituts vorbereitet waren. Da sie auch die kleinste Panne für ein vermeidbares teuflisches Werk hielt, probte sie den »Ernstfall«. (»Die Leipziger haben Anspruch darauf, daß wir gewissenhaft arbeiten.«)

»Ein Vortrag des Jahres 1953«, erinnert sich Professor Treide, »war dem Humor und der Weisheit der Völker ohne Schrift gewidmet. Heiterkeit und Nachdenklichkeit erweckte afrikanische Spruchweisheit … Und viele Anwesende spürten die besondere Bedeutung des Wortes aus Bornu: ›Selbst dein Hund kennt das Haus dessen, der dich liebt‹.« — Natürlich wußten die Leipziger, daß die »Indianerfrau aus Gohlis«, die sich manchmal selbst »eine arme Wilde« nannte, Hunde — ihre Boxer — besonders liebte, aber auch jeder anderen Kreatur war die Städterin mit übervollem Herzen zugetan. Es hatte seinen Grund, daß Zoodirektor Professor Siegfried Seifert alljährlich am 6. Februar zur Gratulationscour am Kickerlingsberg oder im Hotel »International« erschien — mit einem in Amerika beheimateten Tier aus dem Leipziger Zoo.

Zehn Jahre lang war Eva Lips Vorsitzende der Hochschulgruppe Leipzig des Kulturbundes. Sie brachte es immer wieder fertig, prominente Gesprächs-partner und ein vergleichsweise großes Publikum zusammenzuführen, sie war eine Persönlichkeit mit integrierender Kraft. Als die zehn Jahre Hochschul-gruppenarbeit herum waren und Eva Lips sich zum Kürzer-Treten entschloß, trug ihr der Kulturbund den Vorsitz der zu gründenden Gesellschaft der Freunde des Gewandhauses zu Leipzig an. »Präsidentin« war ihr Titel, und sie war auf ihn stolz, weil er ihr auf eine neue Weise die Begegnung mit dem seit früher Kindheit geliebten Gewandhausorchester ermöglichte. Und auch hier erreichte sie es, daß sich das Gespräch zwischen Musikern und Hörern auf einem außerordentlich hohen Niveau bewegte.

Nach dem Weggang von Professor Vaclav Neumann, damals Gewandhaus-kapellmeister, wurde die Gewandhaus-Gesellschaft in einen Freundeskreis Musik umgebildet — freilich ohne Eva Lips. Sie empfand die Neugründung als Widerspruch zur eigenen Gewandhaus-Beziehung, aber auch als Ablen-kung von dem eigentlichen, von dem Problem »ČSSR, 1968«.

»Wer nichts schreibt, der wird nichts«, war ihre Devise. Die Liste ihrer wis-senschaftlichen Publikationen umfaßt an die hundert Titel, aber ungefähr zehn Bücher hat sie für ein allgemeineres Publikum geschrieben oder aus dem Englischen übersetzt, auch hat sie Bücher ihres Mannes vollendet. Daß die populären Bücher ihrer klaren Sprache, ihres einprägsamen methodischen Aufbaus und ihres gar nicht »belehrenden« Tons wegen besonders geeignet sind für junge Leser, macht sie zu einem unaufdringlichen Verbündeten einer Beziehung, die Völkerfreundschaft nicht bloß als Phrase versteht. Die schön-sten Bücher: »Das Indianerbuch« (in dem über die Indianer beider Amerika geschrieben ist), »Sie alle heißen Indianer« (ein in vielen europäischen Län-dern erschienenes Kinderbuch über die Indianer der USA und Kanadas), »Zwischen Lehrstuhl und Indianerzelt« (sowohl ein Beitrag über Indianer als auch einer zur Biographie von Julius und Eva Lips), »Weisheit zwischen Eis und Urwald« (eine köstliche Sammlung von aphoristisch-kurzen, auch sarka-stischen Lebensweisheiten der »Naturvölker«).

Zu den besonders eindringlichen Unterweisungen über das Thema Euro-Zentrismus gehört das Buch »Der Weiße im Spiegel der Farbigen« von Julius Lips — 1937 erschien es in englischer Sprache, für deutsche Leser nicht er-reichbar. Die Übersetzung und Herausgabe dieses Buches war die letzte große Arbeit, die Eva Lips leistete.

Die originellsten Drucksachen aber, die je aus dem Haus Kickerlings-berg 19 kamen, waren die Neujahrskarten, die Eva Lips seit 1957 in die Welt schickte und die sie berühmt machten: Auf weißem Karton eine von ihr ge-zeichnete Vignette, und, meist begleitet von einem handschriftlichen Gruß, der Ausspruch eines Weisen der Naturvölker, literarisch ein bißchen geschönt.

1975 übergab sie der Post den Spruch eines alten Dakota-Indianers, der so recht die eigene Lebensphilosophie beschrieb: »Wer freundlich ist, wird immer Freunde haben.« Ungnädig konnte sie freilich auch sein: gegen Mittelmaß, Schlamperei, Charakterlosigkeit. Herzlich war sie denen zugetan, mit denen sie zusammenarbeitete: ihrer jahrzehntelangen Haushälterin, ihren jungen Leuten, den Studenten, die längst verantwortungsvolle Positionen innehaben, ihren Institutsmitarbeitern — die mußten, wenn sie Geburtstag hatten, zu Hause bleiben, damit sie den von der Chefin übersandten Blumengruß in Empfang nehmen konnten.

Das war zu der Zeit, als die Fleurop nicht bloß in den Märchenbüchern vorkam.

Zu den Autoren, Quellen, Bildnachweisen; weiterführende Literatur

Renate Florstedt, Diplom-Journalistin, Leipzig: Marianne von Ziegler

Archiv für die Sächsische Geschichte, hrsg. v. Karl v. Weber, 5. Bd. Leipzig 1867 (Zitate s. S. 431, 432)

Czok, Karl: Das alte Leipzig. Leipzig 1978

Der Deutschen Gesellschaft in Leipzig Oden und Kantaten in vier Büchern nebst einer Vorrede über die Frage: Ob man auch in ungebundener Rede Oden machen könne?, hrsg. v. J. C. Gottsched. Leipzig 1738 (Zitat o. S.)

Hildesheimer, Wolfgang: Der ferne Bach. In: ad libitum. Sammlung Zerstreuung Nr. 6. Berlin 1987 (Zitate s. S. 75, 76)

Leipziger Kalender. Illustr. Jahrbuch und Chronik, hrsg. v. Georg Mersburger. Leipzig 1907

Neuer Zeitungen von gelehrten Anzeigen, Leipzig in der Zeitungsexpedition, 1735 (Zitat o. S.)

Quellen zur Geschichte Leipzigs. Veröffentlichungen aus dem Archiv und der Bibliothek der Stadt Leipzig, hrsg. v. Gustav Wustmann, 2. Bd. Leipzig 1895

Schering, Arnold: Musikgeschichte Leipzigs von 1723 bis 1800. 3. Bd., Johann Sebastian Bach und das Musikleben Leipzigs im 18. Jahrhundert. Leipzig 1941 (Zitate s. S. 81, 322)

Spitta, Philipp: Johann Sebastian Bach. 3. unveränd. Aufl., 2 Dbd. Leipzig 1921

Witkowski, Georg: Geschichte des literarischen Lebens in Leipzig. Leipzig/Berlin 1909

Ziegler, Christianna Marianna von: Versuche in gebundener Schreibart. Leipzig 1728

Abb.: Sächsische Landesbibliothek Dresden; Zentralbibliothek der Deutschen Klassik, Weimar; Karl-Marx-Universität, Leipzig, Universitätsbibliothek
Repro: Nationale Forschungs- und Gedenkstätten Johann Sebastian Bach der DDR, Leipzig; Universitätsbibliothek Leipzig

Anne Braun, freischaffende Journalistin, Berlin, und *Jürgen Hart*, Direktor des Kabaretts »academixer«, Leipzig: Friederike Caroline Neuber

Der Beitrag von Anne Braun ist ein Nachdruck aus der »Wochenpost« 40/1989.

Devrient, Eduard: Geschichte der deutschen Schauspielkunst, Berlin/Zürich 1929

Goebel, C. R.: Leipzig — Vom Werden der Messestadt. Leipzig 1963

Weisenborn, Günther: Die Neuberin. 1955

Ziessler, Herbert: Vom Leben und Wirken der Frau Neuberin. Reichenbach/Vogtl. 1957

Züllchner, Herbert: Das Wirken von Friederica Carolina Neuberin, Hof-Comoediantin, in Dresden. Dresden 1960

Abb.: Fotothek Dresden; Museum für Geschichte der Stadt Leipzig.
Repro: Joachim Petri, Leipzig

Dr. Hans-Joachim Schulze, Direktor des Bereiches Bach-Archiv bei den Nationalen Forschungs- und Gedenkstätten Johann Sebastian Bach der DDR, Leipzig: Anna Magdalena Bach

Terry, Charles Sanford: Johann Sebastian Bach. Eine Biographie. Geleitwort von Karl Straube, Leipzig 1929
Schubart, Christoph: Anna Magdalena Bach. Neue Beiträge zu ihrer Herkunft und ihren Jugendjahren. In: Bach-Jahrbuch 1953.
Schmiedecke, Adolf: Johann Sebastian Bachs Verwandte in Weißenfels. In: Die Musikforschung 14, 1961, S. 195 ff.
Bach-Dokumente, hrsg. vom Bach-Archiv Leipzig, Band I—III. Kassel etc. und Leipzig 1963, 1969, 1972
Dadelsen, Georg von: Bemerkungen zur Handschrift Johann Sebastian Bachs, seiner Familie und seines Kreises. Trossingen 1957 (Tübinger Bach-Studien. Heft 1), S. 27 bis 37
Schulze, Hans-Joachim: Ein »Dresdner Menuett« im zweiten Klavierbüchlein der Anna Magdalena Bach. Nebst Hinweisen für Überlieferung einiger Kammermusikwerke Bachs. In: Bach-Jahrbuch 1979
Ranft, Eva-Maria: Neues über die Weißenfelser Verwandtschaft Anna Magdalena Bachs. In: Bach-Jahrbuch 1987

Abb.: Museum für Geschichte der Stadt Leipzig; Deutsche Staatsbibliothek Berlin, Musikabteilung; Nationale Forschungs- und Gedenkstätten Johann Sebastian Bach, Leipzig

Dr. Brigitte Peters, Diplom-Germanistin, Humboldt-Universität, Berlin: Luise Adelgunde Victorie Gottsched

Czok, Karl: Das alte Leipzig. Leipzig 1978
Gottsched, Louise Adelgunde Victorie: Briefe, hrsg. von Dorothee Henriette von Runckel. Theil 1 bis 3. Dresden 1771 bis 1773
Gottsched, Louise Adelgunde Victorie: Sämmtliche Kleineren Gedichte nebst dem … ihr gestifteten Ehrenmaale und ihrem Leben, hrsg. von ihrem hinterbliebenen Ehegatten. Leipzig 1763
Die Lustspiele der Gottschedin, hrsg. von Reinhard Buchwald und Albert Köster. 2 Bde., Leipzig 1908 und 1909
Die Vernünftigen Tadlerinnen. In: Johann Christoph Gottsched. Gesammelte Schriften, hrsg. von Eugen Reichel. Bd. 1 und 2, Berlin 1902

232

Schlenther, Paul: Frau Gottsched und die bürgerliche Komödie. Ein Kulturbild aus der Zopfzeit. Berlin 1886

Witkowski, Georg: Geschichte des literarischen Lebens in Leipzig. Leipzig/Berlin 1909

Feyl, Renate: Idylle mit Professor. Roman. Berlin 1986

Abb.: Karl-Marx-Universität Leipzig, Universitätsbibliothek; Archiv der Autorin; Bibliographisches Institut, Leipzig

Repro: Verlag für die Frau, Leipzig

Ursula Walter, Diplom-Germanistin, Bibliothek des Museums für Geschichte der Stadt Leipzig: Frauen um Goethe in der Leipziger Zeit

Goethe, Johann Wolfgang von: Aus meinem Leben. Dichtung und Wahrheit. 2. Teil, 6. bis 8. Buch. Leipzig 1946

Markert, Karl: Goethe und Leipzig. Masch.-Schrift, vervielf. Leipzig 1943

Goethe, Johann Wolfgang von: Werke. (Berliner Ausgabe) Berlin/Weimar 1960 ff.

Goethe. Sein Leben in Bildern und Texten, hrsg. v. Christoph Michel. Berlin/Weimar 1988, 413 S. mit Abb.

Chronik von Goethes Leben. Zusammengest. v. Franz Götting. Leipzig 1953

Korff, Hermann August: Geist der Goethezeit. Leipzig 1949 bis 1958

Jericke, Alfred: ... es ist ein klein Paris. Die Wirkung der Stadt Leipzig auf Persönlichkeit und Werk Goethes. Weimar 1965

Dietze, Walter: Episode oder Prolog? Goethes Leipziger Lyrik. Leipzig 1966

Vogel, Julius: Goethes Leipziger Studienjahre. Leipzig 1909

Vogel, Julius: Käthchen Schönkopf. Leipzig 1920

Witkowski, Georg: Goethe. Leipzig 1899

Abb.: Museum für Geschichte der Stadt Leipzig
Repro: Joachim Petri, Leipzig

Prof. Dr. Joachim Müller, Leiter des Forschungszentrums »Frauen in der Geschichte« an der Pädagogischen Hochschule »Clara Zetkin«, Leipzig: Über eine Streitschrift der Henriette X

Wollstonecraft, Mary: Zur Verteidigung der Rechte der Frau, hrsg. von Joachim Müller und Edith Schotte. Leipzig 1989 (1792 erschien die Originalausgabe)

Schott, Clara: Eine Leipziger Frauenrechtlerin aus dem Jahre 1798. In: »Leipziger Tageblatt«, 1. 10. 1906 (Morgenausgabe), Nr. 498

Abb. Museum für Geschichte der Stadt Leipzig
Repro: Verlag für die Frau, Leipzig

Hannelore Röpke, Diplom-Theaterwissenschaftlerin, Leipzig: Rosalie Marbach

Richard Wagner: Mein Leben, hrsg. von Eike Middell. Leipzig 1986
Gregor-Dellin, Martin: Richard Wagner. Sein Leben. Sein Werk. Sein Jahrhundert. Berlin 1984
Kröplin, Karl-Heinz: Richard Wagner. Eine Chronik. Leipzig 1983
Laube, Heinrich: Schriften über Theater. Berlin 1959
Schulze, Friedrich: Hundert Jahre Leipziger Stadttheater. Leipzig 1917
Ludwig/Weinkauf: Leipzigs langes Leben. Leipzig 1982

Abb.: Museum für Geschichte der Stadt Leipzig; Archiv der Autorin
Repro: Joachim Petri, Leipzig; Foto: Heinz Schütze, Leipzig
Dank gilt dem VEB Denkmalpflege Leipzig für die Unterstützung zur Wiedergabe des Grabsteines.

Rose-Marie Frenzel, Diplom-Kunsthistorikerin, wissenschaftliche Mitarbeiterin am Museum für Geschichte der Stadt Leipzig: Bertha Wehnert-Beckmann

Chronisten ihrer Zeit. Die Photographen Bertha Wehnert-Beckmann und Hermann Walter. In: Leipziger Blätter 12/1988, Seite 62 ff. Leipzig 1988
Frenzel, Rose-Marie und Wolfgang G. Schröter: Hermann Walter. Fotografien von Leipzig. Leipzig 1988
Schutzverwandten-Akte. Stadtarchiv Leipzig

Abb.: Museum für Geschichte der Stadt Leipzig; Stadtarchiv Leipzig
Repro: Verlag für die Frau, Leipzig

Gudula Ziemer, Schriftstellerin: Louise Otto-Peters

Margrit Twellmann: Die Deutsche Frauenbewegung. Ihre Anfänge und erste Entwicklung. Quellen 1843 bis 1889. Meisenhain am Glan 1972
Ruth-Ellen Boetcher-Joeres: Die Anfänge der deutschen Frauenbewegung. Louise Otto-Peters. Frankfurt/Main 1983
Ute Gerhard u.a. Hrsg. »Dem Reich der Freiheit werb ich Bürgerinnen«. Die Frauen-Zeitung von Louise Otto. Frankfurt/Main Syndikat 1980
Max Großmann: Und weiter fließt der Strom. Berlin 1966
Auguste Schmidt und Hugo Rösch: Louise Otto-Peters — die Dichterin und Vorkämpferin für Frauenrecht. Ein Lebensbild. Leipzig 1898
Dichtung und Prosa von Leipziger Frauen. Aus Anlaß seines 25jährigen Bestehens, hrsg. vom Leipziger Schriftstellerinnen-Verein, Leipzig 1914
»Leipziger Tageblatt«, 26. März 1919 und 27. September 1915
»Leipziger Arbeiter-Zeitung«, Nr. 1 bis 13, 1848
Hedda Zinner: Nur eine Frau. Berlin 1984

Der im Text genannte Ernst Keil war ein demokratisch gesinnter Publizist und Buchhändler; er verfocht seine politische Überzeugung in den von ihm gegründeten Zeitschriften »Der Wandelstern«, »Der Leuchtturm« und vor allem in »Der Gartenlaube«. Durch diese Zeitschrift wurde er zum erfolgreichsten Zeitschriftenverleger des vorigen

Jahrhunderts in Deutschland: Infolge ihrer volkstümlichen und freimütigen Haltung fand »Die Gartenlaube« große Verbreitung.

Abb.: Sächsische Landesbibliothek Dresden; Museum für Geschichte der Stadt Leipzig
Repro: Fotohaus Leipzig; Heinz Schütze, Leipzig

Dr. Hans Joachim Köhler, Dozent am Fachbereich Musikwissenschaft/Musikerziehung an der Karl-Marx-Universität, Leipzig: Clara Schumann

Boetticher, Wolfgang: Briefe und Gedichte aus dem Album Robert und Clara Schumanns. Leipzig 1979
Köhler, Hans Joachim: Robert Schumann. Sein Leben und Wirken in den Leipziger Jahren. Leipzig 1986
Litzmann, Berthold: Clara Schumann. Ein Künstlerleben nach Tagebüchern und Briefen, 3 Bde. Leipzig 1902 bis 1908
Schumann, Clara: Jugendtagebücher. Originale im Robert-Schumann-Haus in Zwickau (Druck in Vorbereitung)
Schumann, Robert: Tagebücher, Band II, 1836 bis 1854, hrsg. von Gerd Nauhaus. Leipzig 1987
Schumann, Robert: Jugendbriefe, hrsg. von Clara Schumann, 4. Aufl. Leipzig 1910
Wustmann, Gustav: Aus Clara Schumanns Brautzeit. In: Aus Leipzigs Vergangenheit. Gesammelte Aufsätze. 2. Reihe. Leipzig 1898

Abb.: Robert-Schumann-Haus, Zwickau; Museum für Geschichte der Stadt Leipzig
Repro: Verlag für die Frau, Leipzig; Joachim Petri, Leipzig

Dr. Edith Sonnenkalb, Direktorin der Pädagogischen Schule für Kindergärtnerinnen, Leipzig: Henriette Goldschmidt

Goldschmidt, Henriette: Was ich von Fröbel lernte und lehrte. Leipzig 1909
—: Ideen über weibliche Erziehung im Zusammenhang mit dem System Friedrich Fröbels. Leipzig 1882
—: Eine Denkschrift vom Kindergarten zur Hochschule für Frauen 1871 bis 1911. Leipzig 1911
Fröbel, Friedrich: Kommt, laßt uns unsern Kindern leben. Blankenburg 1844
—: Mutter- und Koselieder. Bearb. von Henriette Goldschmidt. Leipzig o. J. und Berlin 1984
Siebe, Josephine: Henriette Goldschmidt — Ihr Leben und ihr Schaffen. Leipzig 1922
Nowotny, Rosel und Joachim: Namensgebung — Henriette-Goldschmidt-Schule. In: Leipziger Blätter 11/1987

Abb.: Archiv der Pädagogischen Schule für Kindergärtnerinnen, Leipzig
Repro: Verlag für die Frau, Leipzig

Prof. Dr. sc. phil. Wolfgang Schröder, Zentralinstitut für Geschichte der Akademie der Wissenschaften der DDR: Natalie Liebknecht

Der Verfasser dankt herzlich den Personen und Institutionen, die ungedruckte Originalquellen, auf denen die biographische Skizze hauptsächlich beruht, zur Verfügung stellten, insbesondere Herrn Robert Liebknecht, Paris, dem Zentralen Parteiarchiv/ Institut für Marxismus-Leninismus beim ZK der KPdSU, Moskau, und dem Zentralen Parteiarchiv, Institut für Geschichte der Arbeiterbewegung, Berlin, sowie dem Internationalen Institut für Sozialgeschichte Amsterdam und dem Kirchlichen Archiv, Leipzig.

Bebel, August: Natalie Liebknecht. In: Die Neue Zeit, Jg. 27, 1908/1909, Bd. 1
Kautsky, Minna: Natalie Liebknecht. In: Illustrierter Neue-Welt-Kalender für das Jahr 1910. Hamburg 1910
Adamy, Kurt: Die Eltern Karl Liebknechts, Potsdam 1975
Adamy, Kurt: Sie hat sich um die große Sache des Proletariats verdient gemacht. Natalie Liebknecht. In: Beiträge zur Geschichte der Arbeiterbewegung. Berlin 1974, H. 4

Abb.: Telegramm: Zentrales Parteiarchiv/Institut für Marxismus-Leninismus beim ZK der KPdSU, Moskau F. 200, op. 4, Nr. 273; Möbelrechnung: ZPA/IML Moskau F. 200, op. 3, Nr. 5; Eintragung in das Geburtsregister Kirchliches Archiv, Leipzig, Taufbuch d. Thomaskirche zu Leipzig 1870 — Theodor Bl. 143, Karl — Bl. 243; Brief v. 20. 3. 1873: IML/ZPA, Berlin: Museum für Geschichte der Stadt Leipzig
Repro: Verlag für die Frau, Leipzig

Natalie Liebknecht an Friedrich Engels, 20. 3. 1873
Verehrter Herr!

Wenn ich Ihre freundlichen, teilnehmenden Zeilen, für die ich Ihnen herzlichsten Dank sage, nicht so rasch beantwortet habe als Sie vielleicht erwarteten, dann bitte entschuldigen Sie mir, dieses Mal, länger andauerndes Unwohlsein ließ mich nur mit Mühe meinen nächsten häuslichen Pflichten nachkommen und verhinderte mich an jeder weiteren Tätigkeit ...

Ich habe in den wenigen Jahren seit meiner Verheiratung schon viel Schweres durchleben müssen, mehr als 2/3 der Zeit brachte mein Mann im Gefängnis zu und konnte sich unter solchen Verhältnissen ein richtiges Familienleben noch gar nicht entwickeln. Doch ich habe den Mut noch nicht verloren und werde ihn auch nicht verlieren, meines Mannes und der Kinder wegen, ob aber meine körperlichen Kräfte ausreichen, ist eine andere Frage. Die Kinder sind soweit wohl und es ist meine Hauptsorge, sie gesund zu erhalten.

Ob mein Bericht Sie einigermaßen befriedigt, weiß ich nicht, hoffe es aber, stets werde ich bereit sein, Ihre Fragen, soweit es mir möglich ist, genau zu beantworten. Seien Sie versichert, daß mich Ihr Brief sehr wohltuend berührt hat und ich Ihnen aufrichtig dankbar dafür bin. Indem ich Sie bitte, mich der Familie Marx bestens zu empfehlen, verbleibe ich mit den herzlichsten Grüßen an Sie Ihre ergebene

Natalie Liebknecht

Anneliese Beske, Diplom-Historikerin, wissenschaftliche Mitarbeiterin am Zentralinstitut für Geschichte der Akademie der Wissenschaften der DDR, Berlin: Julie Bebel

Die Lebenszeugnisse Julie Bebels sind spärlich. Die Verfasserin dankt für die Einsicht in Originalquellen folgenden Institutionen: Institut für Geschichte der Arbeiterbewegung, Berlin; Internationales Institut für Sozialgeschichte, Amsterdam; Staatsbibliothek Preussischer Kulturbesitz, Handschriftenabteilung, Berlin (West); Museum für deutsche Geschichte, Berlin.

Bebel, August: Aus meinem Leben, Berlin 1988
Bebel, August: Ausgewählte Reden und Schriften, Band 1, 2/1, 2/2, 6, Berlin 1970, 1978, 1983
August Bebels Briefwechsel mit Friedrich Engels, hrsg. von Werner Blumenberg. London/The Hague/Paris 1965
Gemkow, Heinrich: Julie Bebel. In: Beiträge zur Geschichte der Arbeiterbewegung, 1989, Heft 4, S. 545 bis 553
Hauptmann, Gerhart: Tagebuch 1892 bis 1894, hrsg. von Martin Machatzke. Berlin (West), Frankfurt/Main, Wien 1985
Hilscher, Eberhard: Gerhart Hauptmann, Leben und Werk. Berlin 1987

Abb.: Bildarchiv des Instituts für Geschichte der Arbeiterbewegung, Berlin; Museum für Geschichte der Stadt Leipzig; Kirchliches Archiv, Leipzig
Repro: Verlag für die Frau, Leipzig; Joachim Petri, Leipzig

Aufgebotsprotokolle der Thomaskirche zu Leipzig, 1863–1866, unpag.

191. Palmar/um/am 20. März
Ferdinand August B e b e l, B/ürge/r u. Drechsler hier, des Gottlob Bebel, weil/and/. Unteroffizier in der 2. Comp/anie/ des 25. Infanterie Reg/iments/. in Cöln & seiner ebenfalls verstorbenen Ehef/rau/ Wilhlne ((= Wilhelmine)) Joh./anna/ geb. Simon hint/lassener/ ehel./icher/ 1/./ Sohn 1/./Ehe Juv./enis/ ((≙ Junggeselle)) evang. luth. Conf/ession/ hier seit 6.Jahren geb. in Deutz, bei Köln am 22 Febrr/uar/ 1840 Bürgerschein dd Leipzig 6 April 1866
Gust/av/ Adolfstr. in Glaser Mühligs Haus
Acc ((≙ Gebühr bez.))

Der J/un/gf/rau/ Joh./anna/ Caroline Julie Otto, des Joh/ann/ G/o/ttfried Otto weil:and/ ((gestrichen: Auflager, dafür darüber geschrieben die höherwertige Bezeichnung:)) Einwohner hier hinterlassenes ehel./iches 6 Kind 4.Tocht/er/ 1.E/he/, g/e/b/oren/ 2 Septbr. 1843. Die Mutter starb als Wittwe 19 Decbr. 1865

Traubuch der Thomaskirche zu Leipzig 1865–1866, Bl. 140, Nr. 191 im Jahre 1866
191. den 9. April H/er/r M/agister/ Valentiner Diac./onus/ Thomas Kirche in der Stille

Palmar./um/ binisq/ue/ s/e/q/uentis/ ((d. h. Aufgebot am Palmsonntag und den beiden folgenden Sonntagen)), hier ((in der Thomaskirche))

Ferdinand August Bebel, B/ürge/r u. Drechsler hier, Gottlob Bebel, weil./and/ Unteroffizier in der 2. Comp./anie/ des 25. Infant./erie/ Regim/ents/ in Köln hinterl./assener/ ehel./icher/1 Sohn 1 Ehe Juv/enis/ ((≙ Junggeselle)) in Deutz b./ei/ Köln geb. 22 Febr/uar/ 1840

J/un/gfrau Johanna Caroline Julie Otto, Johann G/o/ttfried Ottos weil./and/ Einwohners hier hinterl./assenes/ ehel./iches/ 6 Kind 4. Tochter, 1 Ehe geb. den 2. Septbr. 1843. Taufbuch fol./lio/ ((= Seite)) 250.

Taufbuch der Thomaskirche zu Leipzig 1869, Bl. 43, Nr. 256

256. Sechszehnten Januar früh 10 Uhr Bertha Friederika 1 Kind 1 Ehe Ferdinand August Bebel, B/ürge/r u. Drechsler hier Peterstr. 18. Fr/au/ Johanna Caroline Julie geb. Otto

1. Johann Julius Theodor Brauer, Kaufmann hier u.
2. Fr/au/ Maria Friederike Brauer geb. Otto dessen Ehefr/au/
3. Joh/ann/ Carl Albert Otto, Mechanikus hier.
4. J/un/gfr/au/ Bertha Friederike Schmidt, Verkäuferin

Rose Nyland, Schriftstellerin, Karl-Marx-Stadt: Auguste Eichhorn

Sie kämpften auch für uns, hrsg. von Guste Zörner, Leipzig 1967. Der Beitrag ist ein Nachdruck aus diesem Band.

Dornemann, Luise: Alle Tage ihre Lebens. Frauengestalten aus zwei Jahrhunderten. Berlin 1981

Zetkin, Clara: Nachruf auf Auguste Eichhorn. In: »Gleichheit« vom 18. 6. 1902

Abb.: Zentrales Parteiarchiv, Institut für Geschichte der Arbeiterbewegung, Berlin

Rita Jorek, Diplom-Journalistin, Leipzig: Elsa Asenijeff

Georg, Heinz: Leipzig und die Leipziger — Leute. Dinge. Sitten. Winke. Leipzig 1906

Geißler, Max: Führer durch die deutsche Literatur des zwanzigsten Jahrhunderts. Weimar 1913

Leipzig — Ein Blick in das Wesen und Werden einer deutschen Stadt. Leipzig 1913

»Illustrierte Zeitung« vom 30. 1. 1902

und alle Werke Elsa Asenijeffs:

Ist das die Liebe? Leipzig 1896 (2 Auflagen)

Aufruhr der Weiber und das dritte Geschlecht. Sofia 1897 und Leipzig 1898 (3 Auflagen)

Sehnsucht. Sofia 1897 und (deutsche Ausgabe) 1898

Unschuld — Ein modernes Märchenbuch. Leipzig 1901 (2 Auflagen)

Tagebuchblätter einer Emancipierten. Leipzig 1902

Max Klingers Beethoven — Eine kunst-technische Studie. Leipzig 1902
Der Kuß der Maja — Traumfiguren über das Leben. Leipzig 1903
Die Schwestern. Novelle. Leipzig 1905
Die neue Scheherazade — Ein Roman in Gefühlen. München 1913
Trunkenheit. Leipzig 1913
Das Hohelied an einen Ungenannten — Lyrischer Roman. München 1914
Aufschrei. Freie Rhythmen. Leipzig 1922

Abb.: Museum der bildenden Künste zu Leipzig (Tafeln 25, 26 oben, rechts u. unten links)
Archiv Ursula Baumgartl, Sydney, und Archiv der Autorin
Repro: Museum der bildenden Künste; Verlag für die Frau, Leipzig

Wolfgang U. Schütte, Schriftsteller, Leipzig: Lene Voigt

Lene Voigt: Säk'sche Balladen. Barodien von Lene Voigt. Band 1. Leipzig o.J. (1925) und Band 2, Leipzig o. J. (1926)
— Säk'sche Glassigger. Band 1. Leipzig 1925 und Band 2. Leipzig 1934
—: Mally der Familienschreck. Leipzig 1927 und Berlin 1987
—: Mir Sachsen. Lauter gleenes Zeich zum Vortragen. Band 1. Leipzig 1928 und Band 2. Leipzig 1928
—: Wo de Bleiße bläddschert. Leipzig 1931
—: In Sachsen gewachsen. Leipzig 1932
—: Vom Pleißestrand nach Helgoland. Ein lustiges Reisebild. Leipzig 1934
—: Leibzcher Lindenblieten. Leipzig 1935
Bargarohle, Bärchschaft un sächs'sches Ginsdlrblud. Lauter gleenes Zeich zum Vortragen und noch etwas mehr. Hrsg. Wolfgang U. Schütte. Leipzig 1983
's war ämal ... Hrsg. Wolfgang U. Schütte (Bücherei sächsischer Miniaturen, Band 2). Leipzig 1988
Sächsische Arbeiterzeitung, Rote Fahne, u. v. a. linke Zeitungen und Zeitschriften

Der Autor dankt Frau Dr. Veronika Arndt, Wolfgang Voigt und Dieter Hellriegel-Dellwihk für die Unterstützung.

Abb.: Wolfgang Voigt, Leipzig; Dr. Arndt, Magdeburg; Archiv des Autors.
Repro: Gudrun Vogel, Leipzig; Langematz; Viola Boden, Leipzig

Charlotte Zeitschel, Diplom-Gesellschaftswissenschaftlerin, Leipzig: Dr. Margarete Blank

Staatsarchiv Leipzig, Nachlaß Margarete Blank; Zentrales Staatsarchiv Potsdam, Gnadenakte M. B.; Zentrales Parteiarchiv Institut für Geschichte der Arbeiterbewegung, Berlin; Archiv beim Rat des Kreises Leipzig; Deutsches Zentralarchiv; Alma mater Lipsiensis. Geschichte der Karl-Marx-Universität, Leipzig 1984
Bobek, Gertrud: Margarete Blank. Ein Lebensbild. Leipzig 1985
Privatarchiv Prof. S. Behrsing, Berlin

Abb.: Archiv der Autorin; Staatsarchiv Leipzig; Nachlaß M. B. Zentrales Staatsarchiv Potsdam

Repro: Verlag für die Frau, Leipzig

Christel Foerster, freischaffende Publizistin, Leipzig: Professor Dr. Eva Lips

Lips, Eva: Zwischen Lehrstuhl und Indianerzelt. Berlin 1986

—: Weisheit zwischen Eis und Urwald. Leipzig 1983

—: Sie alle heißen Indianer. Berlin 1984

—: Wirtschaft und Weltbild in den Tierdarstellungen der Indianer. In: Festschrift Walter Baetke. Weimar 1966

Treide, Dietrich: Eva Lips. Ein Porträt. In: Jahrbuch des Museums für Völkerkunde zu Leipzig, Bd. 35. Berlin 1984

Die in Klammern wiedergegebenen Zitate von Eva Lips entstammen Privatgesprächen.

Der Nachlaß des Ehepaars Lips befindet sich im Archiv der Karl-Marx-Universität Leipzig (bisher noch unerschlossen).

Abb.: Heyphot (im Besitz der LVZ); Barbara Stroff (im Besitz des Schriftstellerverbandes der DDR Leipzig)

Repro: Verlag für die Frau, Leipzig